21세기를 위한

생활지도

김헌수 · 이난 · 장순정

태영출판사

머리말

오늘날은 그 어느 때 보다도 생활지도의 필요성이 강조되는 시대라고 할 수 있다.

직업세계의 다양화, 다양한 가족구조, 다문화 가정, 생활양식의 변화, 세대 간의 가치관이나 태도의 차이 등은 성장 · 발달하는 아동 · 청소년들에게 다양한 생활적응상의 어려움을 겪게 하고 있다.

특히 약화된 가정의 교육적 기능, 지식주입 위주의 학교교육, 다문화 가정의 출현으로 인한 가정교육의 어려움 등은 청소년들의 교육이나 생활과정에서 부딪치는 적응상의 문제점을 안겨주고 있다. 지금까지 우리의 교육은 주지주의 교육 중심이었으며, 인지적 측면, 심동적 측면과 정의적 측면이 잘 조화를 이루도록 하는 전인교육이 학교현장에서 도외시되고 있는 상태다.

오늘날의 청소년들은 세계의 민주시민으로서 행복한 삶을 영위할 수 있는 세계인, 창조적인 인간으로 성장시키기 위한 생활지도가 더욱더 강조되어 교육되어야 하는 것이다.

특히 저자가 이 책에서 강조하고자 하는 것은 생활지도와 상담에 관심을 갖고 학습하고자 하는 사람들에게 청소년을 이해하고, 생활지도의 필요성을 인식시키고, 생활지도의 개념과 각 영역을 이해해서 사명감과 자질을 갖추고 현장에 적용할 수 있도록 하는 것이었다.

이 책은 제 1장 청소년의 이해, 제 2장 생활지도의 이해, 제 3장 심리교육 그리고 제 4장 생활지도의 실제 등으로 구성되어 있다. 이 책의 내용은 점진적으로 생활지도에 관한 더 다양한 정보를 포함시켜 나아갈 것이다.

이 조그만 책자가 나오기까지 도움을 준 사람들이 많이 있다. 우선 저자에게 항상 학문적인 자극을 주고 새로운 사명감을 일깨워 준 원광대학교 학생들과 교육학과 동료 교수들에게 감사한다. 그리고 출판계의 경제적 어려움에도 항상 출판에 도움을 주는 태영출판사 김현태 사장님과 직원 여러분께도 이 기회를 빌려 감사를 드린다.

2009. 01.

사범관 연구실에서

김 헌 수

차 례

제 1 장 청소년의 이해 • 9

제 2 장 생활지도의 이해 • 33

제 3 장 심리교육 • 135

제 1 장

청소년의 이해

1. 현대사회 청소년의 행동 특성
2. 청소년기의 어려움

1 현대사회 청소년의 행동 특성

1) 급격한 신체 변화 및 성적 욕구의 증가

청소년의 가장 중요한 특징은 급격한 신체적 변화, 즉 성장급등(growth spurt) 현상이다. 청소년기에는 성호르몬의 분비에 따른 신체적 성숙과정이 급격히 가속화됨에 따라 여러 가지 신체적 변화가 나타나게 되는데, 이러한 신체적 변화는 청소년의 행동에 여러 가지 영향을 미치게 된다. 특히 청소년들은 신체적 외형에 있어서 현저한 변화를 경험한다. 그들의 체격은 짧은 시기에 급격히 성장하여 10대 중·후반에는 이미 성인과 유사한 크기로 성장한다.

신체발달과 더불어 운동능력이 현저하게 발달하게 되어 여러 가지 운동과 신체적 활동에 더욱 흥미를 느끼게 되어 몰두하게 된다. 그 결과 운동능력이 더욱 발달하게 되며 아울러 자신의 운동능력에 대한 성취감과 자신감을 형성하게 된다. 따라서 청소년기에는 신체적 외형뿐만 아니라 체격과 운동능력 이하는 신체적 기능이 성인수준으로 성장하게 된다. 또한 외형적인 신체적 변화뿐만 아니라 생식기능과 관련된 성적 성숙(sexual maturity)이 일어난다. 이러한 신체의 급격한 변화는 심리적 세계에도 커다란 영향을 미치게 된다.

특히, 급격한 신체적 변화는 자기개념에 변화를 초래한다. 인간은 누구나 자신에 대한 신체상(body image)을 가지고 있으며 이러한 신체상은 자기개념의 기본적이고 중추적인 요소를 이루고 있다. 대부분의 청소년들은 신체적 변화가 일어나기 전에 그에 대한 예비지식을 가지고 있지 못한 경우가 많다. 즉 신체적 변화에 적응할 만한 심리적 준비가 되어 있지 않은 자기개념의 혼란을 경험하게 되는 것이다. 이러한 신체적 변화를 경험할 때, 당황하게 되고 또 자신들의 이런 신체적 변화가 정상적으로 이루어지고 있는 것인지의 여부에 대해 염려하게 된다. 아울러 급격한 신체적 변화를 청소년으로 하여금 신체에 대한 관심을 증폭시킨다. 자신의 신체와 외모에 대한 관심이 증가할 뿐만 아니라 변화된 자신의 신체에 대한 타인의 평가에 예민해지게 된다. 따라서 이 시기에 운동이나 다이어트를 통해 몸매를 가꾸기 위해 노력하며 의복, 장신구에 대한 관심이 늘어나게 된다.

신체적 · 성적 발달에는 개인차가 심하게 나타난다. 유전이나 영양 상태와 같은 성장요인에 따라 개인차가 크기 때문에 자신의 신체적 · 성적 발달 상황을 주위의 친구들과 비교하게 되어 부정적이고 열등한 신체상과 자기개념을 형성하기도 한다. 또한 신체적 변화는 청소년의 사회적 행동에는 영향을 미치게 된다. 청소년들은 육체적인 면에서는 성인 수준에 도달해 있지만 사회적 지위의 측면에서는 미성숙자로 대우받는 현실 속에서 여러 가지 갈등을 경험하게 된다. 우리 사회는 미성숙한 개체인 청소년이나 학습자에게 사회적 또는 성적 행동에 많은 규제를 가하는 한편 때로는 체격과 나이에 걸맞은 어른스런 행동을 기대하기도 한다. 아동에서 성인으로 성장하는 과도기로서의 청소년기에는 신체적 성숙, 심리적 성숙에 따른 사회적 지위의 불균형으로 인한 심리적 갈등과 혼란을 경험하기 쉽다.

또한, 청소년기는 사춘기 만큼 성에 대한 호기심이 급격하게 증대된다. 이 시기에는 이성의 육체와 성기관, 그리고 성행위에 대한 호기심이 증폭되어 성에 관한 책자와 포르노 사진 및 비디오 등에 강한 관심을 나타내게 된다. 실제로 다양한 성행위를 통한 성경험을 하는 시기이기도 하다. 다양한 성적 자극과 음란물에 대한 접촉은 성행위에 대한 욕구를 증폭시키게 한다. 실제로 많은 청소년들이 자위행위뿐만 아니라 키스, 애무, 성기접촉 등의 다양한 성경험을 한다. 그러나 우리 사회는 청소년들의 성에 대한 관심과 성행위를 엄격히 규제하고 금기시하고 있기 때문에 많은 청소년들이 성적 욕구의 해소와 적응에 갈등을 경험하게 된다.

한편, 청소년들은 성적 욕구에 대해 다양한 방식으로 대처하고 있는 것으로 보인다. 그 첫 번째 대처방법은 성적 욕구에 대한 청교도적인 억제다. 성에 대한 관심이나 욕구는 비도덕적이고 불건전한 것으로 의식적으로 억제하고 금기시해야 한다고 생각하는 것이다. 이러한 대처방법이 성공적인 경우도 있지만 지나치게 엄격한 억제를 요구하는 경우에는 성에 대한 두려움과 혐오감으로 발전할 수 있으며 간헐적으로 솟아오르는 성적 욕구에 대한 죄의식과 자괴감을 형성할 수도 있다.

두 번째 방법은 성적 욕구의 간접적인 해소방법이다. 즉 성과 관련된 다양한 매체를 통해 성적 욕구를 시각적으로 만족시키거나 성적인 상상을 하는 간접적인 해소방식이다. 이러한 대처방식의 대표적인 것이 음란물을 접하는 것이다. 우리 사회에는 다양한 음란물이 널리 유포되어 있으며, 이러한 음란물을 통해 성에 대한 불건전하고 파행적인 관념과 행위양식을 습득하기도 한다. 또한 사회적으로 금기시하는 음란물 시청에 대한 죄의식을 내면화시킬 수도 있다. 뿐만 아니라 이러한 음란물의 시청은 실제적인 성행위에 대한 호기심과 충동을 자극하여 행동화를 초래할 위험성이 있다.

세 번째 대처방법은 자위행위이다. 자위행위는 대다수의 청소년들이 성욕구를 해소하는 중요한 배출구이다. 특히 남학생에게 있어서는 더욱 그러하다. 그러나 자위행위는 청소년에게 여러 가지 심리적 갈등을 초래하는 경우가 많다. 어떤 청소년은 자위행위에 지나치게 몰두하기도 하고 어떤 청소년은 자위행위에 대한 죄의식을 지니기도 한다. 또한 자위행위에 대한 잘못된 지식으로 인한 남모르는 불안과 고민을 지닌 청소년들도 많다.

마지막 대처방법은 직접적인 성경험의 추구이다. 청소년 중에는 이성친구나 매춘부와의 성행위를 통해 성적 욕구를 직접적으로 배출하려는 경우도 있다. 자기행동에 대한 통제력이 미숙한 청소년들의 경우, 문란한 성행위에 탐닉하게 되거나 때로는 성폭행이나 성추행과 같은 파행적인 성범죄 행동을 보일 수도 있다.

이처럼 청소년의 성에 대한 높은 관심은 긍정적으로 평가하면, 성인으로서 성숙한 성생활을 영위하기 위한 준비노력이라고 볼 수 있다. 즉 청소년기는 성에 대해서 배우고 익히는 교육의 시기이자 연습의 시기라고 할 수 있다. 그러나 청소년들의 성에 대한 관심을 건강하고 성숙하게 해소할 수 있는 사회적 여건과 교육적 노력이 부족한 우리의 현실 속에서는 청소년들이 성과 관련된 고민과 부적응을 경험할 소지가 많다.

2) 과도한 학업의 부담

우리나라 청소년과 학습자들은 누구나 학업과 관련된 심한 스트레스 속에서 산다고 해도 과언이 아니다. 부모, 교사, 학교를 포함한 사회전체가 학습자에게 학업의 부담과 압력을 행사하고 있다. 대부분의 학습자들은 그들의 시간 대부분을 학업에 전념하도록 정규학교 수업뿐만 아니라 보충수업, 과외수업, 자율학습 등으로 생활이 짜여 있어 학업에 대한 비중이 압도적이다. 이러한 학업부담 때문에 누구나 동경하는 자유로운 여가나 취미활동, 그리고 다양한 과외활동 등을 유보하거나 포기해야 하는 상황 속에서 살아간다. 또한 학업능력과 학업수행이 중요시되는 우리의 교육현실은 학습자들의 자기개념과 가치관을 왜곡시킬 수도 있다. 학생의 가치가 학업성적에 의해 평가되는 현실 속에서 지적인 영역에 비중을 두는 자기개념을 형성할 수 있다. 따라서 많은 학생들이 학업성적에 과도하게 매달리고 집착하게 된다. 우리나라 학습자들에게 '고3 증후군'이라는 말이 생길 만큼 시험철이나 입시철이 되면 신경증적인 부적응 현상을 나타내는 학생들이 생겨나고 있다. 또한 학업에만 지나치게 전념하여 대인관계나 과외활동을 등한시하는 학생들이 많다. 그 결과 균형적인 인격의 발달이 이루어지지 못하고 매우 편협하며 편향적인 가치관을 지닌 불균형적인 성격을 형성하기도 한다.

학업성적이 부진한 학생은 마치 열등한 인간인 것처럼 부정적인 자기관을 형성하게 된다. 학업성적이 상대적으로 평가되는 우리의 교육현실 속에서 성적이 우수하여 유수한 상급학교에 진학하게 되는 상위권 학생은 소수인 반면 다수의 학생들은 소위 '중하위권'에 속하게 된다. 이러한 다수의 중하위권 학생들은 부모나 교사뿐만 아니라 친구들로부터도 인정받지 못하여 자신을 열등하게 평가하는 부정적인 자기관을 갖게 될 수 있다. 특히 자아정체감을 형성해 가는 시기에 학업에 대한 지속적인 좌절감을 경험하게 되면 자기 자신에 대한 뿌리깊은 비하감과 열등감을 지니게 될 수도 있다.

이렇듯 학업에 대한 커다란 부담과 압박감을 느끼고 있는 청소년들은 누구나 그로부터의 해방과 탈출을 꿈꾸고 있다고 해도 과언이 아니다. 더구나 학업에 대한 성과가 만족스럽지 못하고 부모나 교사의 심리적 지원이 효과적으로 이루어지지 못할 경우, 청소년들은 파행적인 탈출구로 도주할 가능성이 높다.

3) 심리적 독립 욕구의 증대

청소년기는 아동에서 성인으로 전환하는 중간단계다. 즉 부모에게 모든 것을 의존해야 하는 무력한 아동으로부터 부모로부터 독립하여 자율적인 삶을 살아가는 성인으로 변화해 가는 전이과정이 청소년기다. 따라서 이 시기는 부모에 대한 의존으로부터 벗어나 독립적인 삶을 살아가기 위한 준비와 훈련이 이루어지는 시기다. 아울러 청소년들은 육체적으로 성장할 뿐만 아니라 지적인 성장도 급격히 성장한다. 따라서 부모나 교사의 간섭과 규제를 벗어나 독립적이고 자율적인 삶에 대한 욕구가 증대된다. 독립적인 판단과 행위 능력이 부족하고 아동기에 부모가 보여주던 보호와 인도가 이 시기에는 간섭과 규제로 느껴지기 시작하고 부모나 교사의 입장에서는 청소년들은 '덩치만 큰 아이'로 여겨진다. 보호와 인도가 필요한 미숙한 아동으로서의 인식이 여전히 남아 있는 부모나 교사는 청소년의 판단과 행위가 아직은 미덥지 못하다.

또한 청소년기는 부모의 보호욕구와 청소년의 독립욕구가 첨예하게 부딪치는 시기이기도 하다. 이 과정에서 부모와 청소년 자녀 간에 '힘 겨루기'식의 갈등이 일어나게 된다. 강력한 경제적 · 지적 · 사회적 힘을 지닌 부모는 아직 미숙해 보이는 자녀의 자율적 욕구를 통제하고 반면, 자기 주장적이고 독립욕구가 강한 청소년 자녀는 부모의 통제 시도에 강력하게 저항한다. 많은 청소년들이 경험하는 부모와의 갈등은 이러한 맥락에서 이해될 수 있다.

청소년들은 부모로부터 독립적이고 자율적이고자 하는 욕구를 지니는 한편 경제적 · 정서적 · 사회적으로는 부모에게 의존하는 상태다. 따라서 청소년들이 시도하는 독립의 노력은 한계에 부딪칠 수밖에 없다. 뿐만 아니라 심리적 독립은 부모의 보호와 인도를 포기하고 스스로 결정하여 행동하는 일이기 때문에 자신의 결정과 행동에 대한 책임을 짊어지는 일이기도 하다. 때문에 이 시기의 독립은 힘겹고 두려운 일이다. 따라서 청소년기에 경험하는 독립에 대한 부담과 불안은 오히려 부모의 보호 안에 안주하고 의존하려는 상태로 복귀하려는 마음을 일으키기도 한다. 이러한 점은 대부분의 청소년들이 경험하는 '독립과 의존의 딜레마'이며 많은 청소년 문제가 이러한 심리적 갈등으로부터 파생될 수 있다. 그러나 심리적 독립을 위한 청소년의 노력과 시도는 그것이 설혹 성공하지 못한다 하더라도 매우 긍정적인 면을 지니고 있다. 즉 독립적인 삶을 살아가야 하는 성인으로 성장하기 위한 건강한 시도이자 몸부림이기 때문이다. 이렇듯 청소년기는 의존과 독립의 갈등을 겪으며 서서히 독립적인 존재로 성장해 나가는 시기이다.

4) 인간관계의 확대

청소년기는 인생의 여러 단계 중에서 인간관계가 급격히 확대되고 가장 활발하게 이루어지는 시기다. 특히 학교라는 공간은 자연스럽게 교우관계를 확대시키는 장소다. 아동기의 초보적인 교우관계에서 성격, 관심사, 가치관, 취미, 종교 등과 같은 내면적 기준에 의해서 교우대상이 선택되는 더욱 심화된 교우관계로 발전한다. 또한 교제하는 교우대상이 확대될 뿐만 아니라 조직화되고 집단화되는 경향이 있으며 친구와의 대화 내용이나 질, 활동의 폭 등이 현저하게 확대된다. 따라서 개별적인 교우관계 뿐만 아니라 관심사, 취미, 가치관, 종교관을 공유하는 동료들과 그룹, 서클, 동아리 등을 형성하여 집단적으로 활동하고 교우관계를 유지하는 경향이 생겨나며 아울러 인지적 능력의 발달로 인해 상대방의 관점에서 상대방의 생각과 감정을 이해할 수 있는 공감능력이 발달함으로써 교우관계의 깊이도 한층 더 심화된다.

청소년기에는 동성친구와의 관계뿐만 아니라 이성교제에 대한 깊은 관심과 시도가 나타나게 된다. 성에 대한 관심과 호기심이 증대됨과 더불어 이성친구에 대한 관심과 동경이 증폭된다. 이렇듯 청소년기는 동성친구 뿐만 아니라 이성친구를 포함하여 인간관계가 확대되는 시기다. 따라서 교우관계에 대한 관심과 활동이 증대됨에 따라서 청소년기에는 교우관계와 관련된 고민과 갈등도 많다. 청소년들은 상대방을 이해하고 수용하며 친밀한 인간관계를 맺을 수 있는 정서적 공감능력과 사교적 기술이 미숙한 상태이므로 교우관계에서 많은 갈등을 경험하게 된다. 또한 청소년기의 교우관계는 매우 불안정한 경향이 있다. 친구 사이에서 잦은 대립과 다툼을 경험하게 되고 따라서 친한 친구가 자주 바뀌는 현상이 일어나게 된다. 이러한 교우관계의 불안정으로 인하여 우울, 분노, 불안과 같은 심리적 동요와 혼란을 경험하게 된다.

이렇듯 청소년기에 인간관계에 대한 관심이 증대되고 인간관계의 폭과 깊이가 증대되는 것은 성인으로서의 성숙한 인간관계를 위한 사교적 능력을 성장시키는 노력의 일환이라고 볼 수 있다. 따라서 이 시기에 활발하고 깊이 있는 인간관계의 경험 유무가 성인기의 인간관계 형성에 많은 영향을 미치게 된다.

5) 자아정체감 형성을 위한 노력

Erikson(1968)이 주장했듯이, 청소년기는 자아정체감을 형성하기 위한 노력이 이루어지는 시기다. 청소년기는 신체적, 심리적, 사회적 측면에서 급격한 변화를 경험하는 시기이기 때문에 이러한 변화 속에서 '과연 나는 누구인가'라는 물음에 직면하게 된다. 나아가 '나는 어떠한 사람이고, 앞으로 무엇을 위해 어떻게 살것인가'를 고민하는 등 진로와 직업을 선택하고 계획하는 시기다.

자아정체감은 대인관계, 역할, 목표, 가치 및 이념 등에 있어서 자신이 지니는 고유성, 즉 '자기다움'에 대한 자각과 이에 부합되는 자기통합성과 일관성을 견지해 나가려는 의식적 또는 무의식적 노력이라고 정의할 수 있다. Erikson(1968)에 따르면 자아정체감이 형성과 확립은 청소년기에 시작되는 것도 아니며 청소년기에 끝나는 것도 아니지만 자아정체감의 문제가 가장 두드러지는 것은 청소년기라고 하였다. 그 이유는 다음과 같다.

첫째, 청소년기는 내적 충동의 질적 · 양적 변화가 많은 시기다. 사춘기에 접어들면서 신체적 발달과 성적 성숙이 급격히 증가하게 되면서 신체 내부에서 일어나는 여러 충동들이 질적인 변화를 일으킨다. 따라서 어느 날 문득 거울에 자신의 모습을 비쳐 보고 스스로에게 '너는 누구냐?'라고 묻게 되면서 자아정체감의 문제에 직면하게 된다. 둘째, 청소년들은 상충적인 사회적 요구에 자주 부딪치게 된다. 청소년은 아동도 성인도 아닌 경계인으로서의 특징 때문에 다양한 양가적인 상황에서 자신의 위치 및 역할규정의 문제에 부딪치게 된다. 이와 같은 양가적인 상황과 요구에 자주 직면하게 되면서 청소년들은 자신의 위치와 역할을 어떻게 규정하고 대처해야 할 것인가 하는 문제에 부딪치게 된다. 셋째, 이 시기의 청소년들은 자신의 지적 능력, 학업성적이나 성취, 가치관이나 인생관, 가족의 사회경제적 신분 등을 비롯하여 자신의 이상과 현실 사이에서 방황하며 고민하게 된다.

청소년들은 의식적이든 무의식적이든 자아정체감의 형성과 확립을 위한 다양한 시도와 노력을 하게 된다. 이 시기에 자신의 이상에 알맞은 동일시의 대상을 찾게 된다. 가깝게는 부모, 친척, 교사, 사회적 유명 인사나 명망가, 연예인이나 운동선수, 나아가서는 세계적 위인들에 대하여 관심을 갖게 되고 동일시의 대상으로 삼는 경우도 있다. 그러나 마땅한 동일시의 대상을 찾지 못하거나 능력과 여건의 괴리 때문에 동일시를 포기하는 경우도 많다. 또한 이 시기의 청소년들은 자신의 존재에 대한 굳건한 확신을 갖지 못하기 때문에 소속집단에 동일시하려는 경향이 있으며 집단적 정체감을 통해 자아정체감을 형성하려고 시도한다. 흔히 이러한 청소년 중에는 집단적 정체감에 지나치게 몰입하여 매우 편협하고 배타적인 경향을 나타내는 경우도 있다. 자아정체감의 형성에는 사회적 측면도 관여한다. 이 시기의 청소년들은 자신의 가치관과 선호뿐만 아니라 부모나 교사와 같은 주변사람들의 기대에도 부응해야 한다는 부담을 지니게 된다.

이렇듯, 청소년들은 자아정체감의 형성을 위해서 많은 노력을 하게 되지만 많은 청소년들이 자아정체감의 형성을 위한 여러 가지 시도에서 성공하지 못하고 혼란을 경험하게 된다. 이렇게 자신의 존재와 자기가 추구해 나갈 가치에 대한 확신이 서지 않을 때 심각한 정체감 혼미(identity confusion)에 부딪치게 된다. 이러한 갈등을 긍정적으로 극복하지 못할 때, 청소년들의 고민은 점점 심화되는데 이러한 현상을 Erikson은 정체감 위기라고 명명하였다.

Marcia(1966)는 청소년들이 지니게 되는 자아정체감의 유형 및 수준을 정체감 확산, 정체감의 조기성숙, 정체감 유예, 정체감 성취의 상태로 분류한 바 있다. 첫째, 정체감 확산(identity diffusion)의 상태는 제일 낮은 성취수준으로 자아정체감의 형성에 대한 관심과 노력이 결여된 상태다. 둘째, 정체감의 조기성숙(identity foreclosure)의 상태는 정체감 위기를 경험하지 않은 채 바로 부모나 교사와 같은 권위적 존재에 의해 주어진 가치관과 인생관을 그대로 받아들여 쉽게 동조하는 상태를 의미한다. 이 상태 수준에서는 외부적 상황의 변화나 충격에 부딪치면 외견상 유지되던 정체감이 붕괴되는 위험을 내포하고 있다. 셋째, 정체감 유예(identity moratorium)의 상태는 정체감 위기를 경험하고 적극적으로 정체감을 탐색하게 되지만 여러 가지 대안을 가능한 정체감으로 지닌 채 특정한 정체감에 대한 확신을 갖지 못하고 실천적 행동으로 옮기지 못하는 상태를 뜻한다. 마지막으로 가장 높은 성취수준은 정체감 성취(identity achievement)의 상태다. 이 수준은 이미 정체감 위기를 통해 정체감 형성을 위한 탐색과 고민을 거쳐 나름대로의 정체감을 어느 정도 확고하게 정립하고 이를 위해 행동으로 옮겨가는 상태를 의미한다.

이러한 네 가지 정체감 유형은 크게 2가지 기준에 의해서 구분된다. 첫째 기준은 정체감 형성을 위한 능동적이고 적극적인 탐색과정이 있었는지의 여부이다. 정체감 성취나 정체감 유예에는 이러한 적극적 탐색과정이 있는 반면, 나머지 성취수준에서는 이러한 과정이 부족하거나 결여된 상태다. 둘째 기준은 나름대로의 정체감을 형성하고 특정한 진로, 직업, 가치의 실현을 위해 행동적으로 실천하고 있는지의 여부다. 정체감 성취와 정체감 조기성숙은 이러한 구체적인 실천이 이루어지는 상태인 반면, 정체감 확산과 정체감 유예는 이러한 실천적 노력이 이루어지지 못하는 상태라고 볼 수 있다.

이 밖에도 청소년기에는 여러 가지 심리사회적 발달이 이루어지는 시기다. 인지적 발달이 급격히 진행되어 고도로 추상적이고 논리적인 사고를 할 수 있게 되어 성인수준의 사고능력이 발달하게 된다. 또한 정서적 발달도 이루어져서 매우 세분화되고 다양한 감정의 경험을 통하여 풍부한 감정생활을 할 수 있게 된다. 아울러 활발한 대인관계를 통해 타인의 관점에서 내면적 사고와 감정 상태를 조망할 수 있는 사회적 공감능력과 다양한 사교적 기술이 향상하는 시기가 청소년기다.

2 청소년기의 어려움

1) 학업 및 진로의 문제

우리나라 학습자들이 학업에 대한 많은 정신적 부담감과 압박감을 느끼고 있다는 것은 여러 연구에서 확인된 사실이다. 고등학생을 대상으로 한 학습자의 스트레스에 대한 황정규(1990)의 연구에 따르면, 학업성적에 대한 스트레스가 가장 큰 것으로 나타났다. 특히 시험에 실패했거나 성적 부진 및 저하로 야단맞을 때 학습자들은 가장 많은 스트레스를 경험한다고 보고하고 있다.

학습자들이 경험하는 학업과 관련된 문제는 몇 가지 유형으로 나누어 볼 수 있다. 첫 번째 유형의 학업관련 문제는 성적 저하로 인한 걱정과 스트레스다. 성적 저하로 인하여 부모나 교사로부터 꾸중과 질책을 받게 되면 심리적 충격이 더욱 커진다. 학습자에게 있어서 학업성적은 매우 중요한 심리적 의미를 지닌다. 학업성적은 부모, 교사, 친구들로부터 자신의 가치를 인정받는 주요한 근거가 되기 때문이다. 따라서 학업성적의 저하는 이들로부터 자신을 인정받지 못하고 자신의 가치가 떨어지는 것으로 받아들이게 되어 심한 좌절감과 열등감을 초래하게 되어 정서적 문제로 확대될 수 있다.

두 번째 유형의 학업관련 문제는 시험불안이다. 많은 학습자들이 시험을 볼 때 매우 심한 불안을 경험한다. 어떤 학생은 시험이 다가오면 불안하고 초조하여 주의집중이 되지 않고 잠을 이루지 못하여 두통과 소화불량 등 여러 가지 신체적 증상을 보이기도 한다. 이러한 시험불안은 성적에 대한 지나친 집착과 성적 저하에 대한 두려움과 관련되어 있다.

세 번째 유형의 학업관련 문제는 학업능률의 저하이다. 학업에 대한 동기도 높으며 실제로 많은 시간을 공부하는 데도 불구하고 성적이 오르지 않거나 성적 부진을 호소하는 학생들이 많다. 이러한 문제를 지닌 학생은 스스로 좌절감에 휩싸이게 되며 부모 역시 안타까움과 실망감을 느끼게 된다.

이렇게 학업능률이 저하되는 학생들의 문제는 그 원인에 따라 몇 가지 유형으로 나누어 볼 수 있다. ① 학업능률이 오르지 않는 학생들 중에는 주의집중의 곤란을 호소하는 학생들이 많다. ② 공부방법이 효율적이지 못한 학생들이다. ③ 학습능률이 오르지 않는 학생 중에는 잘못된 공부습관을 지닌 학생들이 있다. ④ 학생의 지능수준이 낮은 경우다.

학업과 관련된 문제의 네 번째 유형은 공부에 대한 회의와 동기 저하다. 이 유형의 학생들은 학업에 대한 동기가 부족한 학생들이며 공부하기가 싫고 무의미하다고 느껴지며 따라서 공부에 소홀해지게 된다.

마지막으로 학업과 관련하여 파생되는 문제들이 많다. 지나친 학업에 대한 몰두나 집착으로 인하여 교우관계를 지나치게 소홀히 하거나 교우관계를 맺지 못하게 하여 결과적으로 친구들로부터 따돌림과 소외를 당하는 문제, 성적에 대한 지나친 경쟁으로 인하여 생겨나는 교우관계의 갈등과 질투, 성적이 부진한 학생에 대한 무시와 놀림, 공부와 학업성적으로 인한 부모와 자녀 간의 갈등과 같이 여러 가지 문제가 학업과 관련하여 파생될 수 있다.

대부분의 학업문제는 진로문제와 밀접하게 관련되어 있다. 학습자 자신이나 부모와 교사들이 학업을 중시하는 이유는 학업성적이 우수한 상급학교로의 진학과 불가분의 관계에 있기 때문이다. 따라서 학업문제와 진로문제는 동전의 앞면과 뒷면의 관계와도 같다.

학습자들이 흔히 부딪치게 되는 진로문제 역시 몇 가지 유형으로 나누어 살펴보자. 첫째, 가장 많은 학습자들이 당면하는 진로문제는 현실과 희망 간의 현저한 괴리일 것이다. 많은 학습자들이 진학하고자 희망하는 상급학교와 자신의 성적을 고려한 상급학교 간에 괴리가 생길 때 진로에 대한 고민을 하게 된다. 둘째, 진로에 대한 압박감과 두려움을 느끼는 학생들이 많다. 좋은 학교에 진학해야 한다는 것에 집착하고 이로 인한 압박감을 많이 느끼며 그렇지 못하면 자신의 인생에 커다란 불행이나 문제가 생길 것이라는 두려움을 지니는 학생들이 이에 속한다. 세 번째 유형의 진로문제는 진로선택의 갈등문제다. 진로선택의 문제는 학생의 적성, 흥미, 가치관, 졸업 후 진로 등 여러 가지 요인을 고려해야 하기 때문에 상당한 방황과 혼란을 느낄 수 있으며 자아정체감 문제와도 밀접한 관련이 있다. 또한 진로선택에는 학습자 개인의 특성과 바람뿐만 아니라 부모의 기대와 바람을 무시할 수 없기 때문에 부모와 자녀간의 의견대립이 생길 수 있고 자칫 부모-자녀관계의 갈등으로 비화될 수 있다.

학업 및 진로의 문제는 학습자들의 중요한 고민인 동시에 학습자에게 고유한 문제이기도 하다. 실제 상담 장면에서 학습자 자신이나 의뢰한 부모 또는 교사가 일차적으로 호소하는 문제가 학업 및 진로문제인 경우에도 좀 더 자세히 탐색하게 되면 사실상 여러 가지 문제가 복합적으로 관련되어 있는 경우가 많다.

2) 인간관계의 문제

학습자의 인간관계 문제를 인간관계의 영역에 따라 크게 3가지 영역, 즉 가족관계, 동성친구 관계, 이성친구 관계에서 발생하는 문제로 나누어 살펴보고자 한다.

학습자가 경험하는 가족관계의 문제는 크게 부모와 형제자매와의 문제로 나누어 볼 수 있다. 먼저 부모와의 문제를 살펴보기로 하자. 김창대 등(1992)은 학습자들이 부모와의 관계 속에서 나타나는 문제의 세부 내용으로는 부모와의 거리감 · 소홀 · 무관심, 부모와의 의사소통의 문제, 부모의 지나친 관심과 개입, 자녀에 대한 부모의 차별과 비교, 부모에 대한 무서움, 부모의 체벌 · 구타 · 학대, 부모와의 공유시간 부족, 문제부모로 인한 문제, 결손가정에서 생기는 문제 등을 들고 있다. 그러나 이러한 다양한 문제는 부모와 학습자 자녀의 관계 유형 속에서 파악될 수 있으며 학습자들이 흔히 보고하는 갈등적인 부모-자녀관계는 크게 3가지 유형으로 나누어 볼 수 있다.

첫째, 통제적이고 지배적인 부모의 경우다. 이러한 부모는 자녀의 생활방식, 가치관, 이성관계, 진로 등에 대해서 적극적으로 개입하고 관련하며 자녀가 자신의 방식과 가치에 따르도록 요구한다. 이러한 부모의 양육방식에 순종적이고 의존적으로 따르는 학습자는 자아정체감이나 자율성에 있어서 미숙한 상태에 머무르게 되며 부모의 삶을 대신 살아주는 셈이 된다. 이런 유형의 학습자 자녀 중에는 강하고 지배적인 부모에게 겉으로는 대항하지 못하고 수동적이고 저항적인 태도를 지니며, 여러 가지 생활적인 이유를 핑계로 부모의 뜻에 반하는 수동공격적인 행동을 나타내기도 한다.

둘째, 자녀에 대해 방임적이고 무관심한 부모들이 있다. 이러한 부모는 경제적 또는 정서적으로 자녀를 지원하는 일에 무관심하거나 무력한 부모들이 많다. 이 경우 학습자 자녀들은 부모의 경제적 또는 심리적 지원을 받지 못하기 때문에 혼자서 자신의 생활을 영위해 나가야 하는 심한 부담감, 결핍감, 고독감을 느끼게 된다. 따라서 자녀들은 가족 밖의 인간관계를 더욱 중요시하게 되며 만족스런 친구관계나 이성관계를 형성하지 못할 경우에는 심한 심리적 우울과 혼란을 경험할 수도 있다.

셋째, 자녀에게 지나치게 의존적인 부모다. 가정의 의사결정이나 가족에 대한 부양책임을 자녀에게 부여할 뿐만 아니라 정서적인 지지나 위안, 경제적인 문제까지도 자녀에게 기대하는 부모들이다. 이러한 자녀는 자유로운 사회활동이나 진로탐색이 제한될 수밖에 없다.

이 밖에 학습자들은 형제자매와의 관계 속에서도 많은 갈등을 경험할 수 있다. 부모의 재정적 또는 심리적 지원을 받는 과정에서 형제자매는 경쟁적인 관계에 서게 될 수 있다. 형제자매 사이에서 경험하는 갈등관계를 형제간 경쟁(sibling rivalry)이라고 한다. 형제자매 관계에는 내면적으로 경쟁적 심리가 존재하며 부모로부터 학업에 대한 경제적 지원과 심리적 지지의 측면에서 경쟁이 심화되어 서로에 대한 질투와 미움이 생길 수 있다.

형제간 서열에 따라 가족 내에서 기대되는 역할은 다르다. 형이나 누나에게는 연장자로서 동생을 보살피고 인도하는 역할을 요구하며 반면, 동생은 형이나 누나를 따르고 존중하는 역할을 요구한다. 이러한 서열에 따른 역할기대와 역할수행의 괴리는 갈등의 한 요인이 될 수 있다.

동성친구와의 관계에서 발생하는 문제는 그 발생요인에 따라 4가지 하위유형으로 나누어 볼 수 있다.

첫째, 교우관계를 형성하는데 어려움을 겪는 학습자들이 많다. 즉 친구를 사귀지 못하고 소외되거나 따돌림을 당하는 학습자다. 이러한 학습자들은 외로움과 소외감을 느끼며 심리적 · 사회적으로 위축하게 되어 학교생활이 즐겁지 못하고 오히려 고통스럽게 여겨지기 때문에 학교에 가는 것을 두려워하게 된다.

둘째, 많은 학습자들이 교우관계를 심화시키는 데 어려움을 겪는다. 학습자들은 단짝친구와 같이 매우 친밀하고 진정한 친구를 찾는 경향이 있다. 피상적인 교우관계를 넘어서서 서로 신뢰하고 속마음을 서로 나누며 정서적인 수용과 지지를 주고받을 수 있는 절친한 교우관계를 원한다. 그러나 많은 학습자들이 이러한 교우관계를 형성하는 데 실패하여 고독해하거나 고민하게 된다.

셋째, 교우관계에서 빈번한 다툼과 갈등을 겪는 학습자들이 많다. 청소년기는 친밀한 교우관계를 형성하여 자아정체감을 확립하는 시기이자 교우관계가 매우 불안정한 시기이기도 하다. 따라서 친한 친구 사이에서 갈등이 생기게 되면 갈등해결 능력이 미숙하기 때문에 배신감과 적대감을 느끼게 되거나 다툼과 싸움으로 발전될 수 있다.

넷째, 교우관계에 대한 지나친 몰두로 인해 학업에 지장을 받거나 비행을 저지르게 되는 학습자들도 있다. 지나치게 친구들과 보내는 시간을 좋아해서 공부할 시간을 내지 못하는 학생들이 이에 속한다. 이러한 학생 중에는 성적이 저하되고 친구들과 놀기 위해 돈을 많이 쓰게 되거나 밤 늦게 귀가하는 등의 문제가 발생하게 된다.

그 밖에도 학습자들이 교우관계에서 경험하는 고민은 다양하다. 학교 또는 같은 반의 친한 소집단간의 갈등과 경쟁, 단짝에 대한 지나친 집착과 편협한 교우관계, 교우들에 대한 지나친 피해의식과 공격행동, 전학이나 이사 등으로 인한 단짝 친구에 대한 상실감 등 교우관계에서 여러 가지 어려움을 겪는 학습자들이 있다.

한편, 학습자들이 이성친구와의 관계에서 흔히 경험하게 되는 문제는 크게 5가지 유형으로 나누어 볼 수 있다.

첫째, 이성친구에 대한 지나친 관심과 몰두다. 이성친구를 사귀기 위해 지나치게 많은 시간을 소비하거나 이성친구와 성관계를 갖게 되어 임신을 하게 되는 등 이성친구에 대한 지나친 관심과 몰두는 여러 가지의 문제를 야기시킨다.

둘째, 이성친구와 교제하는 과정에서 여러 가지 심리적 갈등을 경험하는 학습자도 있다. 이성친구와 다투거나 갈등이 생겨 고민하는 경우나 한 이성친구를 두고 동성친구와 경쟁을 하게 되는 삼각관계에 빠져 괴로워하는 경우가 이에 속한다.

셋째, 이성친구에 대한 지나친 수줍음과 불안이다. 이성친구에 대한 호기심과 관심을 가지고 있으나 막상 이성친구와 접촉하게 되면 수줍음과 부적절감 때문에 제대로 행동하지 못하고 불안해하는 학습자들이 드물지 않다. 이런 학습자 중에는 이성을 대하는 적절한 방법을 배울 기회가 없었고 대인관계 기술이 미숙한 학습자들이 많이 있다.

넷째, 일부 학습자 중에는 이성친구에 대한 지나친 거부감과 혐오감을 지닌 경우도 있다. 이성과 이성교제에 대한 왜곡된 생각과 신념을 지니고 있어 이성친구에 대해서 불필요한 혐오감과 적개심을 지니고 있다. 따라서 이러한 학습자들은 이성친구의 접근에 지나치게 예민한 반응을 보이거나 이성친구에 대한 과도한 회피반응을 보이는 학습자들이 많이 있다.

다섯째, 학습자들은 이성교제로 인해 부모와의 갈등을 경험하기 쉽다. 이성교제 자체를 반대하거나 현재 사귀고 있는 이성친구를 반대하거나 친밀한 이성교제에 대해서 간섭하는 부모에게 학습자들은 반발하게 된다. 따라서 이성교제는 남녀 학습자의 문제를 벗어나 부모와의 갈등으로 비화되는 경우가 적지 않다.

3) 자아정체감 및 가치관의 문제

학습자들이 흔히 경험하는 자아정체감 및 가치관 문제를 그 내용에 따라 자기개념의 문제, 가치관 및 인생관의 문제, 종교적 또는 실존적 문제, 진로문제 등으로 나누어 살펴보기로 한다.

학습자의 자아정체감과 관련된 첫 번째의 문제 유형은 자기개념의 문제로서 많은 학습자들은 자신에 관한 신체적 · 심리적 특성을 수용하는 데에 어려움을 경험한다. 이러한 경우 자신의 신체적 · 심리적 특성을 부적절하고 불편하며 열등한 것으로 받아들이게 된다. 자아개념의 문제는 그 영역에 따라서 몇 가지로 구분되는 데 첫째는 외모나 신체적 특성에 대한 불만과 열등감이다. 둘째는 자신의 능력과 성격에 대한 불만이다. 자신의 지적 또는 예술적 능력에 대해서 뿐만 아니라 자신의 성격에 대해서 부적절감과 열등감을 지니게 된다. 셋째는 학습자 중에는 자신과 가족의 사회경제적 지위나 신분에 대해서 불만과 열등감을 지니는 경우다. 부모의 학력이나 직업, 경제적 능력, 가족관계 등에 대해서 불만을 느끼고 친구들과 비교하여 열등감을 지니는 학습자들이 드물지 않다. 이렇듯, 자기 자신을 구성하는 것들에 대해서 불만을 느끼고 회의를 품으며 변화를 위한 시도가 학습자들이 나타내는 자아정체감과 관련된 주요한 문제들이다.

두 번째 문제 유형은 가치관 및 인생관의 문제다. 학습자들은 '나는 무엇인가?'라는 물음과 더불어 여러 가지 선택상황에 부딪치게 되면서 '나는 무엇을 위해 어떻게 살 것인가?'라는 물음을 제기하게 된다. 이러한 물음에 대한 고민과 혼란에서 파생되는 문제들이 가치관과 인생관의 문제다. 이밖에도 학습자들은 개인의 행동이나 사회적 현상에 대한 선악과 득실을 평가하는 진단기준의 부재나 그에 따른 혼란을 경험한다. 뿐만 아니라 판단기준이 부모나 사회의 그것과 다름으로 인한 대립과 갈등을 경험하게 된다.

자아정체감과 관련된 세 번째의 문제 유형은 실존적 또는 종교적 문제다. 청소년기에 접어들면서 인지적 발달과 더불어 삶에 대한 장기적인 안목이 형성되며 인생의 의미에 대해 많은 생각을 하게 되어 죽음에 대한 예측과 불안을 경험하게 된다. 이 과정에서 많은 학습자들이 삶에 대한 회의와 무의미감, 죽음에 대한 두려움, 종교에의 지나친 몰두나 반발 등은 소위 실존적이며 종교적인 문제를 보이게 된다.

마지막으로 진로선택의 문제는 자아정체감과 밀접한 관계를 맺고 있다. 진로 및 직업의 선택은 학습자 자신의 적성, 지능, 성격, 흥미와 같은 자기 이해와 삶의 가치와 목표를 선택하는 가치관 및 인생관이 관여되는 문제이기 때문이다.

4) 비행행동의 문제

학습자의 비행행동은 학습자 자신보다는 부모, 교사, 학교에 의해서 문제시되어 상담기관에 의뢰되는 것이 일반적이다. 상담 장면에 흔히 의뢰되는 학습자의 비행문제를 유형별로 나누어 살펴보기로 한다.

첫째, 가장 흔한 학습자 비행의 문제는 폭력적인 행동이다. 학교에서 자주 폭력을 행사하거나 금품을 갈취하는 상습적인 행동을 하는 학습자들이 있다. 이러한 학습자의 상습적인 폭력행동은 불화한 가정에서 성장하여 가족에 대한 분노나 적개심을 학교나 교우관계에서 표출하는 경우가 많다. 특히 TV나 영화 등에서 폭력물을 접할 기회가 많고 폭력행위를 미화시키거나 정당화하는 내용이 많은 것도 학습자의 폭력적인 행동을 증가시키는 원인이 된다.

둘째, 성비행의 문제다. 청소년기는 성적 충동과 성에 대한 호기심이 폭발적으로 증대되는 시기다. 이 시기에 성적 자극과 쾌락을 추구하려는 충동에 대한 조절에 실패하여 여러 가지 성비행을 저지르는 학습자들이 드물지 않다. 국내에서 발생하는 성폭력 범죄는 연간 약 25만건으로 추정되고 있으며, 연령별로 보면 19세 이하가 36.0%, 20~25세가 21.6%로 성범죄의 약 57%가 청소년에 의한 것으로 볼 수 있다. 사회 문화적 요인으로는 외설적인 영화, 비디오, 잡지, 만화, 소설 등의 성적인 자극과 또래집단을 매개로 형성된 성에 대한 그릇된 가치관과 사회 전반적으로 만연된 향락문화를 들 수 있다.

셋째, 약물남용 문제다. 술, 담배, 본드, 환각제, 각성제 등의 여러 가지 중독성 물질을 상습적으로 남용하는 학습자들이 늘어나고 있다. 약물은 일시적으로 심리적인 고통과 불쾌감을 완화시켜 주는 효과가 있기 때문에 스트레스 대처 능력이 미숙한 학습자들이 심리적 긴장감, 우울, 불안 등을 대처하는 방법으로 약물을 사용한다. 약물남용의 가장 큰 문제는 약물에 대한 중독성으로 인하여 신체적 · 심리적 의존현상이다. 약물에 대한 이전과 동일한 복용효과를 얻기 위해서는 점점 더 많은 양의 약물이 필요하게 되는 내성이 생기게 되고, 약물 사용을 중단했을 때는 금단현상을 경험하게 된다. 약물 사용 자체가 불법적이고, 많은 비용이 필요하므로 약물을 조달하기 위해 불법적인 거래 등에 참여하게 되고, 범죄 집단과 접촉을 하게 됨에 따라 다른 비행에 빠질 가능성이 높아지게 된다.

넷째, 가출, 외박, 늦은 귀가, 거짓말, 훔치기, 도벽, 도박 등과 같은 일탈행위들이다. 흔히 가출은 학습자들이 부모에 대한 불만이나 분노를 표현하는 저항수단으로 나타나는 경우가 많으며, 비행집단에 속해 있을 경우 더욱 쉽게 발생할 수 있다. 이외에도 거짓말, 물건 훔치기, 도박을 습관적으로 행하는 품행장애적 행동문제와 미성년자로서 금기된 진한 화장, 옷차림, 머리모양, 염색 등을 하는 성인모방적 행동문제가 있다.

이러한 비행문제는 학습자 자신보다는 부모, 교사, 학교의 입장에서 문제시 되는 경우가 대부분이다. 따라서 문제를 지닌 학습자는 상담동기가 낮으며, 흔히 열악한 가정환경에서 성장하거나 부모에 대한 분노와 적개심을 내면적으로 지니고 있는 경우가 많다. 뿐만 아니라 비행문제로 상담 장면에 오게 되는 학습자들은 이미 부모나 교사로부터 심한 꾸중과 질책을 받았으며, 이에 대한 반발심과 분노를 지니고 있는 경우가 많다. 이들은 부모나 교사의 말에 따르기 보다는 반발하게 되고, 가정이나 학교보다는 비행친구 집단과 더 자주 어울리게 된다. 따라서 더 심한 비행행동을 저지르게 되고 부모나 학교로부터 강한 처벌을 받게 되는 악순환을 경험하는 경우가 많다.

청소년기의 사소한 비행이 반복적으로 지속되게 되면 반사회적 성격장애로 발전할 수 있다. 반사회적 성격장애는 사회적 규범에 대한 무시, 위배, 권위에 대한 반발, 다양한 폭력적 또는 위법적 행위, 불법행위에 대한 죄의식 결여 등의 심리적 특성을 성격적으로 지니는 성격장애의 한 유형으로서 흔히 상습적 범죄 행위를 저지르는 경우가 많다.

5) 정서 및 정신장애의 문제

학습자에게서 흔히 나타나는 정서적 문제로는 불안장애, 우울장애, 섭식장애, 정신분열증 등이 있다.

상담실을 찾는 학습자 중에는 소위 불안장애에 속하는 어려움을 지닌 학생들이 많다. 이유 없이 불안하고 깜짝깜짝 잘 놀라며 늘 불길한 일이 일어날 것 같아 긴장하며 주의집중이 안 되고, 대인관계에서의 불안감을 경험하는 문제는 학습자들이 흔히 호소하는 내용이다. 그러나 불안이 지나치게 심하거나 위협적이지 않은 상황에서 부적절하게 불안감을 경험하고, 이로 인해 생활적응에 상당한 지장을 받게 되는 것을 불안장애라고 할 수 있다.

불안장애는 막연하게 불안을 경험하는 범불안장애, 갑작스럽게 매우 강한 불안상태에 휩싸이게 되는 공황장애, 특정한 대상이나 상황에 공포감을 느껴 회피 반응을 보이는 공포장애, 불안감으로 인해 원치 않는 사고나 행동을 반복적으로 하게 되는 강박장애, 매우 충격적인 사건 후의 후유증으로 경험하게 되는 외상 후 스트레스장애 등 다양한 불안의 유형이 있다. 특히 학습자들 중에는 여러 가지 상황이나 대상에 대해서 공포감을 지니고 있는 경우가 흔한데, 이 중에는 사회공포증, 학교공포증, 시험공포증 등이 있다. 사회공포증을 지닌 학습자들은 다른 사람 앞에서 자신이 부적절한 행동을 보이거나 상대를 불쾌하게 하여 부정적인 평가를 받게 되는 것에 대한 두려움이다.

청소년기에 흔히 경험하는 두 번째 유형의 정서장애는 우울증이다. 청소년기는 기분의 변화가 심한 불안정한 시기다. 우울은 기본적으로 상실이나 손실에 대한 정서적 반응으로서 시험성적이 좋지 않거나 친구관계에 갈등이 생겨 이를 상실로 받아들이게 되면 우울감정을 경험하게 된다. 이러한 우울증은 여러 가지 상실경험으로 인한 자기가치감과 자기존중감의 저하로 유발되는 경우가 흔하다. 학업성적의 저하나 부진, 자신의 외모나 신체에 대한 열등감, 교우관계에서의 소외나 따돌림, 친한 친구와의 결별이나 갈등 등의 사건들은 예민한 시기의 학습자들에게 우울상태를 경험하게 한다. 나아가 심한 우울증은 자살행동을 유발할 수 있는 치명성을 지니고 있다.

여자 학습자에게 특히 나타나는 정신장애가 섭식장애다. 섭식장애는 거식증과 폭식으로 구분할 수 있다. 거식증은 날씬한 몸매를 유지하거나 뚱뚱해지는 것을 방지하기 위해 필요한 최소한의 음식물마저 섭취하지 않아서 급격하게 체중이 감소하는 상태를 말한다. 이러한 거식증은 때로 영양실조와 같은 여러 가지 건강상의 문제를 야기하게 되며 심각한 경우에는 사망하기도 한다. 두 번째 유형의 섭식장애는 폭식증이다. 폭식증은 섭식과정에서 간헐적으로 많은 양의 음식을 먹고, 그 결과로 체중이 증가되는 것에 대한 두려움 때문에 의도적으로 토하거나 이뇨제나 설사제 등을 복용하는 것을 통해 체중을 감소시키려는 노력이 반복되는 상태를 말한다. 폭식과 구토를 반복하는 과정에서 위장장애, 구강장애 등이 여러 가지 건강문제가 파생된다.

세 번째 유형의 정서장애는 정신분열증이다. 10대 후반부터 발생률이 급증하는 매우 심각한 정신질환이다. 주요한 증상으로 주변 현실을 지각하고 이해하는 능력이 현저하게 저하되어 환각 및 망상상태를 보이게 되고, 사고의 논리성이 와해되어 비논리적인 사고와 언어행동을 보인다. 또한 감정표현이 부적절하여 이상하고 괴이한 행동을 하기도 한다. 정신분열증이 발병하는 방식에는 크게 두 가지로 구분할 수 있는데 그 첫째는 진행성 정신분열증이다. 이 같은 유형의 정신분열증은 매우 서서히 진행되어 가족이나 교사에 의해 쉽게 발견되지 않는 경우가 많다. 대부분 성적이 서서히 저하하여 매우 부진한 상태가 지속되며 교우관계가 극히 제한되고 고립된 상태에 있게 된다. 또 다른 유형인 반응성 정신분열증은 충격적인 사건으로 인해 급작스럽게 정신분열적인 증상을 보이는 경우다. 이 경우에는 학습자의 평소 행동과 매우 다른 부적절한 행동을 보이기 때문에 쉽게 그 이상성이 관찰될 수 있다.

정신분열증과 같이 심한 정신병 상태에 있는 학습자들은 전문가에 의뢰하거나 전문가와 긴밀한 협의 하에 집중적으로 돌보아 주어야 한다.

참고 문헌

김아영 외 5인(1997). 교육심리학. 서울 : 학문사.
김태련(1992). 청소년기의 발달과 발달과정. 청소년 심리학. 서울 : 한국청소년연구원.
김헌수 외(2007). 신교육학개론. 서울 : 태영출판사.
도종수(1992). 대중사회와 청소년 문제. 청소년 문제론. 서울 : 한국청소년연구원.
박성수(1991). 생활지도. 서울 : 정민사.
송인섭 외(2000). 교육심리학. 서울 : 양서원.
심응철(1992). 청소년의 일탈행위와 비행. 청소년 심리학. 서울 : 한국청소년연구원.
여광응 외 3인(1992). 교사를 위한 교육심리학. 서울 : 양서원.
여광응 · 전영길 · 정종진 · 조인수(1992). 교사를 위한 교육심리학. 서울 : 양서원.
오경자(1992). 청소년의 정신건강. 청소년 심리학. 서울 : 한국청소년연구원.
유기섭 · 김태호(2001). 교육심리학. 서울 : 동문사.
윤운성(2002). 교육의 심리적 이해. 서울 : 양서원.
이달석(2001). 교육심리학. 서울 : 학지사.
이성진(1999). 교육심리학서설. 서울 : 교육과학사.
이장호(1995). 상담심리학. 서울 : 박영사
이형득 외(1992). 상담의 이론적 접근. 서울 : 형설출판사.
장휘숙(2002). 청년심리학. 서울 : 학지사.
정원식 외 2인(1991). 현대교육심리학. 서울 : 교육출판사.
최윤진(1992). 청소년과 가치관. 청소년문화론. 서울 : 한국청소년연구원.
최충옥(1992). 가정과 청소년문제. 청소년문제론. 서울 : 한국청소년연구원.
황응연. 윤희준(1983). 현대생활지도론. 서울 : 교육출판사.
황정규(1990). 학교학습과 교육평가. 서울 : 교육과학사.

Allport. G. W.(1961). Pattern and Growth in Prsonality. N. Y. : Holt.
Allport. G. W.(1937). Personality. Henry Holt. pp. 303-311.
Atkinson. R. L., Atkinson. R. C., & Hilgard. E. R.(1983). Introduction to Psychology (8th ed.). NY : Harcourt Brace Jovanovich.

Freud. S.(1901). The Psychopathology of Everyday Life. Vol. 6.

Erikson. E. H.(1968). Identity : youth and crisis. NY : W.W. Norton and Company.

Gibson. R. L., & Mitchell. M. H.(1981). Introduction to Guidance. NY : Macmillan.

Hall. C. S. & Lindzey. G.(1970). Theories of Personality (2nd ed.). N. Y. : John Wiley & Sons. p. 34.

Marcia. J. A.(1966). Development and validation of ego identity status. Journal of Personality and Social Psychology. 3. 176-183.

Morrissey. M.(1998). Middle school counselors playing vital role in development of youth. Counseling Today. 4(11). 13-14.

Rogers C. R., Freedom to Learn. Columbus Ohio : Merrill. 1969.

Rogers. C. R.(1970). On becoming a person : A therapist's view of psychotherapy. Boston : Houghton Mifflin-Sentry Edition.

Ross. D. M.(1996). Childhood bully and teasing : What school personnel, other professionals, and parents can do. Alexandria. American Counseling Association.

Shaffer. L. F.(1959). The psychology of adjustment. Boston : Houghton Mifflin Co.

Shertzer. B., & Stone. S. C.(1981). Fundamentals of guidance(4th ed.). Boston : Houghton Mifflin.

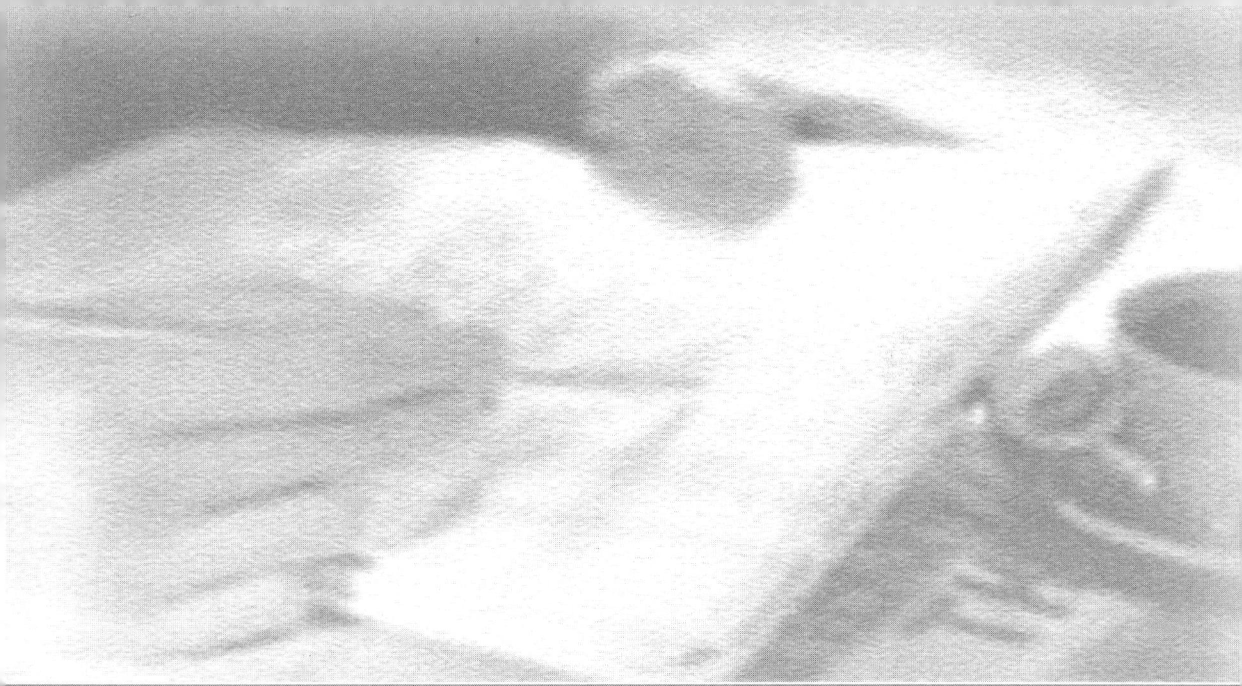

제 2 장

생활지도의 이해

1. 생활지도의 기초
2. 생활지도의 영역

1 생활지도의 기초

1) 생활지도의 역사

20세기 초 우리의 학교교육은 일제의 식민지 시기를 거치면서 학생들의 발전과 성취를 돕는 교육의 제 기능을 수행하지 못하였다. 우리는 이 기간 동안 일제의 민족문화말살정책에 의한 일본인화 교육을 받으면서 농업 · 상업 · 공업 학교 등 직업학교에서 교육을 받았다. 미국의 학교에서 학생들의 직업선택을 돕는 교육을 강화하는 동안, 우리는 일제가 의도하는 한국인 우민화 또는 일본인화를 위한 교육을 받고 있었다. 그러므로 이 시기뿐만 아니라 1945년 해방되기까지 우리의 학교교육은 학생생활지도를 진정한 교육적 의미로 논의한다는 것은 의미가 없다.

해방 후 우리나라에서는 그 당시 직업지도 뿐만 아니라 상담과 심리측정 및 심리치료로써 학생들의 정신건강을 함양하는 데 중점을 둔 서양교육과는 달리 올바른 생활과 도덕생활을 강조한 정신고양으로서의 생활지도에 중점을 두었다. 점차 일제의 교육방식에서 벗어나 서구식의 학교 형태로 발전한 후 학생들의 성장과 발달을 위한 학생생활지도가 점차 활성화되기 시작하였다.

1950년대 학교교육 생활지도의 방향은 반공교육과 도의 정서교육으로서 구체적으로 도의교육(인격교육)과 정조교육(심미교육)의 정책을 수립하고 각급 학교에서 실천하도록 하였다. 이것은 1950년대 중반부터는 교육과정의 특별활동 영역으로 정립되어 그 지도목표와 지도내용 및 지도의 유의점으로 밝힌 각급 학교의 교육과정에 의하여 운영되었다.

1960년대에는 학생생활연구소가 대학에 설치되어 학생생활지도를 담당하였으며, 초등학교와 중등학교에서는 반공, 도덕생활, 특별활동을 강조하는 가운데 반공과 도덕을 교과활동 영역에서 분리하여 별도의 지도영역으로 설정하였다. 즉 반공사상을 고취시키며, 국민으로서 갖춰야 할 기본적인 예절을 습득시키기 위하여 고운 말 쓰기, 웃어른께 인사하기, 가고 오는 차에 손 흔들기, 문패 달기에 힘썼다. 그리고 협동생활을 익히기 위해 이웃 알기, 생일축하회, 신체부자유아 돕기, 자리 양보하기와 같은 기본 예절교육에 힘썼으며 어린이 경찰대와 녹색 어머니회 운영으로 문화재 애호운동 및 봉사활동, 청소미화, 교통정리 등을 강조하였다. 또한 유년 · 유녀대를 조직하여 차례지키기, 공공규칙지키기, 학생사고 미연방지, 위험방지를 위한 교외생활지도에 힘쓰기도 하였다(한규원, 1999). 그리고 1968년에 공포한 국민교육헌장의 구현을 위하여 국민교육헌장을 생활화하는 교육을 강조하였다.

1970년대 이후 우리의 학생생활지도는 해방과 더불어 일제의 교육방식에서 벗어나지 못한 채 한편으로는 서구식 학교교육 형태로 전환하며 미국 등 외국에 유학한 교육학자들의 활약으로 미국학생 생활지도의 영향을 지속적으로 받게 되었다. 그 당시 미국의 학생생활지도는 직업교육과 정신위생, 심리측정에 관한 내용을 포함하고 있었지만 이러한 업무보다는 학생들의 정신치료와 상담교사 교육을 강화하는 데 중점을 두었다. 하지만 우리문화에 맞지 않은 상담교사 교육이 학생생활지도를 상담교사만의 전문적인 활동으로 정착시키는 데 기여하지 못한 채 교과지도에 밀려 교육의 불균형 현상이 지속되어 왔다. 여기에 입시위주 교과지도 중심의 학교교육은 학교에서의 생활지도교육을 더욱 소홀히 하도록 만들었다.

학생들의 개인차는 학업성취도 수준에서 극심하게 나타나게 되어 학교교육은 학업결손이 누적된 많은 학생들에게 진학과 입시를 목표로 한 교과지도를 포기하는 경우가 발생하게 되었다. 이러한 학생들은 학교교육의 피해자로 전락하기에 이르렀고, 학교교육에 적응하지 못하는 많은 학생들이 속출하여 교사와의 갈등이 고조되었고 마침내 교실붕괴 현상이 일어나 생활지도의 필요성이 한층 더 중요하게 인식되었다.

이러한 가운데 최근 이루어지고 있는 교육개혁과 학교교육에 대한 비판도 생활지도의 중요성을 더욱 강조하고 있다. 교육개혁위원회(1996)의 초 · 중등학교 교육과정개혁안에 따르면 초등학교의 바른생활 교과와 중 · 고등학교의 도덕 교과는 과거 학교에서 이루어졌던 지식중심의 교육내용 및 방법에서 탈피하여 실천중심의 체험교육과 토론학습이 이루어질 수 있도록 새로운 교육내용 및 방법으로 전환되며, 각 교과를 지도할 때 가능한 한 도덕교육이 포함될 수 있도록 강조하였다.

2002년부터는 무시험 전형으로 대학입시가 이루어지게 되었다. 이는 일부이긴 하지만 학교에서 시험에만 의존한 평가를 지양하겠다는 교육계의 의지라고 볼 수 있다. 학습자의 성적 올리기보다는 창의력 신장, 도덕성 함양과 진로지도와 같은 정의적 교육에 치중하려고 한다. 또한 학교마다 컴퓨터 학습이 가능할 만큼 시설이 확보되는 등 정보화시대에 대비한 교육투자도 이루어지고 있다. 교육관계자들의 의식도 변화하고 있어 교사주도의 교육보다는 학생중심의 교육이 바람직하고 효율적이라는 의식전환이 일어나고 있다. 즉 전통문화 유산의 전수나 인간행동의 계획적 변화나 체계적인 지식의 형성을 위하여 교사의 적극적인 역할이 학교교육에서 없어서는 안 될 필수적인 요소로 볼 수 있을지라도, 교육의 효율적인 측면에서 학생중심의 교육은 아무리 강조하여도 지나치지 않음을 모든 교사가 인식하고 있다.

학습자의 특기나 적성을 고려한 교육을 위해 2002학년도 대학수학능력시험부터는 수험생들의 개인별 총점이 주어지지 않고 대신 총점을 계열별 상위 4%, 7%, 12% 등으로 1등급부터 9등급까지 구분하게 된다. 또한 영역별 원점수와 변환표준점수의 소수점 배점도 폐지하여 1점 이하의 점수로도 당락이 엇갈리던 기존의 채점방법도 어느 정도 사라지게 되었다. 대신 학습자의 우선 총점 등급을 대학입시의 지원 자격으로 삼고 다음 단계에서 수능 영역별 점수, 학생부 및 면접성적, 특기사항 등을 종합하여 당락을 결정한다. 이러한 변화는 학생들이 수능시험에서 몇 점을 더 얻으려고 노력하기보다 특기나 적성을 살리는 데 힘을 쏟도록 유도하기 위한 것이다.

최근 다문화적 정보화 시대는 가치관 혼란의 문제가 더욱 두드러질 것이다. 따라서 학생들 개개인의 특성을 이해하여 자신을 발견하고 건전한 자아개념을 형성하도록 도와 주며 학생의 요구에 부합되는 기회와 환경 및 경험을 제공하는 등 학생 스스로가 문제를 해결하고 환경에 잘 적응하여 자아실현을 이루도록 돕는 생활지도와 상담활동을 강화해야 한다. 뿐만 아니라 학생들이 자신의 적성,

흥미와 능력에 따라 삶의 목표를 설정할 수 있도록 자신을 보다 잘 이해할 수 있는 각종 심리검사와 직업세계 관련 정보를 제공해 주기 위한 생활지도와 상담 활동의 노력도 이루어지고 있다.

2) 생활지도의 필요성

학교교육은 교과지도와 생활지도를 주요 두 축으로 하는 지도활동이 이루어진다. 교과지도가 학생들의 지적 발달과 지식습득에 의한 지적 가치를 추구하는 데 중점을 두는 교육활동이라면, 생활지도는 학생들의 정서적이며 인성발달을 근간으로 의미 있고 올바른 삶을 살도록 돕는 교육활동이다.

그 동안 우리 학교 교육과정과 교육정책들은 교과지도에 치우쳐 상대적으로 생활지도를 소홀히 하였다. 그로 인하여 청소년의 비행문제, 정신질환 문제, 의식구조 등의 문제가 발생하였고, 이는 사회문제로 연결되었다. 균형을 잃은 학교교육이 청소년의 문제를 야기시키고 나아가 사회문제로까지 확대되는 심각한 문제를 해결하기 위한 대안책으로 교육안에서는 존재하고 있었지만 제 기능을 발휘하지 못했던 생활지도 영역을 본격적으로 활용해야 한다. 생활지도의 필요성을 개인적 측면과 교육적 측면 그리고 사회적 측면으로 구분하여 살펴보자.

(1) 개인적 측면에서의 필요성

청소년기는 여러 가지 발달심리적 특성이 나타나는 시기로 적절한 생활지도 활동을 통해 자신을 이해하고, 주어진 환경에 적절하게 대응할 수 있도록 해야 한다.

청소년기는 변화의 시기로 가장 큰 변화의 특징으로 성장급등(growth spurt) 현상과 각종 성호르몬(안드로겐, 에스트로겐, 프로게스테론 등)의 분비와 함께 2차 성징의 출현이다. 이러한 신체적 · 생리적 변화는 청소년의 정신적 · 심리적 변화를 유도한다. 즉 급속한 성장급등과 성호르몬에 의한 생리적 변화에 적응하지 못할 경우 여러 가지 심리적 문제와 결함이 심하면 장애를 가져올 수도 있다. 또한 청소년기의 신체 · 생리적 발달속도와 심리 · 정서적 발달 속도간의 비동시적 성장(asynchronous growth)은 청소년 자신과 가족 등이 기대했던 성장수준과 실제 성장수준간의 차이가 크게 되면 심리적인 압박으로 여러 행동장애를 가져 올 수 있다.

청소년기에 이루어지는 또 다른 발달적 특징은 인지능력의 발달이다. 청소년기는 지적 능력이 최대로 발달하여 추상적 사고가 가능해져 가설적 명제를 다루는 능력이 발달하게 된다. 실제적인 것과 가능한 것 사이의 차이를 지각이 클수록 현상과 상황을 받아들이기보다는 현실에 반항과 대항을 하게 된다. 즉 현실에 반기를 들고, 가능성의 세계인 이상으로 치닫게 되어 여러 비현실적인 행동으로 연결되면서 일탈과 반사회적 행동으로 연결되는 경우가 발생한다.

청소년기의 발달과업

- 급격한 신체적 발달에 적응하고 성적 기능과 역할을 인식해야 한다.
- 이성에 대한 새로운 교우관계를 성립해야 한다.
- 부모나 성인들로부터 정신적 독립을 요구해야 한다.
- 경제적 독립의 필요성을 인정해야 한다.
- 직업선택과 그 준비에 몰두해야 한다.
- 시민으로서 필요한 지식과 기능 및 태도를 습득해야 한다.
- 사회적으로 책임 있는 행동을 원하며 이를 실천해야 한다.
- 결혼 및 가정생활에 대해 준비해야 한다.
- 추상적이고 논리적인 사고력을 배양하고 현실을 객관적으로 파악하는 태도를 확립해야 한다.

Havighust(1972)

이렇듯 청소년기는 신체적 · 심리적으로 그리고 인지적으로 여러 특징들이 발달하게 되는 데 가장 큰 변화는 바로 이러한 청소년기를 바라보는 시각의 변화다. 청소년기는 아동기와 성인기 사이에 존재하는 단계로 아동도 아니며 아직 성인도 아니다. 다만 성인의 역할을 수행할 때를 기다리고 있는 대기상태 내지 준비상태에 있는 것이다. 즉 청소년의 역할이 뚜렷하지 못하여 아동에도 끼지 못하고, 성인에도 낄 수 없는 아동과 성인의 주위를 맴도는 주변인이라고 할 수 있다.

따라서 이들은 항상 자신들의 존재 의미와 역할에 대해서 의문을 갖게 된다. 이러한 불확실한 상황에서 청소년에게 발달단계상 수행해야 할 과업은 의식적으로 혹은 무의식적으로 주어지고 있다.

이렇게 다양한 심리적 갈등을 경험하고 삶의 전반에 대한 많은 발달과업을 수행해야 하는 자신에게 '스스로 잘 할 수 있는가?'라는 의문을 가지게 된다. 이러한 의문에 대한 대답을 찾는 과정과 그 결과는 교과교육이 제시해 주지 못하고 있다. 따라서 생활지도는 청소년들의 심리적 갈등을 해결하고, 발달과업의 수행이 바람직하게 달성될 수 있도록 돕기 위해 필요하다.

(2) 교육적 측면에서의 필요성

청소년이 성인이 되기 위해서는 사회가 요구하는 여러 가지 준비과정을 거쳐야 하며, 그 준비과정을 전담하는 기관이 바로 학교다. 학교를 다니면서 사회인이 될 기초를 닦고 전문인으로서의 역할을 담당하는 데 필요한 지식과 기술을 습득해야 한다. 또한 학교는 한 개인의 능력과 잠재력을 최대한으로 개발시키는 소위 전인교육의 장이 되어야 한다. 그러나 이와 같이 학교의 기능이 제 역할을 다하지 못하면서 학교교육에 대한 여러 문제점들이 제기되었다.

첫째, 학교교육에 대한 그릇된 인식이다. 교육은 일부 사람들이 가치 있다고 여기는 것을 전수하는 것만도 아니며, 피교육자의 행동을 계획적으로 변화시키는 행위만도 아니다. 교육은 개인이 타고난 잠재능력(성장능력)을 내적 성장력의 원동력으로 하여 가치 있는 방향에서 실현할 수 있도록 도와 주는 활동이라는 것을 잊지 말아야 한다. 그러나 우리의 교육은 상급학교에 진학하기 위한 졸업장을 얻는 과정으로 잘못 인식되어졌으며, 이로 인해 학생들의 창의성을 개발해 주고, 자율성 및 협동심을 기르는 전인교육보다는 지식주입 위주 · 입시위주 · 교사중심의 교육을 중시되면 지나친 학력경쟁의 풍토가 조성되었다.

둘째, 학교의 교육환경이 열악하면서 비인간적이라는 점이다. 지역에 따라 차이는 있으나 대도시일수록 과밀학급 현상이 심각하다. 과거에 비하여 한 학급의 학생수는 많이 감소하였으나 여전히 OECD 회원국가보다는 여전히 많은 수준이다. 과밀학급 현상은 학습효과를 기대하기 어려우며, 학생의 성장 · 발달을 위한 개인적 접촉이 단절되어 학생을 이해하고 지도할 수 있는 여건이 조성되기 어렵다. 학생들은 교사를 오직 지식의 전달자로서만 지각하고 자신의 문제를 털어놓고 대화를 한 만큼의 정서적 유대관계를 느끼지 못하게 되는 등 그 문제가 더욱 심각하게 되는 경우가 있다.

셋째, 학교에서의 교수방법이 획일적이라는 점이다. 학생들에게 교수-학습과정에 적극적으로 참여할 기회를 제공하기 보다는 설명과 강의 위주의 교수 방법이 아직도 지배적이라고 할 수 있다. 강의중심의 교수방법은 학습동기 유발이나 흥미를 일으키지 못한다. 학생들의 학습에 대한 흥미 상실은 결국 학교가 수행하고자 하는 기능을 제대로 수행하고 있지 못함을 의미한다.

넷째, 학생들의 비행, 정신질환, 의식문제 등이 심각해지고 있다. 학교에서 학생들의 폭력, 집단따돌림, 흡연, 음주 등의 비행과 일탈의 문제, 학교 중도탈락 비율, 청소년 범죄, 각종 정신질환 등의 비율이 증가하고 있는 추세다.

이러한 학교교육의 문제점을 해결하기 위하여 그 동안 잠재되어 있었던 생활지도의 기능을 제대로 복귀시켜 교과교육 못지않는 교육활동으로 강조되어야 한다.

(3) 사회적 측면에서의 필요성

청소년에 대한 관심은 시대와 그 사회의 변동 양상에 따라 다양하게 표출되었으며, 한 사회가 어느 수준의 발전 단계에 있느냐에 따라 다르다.

현대사회가 기계문명과 대량생산으로 상징되는 산업화 및 지식산업화가 도래하면서 도시화, 대중사회화, 핵가족화, 대중교육의 실시와 같은 다양한 사회변화를 유도하고 있다. 산업화는 공장제 도입에 따라 가정과 직장의 분리를 초래하였으며, 생산력의 증가에 따라 청소년 취업이 지체되고, 교육 및 훈련기간이 연장되어 청소년기가 길어짐에 따라 청소년 집단의 문제가 확대 · 심화되었다. 산업구조의 변화와 인구이동은 도시화를 진행시켰으며, 도시화는 여러 가지 혜택과 함께 여러 문제를 가져왔다. 범죄, 빈곤 등의 빈발과 함께 공동체 해체현상은 청소년의 건전한 육성과 사회화에 부정적인 영향을 미치고 있다.

현대사회가 대중사회라고 하는 주장은 산업화에 따른 상업 및 경제구조의 변화, 정치 및 사회구조의 변화와 함께 대두된 인간소외, 획일화, 대중화 현상을 강조하는 견해다. 대중사회에서는 인간이 사회를 주체성 있게 움직이는 것이 아니고 인간이 사회구조, 기계문명에 예속되어 기계적인 규칙이나 원칙에 따르게 되는 결과를 낳고 있다. 또한 인간관계가 이해득실을 중시하고 단편적으로 변화되어 전인적인 관계를 맺기 힘든 점도 인간소외 현상을 가중시키고 있다. 따라서 대중은 사회를 주도하는 소수의 엘리트나 생산자의 결정에 동조하며 살게 된다. 대중사회에서는 문화생활도 하나의 상품이 대중화 · 획일화가 되기 쉽다. 따라서 대중문화는 대중매체에 의해 주도되고 전파되며 대중매체의 상업주의로 인하여 선정성, 폭력성이 강조되고 저질화되고 있다.

오늘날 청소년의 주요 여가이용 방법은 TV 시청 및 인터넷을 통한 통신, 게임 등으로 해당 매체의 상업성이 청소년에게 악영향을 미칠 수 있다. 이 밖에도 향락산업의 번창, 외설물과 폭력물의 범람, 황금만능주의, 편의주의, 편법주의 등 부정적인 사회풍조의 만연과 같은 현상이 청소년의 건전한 성장 · 발달에 유해요인이 되고 있다. 청소년은 대중사회적인 경향을 무비판적으로 수용하게 된다. 무비판적 수용은 결국 자아정체감 형성에 부정적인 영향을 미치고, 다양한 욕구충족을 위한 활동과정에서 비행과 일탈을 저지를 수도 있다. 이러한 대중사회 속에서 청소년이 건전한 사회 비판의식과 바람직한 대중사회 속에서의 삶의 방향을 정립할 수 있도록 하기 위해서는 생활지도의 필요성이 더욱 강조되고 있다.

3) 생활지도의 의미

최근 들어 생활지도라는 용어가 많이 사용되고 있다. 생활지도는 'guidance'를 번역한 것으로 사전적으로 '안내, 지도, 감독, 관리, 조종' 등의 의미를 가지고 있다. 즉 생활지도는 학생들의 성장과 발달을 위해서 안내하고, 지도하고, 감독하고, 관리하고, 조종하는 활동을 의미한다. 생활지도는 학교 또는 학교 밖에서 자신을 보다 정확히 이해하고, 나아가 환경을 바르게 이해하여 현명하게 적응·성장할 수 있도록 도모해 주어야 한다. 또한 사회생활에 필요한 지식, 기능, 태도, 가치 등을 습득시켜 효과적으로 사회에 공헌할 수 있는 바람직한 사회인으로서의 자질을 길러 주어야 한다. 이처럼 생활지도는 교육적 활동의 두 가지 측면, 즉 가르치는 면과 지도하는 면 가운데서 지도하는 면에 속한다고 볼 수 있다. 오늘날 교육 현장에서 생활지도가 중요시되고 있는 이유는 실제적인 면에서 교육을 보다 충실하게 발전시켜 줄 수 있는 방법이기 때문이다. 이 같은 실천적 방법으로서의 생활지도는 자기발견을 통한 자기지도의 능력을 증진시키고, 자기검사, 자기이해, 자기통제, 자기실현을 하도록 조력하는 것이다.

사전적 의미와 더불어 생활지도의 의미를 좀 더 명확히 이해하기 위해서 여러 학자들의 정의를 살펴보자.

- Jones, Stefflre, Stewart(1970) : 생활지도란 학생들로 하여금 각자 자신의 욕구를 발견하도록 돕고 잠재력을 발견하여 생애의 목표를 세울 수 있도록 도와 주어 자아실현에 이르도록 특별하게 관심을 기울이는 활동이다.
- Miller(1971) : 생활지도란 학교와 가정 그리고 지역사회에 가장 잘 적응하기 위하여 학생들이 자기 자신을 이해하고 자기 신뢰와 목적을 가지고 스스로 결정을 내리는 능력을 함양하도록 돕는 과정이다.
- Glanz, Hays(1968) : 생활지도는 개인으로 하여금 자신의 문제를 해결해서 그가 속한 지역사회의 자유롭고 책임있는 구성원이 되도록 조력하는 계획된 경험의 프로그램이다.
- 황응연(1984) : 생활지도란 학생 개인의 성장·발달을 극대화시키고 잠재능력을 개발해서 갖가지 문제를 자신의 힘으로 적절히 해결해 나가도록 힘을 길러 주는 활동이다.
- 박성수(1986) : 생활지도란 개개인의 인지적, 정의적, 신체적 특성과 잠재가능성을 바르게 이해하고 발달시켜서 교육적, 직업적, 사회적, 심리적 발달을 최고 수준까지 도달할 수 있도록 원조하는 봉사활동이다.

- 유기섭, 김태호(2003) : 생활지도는 학생들의 성장과 발달과정에서 직면하는 갖가지 문제들을 학생들 스스로 해결할 수 있도록 돕기 위하여 상담교사의 주도 아래 학교의 모든 교사들과 학부모들과 지역사회의 인사들이 학교의 특성과 실정에 맞게 종합적이고 체계적이고 계획적인 프로그램에 의한 학생지도다.
- 윤운성, 김홍운(2001) : 생활지도란 개인의 문제를 해결해 주는 데 궁극적인 의미가 있는 것이 아니라, 그 문제를 해결하는 과정을 체험시킴으로써 또는 그 문제를 스스로 해결해 보는 기호와 경험, 자기사고와 자기선택을 가짐으로써 자신의 문제를 자율적으로 해결할 수 있는 능력과 자신감을 길러주기 위한 교육적 작용이다.

이상의 학자들이 공통적으로 강조하는 생활지도의 내용을 살펴보면, 첫째로 자신의 능력, 적성, 흥미 등과 같은 잠재력 등의 발견을 통한 자신의 이해, 둘째로 현명한 선택과 적응, 셋째로 자유롭고 책임감 있는 민주시민의 육성, 넷째로 자기지도 및 자아실현, 다섯째로 자신과 주위세계에 대한 이해와 적응 등이다. 따라서 생활지도는 개인으로 하여금 자신과 주위세계에 대한 올바른 이해를 통하여 현명한 선택과 적응을 할 수 있도록 도우며, 건전한 사회의 일원으로서 성장 · 발달할 수 있도록 하는 일련의 지속적인 조력과정이라고 할 수 있다.

여기에서 개인이란 학교에서 일부 문제학생과 정상학생을 포함하는 모든 학생을 의미한다. 그리고 자신을 이해한다는 것은 학생 자신의 능력, 적성, 흥미, 성격 등과 아울러 자신의 잠재능력을 발견함으로써 자신에 대한 올바른 이해를 하도록 하는 것이며, 주위 세계에 대한 이해는 개인을 둘러싸고 있는 환경, 즉 가정과 학교 그리고 지역사회 더 넓게는 국가와 세계를 바르게 이해하여 세계 속에서의 개인의 위치와 자신과 환경 간의 상호작용에 대한 인식과 이해를 의미하는 것이다. 또한 인생은 계속적인 의사결정의 연속이며 개인과 환경과의 적응과정이라고 할 수 있으므로 합리적인 의사결정을 통한 현명한 선택이 이루어지지 않거나 주위환경에 적응하지 못하면 인간은 제대로 성장 · 발달할 수 없고 나아가서는 책임감 있는 사회성원이 될 수 없는 것이다. 따라서 개인으로 하여금 당면한 문제들을 바르게 해결하고, 환경에 잘 적응하도록 함으로써 바르게 성장·발달하여 개인적으로는 자아실현을 하고, 사회적으로는 바람직한 사회성원이 될 수 있도록 하는 봉사와 노력이 필요한 지속적인 조력과정이라는 것이다.

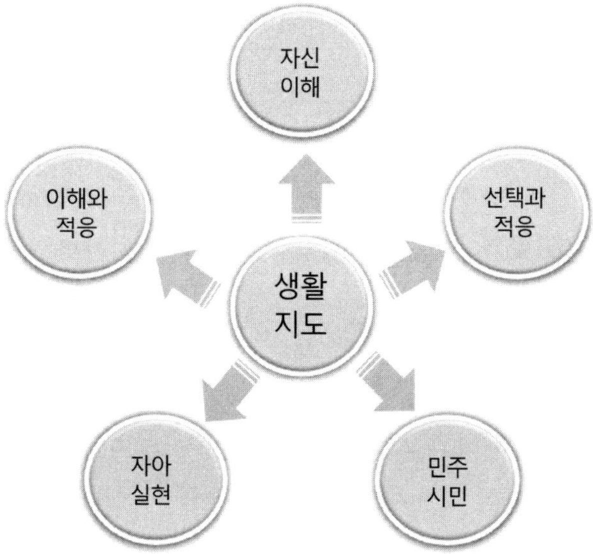

[그림 2-1] **생활지도의 함축적 의미**

4) 생활지도의 목표

생활지도의 대상은 학생이기 때문에 학생에게 도움을 주는 것은 생활지도의 직접적인 목표가 된다. 또한 생활지도는 학교에 대해서도 도움을 줄 수 있기 때문에 교사와 학생에 대한 봉사에 의미를 지닐 수 있는 간접적인 목표를 갖는다. 이러한 직·간접적 목표를 구체적으로 살펴보면 다음과 같은 의미를 내포하고 있다.

첫째, 생활지도는 자신에 대한 올바른 이해를 목표로 한다. 사람에 따라서 각자 다른 능력, 적성, 흥미, 성격, 감정, 가치관, 태도, 외모 등을 가지고 있다.

타고난 자질과 환경이 다르므로 개인은 환경과의 상호작용을 통하여 각기 다른 개성을 발전시키게 된다. 이러한 개개인의 개성을 발견해서 바르게 이해시키는 것이 생활지도의 가장 중요한 목표가 되는 것이다. 자신에 대한 과소평가나 과잉 기대가 아닌 있는 그대로의 자신을 발견해서 바르게 이해하도록 해야 한다.

둘째, 생활지도는 개개인의 잠재능력을 개발하는 것을 목표로 한다. 개인마다 발전 가능한 잠재능력이 있다. 문제는 이를 제대로 개발해 줄 여건이 마련되어 있지 않기 때문에 자신의 잠재능력을 제대로 발휘하지 못한다는 것이다. 생활지도는 인간의 발달 가능성을 인정하고, 개인이 가지고 있는 잠재 능력을 최대한으로 개발해서 성장·발달할 수 있는 경험을 제공하는 것을 목표로 한다.

셋째, 생활지도는 자율적인 문제해결 능력의 신장을 목표로 한다. 우리 인생은 지속적인 문제해결의 과정이라고 할 수 있다. 우리는 생활 속에서 매순간 마다 문제에 직면한다. 생활지도의 중요한 목표 중의 하나는 개인으로 하여금 당면한 문제를 혼자의 힘으로 해결할 수 있는 주체적인 능력을 길러 주는 것이다. 자신의 문제를 자율적으로 해결하는 것은 결국 자신의 결정, 즉 자신의 행동에 대해서 책임지는 것을 의미한다. 이 또한 민주시민으로서 갖추어야 할 필수적인 요건이 된다.

넷째, 생활지도는 환경에 대한 현명한 선택과 적응을 목표로 한다. 현대사회는 급속한 변화의 과정 속에 있다. 이러한 변화의 과정에서 우리는 늘 결정의 순간에 놓여 있다. 과거 사회의 구조와 기능이 비교적 단순하고 모든 지식과 정보가 제한되어 있던 사회에서는 우리의 선택도 비교적 용이했다. 예를 들면, 과거 계급사회 또는 신분제 사회에서 개인이 선택할 수 있는 직업은 매우 제한되어 있었다. 그러나 지금은 직종만 하더라도 이루 헤아릴 수 없으며, 계속해서 새로운 직종이 생겨나고 있어 선택 범위가 넓어지고 선택 기회가 증대된 만큼 선택을 하기는 점점 더 어려워지고 있다. 이는 진로선택에 국한된 문제만이 아니다. 우리의 일상생활의 모든 면에서 선택의 여지가 확대된 것이다. 따라서 자신의 조건이나 상황에 적합한 현명한 선택을 하도록 하는 것이 생활지도의 주요한 목표다. 현명한 선택은 주어진 환경에 바람직하게 적응하는 것과도 일맥상통한다. 현대사회의 변화 속에서 제대로 기능하는 사람이 되기 위해서는 주위 환경에 적응할 수 있는 능력을 가져야 한다. 이러한 적응은 현명한 선택을 통해서 가능하다고 볼 수 있다.

다섯째, 생활지도는 전인적 인간 발달을 목표로 한다. 오늘날 우리나라 교육의 가장 심각한 문제는 지식 편중 교육이다. 즉 지식주입 · 입시위주의 교육이 학교를 지배하고 있으며, 교육은 지식을 전달하는 것으로 여겨져 지적인 측면만을 강조하고 있다. 따라서 지적 측면만이 아닌 사회적 · 정서적 · 신체적 발달이 균형있게 이루어져야 한다. 생활지도는 이러한 전인교육을 목표로 하여 지 · 덕 · 체의 조화로운 발달에 역점을 두어야 한다.

마지막으로, 생활지도는 민주시민의 육성을 목표로 한다. 사회가 민주적이기 위해서는 사회구성원이 민주적이어야 한다. 이렇게 사회구성원을 민주시민으로 육성하는 역할을 담당하는 것이 생활지도다. 따라서 생활지도는 개인으로 하여금 건전한 민주시민으로서 성장할 수 있도록 모든 경험을 마련하는 데 목표를 두어야 한다.

5) 생활지도의 원리

모든 교육활동은 효과성을 고려한다. 생활지도도 예외일 수는 없다. 그러므로 효과적인 생활지도를 위해서 목표나 프로그램의 적용이 합리적이어야 한다. 생활지도의 합리성을 추구하기 위해서는 기본 원리에 대한 이해가 선행되어야 하며, 이것이 바탕이 되었을 때 구체적인 프로그램을 실행할 수 있다. 따라서 생활지도의 아홉가지 기본 원리를 살펴보자.

첫째, 생활지도는 모든 학생을 대상으로 이루어지는 교육활동이다.

생활지도는 개인의 잠재 가능성을 개발시키는 교육적인 활동이므로 그 대상도 정상적인 학생들 뿐만 아니라 문제 학생이나 부적응아, 고립아 등 모든 학생들이 생활지도의 대상이 되어야 한다. 그러나 현실적으로 교육 현장에서 학생들이 생활지도를 비행학생들이나 신체적 · 정서적 문제를 가진 학생들을 돕는 교육적 활동으로 인식하고 있는 실정이다. 따라서 생활지도의 의미와 필요성을 더욱 강조하고, 학생들의 올바른 생활지도에 대한 의식을 심어 주기 위해 다양한 활동이 이루어져야 할 것이다. 많은 학생들이 자신의 자질과 능력, 적성, 흥미를 고려하여 미래의 진로문제나 적응문제, 이성, 가치관, 가정문제, 대인관계, 교사와의 관계, 신앙 문제 등 수많은 문제를 해결함과 더불어 자아실현을 돕는 교육적 활동이 생활지도라는 생각을 가질 수 있도록 지도해야 할 것이다.

둘째, 생활지도는 모른 연령층의 학생을 대상으로 한다.

일부 학부모나 교사, 행정가, 카운슬러들은 생활지도를 오직 중등학교 내의 활동으로만 생각하는 경향이 있다. 학생들은 자신을 둘러싼 환경과의 상호작용을 통하여 새로운 지식이나 경험을 쌓고, 때로는 타인을 흉내내면서 자신만의 개성을 형성하기도 한다. 이러한 환경과의 상호작용 속에서 이루어지는 의식적 · 무의식적 학습과정이 계속되어지는 한 학교 내의 생활지도 활동 역시 계속되어야 한다. 즉 생활지도의 대상이 어느 특정 학년에만 해당되는 것이 아니라 초 · 중 · 고등 · 대학 등 모든 연령층을 대상으로 이루어져야 한다. 나아가서는 일반 사회인까지도 포함시킬 수 있도록 그 대상이 확대되는 것이 더욱 바람직하나, 그것은 학교 밖의 활동이므로 여기에서는 제외된다. 생활지도 활동은 학교 내에서 교수활동의 분업화와 보다 특수화된 전문가의 광범위한 사용과 같은 요소들 때문에 초등학교에서 보다 중등학교에서 쉽게 많이 이용되고 있기는 하지만 보다 올바른 의미의 생활지도의 대상은 모든 연령층의 학생들이어야 한다.

셋째, 생활지도는 주로 개인의 존엄성과 개성 발달에 초점을 둔다.

현재 우리 교육의 노력은 학생들의 지적 학습에 집중하고 있다. 즉 인간 발달의 개인적 · 정서적 요소는 지적 학습에 영향을 미칠 때에만 주의를 받게 된다. 우리가 전인이라고 일컫는 사람은 결코 지적 영역만을 발달한 사람이 아니다. 분명히 지 · 덕 · 체를 고루 겸비한 사람을 전인이라고 한다면, 학습자의 덕과 체의 영역은 주로 생활지도자들의 주요 관심 영역이 되어야 한다. 교육은 개개인의 타고난 성향과 재능을 발현시켜 주는 활동이고 내게 하는 작용이기 때문에 교육받지 못한 사람과는 달리 교육받은 사람은 주어진 환경을 고려하는 가운데 창의적이고 자율적으로 문제를 해결하는 사람이다. 또한 개성의 발달은 자기실현을 그 목표로 하므로 이를 위한 모든 헌신적 노력이 생활지도 활동의 기본 방향이 되는 것이다.

넷째, 생활지도는 강제가 아니고 협동적 방향으로 이루어져야 하며 학교교육계획이 통합된 일부가 되어야 한다.

강제나 압력을 배제하는 것이 생활지도의 원칙이므로 생활지도 담당자나 교사는 학생들을 생활지도 활동에 강제로 참여시켜서는 안 된다. 생활지도는 학생들과 생활지도 담당자 또는 교사 등의 상호 승낙에 의하여 이루어진다. 생활지도 활동에 참여하는 것을 거부하는 학생이 생활지도 담당자에게 의뢰되어 왔을 때는 생활지도 활동 후 학생의 후회나 반항 같은 행위가 변화되어야 한다. 생활지도의 성공여부는 외부적인 강제나 협박에 의한 참여보다는 학생의 내적 동기나 스스로의 참여에 달려 있다.

생활지도 활동은 학교활동 프로그램 속에 필수적인 것이 되어야 한다. 따라서 학교의 책임을 맡고 있는 학교행정가나 교사, 카운슬러 등은 학교행정의 뒷받침을 받아 원활한 생활지도 활동이 이루어질 수 있도록 다양한 프로그램을 개발시켜야 한다.

다섯째, 생활지도는 학생의 자아발견과 자아발전을 도우며, 자율적인 지도능력을 기본으로 삼는다.

우리 모두는 남들에게 어떻게 하라고 지시하는 것을 즐기고 있다. 그러나 인간은 자신의 개성에 따라 특정 상황이나 대상을 결정하고, 이를 행동에 옮기기도 하는 등 선택 · 결정의 자유와 권리를 가지고 있다. 그러므로 생활지도는 학생들에게 자기 이해를 통한 행동이 이루어 질 수 있도록 돕는 역할을 해야 한다. 생활지도 활동 과정에서 생활지도 담당자나 전문가의 계속적인 지원을 통하여 자신의 재능 개발과 문제해결에 생활지도 활동에서 습득한 지식을 적용할 줄 알게 된다. 이러한 의미에서 생활지도 활동과정에서 전문가의 계속적인 지도와 도움은 매우 중요하다.

생활지도는 민주주의라는 테두리를 벗어날 수 없다. 민주사회에서 요구하는 민주시민의 자질 중 하나는 자율성이다. 학생들의 자율성이 신장될 수 있도록 생활지도 활동에서는 스스로 자신의 문제를 해결하는 능력을 키워 주거나 주어진 상황을 고려한 합리적 의사결정 방법을 습득할 수 있도록 지도해야 한다.

여섯째, 생활지도는 치료나 교정보다는 예방에 역점을 두어야 한다.

현대 의학이 질병치료에서 예방중심 치료로 그 관심의 방향이 전환되었듯이 생활지도 활동에서도 문제행동의 치료나 교정, 직업지도에 중점을 두고 지도하였으나 현재 생활지도 영역에서는 문제의 예방차원에서의 활동, 직업교육에 앞서 자기이해를 바탕으로 하는 진로 및 직업 탐색을 통해 더 바람직한 문제 예방 및 해결에 역점을 두고 있다. 생활지도의 효율적인 실시와 지도는 카운슬러뿐만 아니라 현직교사의 카운슬러화를 통하여 많은 학생들을 개별적으로 지도하기 어려운 현실을 감안하여 교사가 담당해야 할 영역이 넓어져야 하겠고, 문제 발생 후의 지도보다는 사건의 미연 방지에 예방지도가 손쉽고 노력이 덜 소요될 것이다. 그러므로 앞으로의 생활지도는 치료보다는 예방이라는 슬로건을 앞세우고 철저한 생활지도 활동에 임할 때 문제해결은 쉽게 이루어질 것이다.

일곱째, 생활지도는 과학적 근거에 기초한 판단에 역점을 두고 있다.

생활지도는 학생에 대한 올바른 이해와 객관적이고 구체적인 자료에 기초하여 실시되어야 한다, 생활지도 과정에서 주로 이용되는 자료로는 각종 표준화 검사 자료, 현대 심리학적 원리의 적절한 이용과 해석 등으로 학생의 행동상의 문제를 어느 정도 객관화시킬 수 있다. 그러나 이것을 효과적이고 실제적으로 생활지도 과정에서 적절히 사용할 수 있는 인적 자원과 행정적 · 경제적인 자원은 부족한 실정이다. 그렇지만 반드시 객관화된 표준화 검사만 생활도지도 과정에서 객관적이고 구체적인 자료를 제공해 주는 것은 아니며, 이것이 문제를 해결하는 데 있어 완벽한 답안이 될 수도 없다. 다만 생활지도 과정에서 문제해결을 위한 전략을 수립할 때 경험적 연구를 뒷받침할 수 있는 객관적이고 구체적인 자료가 요구되며, 이러한 자료는 학생들이나 생활지도 담당자, 교사들에게 생활지도의 전반적인 활동에 대한 신뢰감을 형성시킨다.

여덟째, 생활지도는 참되고 진정한 사랑에 기초한 지도를 중시한다.

생활지도는 교육의 핵심적 요소로서 교육의 방향을 사랑으로써 지도해야 그 효과를 올릴 수 있는 것과 마찬가지로, 사랑의 바탕이 없이는 충실한 지도를 기대하기 어렵다. 사랑이라는 인간적 관심은 우선 개별적인 것이어야 사랑으로 느껴진다. 너와 나의 개인적 관계지움이 없는 수많은 집단적 · 행사적 · 표어적 관심은 마음의 울림이 없고, 피상적이며, 겉으로만 지나쳐 가는 것으로 느껴지기 때문이다. 변화하는 사회 속에서 창의적으로 사고하고 행동하는 적응력은 지적 교육과 정의적 교육을 통하여 길러져야 하고 적응력의 신장은 사랑의 바탕에 기초한 잠재력을 키워 나갈 수 있다.

아홉째, 생활지도는 처벌보다 선도 내지 지도가 선행되어야 한다.

생활지도는 청소년들의 건전한 성장과 문제해결을 돕기 위한 조직적인 봉사이며 활동이므로 행위의 잘못을 판결하여 상·벌을 가하는 활동과는 다르다. 어떤 목표를 달성하기 위한 방법으로 필요에 따라 훈련이 이루어질 수는 있으나 생활지도에서 사용되는 훈육은 바람직하지 않은 행위에 대한 처벌을 의미하지 않는다. 생활지도 분야의 담당자들에 의하면, 카운슬러는 벌에 대한 행정적 책임을 지고 있지 말아야 한다고 설명하고 있다. 학생들의 행동에 벌을 주게 되면 생활지도와 상담활동의 필수적 요소인 촉진적 관계 또는 원만한 인간관계를 수립하고 유지하는 데 어려움을 느끼게 되기 때문이다. 처벌, 위협, 강제 등은 일시적으로 강력한 효력을 발휘할지 모르나, 영속적이며 근본적인 변화를 가져올 수는 없다. 학교의 생활지도는 학생들의 바람직하지 않은 행동을 찾아 내어 처벌하는 데 역점을 두는 것이 아니라 보다 적극적인 의미에서 그들의 옳고 바른 행동을 찾아내어 그것을 복돋아 주고 이끌어 나가는 것이라야 한다.

6) 생활지도의 영역

학교교육에서는 주로 교과교육에만 치중하고 성적의 좋고 나쁨에 따라 개인의 능력을 평가하는 방법은 교육은 어디까지나 교과지도와 생활지도가 균형을 이룬 교육프로그램이 계획되어져야 한다. 종래의 학교에서 이루어졌던 생활지도는 개인의 성적이나 품행에만 초점을 맞춘 활동이었으나, 이제는 학생 개인 및 학교생활 전반에 걸친 지도가 필요하게 되었으며 그 영역으로는 교육지도, 직업지도, 인성(정서)지도, 사회성 지도, 가정지도, 건강지도, 여가선용 지도, 종교지도, 도덕성 지도 등을 들 수 있다.

생활지도는 그 문제별 기능에 따라 교육에 관한 영역인 신입생 오리엔테이션, 재학 중의 학업지도, 그리고 진학 및 진로지도인 교육지도가 있다. 신입생 오리엔테이션은 신입생에 대하여 행하여지는 특별한 지도로서 신입생들로 하여금 보다 빠른 시간 안에 학교에 효과적으로 적응을 할 수 있도록 지도하는 것을 말한다. 재학 중의 학업지도는 학교생활 중 학력 향상을 위한 지도로서 교과목 선택, 효과적인 학습방법, 과외활동의 선택지도, 독서지도 등이다. 마지막으로 진학 및 진로지도는 복잡 다양해진 직업세계가 점차적으로 확대되고 있어 학생들에게 그들의 진로를 보다 적극적으로 지도해 주어야 할 필요성이 요청되므로 학생의 적성과 능력에 알맞은 학과를 선택할 수 있도록 진학에 대한 조력과 관련 자료를 수집하여 학생들에게 정보를 제공하는 활동을 뜻한다. 결국 교육지도란 학습활동에 관련된 여러 가지 적응의 조장, 부적응 상태를 조정하고 지도하는 영역을 뜻한다.

학생들의 직업선택, 직업준비, 취업알선 등 장래 직업에 관련된 영역에 대하여 지도하는 직업지도가 있다. 이 영역은 학생들에게 직업에 관한 정보를 제공하며, 취업희망 조사와 각종 직업 세계에 대한 자료들을 수집하여 학생들로 하여금 직업준비에 대한 모색적 경험을 주도록 노력한다. 직업지도에 대하여는 수많은 직업을 계통별로 묶은 직업군을 지도하여 익숙토록 한다. 그리고 발달단계별로는 초등학교에서는 진로인식단계, 중학교에서는 진로탐색단계, 고등학교에서는 진로준비단계, 대학교에서는 진로전문화단계로 구분하여 직업의 성질, 작업조건, 학력 및 훈련, 보수, 승진 및 직업의 전망, 직업수행을 위한 정보자료 등을 실제로 학급에서 학습활동을 전개하여 개인이 가지고 있는 적성지도, 흥미, 능력에 알맞은 직업 적성교육을 실시하도록 한다. 결국 직업 적성지도, 진학지도와 정보제공, 추후지도 및 기타 직업에 관한 제 문제 지도를 포함한다.

사춘기에 들어서면 사회생활에 큰 변화가 오며, 이는 개인의 성격발달에 큰 영향을 미치게 된다. 친구들에게 고민이나 자신의 문제를 털어놓고, 서로의 가치관을 공유하며 같이 즐기고, 같이 슬퍼하는 일을 찾아 가정과 학교로부터 벗어나 친구들과 무리지어서 행동하기를 좋아한다. 이러한 환경에서 그들의 행동은 보다 극단적 · 모험적 · 일탈적인 경향을 보이므로 부모나 교사들의 특별한 인성(정서)지도가 필요하다. 인성문제란 대체로 심리적인 문제로서 인격, 정서적 불안, 욕구불만, 정신건강, 신경과민, 개인적 습관과 태도, 이성 문제 등 기타의 개인적 · 심리적 적응문제를 의미한다. 이러한 문제의 내용은 성적의 차이로 인한 열등감, 실패감, 무력감, 경제 빈곤에서 오는 열등감, 능력에 대한 회의, 신경과민, 성격이 좀 이상한 듯하다, 소심증인 듯하다, 초조감이 든다, 공연히 불안하다, 산다는 것이 짜증이 난다, 자살하고 싶다, 이성간의 관계에서 순결을 지켜야 하느냐, 이성간의 우정과 애정의 한계는, 일방적으로 접근해 오는 이성의 문제 등을 들 수 있다. 인성지도는 학생 개개인이 자신의 인격을 올바르게 인식하고 원만한 인격이 형성될 수 있는 소질을 육성하도록 조언하고, 한 개인이 전인적 인으로 완성될 수 있도록 지도해 나가는 과정이다. 즉 원만한 인격형성에 장애가 되는 인간의 기본적 욕구인 불만, 우월감, 열등감, 공격적 태도, 정서적 불안감 등을 제거하여 올바른 성격이 형성될 수 있도록 지도해 주는 것이다.

인간은 사회적인 존재이기 때문에 언제나 집단과 함께 생활한다. 즉 가정, 학교, 사회집단 등 일정한 사회적 관계 속에서 살고 있다. 인간의 생활은 집단에서 비롯되므로 사회적 상호작용과 대인관계를 통하여 자기를 성장 · 성숙시킬 수 있는 사회성 지도를 해 주어야 한다. 사회성 지도는 개인 혹은 학생의 교양, 도덕적인 윤리관, 인간존중의 습관형성, 합리적인 의사전달 방법, 이성교제, 부모와 자식과의 관계, 교우관계, 집단에서의 대인관계 등 원만한 인간관계를 유지하면서 협동과 봉사의 정신으로 생활할 수 있도록 사회성 계발에 대한 지도를 뜻한다. 이를 위해서는 관련 지식의 습득과 여러 가지 훈련 프로그램을 통하여 사회인으로서 원만한 적응과 창의적인 활동을 전개할 수 있다.

가족은 인류사회에서 가정 원초적이며, 일차적인 사회집단으로서 가족구성원의 행동과 사고에 지대한 영향을 미쳐 왔다. 가정은 인간의 인격 형성과정에 있어서 가장 중요한 역할을 담당하는 곳으로 언어와 지식은 물론 행동양식이나 가치관 등도 모두 어린 시절 가정에서 형성되었다. 우리나라의 전통적 가족관에는 부모와 자녀간의 윤리인 '효' 개념이 지배적이었다. 부모에 대한 순종과 권위에 대한 복종만을 배워 온 전통적인 가정은 이제 민주적이고 합리적인 인간관계의 모색을 활발히 전개하고 있다. 그러나 오늘날 우리 가정에는 전통과 현대라는 두 가지 측면이 공존하고 있다. 가정 내에서 자녀와 부모간의 가치관의 갈등, 형제간의 여러 가지 문제 등을 지도를 해 주어야 한다. 학교에서는 더 이상 부모와 자녀간의 문제나 형제간의 문제를 가정문제라고 방관해서는 안 된다. 학생은 가정과 학교의 연계선상에서 배우고 성장하기 때문에 학교에서도 적절한 가정지도가 필요하다.

신체적 결함, 운동의 부족, 영양실조, 위생관념, 영양식 등 주로 신체적 건강과 정신적 건강을 위한 지도로서 적절한 생활지도의 내용이 절실하게 필요하다. '건강한 신체에 건강한 정신이 깃들 수 있다'는 취지에서, 여러 가지 보건 활동 프로그램을 전개하며, 새로운 인식을 갖게 하여 학교생활에 건전한 적응을 기대할 수 있도록 신체장애, 각종 질환, 위생 및 기타 각종 건강에 관련된 문제를 지도하면서 건강교육을 장려하고 담당한다. 즉 건강지도는 학생의 건강이나 신체적 발달에 관하여 적절한 조언과 조력을 해 줌으로써 학생이 신체적으로 건강하게 발달할 수 있도록 지도하는 것이다.

여가란 학업이나 노동 등의 업무나 수면, 식사 등의 생명 유지를 위하여 보내는 시간 이외의 시간으로서, 직접적인 만족을 보상받지 않더라도 자유롭게 추구되는 것으로, 주된 기능은 휴식, 즐거움, 개인적인 발달이다. 여가선용 지도는 학교나 사회에서 개인이 자유로운 시간을 유용하게 이용할 수 있도록 하는 지도로서, 우리 학생들에게 필요한 지도 분야이다. 주 5일 근무제의 실시로 학교 교육과정 또한 5일에 맞추어 이루어지게 될 수도 있다. 이렇게 되면 여가시간이 예전에 비하여 상당히 증가하게 되고 시간이 있어도 어떻게 하면 의미 있게 보낼 수 있는가 하는 문제는 새로운 해결과제로 등장하였다.

따라서 이러한 지도 영역도 교과과정에 없는 문제이므로, 생활지도가 적절히 발굴해 주는 것이 필요하다. 오락지도 역시 이 분야에 속한다. 오락을 교육적인 면에서 볼 때 레크리에이션을 의미하는 것으로 어원적으로는 스포츠와 뜻이 같으나, 양자는 공통점을 가지면서도 스포츠가 신체적 활동을 주로 하는 활동임에 비하여, 레크리에이션은 여가를 의의 깊게 사용하여 건강을 증진하고 교양을 높이며, 인생을 즐겁고도 풍부하게 하는 의미를 갖고 있다. 그러므로 건전한 놀이, 음악, 미술, 창작, 독서, 고상한 취미, 특별활동 등 학교생활에서 생활을 영위하는 가운데 여가를 쾌락으로 이용하는 것이 아니라, 심신의 향상을 기하여 건전하고 행복한 생활을 지향하도록 하는 지도가 필요하며 여가시간에 효과적인 참여의 기초가 되는 기본적인 기술을 습득시킬 수 있다. 여가시간 활동을 위한 학교의 책임으로는 학교의 교육과정 아래에서 교육적 경험을 구성하고 있는 것이기 때문에, 그러한 교육적 경험은 규칙적으로 정규수업의 형태를 취할 수도 있으며 과외활동으로 구성될 수도 있다. 인간의 복잡한 사회적 · 경제적 · 산업적 조건으로부터 일어나고 있는 문제중의 하나는 여가시간의 필요성을 느껴야 하며, 생활지도는 그 대책을 강구하여 건전하고 창의적인 활동을 키울 수 있도록 사전에 오락 · 여가지도에 신경을 써야 한다.

도덕이라 함은 사회를 이루어 살고 있는 인간이 그들의 자연적 · 사회적 · 인간적 욕구와 욕망을 조화롭게 충족시키기 위하여 지켜야 하는 행위의 규범으로서, 이 규범에 의해서 행위의 선 · 악 · 정 · 사가 판단된다. 도덕은 관습, 풍속, 법률과 함께 인간의 행위를 통제한다. 이러한 행위를 교육하는 것도 도덕교육, 즉 도덕성을 기르고 정서를 순화시킴으로써 사회생활에 적응하는 건전한 인격을 갖추게 하는 교육이다. 사회생활에 적응하는 것은 곧 규범을 준수하는 것이므로, 생활에 대한 적응력을 기르고 인격을 드높이기 위한 교육적 노력은 모두 넓은 의미의 도덕교육이다. 생활지도에서 다루어야 할 문제는 도덕성 발달에 관한 원리와 자율성에 이르기까지 관심을 두고 지도해야 할 것이다. Piaget는 도덕적 자율성을 가진 인간의 특징을 규범을 상대적으로 파악하고, 자발적으로 준수하며, 행위 결과보다는 의도에 의해 책임을 물으며, 벌을 규범 위반에 대한 보상으로 간주하고, 타인의 행동 평가시에 정상을 참작하는 것 등이라고 하였다. 이와 같이 자신의 생활을 영위함에 있어서 외부의 권위나 명령에 의존하지 않고, 자기 스스로 획득한 원리에 따르도록 하는 지도가 요구된다.

종교란 어떤 일정한 신이나 신성의 실재에 대한 신앙에 의하여 결정되는 세계관과 인생관 및 생활관, 신비하고 존경스러우며 숭배의 대상이 되는 힘에의 의존적 구속력을 의미한다. 이러한 신앙과 의존성 등은 같은 종교라 할지라도 민족의 심리적 성향에 따라 다르다. 현대사회에서는 특히 종교의 다양성, 혼란 등으로 학생들의 신앙적인 갈등과 종교 이해에 난점을 가지고 있다. 이러한 종교적 문제나 갈등상황을 보다 합리적으로 해결할 수 있도록 적절한 지도가 이루어져야 할 것이다.

이처럼 생활지도의 영역은 다양하다. 생활지도는 학생의 건전한 성장과 발달을 촉진하기 위하여 생활과정에서 나타난 현실적 문제를 개인의 특성에 알맞게 지도하는 일이며, 개인생활과 사회생활에서의 만족·행복·효능성을 증진하고 개인의 자아실현을 도모하기 위한 활동이다. 이를 위해서 학생 자신의 이해, 자아수용, 자아존중을 증진하고, 환경의 물리적·인간적·사회적·과업적인 특징을 이해하고 적응할 수 있도록 원조하는 활동이야말로 생활지도의 중요한 과제이며 필수적인 요소다. 본 장에서는 생활지도의 영역을 문제별로 분류하여 살펴보았으나 각각의 문제들은 서로 관련성을 맺고 있어 따라 떼어내서 지도할 수 없다.

생활지도는 인간의 성장·과정을 통하여 필수적이며 종합적인 문제를 해결하는 데 크게 도움을 주고 있으며, 개인의 성장·발달과 가능성을 조기에 발견하여 개인의 능력에 알맞게 지도하여야 한다. 이를 위해서는 개인을 객관적으로 깊이 이해하고 자료를 충분히 수집하며, 전문적인 개별상담을 통하여 문제의 실마리를 끄집어 내고 이를 적재적소에 배치하고, 그 배치 결과가 어떻게 변화되어 나아가고 있는가를 확인하여 부족한 점을 보충하도록 지속적으로 노력해야 한다. 결국 생활지도는 교사와 학생 또는 카운슬러와 학생간의 유대를 돈독히 하여 신뢰 속에서 모든 인생의 문제를 종합적으로 정리하여 도출해 내도록 협조하는 과정임을 인식하여야 한다.

7) 생활지도에 임하는 교사의 역할과 태도

(1) 교사의 역할

생활지도는 각급 학교의 전체 교육 프로그램을 통합할 수 있어야 한다. 따라서 일정 정도의 자격과 자질을 갖춘 학교의 담당자(상담교사)들이 부모와 교사, 학생 및 학교 행정가들의 적극적인 참여와 협조를 토대로 유치원에서 고등교육까지

체계적인 일련의 활동을 포함할 수 있도록 종합적으로 이루어져야 한다.

초등학교에서 생활지도를 담당하는 교사는 초등학생들이 성공적으로 교육과정을 수행하는 데 필요한 기술과 태도를 습득하도록 도와 주어야 한다. 교실은 학생들의 주된 작업장이며 의사소통과 대화, 의사결정, 진로인식 등의 기술이 형성되는 공간으로서 제 기능을 다 할 수 있도록 적극적으로 활용되어야 한다.

중등학교에서 생활지도를 담당하는 상담교사의 역할은 다음과 같다.

첫째, 중등학교 교육목적을 이해하고 생활지도의 목표를 교육목적에 관련시키는 능력을 발휘할 수 있어야 한다.

둘째, 생활지도의 목적과 방법을 마련하기 위하여 교직원들과 협력하고, 생활지도 프로그램을 학생, 학부모, 지역사회에 소개하는 능력을 발휘하여야 한다.

셋째, 학생들이 심리학, 사회학, 문화인류학, 철학, 경제학 등 교과과정과 관련된 개념과 내용들을 생활지도에 적용함으로써 생활지도의 효과를 높이기 위한 능력을 발휘하여야 한다.

넷째, 심리학의 원리와 지식을 학생의 개별지도와 집단지도에 적용하여 보다 효과적인 생활지도 활동으로 이끌어 갈 수 있는 능력을 갖추어야 한다.

다섯째, 학생들이 자신에 대하여 긍정적인 결정을 내릴 수 있도록 학생들과 상담관계를 형성하고 유지하면서, 학생들이 최대한으로 성장하고 발달하는 데 기여할 수 있는 다양한 서비스와 지역사회 자원을 활용하는 능력을 갖추어야 한다.

여섯째, 통계자료를 사용한 객관적이고 수리적인 자료와 관찰과 면접 등 주관적이고 비통계적인 연구 자료들을 정확하고 효과적으로 분석 · 해석 · 보고할 수 있는 능력을 높여야 한다.

일곱째, 학생 개인과 집단을 대상으로 미래의 교육과 진로결정 및 계획을 돕는 적절한 정보의 수집 · 분석 · 해석할 수 있는 능력을 함양해야 한다.

여덟째, 다른 분야의 상담자(의료, 복지, 법, 사회시설 등)와 전문가들의 업무를 이해하고 학생들을 돕기 위하여 다른 전문기관이나 전문가에게 의뢰할 수 있는 능력을 함양하여야 한다.

아홉째, 통계적인 방법이나 면접이나 관찰 등 언어적 기술에 의한 비통계적인 방법의 검사를 실시하고 자료를 수집하고 분석하고 해석할 수 있는 연구 활동을 하는 가운데 생활지도 프로그램의 모든 절차를 지속적으로 평가할 수 있는 능력을 함양해야 한다.

이와 같이 생활지도를 담당하는 상담교사는 다양한 역할과 임무를 완수하기 위하여 종합적인 생활지도 프로그램을 계획하고 운영할 수 있어야 한다. 교육이 장기적이며 계획적인 활동이기 때문에 생활지도 역시 장기적이고 계획적으로 운영되어야 한다.

(2) 교사의 태도

각급 학교에서 생활지도는 상담교사의 임무만은 아니다. 담임교사는 담임으로서의 학급관리를 통하여 교과교사는 수업시간을 통해서 학생들에게 교과 이외의 교육을 의식적으로 또는 무의식적으로 항상 실시하고 있기 때문에 학교교육과 관련된 모든 이들의 임무이기도 하다. 교육은 의도적인 경우도 있지만 교사가 의식하지 못하는 경우에서도 이루어지고 있으며, 이를 잠재적 교육과정이라고 부른다. 따라서 교사는 의도적 교육과정 못지않게 잠재적 교육과정을 통해서 학생들에게 교육이 이루어지고 있음을 잊어서는 안 된다. 잠재적 교육과정을 통하여 학생들에게 전달되는 교육의 힘은 무시할 수 없는 것이므로 교육을 담당하는 모든 이들은 교사로서의 필요한 태도를 의식적으로 지니고 있어야 한다.

따라서 교사가 지녀야 할 바람직한 의식적 태도 몇 가지를 살펴보면 다음과 같다.

첫째, 생활지도를 담당하는 교사는 긍정적 인간관을 지니고 있어야 한다. 생활지도의 철학에는 기본적으로 인간의 잠재 가능성에 대한 신뢰가 전제되어 있다. 이는 인간과 사회의 긍정적인 면을 강조하는 철학이다. 개인이든, 집단이든, 사회이든 부분적으로는 부정적이고, 자기파괴적 요소가 존재하기는 하지만 개인과 집단과 사회에는 건설적이고, 문제해결적이고, 협조적인 긍정적 요소가 들어가 있다. 교육을 담당하는 이들은 이러한 부정적 요소보다는 긍정적인 측면을 의식하고 학습자들에게 강화시켜야 한다. 부정적 측면을 약화시키는 가장 효과적인 전략은 부정적 요소를 줄이려는 노력보다는 긍정적 요소를 키우고 강화시키는 것이기 때문이다. 교사 스스로 자신의 인생관과 삶에 대하여 긍정적인 태도를 가지고 있어야 함은 기본이고, 학생을 대하는 태도와 마음가짐 역시 긍정적으로 다가갈 수 있어야 하는 것이다.

둘째, 생활지도를 담당하는 교사는 끊임없는 자기발전을 할 수 있어야 한다. 학생에게는 성장과 발전, 변화를 요구하면서 교사 자신은 정작 정체되어 있다면 이는 결정적인 모순으로서 학생의 성장과 발전을 위한 지도를 방해한다. 자기변혁의 모델이 되지 못하는 교사로부터 학생들은 자기변혁을 배울 수 없기 때문에 교사는 인간적으로도 성장해야 하며, 전문적으로도 성장해야 한다. 교사 스스로 자신이 타인에게 어떻게 비쳐지는지 검토하고, 자신의 변화를 확인하면서 개인적인 문제나 갈등을 해결할 수 있는 '더 나은' 인간이 되려고 부단한 노력을 의식적으로 실시해야 한다. 또한 자신의 전문성을 보장하려는 교육과 훈련에 게을러서는 안 된다. 청소년들의 행동과 가치, 문화 등의 흐름이 시간에 따라 변화해 가는 것처럼 교사도 이러한 변화에 적응해야 하고, 새로운 지식과 기술을 습득하여 전문적으로 다가갈 수 있어야 한다.

셋째, 생활지도를 담당하는 교사는 학교조직 및 제도와도 협력할 수 있어야 한다. 학교 생활지도는 교육이라는 제도적 틀 안에서, 학교라는 제도적 조직 안에서 이루어지는 활동이다. 물론 담당교사에게 재량권이 주어지지만 제도적·조직적 틀을 무시한 채로 생활지도에 임하는 것은 바람직하지 않다. 조직이나 제도, 행정절차 등이 규제로만 작용하는 것이 아니다. 조직, 제도 및 행정 등도 많은 경우 지원과 강화로 작용하는 것이기 때문에 적극적으로 활용할 수 있어야 한다. 그러기 위해서 생활지도를 주도할 상담교사들은 수동적인 차원에서 교육청의 지시를 기다리지 말고 좀 더 적극적인 자세로 교육청과 교육과학기술부에 생활지도를 지원하도록 요구해야 할 것이다.

2 생활지도의 영역

1) 학생이해활동

(1) 학생이해활동의 의미와 원리

학생이해활동(student appraisal services)은 학생조사, 학생평가 및 학생사정활동으로 학생에 관한 자료를 수집하여 이를 기록, 조직, 해석하는 생활지도의 가장 기초적인 활동이다. 학교에서 모든 학생들을 대상으로 조직적이며 체계적으로 돕기 위해서는 학생들의 인적사항, 학업성취, 가정환경, 교우관계, 성격과 인성, 행동발달 사항, 흥미, 적성과 능력, 장래의 교육적이며 직업적 흥미 및 희망 등을 올바르게 조사 · 평가하고 이를 통해서 학생을 바르게 이해할 수 있는 방법을 찾아야 한다.

학생이해활동의 기본적인 전제는, 각 개인은 유사성이 있는 반면에 상이성이 있으므로 학생이해활동은 각 학생의 개별성(individuality)을 밝혀 주는 자료 제공에 관심을 가져야 한다. 즉 다른 학생과 비교해서 개인의 뚜렷한 특징을 형성한 학생이 얼마나 비슷하고 또 다른가를 설명해 주는 것에 초점이 맞추어져야 한다. 학생이해활동의 주요 목적은 학생이 자신을 이해하고 의미있는 의사결정을 내릴 수 있도록 하기 위해서 학생에 관한 정보를 수집하는 것이다. 학생 스스로 자신의 능력이나 자질, 또는 장 · 단점 등을 모르는 경우가 많으므로 자신에 관한 바른 정보를 제공함으로써 학생이 자신을 이해하고, 자신을 위한 결정을 스스로 내릴 수 있도록 하는 것이다.

한편, 학생의 특성을 파악하기 위해서는 몇 가지의 원리가 적용되어야 한다.

첫째, 사정은 학생 개인의 궁극적인 이익을 위해서 수행되어야 한다. 학생에 관한 조사나 평가활동은 교사나 학교당국을 위해서 실시하는 것이 아니고 학생 자신을 위해서 실시하는 것이다.

둘째, 각 개인의 독특성이 인정되어야 한다. 상담자가 학생에 관한 정보를 수집하는 것은 학생들의 공통점을 찾기보다는, 학생을 다른 사람과 구별하게 하는 고유성을 찾는 데 있다. 모든 인간은 자신만의 개성이 있으므로 이러한 개성을 찾아내어 개발시키도록 조력해야 하는 것이다.

셋째, 모든 학생들에게 동일한 조사를 할 필요는 없다. 학생마다 능력과 특성이 다르기 때문에 조사를 필요로 하는 유형과 정도 또한 다르다. 따라서 조사활동은 모든 학생을 대상으로 일괄적으로 시행하는 것보다는 학생의 필요에 따라서 실시하는 것이 바람직하다.

넷째, 모든 상황에 다 적합한 하나의 조사방법이나 절차는 없다. 조사 대상 학생이나 조사 내용의 성격에 따라서 질문지법이 더 효과적일 수도 있고, 면접법이 더 효과적일 수도 있다. 조사를 실시하기 전에 조사 대상과 대상이 처해 있는 상황을 철저히 파악해서 가장 적절한 방법과 절차를 사용해야 한다.

다섯째, 정확한 인간 사정은 도구와 인력에 의해서 제한을 받고 있다. 인간은 기계와 달리 복잡하고 변화무쌍하며, 특성 또한 다양하고 복잡하기 때문에 이를 정확하게 밝혀 내는 데는 한계가 있다. 그래서 아직까지 개발된 도구들은 인간의 속성이나 특성을 정확하게 밝혀 낼 수 있을 정도로 완벽하지 못하다. 따라서 검사의 한계를 염두에 두고 조사에 임해야 하고 결과를 해석해야 하며, 검사를 제대로 실시하기 위해서는 교육과 훈련을 받은 전문가이어야 한다.

여섯째, 학생이해활동은 개인의 긍정적인 면을 수용한다. 인간 차원에 관한 사정의 목표는 각 개인의 잠재력을 발견해 내는 데 있다. 즉 각 개인의 내재된 독특한 가치를 밝혀 내는 것이다. 부족한 부분을 채우기 위해 노력하기보다는 긍정적 측면을 발견하여 그것을 발휘할 수 있도록 도와 주는 데에 관심을 두어야 한다.

일곱째, 학생이해활동의 근본적인 목적은 학생들의 자기이해와 현명한 의사결정 능력을 증진시키는 것이다. 체계적인 조사와 분석을 통해서 학생들은 자신을 더 잘 이해하게 되고, 자신에 관한 정확한 사실에 기초하여 결정을 내리기 때문에 현명하게 의사결정을 내릴 수 있다. 상담자는 수집된 정보의 해석에 신중을 기해서 학생의 각 자료가 의미하는 것이 무엇인가를 정확하게 이해할 수 있도록 해야 한다.

여덟째, 학생이해활동은 학생 자신과 학생이 속해 있는 환경을 같이 고려해야 한다. 예를 들면, 능력과 같은 학생으로부터 추출된 자료는 독립적으로 사용되어서는 안 되고 능력에 관한 환경의 영향도 함께 고려해야 한다. 따라서 조사의 범위가 학생이 속한 환경적 배경까지 확대되어야 한다.

아홉째, 인간 사정은 전문적이고 윤리적인 지침을 준수해야 한다. 상담교사를 비롯한 학생조사활동에 참여하는 모든 사람들은 자신들이 다루고 있는 대상이 인간이라는 사실을 인식해야 한다. 따라서 인간의 존엄성을 유지하기 위한 여러 가지 윤리강령들을 준수해야 한다. 이에는 적절한 조사방법과 절차를 따를 것이 요구되며, 아울러 내담자의 권익을 보호하기 위한 사생활과 비밀보장에 대해서도 각별히 유의해야 함을 의미한다.

(2) 학생이해활동의 단계

학생이해활동은 몇 단계를 거쳐서 수행되는 것이 일반적인데, 여기에서는 8단계의 모형으로 제시하고자 한다.

제1단계 : 사정의 필요성 인식

제2단계 : 필요한 결정과 판단의 확인

제3단계 : 결정의 구체화

제4단계 : 판단의 구체화

제5단계 : 정보수집

제6단계 : 정보의 분석과 해석

제7단계 : 사정결과의 보고

제8단계 : 평가와 피드백

[그림 2-2] **학생이해활동의 8단계 모형**(Pietrofesa, Bernstein, Minor, & Stanford,1980)

1 사정의 필요성 인식

개인이나 조직은 미래의 성장과 변화를 위해서 현재를 평가해야 한다. 모든 것들은 현재의 평가를 토대로 필요한 정보를 수집하여, 수집된 정보를 근거로 판단하거나 행동으로 옮긴다. 이러한 도움을 필요로 하는 때가 사정 과정이 시작되는 시기다. 학교에서 상담교사는 학부모, 담당교사 및 교장 등의 의뢰를 통하여 학생의 사정이 필요하다는 것을 알게 된다. 때로는 학생 스스로 자신의 사정을 요구하기도 한다. 의뢰든 자발적이든 학생 자신에 관한 중요한 정보를 체계적으로 얻을 수 있다.

2 필요한 결정과 판단의 확인

정보의 필요성이 인정되면 즉시 자료를 수집하게 되지만 때에 따라서 사정의 원래 목적과는 상관없는 자료를 수집하는 경우가 발생한다. 이러한 일이 발생하지 않도록 사정 필요성의 인식을 내려야 할 결정과 판단의 구체적인 진술로 변형시켜야 한다. 결정과 판단의 필요가 사정과정을 시작하게 했는지, 미래 결과를 예측하기 위해서 필요한 것인지 등 목적과 부합되는 사정이 되도록 구체적으로 실시해야 한다.

3 결정의 구체화

결정은 활동을 의미한다. 학교에서 사정을 특징짓는 두 가지 활동은 선발과 분류다. 선발은 합격과 불합격의 결정을 의미하며, 선발은 수용과 거부를 의미하는 것이다. 학교에서 학생을 위해서 취해지는 사정활동은 학생을 선별해서 수용하거나 거부하는 선발보다는 모든 학생을 적절하게 조치할 수 있는 분류의 결정을 내리는 것이 바람직하다. 일반적으로 사정의 목적은 개인의 속성과 특성을 사정해서 이를 환경 내에 존재하는 기회나 선택과 연결짓는 상관을 밝혀 내는 것과 학생에게 가능한 치료 방법과 선택에 관심을 갖기 위하여 실험에 목적이 있다.

4 판단의 구체화

사정과정에서는 평가와 예측 두 가지 형태의 판단을 한다. 평가는 현재의 수행능력을 판단하기 위해서 사정정보에 부여한 값어치이며, 예측은 미래의 수행능력을 예견하기 위해서 사정정보를 사용하는 것이다. 예측을 사용할 것인가 혹은 평가를 사용할 것인가 하는 결정은 어떻게 문제를 정의하느냐에 달려 있다. 그러나 사정정보나 현재나 미래의 업무수행 사이에 어떠한 형태의 비교를 하느냐에 따라서 판단의 방법이 형성된다. 여기에는 규준평가, 목표평가, 기대평가, 그리고 자기평가 등의 네 가지 방법이 있다.

5 정보수집

결정과 판단이 내려졌으면 어떠한 정보를 수집해야 하고, 어떠한 도구를 사용해야 할 것인가를 결정해야 한다. 즉 사정의 결정과 판단이 확인되고 구체화된 다음에는 사정과정에서 어떠한 정보가 필요한가를 결정해야 하는 것이다.

6 정보의 분석과 해석

사정을 통한 정보는 결정이나 판단의 필요에 의해서 수집된다. 정보의 양이나 유형은 사정의 목적에 의해서 결정되기 때문에 여기에서는 수집된 자료를 해석하는 단계이다. 개별적인 자료단위를 분석하고, 자료단위를 포괄적인 진단형태로 조직하고 해석해서 필요로 한 것을 만족시킬 수 있는 제언을 하게 된다. 수집된 정보를 가지고 학생의 행동과 문제에 관해서 상담교사는 잠정적인 가정을 내릴 수 있다. 이러한 가정은 학생의 조사된 행동을 적절한 기준과 비교함으로써 얻어지는 가능성의 진술이라고 할 수 있다.

7 사정결과의 보고

학생을 조사한 사정결과는 적절한 방법을 통해서 그 학생에게 전달되어야 한다. 전달하는 방법에는 여러 가지가 있을 수 있으나 주로 직접적 대면관계를 형성하여 상담의 방법을 통해서 전달하는 것이 바람직하다.

8 평가의 피드백

사정은 학생과 상담교사를 비롯한 다른 사람들로 하여금 판단을 하고 의사결정을 하도록 돕는다. 일단 행동이 취해졌으면 그 결과를 평가하는 것은 중요하다. '검사결과의 효과를 평가하기 위해서 검사의 필요가 어느 정도 충족되었는가?', '현 사례에 사용된 검사의 방법, 절차, 결과가 유사한 형태의 사례에서 어느 정도 일반화될 수 있는가?' 등의 질문에 답변을 할 수 있어야 한다.

1. 검사자가 검사의 결과를 전달받는 자나 다 같이 명확한 목표를 가지고 있을 것
2. 가능하면 구체적인 점수를 사용하는 것을 피할 것
3. 점수의 의미를 절대적인 해답으로 제시하는 방법을 사용하지 말 것
4. 전문적인 체하기보다는 이해증진에 전념할 것
5. 이해와 수용은 동의어가 아닌 것을 명심할 것
6. 학생과 학생을 직접 비교하지 말 것
7. 검사결과를 해석한 다음에도 학생이나 필요에 따라서는 부모와 계속 논의할 것

[그림 2-3] **검사결과를 전달할 때의 주의사항**(Lien, 1971)

(3) 표준화검사를 통한 학생이해활동

생활지도는 학생 개개인의 능력이나 특성을 상대적으로 이해해야만 효과적으로 실시될 수 있다. 그러나 학생 개개인에 대한 비교에 있어서는 상대성을 지니고 있기 때문에 뚜렷한 기준에 의해서 이루어져야 하는데 뚜렷한 기준을 제시할 수 있는 검사가 바로 표준화검사이다.

표준화검사는 규준(norm)이 제시되어 있어서 학생들의 능력이나 특성을 상대적으로 비교할 수 있도록 되어 있다. 즉 표준화검사는 원점수를 비교할 수 있는

규준점수로 환산해서 규준표로 작성한 후 검사요강에 제시하고 있으며 가장 흔히 사용하는 규준점수에는 T점수, 백분위 점수, Z점수, 스태나인(Stanine)점수 등이다. 표준화검사는 예측, 분류, 자기이해의 증진, 치료나 프로그램의 평가와 개선, 과학적 탐구 등의 기능을 수행한다.

표준화검사는 각 개인이 결정을 내리는 데 기초가 되는 능력을 비롯한 다른 특성들을 측정하기 위해서 사용된다. 즉 검사를 사용해서 개인의 특성을 밝혀 냄으로써 그 사람의 장래 행동이나 성취 등을 예측할 수 있게 한다. 표준화검사는 분류의 기능을 수행한다. 분류는 체계적인 구분에 따라서 계층이나 집단으로 배치하는 것을 말한다. 분류는 어떤 치료나 집단에 사람을 배치해야 하는가를 결정하는 행위를 포함한다. 예를 들면, 정신병환자 진단, 교육과정의 선택, 전문성에 따른 직업적 배치 등을 분류라고 할 수 있다. 분류와 유사한 개념으로 선발(selection)과 정치(placement)가 있다. 표준화검사는 자기이해의 증진기능을 수행한다. 우리는 자신에 관한 결정을 내리기 위해서 먼저 자신에 대해서 알아야 한다. 우리는 많은 경우에 자신보다는 타인에 대해서 더 많은 관심을 갖는다. 즉, 자신의 취미나 성격 등의 여러 특성보다는 다른 사람의 기호에 대해서 더 잘 아는 경우가 있다. 간혹 우리가 자기 자신에 대해서 알고 이해한다고 해도 이는 객관적이고 과학적인 자료에 기초한 것이 아니고 자신의 주관에 의한 것인 경우가 많다. 우리가 현명한 의사결정을 하고 합리적인 행동을 취하기 위해서는 자신에 대한 이해가 선행되어야 한다.

표준화검사는 측정 내용, 경향성, 검사목적, 문항 구성 형식, 시간 제한, 검사 실시방법, 작업 내용 등에 의해서 다양하게 분류될 수 있으나 여기에서는 인지적 영역을 측정하는 검사와 정의적 영역으로 측정하는 검사로만 분류하여 살펴보도록 한다. 인지적 영역을 측정하는 검사로는 지능검사, 적성검사, 학력검사, 창의성검사 등이 있으며, 정의적 영역을 측정하는 검사로는 흥미검사, 성격검사, 정서지능검사 등이 있다.

1 지능검사(intelligence test)

가장 널리 알려진 지능검사는 스탠퍼드 - 비네 지능검사와 성인 · 아동에 대한 검사를 포함하는 웩슬러 검사다. 스탠포드-비네 검사는 프랑스에서 개발된 비네-시몽 검사를 미국에서 응용한 것으로 스탠포드 대학의 심리학자인 루이스 터먼이 1916년에 도입하였다. 개인을 대상으로 한 검사는 1937년, 1960년, 1972년에 수정된 것으로, 2세 이상의 사람을 평가하며 1차적으로는 아동을 대상으로 만든 것이다. 이 검사는 계산력 · 기억력 · 어휘력과 관련된 일련의 연령대별 문제들로 이루어져 있다.

지능검사는 지능지수(IQ)로 점수를 표기하는데, IQ의 개념은 독일의 심리학자 빌헬름 슈테른이 처음으로 제안하고 스탠포드-비네 검사에서 루이스 터먼이 채택했다. IQ는 원래 사람의 신체연령에 대한 정신연령의 비율에 100을 곱한 것이다. 그러므로 10세 아동의 정신연령이 12세라면(즉 검사에서 수행한 수준이 12세 아동의 평균수준이라면) 이 아동의 IQ는 (12/10)×100=120이다. 정신연령과 신체연령이 같은 100이면 IQ는 보통이고, 100보다 높으면 보통 이상이며, 100보다 낮으면 보통 이하다. 그러나 정신연령 개념에 대한 평판이 나빠져서 지금은 정신연령을 계산하는 검사가 거의 없다. 그럼에도 불구하고 많은 검사는 여전히 IQ를 산출하며, 이 수치는 일정한 IQ를 가진 것으로 기대할 수 있는 사람들의 통계적 비율을 바탕으로 계산된다. 지능검사 점수는 대략 '정규' 분포를 따르며, 대부분의 사람들은 분포곡선의 중간 부근 점수를 나타내고 곡선의 중앙에서 멀어질수록 점수 빈도는 급속히 떨어진다. 예를 들어 IQ 척도에서 3명 중 2명이 85~115, 20명 중 19명이 70~130에 놓인다면 130 근처나 그 이상의 점수를 나타내는 사람은 상당한 재능을 가지고 있는 것이며, 70 근처나 그 이하의 점수를 나타내는 사람은 정신적 결함이나 지체가 있는 것으로 간주된다.

지능검사는 많은 논쟁을 불러일으켰다. 검사의 설계 및 표준화 절차에서 나타나는 문화적 편견을 중심으로 한 논쟁과 어떤 정신적 능력들이 지능을 구성하는가, IQ는 이러한 능력을 적절히 나타내는가에 대해서도 상당한 논쟁이 일어났다. 지능검사를 비판하는 사람들은 지능검사가 유복한 배경을 가진 집단에게 유리하며 힘 없는 인종 · 민족 · 사회 집단을 차별하고 있다고 비난해 왔다. 따라서 심리학자들은 문화적 영향에 관계없이 개인의 타고난 능력을 정확하게 반영할 수 있는 검사법을 개발하려고 노력하고 있다.

한편, 지능과 학습과 관련하여 한 가지 고려해야 할 점은 지능지수는 어느 정도의 가능성을 예언해 주는 것 일뿐 그것 자체가 절대적인 의미를 갖는 것은 아니라는 점이다. 지능지수는 정신연령을 실제연령으로 나눈 것에 100을 곱한 것이다. 이것은 동일한 생활연령의 아동은 동일한 학습기회를 가졌음을 전제로 하는 것이다. 그러나 실제에 있어서 같은 연령의 아동이 같은 학습 기회를 갖는 것은 아니다. 또한 평균 이상의 지능을 가진 학생도 학업에 실패한다. 학업에는 지능 이외의 많은 변수가 작용함을 의미한다. 지능검사는 각기 학생들을 상담하는 데 있어 당면하는 학구적 결정을 고려한 교사의 평점과 다른 학업성취에 관한 자료를 보충한다. 중등학교 이상에서의 정규교육을 수행할 수 있는가의 여부에 관한 학생 능력의 독자적인 평가를 제공해 주고 능력 수준에 따르는 학생들의 수준을 확인하여 직업에서의 성공과 적응의 예언을 명확히 확인하는 데 필요한 요소다.

일반적으로 가장 가치있는 적용의 의의는 중등학교 교육과정을 구성할 때에 잘 나타난 것이다. 왜냐하면 검사가 지닌 가장 중요한 역할은 대학에의 예비과정에서 장차 학구적 활동을 하는 데에 있기 때문이다. 지능검사 점수가 대학입학에 관한 카운슬링에서 가장 흔히 적용되는 것들 중 하나다. 지적 잠재 능력의 측정도구로는 지능검사를, 지적 적용력의 측정도구로는 학력검사를 고려하는 것이 편리할 때가 있다.

현재 국내에서 표준화되어 있는 지능검사로는 종합능력검사(한국행동과학연구소), 일반지능검사(코리안테스팅센터), 지능진단검사(중앙적성출판사), GFIT 지능검사(중앙적성출판사), KIT-M(한국가이던스), KISC-유아지능검사(한국가이던스), K-WAIS(한국가이던스), KEDI-WISC(한국교육개발원), WISC-III(특수교육), K-ABC(학지사), 고대비네지능검사(고대행동과학연구소), 유아학습능력검사(K-IQ, 키즈규자녀교육상담연구소), Raven 지능발달검사(한국가이던스), 지능검사(중앙교육진흥연구소) 등이 있다.

2 적성검사(aptitude test)

적성은 미래의 어떤 직업이나 분야에서 일을 수행하거나 학습할 수 있는 개인의 능력을 특징짓는 특성(trait)을 의미한다. 한 사람이 장래의 훈련을 통해 지적·

운동적인 것 등 몇 가지 구체적인 반응양식을 터득할 수 있는 능력에 대한 지표를 얻는다. 이 검사는 개인마다 특수한 능력에 차이가 있으며 그 차이를 통해 그들이 나중에 어떤 성과를 달성할 것인가 예언할 수 있다고 가정한다. 따라서 적성검사는 주어진 활동을 성취하거나 성취하는 것을 학습할 수 있는 잠재력을 측정하도록 제작된 검사다. 적성검사는 때로 지능검사와 혼용해서 능력검사(ability test)로 분류되어 사용하기도 한다. 그러나 엄밀하게 지능검사는 주로 개인의 학습 가능성과 관련된 포괄적이고 일반적인 지적 능력을 측정하는 경향이 있고, 적성검사는 구체적인 분야에서의 성공을 예언하기 위해서 구체적인 하위요인에 초점을 맞추는 다요인검사라고 할 수 있다.

개인이 인식하지 못한 개인의 잠재력 발견

개인의 특수능력 및 잠재력 개발하도록 격려

학업과 직업에 있어서 성공가능성 예측

발달과 목적에 따라 학생의 적성에 따른 분류

[그림 2-4] **적성검사의 기능**(Gibson & Mitchell, 1999)

적성검사는 특수적성검사(special aptitude test), 적성종합검사(aptitude batteries), 학업적성검사(scholastic aptitude tests)로 분류할 수 있다. 특수적성검사는 특정한 직업이나 활동 영역에 있어서 개인의 수행 능력이나 가능성을 측정하도록 제작된 검사로 구체적인 하나의 적성을 측정하기 때문에 단일적성검사라고도 한다. 단일적성검사는 주로 기계, 사무, 예능과 같은 단일 능력을 측정하는 데 사용되고, 또한 수학이나 외국어와 같은 특수교과에 대한 능력을 측정하기도 한다.

적성종합검사는 여러 직업이나 직업과 관련이 있는 활동과 연관이 있는 여러 개의 하위검사로 구성되어 있어서 적성의 형태를 측정하는 검사다. 단일적성검사에 비해서 적성종합검사가 갖는 이점은, 첫째, 한 검사로 다양한 활동에 대한 가능성을 측정할 수 있기 때문에 실시하는 데 편리하고, 둘째, 모든 하위검사가 같은 모집단을 대상으로 하여 표준화작업을 했기 때문에 비교 가능한 하위검사의 규준을 제시할 수 있고, 셋째, 하나의 검사로 광범위한 영역의 잠재력을 비교할 기회를 가질 수 있다. 가장 대표적인 검사로는 미국에서 제작한 GATB(General Aptitude Test Battery)와 DAT(Differential Aptitude Test)가 있으며, 국내에서 이를 번안하여 사용한 GATB 적성검사(중앙적성연구소)와 적성종합검사(정범모) 등이 있다.

학업적성검사는 개인의 미래 학업 수행 가능성을 측정하도록 제작된 검사다. SAT(Scholastic Aptitude Test)와 같은 검사는 고등학교 졸업생들이 대학에 진학한 후 학업 능력을 잘 예측해 주고 있다. 그러나 이 검사는 타고난 능력보다는 과거의 학습에 기초를 두고 미래의 학업능력을 예측하는 것이기 때문에 학력검사에 더 가깝다고 할 수 있다.

표준화되어 있는 대표적인 진로 · 적성검사로는 적성탐색검사, 진로탐색검사 및 진로발달검사(한국가이던스), 적성종합검사(코리안테스팅센터), 진로적성검사(사립중고등학교장회), 일반직업적성검사(노동부), 기초적성검사(교학사), 적성진단검사(중앙적성출판사), 진로적성검사(중앙교육진흥연구소), Strong 진로탐색검사(한국심리검사연구소), GATB(중앙적성출판사), KAT-A 적성검사(한국가이던스), KAT-M(한국가이던스), 종합적성진로진단검사(대교교육과학연구소), 진로사고검사(한국가이던스), 무적성종합검사(중앙적성출판사), 진로적성진단검사(한국심리적성검사연구소) 등이 있다.

3 학력검사(achievement test)

학력검사는 학교 본래의 사명을 다하고 직업과 관련되는 기술을 습득할 능력을 측정하며, 장래 정규 학과목을 수행하는 데에 대한 탁월한 예언의 근거가 되고, 학생의 흥미와 특수능력의 발견에 유용한 단서가 된다. 생활지도의 목적이 교육목적과 밀접하게 관련되기 때문에 교육성과의 측정은 무엇보다도 중요하다. 학력이란 학습에 의해서 획득한 능력으로 사용하는 것이 보통이다. 그러나 학력을 학습 능력이라고 해석해서는 안 된다. 보다 교육적인 학력의 입장을 정의한다면 일정 기간 동안에 주어진 과업을 학습에서 얻은 결과, 즉 학교의 일정한 교과목을 통해서 일정 기간 학습에서 얻은 지식과 기능의 양이나 정도로 정의한다.

학력검사는 일반적 학습 능력을 재는 지능검사와 구별해서 사용하나 학력의 영역을 이해, 지식, 사고(해결), 태도, 감상 등에까지 확대시켜 엄밀한 구분을 할 수 없다. 그러나 일반적으로 교육의 성과를 주로 지적 영역(cognitive domain)에 치중해서 다루는 것을 의미한다. 학력검사는 주로 학습 정도와 학습 속도를 측정하기 위해서, 다른 사람과 비교하기 위해서, 개인의 다른 영역 간에 비교를 위해서, 여러 하위 영역의 학습 수준을 측정하기 의해서, 또 각 교과의 강점과 약점을 알아내기 위해서 사용된다.

성적과 성취수준을 평가하기 위한 보조도구로 사용

학습부진 탐색 및 치료교육의 기능과 치료진전의 평가

학력수준 파악하여 수준에 맞는 교육 프로그램진행 및 개발

교수방법 평가와 개선 및 교육목표 설정하는데 활용

[그림 2-5] **학력검사의 기능**(Anastasi & Urbina, 1997)

한편 학력검사가 제대로 적절하게 활용되기 위해서는 물론 다음과 같은 점에 유의하여 사용해야 한다. 첫째, 학력검사의 내용이 학생들이 경험한 교과 내용과 일치하는 것인가를 확인해야 한다. 즉 학력검사가 학생들이 학습한 내용을 측정해야 한다. 둘째, 학력검사에서 강조하는 것이 수업시간에 학생들에게도 강조된 내용인지를 확인해야 한다. 셋째, 학력검사 항목의 난이도가 학생의 연령이나 학년 수준에 적합해야 한다. 넷째, 학력검사가 표준화된 규준집단을 고려해야 한다.

우리나라에서 활용되는 대표적 학력검사로는 대학수학능력시험과 기초학력진단검사(한국적성연구소) 등이 있다.

4 창의성검사(creativity test)

창의성이란 새로운 것을 만들어 내거나 발견해 내는 능력으로 어떤 문제에

대한 새로운 해결안, 새로운 방법이나 고안, 새로운 예술적 대상이나 형태 등으로 구체화된다. 동기유발과 학습유인 분야에서의 심리학적 실험 결과에 따르면, 새로운 것을 좋아하는 마음이 그것을 찾아내는 또는 발명해 내는 계기가 된다고 한다. 왜냐하면 고등지능을 갖춘 생물의 경우 자신을 둘러싸고 있는 환경을 그대로 유지하려는 성향과 새로운 가능성을 실험하기 위해 기존의 균형 상태를 깨뜨리려는 충동 사이의 긴장이 늘 존재하기 때문이다.

창의성과 지능과 큰 관계가 없어 보인다. 즉 대단히 지적인 사람이 반드시 대단히 창의적인 사람은 아니라는 뜻이다. 이 때문에 지능 중에서도 집중적 사고능력(수렴적 사고능력)과 확산적 사고능력(발산적 사고능력)을 구분하게 되었다. 전자는 지능검사에서 분석적 추리능력을 나타내는 지표이고, 후자는 사고의 다양성과 독창성을 나타낸다. 창의적 활동에는 이 양자가 모두 필요하지만 사람의 직업이나 하는 일의 종류에 따라 그 필요성의 정도가 달라진다.

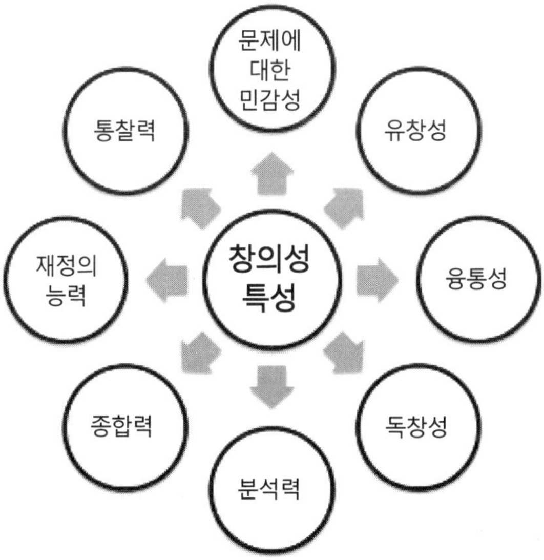

[그림 2-6] **창의성의 특성**(Guilford와 Hoepfner, 1971)

창의성은 성격 특성과도 밀접히 관계되는 것으로 알려진 바, Baron(1969), Torrance(1962), 안범희(1977) 등의 연구에 의하면 창의적인 사람은 무질서를 수용하고, 문제해결에 도전적이며, 융통성이 있고, 자신감 및 성취의욕, 호기심 등이 높다고 한다. 성격은 더 넓은 경험의 폭과 행동양식을 외부적으로 드러내는 것일 수도 있다. 이런 사람들은 이례적일 정도로 깊고 넓고 탄력적인 자아의식을 갖고 있을 수도 있다. 그러나 여러 가지 심리 연구에 의하면, 창의적인 사람은 여러 가지 문제에 대해 아주 민감한 감수성을 가진 지적 지도자의 경우가 많으며, 또한 자신감과 자율성의 정도도 높아 남을 압도하는 힘이 있으며 비교적 내적 갈등이나 구속 등을 받지 않는다는 특성이 있다.

표준화되어 있는 대표적인 창의성검사로는 간편창의성검사(서울대교육연구소), 창의성검사(한국가이던스), 토란스창의적성격검사(중앙적성출판사), 유아종합창의성검사(학지사) 등이 있다.

5 흥미검사(interest test)

흥미는 일반적으로 어떤 현상이나 사물에 대해서 개인이 좋아하거나 싫어하는 것, 또 몰두하거나 관심을 갖고 호기심을 갖는 경향성을 의미하며, 넓은 의미에서 개인의 성격구조의 한 측면이라고 할 수 있다. 특히 흥미는 개인의 학습동기와 관련이 있기 때문에 학습의 능률은 물론 개인의 행복과 직결되는 요인이기 때문에 특히 진로 결정 과정에서 중요하게 다루어져야 할 요인이다.

흥미를 측정하도록 고안된 검사로는 스트롱(Strong)식 흥미검사와 쿠더(Kuder)식 흥미검사가 있다. 스트롱식 흥미검사는 경험적, 예언적, 직접적인 특징을 지닌 검사다. 이 검사의 제작에는 첫째, 같은 직업에 종사하고 있는 사람의 흥미는 서로 비슷한 데가 있다는 것과 둘째, 각 개인의 직업은 거의 변하지 않는 고정적인 것이라는 가정이 그 밑받침이 되고 있다. 쿠더 흥미검사는 스트롱식과는 달리 합리적이며 기술적인 흥미검사다. 현재 사용되고 있는 것은 두 가지 종류로서 쿠더의 직업적 흥미검사(Kuder Preference Record-Vocational)와 쿠더의 인식적 흥미검사(Kuder Preference Record-Personal)가 그것이다. 직업적 흥미검사는 흥미의 영역을 10개의 분야로, 인성적 흥미검사는 5개의 분야로 나누어 각 개인이 가지고 있는 흥미의 강도가 상대적으로 얼마나 되느냐를 기술해 보고자 하는 것이 목적이다.

우리나라에 나와 있는 흥미검사는 크게 두 가지가 있다. 학습흥미검사로서 초등학교 고학년의 학습 흥미를 알아보려는 검사이며, 또 하나는 적성흥미검사로서 중·고등학교 학생의 적성적인 흥미의 방향을 알아보려는 것이다. 학생의 학습 효과나 합리적인 진로 결정을 위해서 학생의 흥미를 파악하는 일은 적성만큼 중요하다. 국내 흥미검사로는 직업흥미검사(중앙교육진흥연구소), 흥미검사(행동과학연구소), 표준흥미검사(교학사), 직업흥미검사(중앙적성출판사), 직업흥미검사(노동부), 직업흥미검사(사립중·고등학교장회), KIB 흥미검사(한국가이던스), 학습흥미검사(중앙적성출판사), 학습흥미검사(사립중·고등학교장회), 학습흥미검사(한국가이던스) 등이 있다.

6 성격검사(personality test)

성격의 의미는 다양하고 일반적으로 광범위하게 사용되고 있어 정의 내리기는 어렵지만 성격검사는 개인의 능력과 구별되는 개인의 정서적·동기적·대인적·태도적 특성을 측정하는 도구를 의미한다(Anastasi, 1982). 따라서 성격검사가 주로 측정하는 내용은 기질과 적응성, 태도, 의견, 흥미, 가치, 그리고 도덕성과 품성 등을 들 수 있고, 또 향성, 기질, 정서성, 적응성, 욕구, 갈등 등을 들 수 있다.

이러한 성격을 측정하는 방법으로는 일반적으로 목록법, 평정법, 작업검사, 투사적 검사 등으로 구분할 수 있다. 목록법(inventory type)은 성격에 관한 많은 문항에 대해서 "예", "아니오", "잘 모르겠다" 등의 간단한 응답을 하게 하는 질문지법의 대표적인 형태다. 대부분의 성격검사가 이 형태에 속하다. 이 방법은 단점도 있지만 실시방법의 간편하고 결과 처리를 객관화할 수 있고, 수량화가 용이한 이점이 있기 때문에 널리 활용되고 있다. 대표적인 예로는 미네소타 다면적 인성검사(Minnesota Multiphasic Personality Inventory : MMPI)를 들 수 있다.

평정법(rating method)은 면접이나 관찰을 통해서 얻어진 피험자의 현상행동에서 추출된 어떤 성격 특징의 양을 판정해서 표시하는 방법이다. 즉 성격 특성을 몇 개의 문항 수로 선정해서 각 문항에 대해서 양극단을 정하고 그 사이를 3~5단계로 나눈다. 그리고 피검사자의 행동을 관찰해서 그 정도에 따라 척도의 어느 단계에 맞추어 점수를 매기게 된다. 작업검사(performance test)는 일정한 직업을 피검자에게 주어진 직업과정과 결과에 의해서 성격을 진단하는 방법이다.

MMPI

Minnesota 다면적 인성검사(MMPI)는 1943년 Minnesota 대학병원에서 심리학자인 Starke Hathaway와 정신과의사인 Jovian Mckinley에 의해서 진단적 평가를 위한 결과적 검사로 제작되었다. 550문항으로 구성되어 있고, 검사 대상은 초등 이상의 학력자이며 16세 이상이 되어야 한다. 이 검사는 네 개의 타당도 척도를 만들어 그릇된 검사 태도를 평가하고 있다.

이 외에 Hs(Hypochondreasis : 심기증), D(Depression : 우울증), Hy(Hysteria : 히스테리아), Pd(Psychopathic deviate : 반사회적 성격), Mf(Masculinity-feminity : 남향성-여향성), Pa(Paranoia : 망상증), Pt(Psychasthenia : 정신쇠약증), Ha(Paranoia : 망상증), Sc(Schizophrenia : 정신분열증), Pt(Psychasthenia : 정신쇠약증), Sc(Schizophrenia : 정신분열증), Ha(Paranoia : 조증), Si(Social introversion : 사회내향성) 등 10개의 임상척도로 구성되어 있다.

이 검사는 1965년에 정범모, 이정균, 진위교 등에 의해서 우리나라에서 표준화된 550문항의 'MMPI 다면적 인성검사(코리안테스팅센터)'와 383문항으로 구성된 진위교와 김형립의 '간편 MMPI 성격검사(코리안테스팅센터)'가 있다.

Dewney가 제작한 의지기질검사와 Kraepelin의 정신－직업검사가 이에 속한다. 투사적 기법(projective technique)은 성격의 역동적 구조를 밝혀 내기 위한 방법으로, 특정 개인의 전체적이면서 하나인 성격의 역동이나 구조를 여러 가지 자극 상태에서의 반응의 과정을 통해 파악하고, 거기에서 어떤 개성적인 법칙을 찾아 내려는 방법이다. 이 방법의 특징은, 첫째로 방법이 간접적이기 때문에 피검자는 검사자가 무엇을 원하는지 모르며, 둘째로 피검자가 자유스럽게 반응하기 때문에 피검자의 반응은 그 개인에게 있어서는 중요하고 결정적인 어떤 내면적인 것을 보여주게 되고, 셋째로 해석은 자료의 여러 가지 변수를 동시에 평가하고 측정함으로써 이루어진다. 이에 속하는 검사로는 Rorschach 검사, 주제통각검사(Thematic Appreception Test : TAT), 문장완성검사, 자유화검사, Bender-Gestalt 검사 등이 있다.

우리나라에서 실시되고 있는 대표적 성격검사로는 MBTI, MMTIC(한국심리검사연구소), 표준화성격진단검사(중앙적성출판사), KPI 성격검사(한국행동과학연구소), KPI-C한국아동인성검사(한국가이던스), 유아성격검사(학지사), 다요인인성검사(16PF, 한국가이던스), 인성검사(코리안테스팅센터), 특수인성검사(한국가이던스), BGT 성격진단법(중앙적성출판사), 욕구진단검사(코리안테스팅센터), MMPI(한국가이던스), 표준인성검사(한국가이던스), 간이정신진단검사(SCL-90R, 중앙적성출판사), 아이젱크성격검사(학지사), Rorschach(한국가이던스), TAT 및 CAT(아동용, 고대행동과학연구소), 애니어그램성격검사(한국가이던스), SSI학생유형검사(한국가이던스), PAI(학지사) 등이 있다.

7 정서지능검사(emotional intelligence test)

정서지능검사는 아직까지는 일반화되어 있지 않기 때문에 표준화 과정을 거친 검사도구로 확정되지는 않았다. 그러나 1990년대부터 미국의 심리학자인 Mayer와 Salovey에 의해서 주창되기 시작하면서 일반화되기 시작하였는데, 인간의 정서(감성)를 정확히 파악함으로써 한 개인을 이해하는 방식으로 점차 자리를 잡아가고 있다.

정서지능은 감정 정보처리 능력이며, 감정 정보처리 능력은 자신과 다른 사람들의 감정을 정확히 지각하고, 인식하고, 적절히 표현하는 능력, 삶을 향상시키는 방법으로 자신과 타인의 감정을 효과적으로 조정하는 능력, 동기를 부여하고 계획을 수립하고 목표를 성취하기 위하여 감정들을 이용하여 자신의 행동을 이해하고 이끄는 능력이다(Mayer & Salovey, 1990). 정서지능은 자신과 타인의 감정을 인식하고 표현하는 것, 자신과 타인의 감정을 조정하는 것, 감정들을 적절한 방법으로 이용하는 것 등을 의미하며 Salovey는 감성지능을 다섯 가지 영역으로 구분하였다.

첫째는 자신의 감정을 인식하기다. 자기인식(self-awareness), 즉 감정이 생겼을 때 그 감정을 인식하는 것은 감성지능의 주요한 부분이다. 순간순간의 감정을 점검하는 능력은 심리적 통찰과 자기이해에 중요하다. 둘째는 자신의 감정을 다루기다. 자신의 감정을 달래고 걱정이나 우울함 혹은 짜증 등을 털어버리는 능력은 또한 중요한 감성지능에 속한다. 이 능력이 부족한 사람은 끊임없이 절망감에 빠지지만, 이 능력이 뛰어난 사람은 인생의 역경을 더 빨리 극복한다. 셋째는 자신에게 동기를 부여하기다. 주의집중과 자기 동기부여, 그리고 창의를 위해서는 목표에 감정을 결합하는 것이 꼭 필요하다. 만족을 지연시키고 충동을 억제하는 것과 같은 감정이 자기통제는 모든 성취의 기초가 된다. 넷째는 타인의 감정을 인식하기다. 감정이입은 기본적인 대인관계 기술이다. 감정이입적인 사람은 다른 사람이 무엇을 원하는지를 알려주는 미묘한 사회적 신호에 더 민감하다. 다섯째는 타인의 감정을 다루기(사회적 지능, 인간관계 기술)다. 인간관계 기술은 주로 타인의 감정을 다루는 기술이다. 인간관계 능력은 대중적 인기와 지도력 혹은 대인관계의 효용성을 좌우한다. 이 능력이 뛰어난 사람은 다른 사람과 상호작용을 잘 한다. 그들은 사회적 스타다(Goleman, 1995).

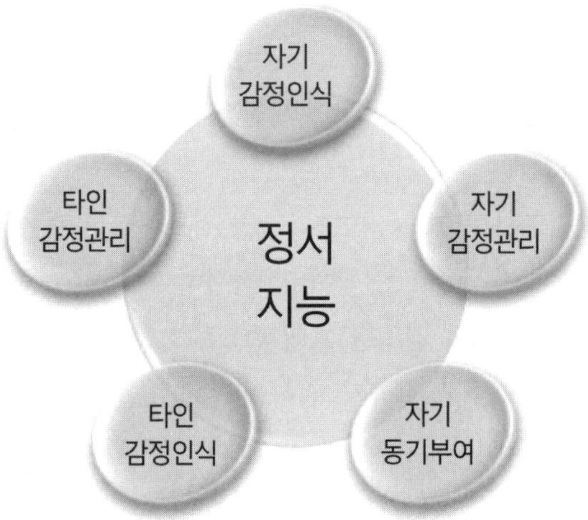

[그림 2-7] **정서지능의 요소(윤현석, 1997)**

정서지능검사는 인간의 감정 상태를 측정한 것으로서, 지능검사와 성격검사와는 또 다른 측면에서 인간의 심리를 파악해 주기 때문에 생활지도에 활용될 것이다. 즉 학생에 대한 이해를 지적인 능력이나 성격적 결함에 치우지지 않고 감정적 특성을 파악함으로써 학생을 이해하는 데 있어서 도움을 줄 수 있다.

(4) 비표준화검사를 통한 학생이해활동

학생조사 활동은 학생들로 하여금 자신들을 더 잘 이해할 수 있도록 하고 아울러 교사, 상담교사, 학부모로 하여금 학생들을 보다 정확히 이해하여 도움을 줄 수 있도록 표준화검사를 많이 사용한다. 하지만 표준화검사를 통하여 확인될 수 없는 부분들은 비표준화검사 방법을 활용해야 한다. 교사가 학교현장에서 사용하고 있는 학생이해 방법으로는 관찰법, 일화기록법, 체크리스트, 평정법, 질문지법, 면접법, 사회성 측정법, 사례연구법, 자서전법, 누가기록법 등이 있다.

1 관찰법(observation)

관찰법은 인간의 문제를 해결하는 방법 가운데서 가장 역사가 오래된 것으로 대표적인 비표준화 방법이다. 생활지도 측면에서 관찰의 목적은 특정한 학생에 대한 판단을 내리는 데 필요한 자료를 수집하기 위해서다. 관찰방법은 분류하는 기준에 따라 여러 가지로 구분할 수 있지만 여기에서는 자연적 관찰법, 전기적 관찰법, 행동요약법, 시간표집법, 장면표집법, 참가관찰법, 실험적 관찰법 등에 대해서 살펴본다.

자연적 관찰법(naturalistic observation)은 일상적 관찰과 같다. 즉 어떤 행동이나 현상이 자연적으로 발생한 그대로를 조직적인 의도없이 관찰하는 방법이다. 일상생활에서 우발적으로 일어난 행동을 조직적이고 계획적인 의도없이 관찰하는 것이다. 교사가 교실이나 운동장에서 수시로 하는 관찰이 이에 속한다. 전기적 관찰법(bibliographical observation)은 한 개인의 행동 특성을 시간적으로 장기간에 걸쳐 계속 관찰하는 방법으로 흔히 종단적 방법(longitudinal study)이라고도 한다. 이 방법은 한 개인 혹은 소수의 피험자를 오랜 기간 동안 계속해서 관찰하게 되므로 개인의 전반적인 변화를 예민하게 심층적으로 연구할 수 있고 시간적으로 전후의 상호관계를 파악하는 데 유리하다. 그러나 관찰이란 그 방법의 성질상 장기간 계속하는 데 여러 가지 제한 조건이 따르게 된다.

행동요약법(behavior summaries)은 개인의 행동을 신체적 · 지적 · 정서적 · 사회적 영역 등으로 구분하여 각 영역의 특정 부분에 국한시키거나, 또 사회적 행동 중에서도 '교우관계의 변화'에 대해서만 오랫동안 조직적으로 관찰하고, 그 관찰된 자료를 누가해서 전체적인 개성상을 재구성하는 것이다. 이 방법은 특히 특정 목적을 가지고 행동을 관찰하려고 할 때 사용하는 방법이지만 전기적 관찰과 마찬가지로 오랜 시간을 요한다는 단점이 있다.

시간표집법(time sample technique)은 시간을 표집해서 관찰하는 방법으로 관찰 장면을 제한하지 않고 특정한 행동 단위(예컨대, 반항적 행동, 친구와의 대화 등)가 비교적 짧은 일정한 시간 사이에 얼마나 발생하는가를 양적으로 측정하는 방법이며, 진도기록법이라고도 한다. 따라서 이 방법은 반복해서 발생할 가능성이 있는 행동 단위를 측정하는 데 적절한 방법이다. 시간의 길이나 양은 연구목적에 따라 다양하게 할 수 있다. 또 시간의 표본을 우선적으로 할 수 있고 체계적으로 할 수도 있다. 즉 아동의 '공격적 행동'을 50분 관찰하기 위해서 5분, 10분, 8분씩으로 합계 50분을 관찰할 수도 있고, 또 매 10분마다 5회에 걸쳐서 관찰할 수도 있다.

장면표집법(situational sampling technique)은 관찰하려고 하는 행동이 잘 나타나는 장면을 선택해서 관찰하는 것으로 사건표집법(event sampling method)이라고도 한다. 아동의 정서적 변화를 보기 위해서 위기 장면을, 지도성을 보기 위해서 학급자치회의 활동을, 또 사회적 행동을 보기 위해서 협동작업이나 유희장면을 관찰하는 것이 그 예다. 관찰자는 관찰하려는 사건이 언제, 어디서 일어나는가를 알고 있어야 한다.

참가관찰법(participant observation)은 관찰자가 직접 관찰 대상 행동 상황 속에 들어가 피관찰자의 행동을 관찰하는 방법이다. 관찰자는 참가의 정도에 따라서 여러 가지 역할을 수행할 수 있다. 때로는 외지의 방문자로서, 때로는 청취자로서, 때로는 학습자로서, 때로는 지도자로서 참가할 수 있다. 참가의 정도에 따라서 뿐만 아니라 집단성원들의 수용 정도에 따라서도 관찰의 역할 연출(role playing)은 달라진다. 어쨌든 관찰자는 관찰자와 참가자의 이중 역할을 해야 한다. 객관적 지위는 참가자가 되고 주관적 반응은 언제나 관찰자의 위치에 서야 한다.

실험적 관찰법(experimental observation)은 관찰하려는 장면이나 조건을 인위적으로 조작하여 같은 행동을 보다 정확하고 엄밀한 조건 아래에서 관찰하려는 방법이다. 인위적인 조건, 즉 독립변인을 통제할 수 있기 때문에 그에 의해서 나타나는 종속변인으로서의 피험자 행동을 분석하기 쉽고, 실험 전후의 결과를 비교할 수 있으며, 또 실험은 반복이 가능하기 때문에 다른 관찰자의 결과와 비교할 수 있는 이점이 있다. 반면에 실험조건을 통제하기가 어려우며, 아무리 독립변인을 통제하더라도 거기에 끼어 들어올 수 있는 오차변인 때문에 판단 및 해석에 위험이 내포될 수 있다는 단점이 있다. 또한 실험조건의 가공성(artificiality) 때문에 그것이 실제상황 장면에 그대로 적용될 수 있을 것인가 하는 적용도 혹은 일반화의 범위가 제한된다는 단점이 있다.

관찰은 관찰자의 고도 훈련과 역량을 요구하는 특수활동이라고 할 수 있다. 관찰 성패는 관찰자의 자질에 달려 있다. 잘못된 관찰 결과에 의해서 피험자가 받을 피해를 생각해서 신중하게 관찰이 이루어져야 한다. 그러기 위해서는 우선 관찰자가 반복적인 실습을 통해서 관찰의 정확성을 증대시켜야 하고, 경우에 따라서는 두 명 이상의 관찰자가 동시에 같은 대상을 관찰해서 그 결과를 비교함으로써 관찰의 객관성을 높일 수 있다.

2 일화기록법(ancedotal records)

일화기록법은 특정 상황에서의 개인의 행동을 상세하게 기록하는 것으로 교사나 관찰자가 학생의 중요한 행동사례를 비형식적으로 보고하는 형태다. 일화기록은 주어진 상황에서의 행동표본을 서술하게 된다. 일화기록에 서술된 행동은 긍정적이거나 부정적일 수 있으나, 학생의 행동을 서술해야지 관찰자의 그 행동에 대한 해석을 서술해서는 안 된다.

일화기록은 평정법도와 같이 상대적 비교를 하는 것도 아니고, 표준화검사처럼 수량적으로 기록하는 것도 아니고, 실험과 같이 어떤 특정한 조건하에서 일어나는 행동에 국한시켜서 기록하는 것도 아니다. 한 개인을 그 사람의 개성적인 입장에 서서 구체적인 사태 혹은 사건을 관찰함으로써 절대적 · 개성적 · 질적으로 기술해야 한다.

일화기록에서 문제가 되는 것은 관찰자의 해석을 일화기록에 기록해야 하느냐 하는 것이다. 물론 경우에 따라 다르겠지만 일반적으로 관찰자의 해석없이 관찰결과를 그대로 기록하는 것이 바람직하다. 해석은 여러 개의 일화기록을 종합해서 내리는 것이 바람직하다. 이렇게 함으로써 학생의 전반적인 행동 유형을 파악할 수 있기 때문이다.

일화기록은 다양한 형태로 기록될 수 있다. 그러나 어떤 형태든, 학생의 이름,

학년, 날짜, 장면의 표현, 사건의 기술, 관찰자의 이름 등이 꼭 명시되어야 한다. 경우에 따라서는 관찰자의 의견이나 해석, 추천사항, 또 관찰자의 느낌도 기록할 수 있으나, 이런 경우에는 서술과 해석을 명백히 구별해야 한다. 어떤 행동이든 관찰자에게 의미가 있어 보이면 서슴지 말고 기록해야 하고, 될 수 있으면 다양한 장면에서의 일화를 기록하는 것이 바람직하다.

Ⅰ. 행동이 일어난 날짜와 상황의 기록

Ⅱ. 학생의 행동과 행동에 대한 다른 학생의 반응 기록

Ⅲ. 관찰된 상황의 모든 내용 기록

Ⅳ. 관찰 학생의 언어적 행동 및 비언어적(정서) 단서 관찰

Ⅴ. 행동의 계기가 제시될 수 있는 상황 충분히 기술

[그림 2-8] **일화기록의 유의사항**(Shertzer & Stone, 1981)

3 평정법(rating scale)

평정법은 학생의 정보를 얻기 위하여 행동을 일정한 평가척도로 옮겨 검사하는 방법을 말한다. 즉 관찰자가 평정받는 학생을 유목이나 숫자의 연속체 위에서 분류하는 방법이다. 평정법은 서술적인 단어나 문구로 된 도구를 주고 관찰자로 하여금 적절한 곳에 체크하는 체크리스트와 유사한 측면이 있다. 평정법은 구체적인 행동특성에 초점을 맞추고 관찰자의 객관성을 높일 수 있으며, 관찰자간에 평정의 결과를 비교할 수도 있고 사용하기가 간편하다. 평정법은 유목평정법, 숫자평정법, 도식평정법, 체크리스트평정법, 강제선택평정법 등으로 분류할 수 있다.

유목평정법(category rating scale)은 여러 개로 분류된 유목 가운데 평정하려는 대상의 행동이나 특성을 가장 잘 표현하고 있거나 가장 잘 맞는 유목을 변별

혹은 판단하는 방법이다. 이 방법에는 기술평정법과 표준평정법이 있다. 기술평정법(descriptive rating scale)은 평정법도의 각 유목 또는 간계를 간단한 단어, 구, 문장 등으로 표시하는 방법이다. 표준척도법(standard scale)은 미리 엄밀한 판단과 통계적 절차에 따라 결정된, 표준이 될 만한 작품이나 인물(습자, 그림, 공작품 등)을 놓고, 평정하려는 작품이 그 표준작품이나 인물의 어느 것에 보다 근사한가를 결정하는 방법이다. 평정대상이 작품일 경우에는 작품평정법(product rating scale)이라고 하며, 인물일 경우에는 대인비교법(mam to mam comparison method)이라고 한다.

숫자평정법(numberical rating scale)은 평정하려는 특성의 단계를 숫자로 표시하는 방법이다. 이 방법은 제작하기 쉽고 결과를 통계적으로 처리하기 쉽기 때문에 가장 보편적으로 사용되는 방법이다. 숫자평정법으로 가장 많이 사용되는 방법은 평정의 단계를 1, 3...... 등의 숫자로 표시하는 방법이다. 숫자평정은 0에서 출발하여 1, 2, 3으로 한 것으로 단일척도(single scale) 혹은 단극척도(monopolar scale)라고 하며, -2, -1, 0, 1, 2와 같이 0을 중심으로 양극으로 뻗어 나가게 하는 것을 복수척도(double scale) 또는 양극척도(bipolar scale)라 한다. 순전히 숫자로서만 나타내는 경우도 있으나, 기술어구가 함께 부가되어 있는 경우가 많다. 평정의 단계는 3, 5, 7, 9단계를 사용하나 일반적으로 5단계를 많이 사용하고 있다. 또한 등위법(method of rank order)으로 평정하려는 행동 특성에 관해 평정집단의 각 개인을 최고에서 최저에 이르기까지 순위를 매기는 방법이다. 예컨대, 20명을 친절성에 대해서 평정하는 경우 1등에서 20등까지 순서를 매기는 것이다. 여기서 주의할 것은 평정할 때 최고와 최저를 먼저 결정하고, 다음에 최고 바로 아래와 바로 위를 평정하는 식으로 양극단에서 차차 가운데로 평정해 가는 방법을 사용해야 한다.

도식평정법(graphic rating scale)은 어떤 특성을 일직선상에 기술하고 일연속선상의 어떤 점에다 평정하게 하는 방법이다. 평정자는 평정하려는 특성의 정도를 가장 잘 서술하는 위치에 체크하게 된다. 선은 수직선과 수평선이 다 사용되나 수평선이 더 보편적이다.

체크리스트평정법(checklist rating scale)은 어떤 행동 특성의 일람표를 만들어서 그러한 행동 특성이 일어나는가를 체크하는 방법이다. 체크된 특성은 점수를 주는데 각 개인의 점수는 그 총점 혹은 평균으로 표시된다. 심리검사와 비슷하나 심리검사는 피험자의 반응이 기초가 되는 데 반해, 이것은 평정자의 판단에 의존하게 되는 것과 다르다.

강제선택평정법(forced choice rating scale)은 주어진 여러 개의 진술문 중 평정을 받는 학생에게 해당하는 어느 하나를 선정해서 표시하는 방법이다. 이 때에 주어진 진술문들은 모두 바람직한 행동을 나타내거나 또는 반대로 바람직하지 못한 행동을 나타냄으로써 피평정자에 대한 후광효과(halo effect)를 배제할 수 있는 장점이 있는데, 다른 평정법에서는 평정자의 태도에 따라 피평정자를 좋게 또는 나쁜 방향으로 평정하도록 할 가능성이 있다.

4 질문지법(questionaire)

질문지법은 학생들의 조사 · 연구하려는 항목과 내용에 대해서 서면으로 질문을 작성하고 조사 대상자에게 기입하게 하는 방법으로 미리 준비한 질문 용지로 많은 대답을 얻어 대체적인 경향을 발견할 수 있다. 질문지법은 두 가지로 구분하여 사용할 수 있는데 그 하나가 사실에 대한 질문으로는 학생들의 출생지, 생년월일, 부모의 교육 정도, 직업, 가정배경, 건강, 경제적 · 환경적인 면, 종교, 기타 특수한 경험 같은 것을 단순히 묻는 것이다. 그리고 또 하나는 의견에 대한 질문은 개인의 가치판단이나 선택 경향에 따라 각기 다르게 대답할 수 있다. 비판이나 창의적 의견, 기호, 만족도 등을 물을 수 있다.

질문지의 분류방법은 자유반응형, 선택형, 체크리스트형, 유목분류형, 동위형, 평정척도법형, 조합비교형 등으로 나누어 볼 수 있다. 자유반응형(open of free response questionnaire)은 어떤 문제에 대해 응답자가 자유롭게 어떤 형식에 구애받지 않고 반응하는 형식으로 논문식 학력검사가 그 예다. 자유반응형은 응답자가 응답 능력이나 표현 능력을 갖추고 있을 때 가능하며, 이 방법에 의해서 얻은 자료는 질적 분석이 선행되어야 하며, 그러기 위해서 조사자의 특별한 훈련과 능력이 갖추어져 있어야 한다.

선택형(choic method)은 두 개 이상의 선택지 중에서 가장 적절한 선택지를 고르도록 하는 방법이다. 선택지는 하나가 원칙이나 경우에 따라서 두 개 혹은 여러 개를 선택할 수 있다. 이 형식은 결과를 반드시 백분율로 처리하면 각 선택지의 비중을 알 수 있고, 응답자에게 비교적 부담을 덜 주기 때문에 무응답의 수가 적어질 수 있는 이점이 있다. 그러나 자기에게 적절한 답이 없어도 억지로 선택해야 하기 때문에 성의없이 응답할 염려도 있다.

체크리스트형(checking method)은 실험적 절차를 거쳐서 제작되는 질문지 형식이다. 어떤 문제에 대해서 자유반응 형식으로 반응자의 반응 내용을 탐색해서 그것을 기초로 완전한 목록을 제작한다. 이렇게 제작된 실험형을 다시 실험집단에서 실시하여 각 항목이 모두 적당한 자각가가 있는지를 검증하여 없는 것은 제외한다. 이렇게 결정된 일군의 같은 종류의 문항에 대해 반응으로 대답하도록 한다. 해당 항목이 있으면 모두 표시해도 되고 하나도 없으면 전혀 표시하지 않아도 된다.

유목분류형(classification method)은 같은 종류의 여러 가지 문항을 일정한 표준 혹은 준거에 따라 몇 개의 항목으로 분류시키는 방법이다. 이 방법은 분류된 결과에 따라 반응자의 잠재적인 호응, 찬부, 가치, 방향, 태도 등을 알 수 있다.

동위형(ranking method)은 서열법이라고도 하는데, 이는 같은 성질을 띤 일군의 항목을 중요성이나 기호, 가치에 따라 최상위에서 최하위까지 순위를 정하는 방법이다. 이 방법에서 주의해야 할 점은 순위를 매겨야 할 항목이 너무 많으면 신뢰성이 낮아진다는 점이다. 대개 7~8개가 적당하다. 통계적 처리는 각 항목에 주어진 등위의 빈도를 기초로 해서 백분율이나 무게의 비중치를 계산하면 된다.

평정척도법형(rating scale method)은 미리 정해둔 3, 5, 7, 9단계의 척도에 따라 평정하도록 하는 방법으로 대개 실험적 절차를 거친 척도나 표준화검사에서 많이 사용된다. 이 방법은 결과를 통계적으로 검증할 때 대개 점수를 주어 수량화한다.

조합비교형(method of paired comparison)은 짝지어진 두 개 혹은 세 개의 항목을 서로 비교해서 어느 한쪽을 선택하게 하는 방법이다. 일종의 강제선택형이며, 비교적 신뢰성이 높은 방법이기는 하나 제작에 훈련 · 기술 · 시간을 많이 요한다.

질문지법은 적은 인적 자원으로 많은 자료를 단시간에 얻을 수 있어 시간과 경비가 절감되며, 조사자와 반응자간에 개인적인 접촉이 없기 때문에 반응자의 익명성이 보장되어 반응자의 응답에 신뢰성을 기할 수 있다. 또한 질문지에 대한 응답이 익명으로 처리되기 때문에 반응자의 의견, 태도, 감정, 가치관 등의 자아관여가 되어 있는 특성을 밝혀 낼 수 있다. 그러나 반응자의 언어능력이나 표현능력에 의존하게 되므로 반응자의 능력이 신뢰롭지 않으면 그 결과 또한 믿기 어려우며, 질문에 대한 응답이 거짓인지 진실인지를 확인할 수도 없다.

5 면접법(interview method)

면접이란 대화를 나누는 형태를 의미하는 데 서로의 생각과 태도를 교환함으로써 개체(client)의 문제를 해결해 주거나 또는 행동의 변화를 가져오게 하는 것이다. 면접의 목적은 개인의 자료를 수집하기 위하여, 개인의 문제를 해결하기 위하여, 적응상 실패에서 일어나는 심리적 · 정서적 문제를 치료하고, 선발하기 위하여 사용된다. 면접의 방법으로는 권위적, 비지시적, 비권위적 방법이 있다. 권위적 방법은 상담교사 중심을 의미하고, 비지시적 방법은 학생중심을 뜻하며, 비권위적 방법은 학생을 중심으로 하면서 필요시에 상담교사가 특수방법을 사용할 수 있다.

상담교사는 면접을 통하여 학생 개개인에 관한 전체적인 지식을 학생들에게 제공함으로써 자기 스스로를 이해하도록 기회를 주고자 한다. 즉 학생 개개인의 성장, 발달, 적응, 인성 특징을 심층적으로 탐색할 수 있도록 하기 위해서 면접을 실시하고, 면접을 토대로 얻어진 정보를 가지고 학생들의 기록을 알아보면서 분류할 수 있다. 면접은 또한 학생들로 하여금 자기분석(self-analysis)과 자기이해를 할 수 있도록 도와줄 수 있다. 예를 들면, 면접의 기회가 학생에게 시험 또는 검사 결과를 해석하고, 그의 태도와 흥미에 관해서 토론하며, 직업 및 교육적인 계획을 탐색할 때에 상담교사는 학생에게 긴장을 해소시키고, 부정적 감정을 극복시키도록 하며, 면접과정에서 공격성을 이완시키는 작용을 할 수 있다. 면접을 통하여 새로운 많은 정보를 얻을 수 있으며, 대화 속에서 지도 · 조언을 할 수 있다.

학생을 이해하기 위해서는 학생 자신을 대상으로 하는 학생면접법이 선행되어야 한다. 그러나 학생을 좀 더 잘 이해하기 위해서는 주변 사람들의 학생에 대한 관점을 파악하기 위해서는 교사면접과 부모면접을 병행하는 것은 필수적이다. 학생에 관한 정보를 얻기 위해서 담임교사나 수업담당교사와 면접하는 것은 이들이 학생을 관찰할 기회가 많으며 학생의 행동에 대한 객관적인 평가를 할 수 있기 때문이다. 또한 학생을 이해하는 데에는 가정환경을 파악하는 것이 중요하기 때문에 부모와의 면담을 통해서 가정생활에 대해서 알아볼 수 있다.

효율적인 면접을 위한 지침을 살펴보면, 첫째, 면접의 목적을 분명히 해야 한다. 사전에 면접의 목적을 염두에 두고 관계 자료를 조사하여 면접을 통해서 무엇을 성취할 것인가를 분명히 밝혀 두어야 한다.

둘째, 상대방을 편안하게 해 주어야 한다. 자연스럽게 상대방의 마음을 편하게 해 주는 시간과 장소, 그리고 자연스런 일상 화제로 이야기를 시작하는 것이 좋다.

셋째, 면접과 면접 내용에 대한 비밀이 보장되어야 한다. 면접 장소는 제3자의 출입으로 예기치 않은 중단이 생기지 않는 곳이어야 하며, 또한 면접시 이야기가 딴 것으로 들리지 않는 곳이어야 한다. 한편 면접시 상대방에게 비밀을 보장함을 확인시켜 준다.

넷째, 상담교사와 학생간의 래포(rapport) 수립도 중요하다. 래포란 상담교사와 학생 사이의 따뜻하고 가까운 신뢰관계를 가리키는 말로써 이러한 상대방이 호의를 가지는 친화적 관계는 면접목적을 성공적으로 수행하는 중심적 역할을 한다. 따라서 상호 이해와 상호 신뢰의 래포를 형성하기 위해서 교사는 성실하고 다정한 태도와 신뢰감을 조성하여 분위기를 부드럽게 하는 것이 필요하다.

다섯째, 상담교사는 면접 초기에 급하게 학생의 문제를 파고 들어가지 않도록 주의해야 한다. 조급하게 본론에 들어가는 것은 좋은 결과를 가져오지 못하며, 특히 래포를 형성하는 데 방해가 되므로 처음에는 상대방이 이야기하기 쉬운 내용에서 시작하고 거북하게 느끼는 내용은 상대방의 신뢰감이 싹틀 때까지 뒤로 미루는 것이 효과적이다. 훌륭한 면접자는 상대방의 반응에 민감하여야 하며 선입견을 가진 질문이나 표현은 배제할 수 있어야 한다.

여섯째, 면접 중간에 질문할 때는 상대방이 부정하기 쉽거나 예, 아니오로 답할 수 있는 질문을 되도록 피하는 것이 좋다. 즉, 상대방이 자신의 느낌을 이야기할 수 있는 기회를 주어야 한다. 따라서 심문하는 식의 일방적 질문이나 불필요한 억양이나 강조는 피해야 한다.

일곱째, 학생이 진술하는 내용보다 그 뒤에 숨은 느낌이나 생각에 더 많은 관심을 두어야 한다.

여덟째, 면접은 1회에 걸쳐 끝나기도 하지만 그 이상 필요에 따라서는 진행해야 한다. 학생 자신의 깊숙한 내면의 이야기를 꺼내기 전에 면접이 종결되지 않도록 상담교사는 판단과 상황파악에 민감해야 한다.

그리고 마지막으로 지금까지의 제반 여건을 고려한 후에 실시한 면접은 반드시 누가기록부나 면접카드에 간략히 기록하여 후속적인 조치와 다각적 도움을 요청하기 위해 준비해 주어야 한다.

6 사회성 측정법(sociomeric devices)

사회성 측정은 집단 내의 개인간에 존재하는 사회적 관계를 기술하는 방법이다. 이 방법은 여러 상황에서 학생들이 선택하거나 배척하는 사람은 누구인가를 물음으로써 개인 사이의 수용이나 배척관계를 알 수 있다. 특히 생활지도에서 이 방법은 매우 유용한 것으로 개인의 집단생활에의 적응과 학생간의 관계에 대한 이해에 유용하다.

인간이 성장을 위해서 상호작용하는 환경 중에서 학교 환경, 특히 학생 집단사회에서 학생이 어느 정도 인정되고 수용되느냐의 문제는 사회적 발달 측면에서 뿐만 아니라 정서적 및 지적 활동에도 많은 영향을 끼칠 뿐만 아니라, 흔히 문제는 이러한 사회적 적응에의 실패에서 발생하기 때문에 더욱 그 중요성이 인정된다. 이러한 의미에서 집단 내의 인간관계에 대한 올바른 파악은 생활지도에 필수적이며 그 방법이 바로 사회성 측정법인 것이다. 이것은 일명 수용성 검사 혹은 교우관계 조사법이라고도 한다. 사회성 측정법은 분석방법에 따라서 동료평정방법, 추인법, 지명법, 사회도, 사회적 거리추정법 등으로 나누어 볼 수 있다.

동료평정방법(peer appraisal method)은 동료 학생들간에 서로 학생들의 인기, 통솔력, 집단의 권력구조 및 다른 사람에 대한 관심의 정도를 측정하고자 할 때 사용하는 방법이다.

추인법("Guess Who" technique)은 각 학생에게 여러 개의 특성을 설명해 주는 일련의 진술문을 주고, 각 설명에 가장 적합한 학생의 이름을 지시대로 하나 또는 둘을 적어 내도록 하는 방법이다. 각 특성에 대한 설명양식은 측정하고자 하는 특성에 따라 여러 가지로 달리할 수 있다. 추인법에서는 각 진술문에 대해서 각 학생이 선정된 횟수를 조사하게 되고 이렇게 선정된 빈도는 상대적으로 그 학생의 특성의 정도를 나타낸다고 해석한다.

지명법(nominating technique)은 추인법과 유사하나 질문양식이 약간 다르다. 추인법에서는 어떤 특성을 설명하는 진술문에 맞는 사람의 이름을 선정하는 데 반해, 지명법에서는 '학생 자신'이 같이 일하고 싶은 사람, 공부하고 싶은 사람, 같이 앉고 싶은 사람, 생일 파티에 초대하고 싶은 사람 등의 이름을 지명하도록 하는 방법이다. 지명법은 한 학급 내에 현존하는 여러 가지 사회적 관계에 관련되는 자료를 얻는 데 최적의 방법이다. 즉 학급 내의 동료간에 지각된 유능성, 비공식적 권력관계 및 사회적 인정도를 측정하는 데 이용될 수 있다. 특히 이 방법은 누가 누구를 선택하였는가의 정보, 즉 상호간의 관계를 분석할 수 있다.

사회도(sociogram)에 의한 분석방법은 질문에 있어서 앞의 지명법과 동일하나, 지명법에 의한 자료를 도식에 의한 그림으로 나타낸다는 점이 다르다. 사회도는 집단성원의 선택 · 배척을 개괄해서 나타내는 도형적 방법으로 집단성원을 표시하는 기하학적 도형과 이 도형을 연결하는 여러 가지 종류의 선으로 이루어진다.

사회도에 의해 분류된 유형

■ 인기형(concentrate)
많이 선택받은 학생을 가운데 원에, 선택을 받지 못한 학생은 원 밖에 표시하고, 나머지 학생들은 선택의 빈도에 따라 가운데 원에 가깝게 표시한다. 이때 많은 선택을 받은 가장 인기있는 사람이 나타내는 경우다. 한 집단 속에 인기형이 전혀 없는 것도 문제이지만 지나치게 한 사람에게 선택이 집중되는 과잉선택도 바람직하지 못하다.

■ 연쇄형(chain)
선택의 방향이 한쪽으로만 움직이는 경우이며 일방적 선택만이 있는 형태다. 이런 형태가 많으면 집단의 응집력이 약해진다.

■ 삼각형(triangle)
세 사람의 선택이 연쇄형으로 되어 있거나 상호 선택이 되어 있는 경우를 말한다. 이렇게 일정한 수의 사람들끼리만 상호 결합이 되어 있고 외부의 성원을 선택하지 않는 경우를 파당 혹은 패거리(cloque)라고 한다. 이러한 사회성 관계의 특징은 폐쇄적이고 배타적이다.
■ 단짝형(pair)
두 사람이 서로 상호 선택을 하고 있는 경우다. 이 같은 단짝형은 사춘기에 접어들면서 급격히 증가하며, 각 성원에게 심리적인 안정감을 주는 의미에서 뿐 아니라 집단의 여러 가지 긍정적 지수를 계산하는 기초로서도 중요하다. 그러나 이것이 극단적인 형태로 발전하면 폐쇄적인 교우관계가 될 위험이 많다.
■ 배척형(rejectee)
집단구성원들의 배척의 화살이 지나치게 많이 모이는 경우다.
■ 고립형(isolatee)
자기도 선택이나 배척을 하지 않을 뿐 아니라 누구의 선택이나 배척도 받지 못하는 형태다. 또한 자기는 많은 선택을 했는데도 소수의 선택밖에 받지 못하는 경우를 소외형이라고 한다.

사회적 거리 추정방법(social distance scales)은 사람이 다른 사람과의 사이에 존재하는 거리를 밝힘으로써, 한 집단성원이 주어진 집단을 어떻게 받아들이고 있느냐 뿐만 아니라 그 집단이 그를 어느 정도 인정하고 배척하느냐 하는 정도를 분석해 낼 수 있다.

7 사례연구법(case study method)

사례연구법은 아동 및 학생의 문제행동의 특성과 원인을 찾아, 거기에 대한 교육적 대책 또는 치료적 대책을 강구하기 위한 방법으로서 특정 아동이나 학생의 문제행동의 소재를 밝혀 내기 위해 출생에서부터 현재까지의 생활사를 기초로 해서, 여러 가지 면에서 여러 가지 수단으로 종합적으로 또한 조직적으로 자료를 수집하고 연구하는 방법이다.

사례연구는 학생의 효과를 높일 수 있기 때문에 여러 가지 면에서 다음과 같은 가치를 지니게 된다. 첫째, 사례연구는 각 개인에 대한 포괄적인 배경과 자료를 얻게 한다. 둘째, 사례연구는 각 개인에 대한 객관적 이해를 도와 준다. 셋째, 사례연구는 각 개인에 대한 단편적이고 분리된 자료 및 정보를 종합해 주고 동시에 상호 관련을 맺게 해 준다. 넷째, 사례연구는 학생들의 상담과 교과

지도를 위한 정확한 자료를 제공해 준다. 다섯째, 사례연구는 교사를 위한 재교육계획으로 크게 활용될 수 있다. 그리고 학교의 전체적인 생활지도 활동의 적합성을 평가해 줄 뿐만 아니라 검사계획이나 누가기록의 사용에 대한 올바른 이해를 촉진시켜 준다. 여섯째, 사례연구는 심각한 문제를 가진 사례를 진단하여 치료 내지는 교정하는 데 크게 도움을 준다.

사례연구에 포함시켜야 할 내용과 영역

■ 사례에 관한 각종 자료의 수집
■ 이들 자료의 의미있는 정리
  - 가정환경
  - 가정 및 이웃환경
  - 유아 및 아동기의 발달
  - 학교 성취도의 현황
  - 기타 능력(적성) 및 재질
  - 흥미 및 기호
  - 건강 및 병력 기록
  - 사회적 행동
  - 성격적 특성
  - 직업적 흥미 및 계획
  - 문제, 욕구 및 욕구불만
  - 장차의 계획
■ 사례가 지닌 문제, 갈등의 분석
■ 종합적 해석 및 진단
■ 지도 및 치료방법에 대한 검토와 그 실행
■ 지도 및 치료과정과 그 결과에 대한 평가와 추수지도

8 자서전법(autobiographical method)

자서전법은 개인의 성장 · 발달과정에 있어서의 여러 사실들을 역사적으로 기록시킴으로써 자료를 수집하는 방법이다. 즉 자신에 대한 이해를 정도와 경험 등을 스스로 기록하게 함으로써 개인의 외부 행동과 함께 심리적 태도와 정서 등을 이해하도록 한다. 자서전을 통하여 개인의 능력 정도, 흥미, 선호와 싫어함, 미래의 계획, 열망, 인생에 있어서 중요한 인물 등과 같은 내용을 학생들로 하여

금 대답할 수 있도록 지면을 통하여 쓰도록 한다.

자서전법의 목적은 학생들에게 특별하고 중요한 영역에 있어서 자유롭게 표현할 수 있도록 자극을 주는 데 있다. 따라서 자신을 솔직하게 털어놓을 수 있는 의지와 자기 통찰과 자아이해, 주제 내용에 대한 이해와 글을 쓰는 과정을 통해서 의사소통을 할 수 있는 능력을 기를 수 있기 때문에 매우 친근한 기법이라 할 수 있다.

자서전의 구성 내용

- 나의 가족, 시구
- 학교에 들어가기 전의 첫 해회 경험
- 초등학교 시절의 경험
- 내가 살던 장소
- 내가 보냈던 방학생활
- 내가 경험했던 여러 가지 여행
- 저녁 식사 후에 지내는 방법
- 토요일이나 일요일을 보내는 방법
- 내가 가장 좋아하고 또 가장 싫어하는 공부
- 학교가 끝난 후 언제나 지내는 방법
- 학교에서 제공되는 주제와 활동들
- 내가 잘 하는 일, 내가 잘 할 수 있는 일, 또는 내가 잘 해야 될 일
- 내가 하고 싶은 일의 선택과 선택의 이유
- 내가 읽고 싶은 잡지와 책, 듣고 싶어하는 라디오 프로그램, 영화나 TV프로그램
- 내가 일을 할 수 있다면 내가 할 수 있는 일은 무엇인가?

많이 사용되는 자서전은 학생들로 하여금 자유롭게 자신에 대해서 쓰도록 하는 비구조적인 형태다. 이는 다른 조사방법에 의해서는 얻기 어려운 상담이나 생활지도에 필요한 학생에 관한 정보를 얻는 최선의 방법이라 할 수 있다. 아무 제약이나 조건없이 특정한 주제에 구애받지 않고, 자유롭게 쓰는 것이기 때문에 학생의 내면세계를 이해하는 데 특히 도움이 된다. 그러나 이 방법은 학생이 체계있게 내용을 조직해서 제시하지 않으면 해석하기 어려운 단점이 있고, 얻으려는 정보를 제대로 얻지 못하는 제한점도 있다.

구조적인 방법은 구체적인 질문에 대해서 반응하거나 구체적인 주제에 대해서 서술하는 형태다. 이는 특히 구체적으로 학생에 관해서 필요한 정보를 얻는 데 도움이 되고, 내용을 분석하고 다른 학생들과 비교하는 데 유용한 방법이다. 그러나 자서전법의 커다란 장점이 학생들로 하여금 자유롭게 의사표현을 하는 것인데, 이 방법은 이러한 자유와 융통성에 제한을 가져올 수 있다. 즉 학생이 중요하게 생각하는 것은 제쳐놓고 덜 중요한 정보만 요구할 수도 있다.

2) 정보제공활동

(1) 정보활동의 의의와 목적

우리는 최근 현대사회를 지칭할 때, 정보화시대 혹은 정보사회라고 하고 있다. 이는 현대사회에서 정보가 차지하는 비중이 그 만큼 중요하다는 것을 강조하는 것이다. 정보(information)란 개인을 둘러싸고 있는 환경에 관한 구체적인 내용으로서 자기 자신을 비롯한 가정, 학교, 사회, 국가, 또는 세계에 관한 사항을 의미하므로 개인, 조직, 사회 나아가 국가가 존립하기 위해서 폭증하는 정보를 지체 없이 수집해서 적절하게 개인에게, 조직에게 그리고 국가에게 활용되어야 한다. 특히 생활지도에 있어서의 정보는 학생들이 성장해 나가는 과정에서 자신의 주변 환경을 이해하기 위한 자료와 장래 계획을 세우는 데 필요한 자료를 제공해 주는 활동이다. 즉 모든 일을 결정하는 데에는 주어진 환경에 대한 여건을 정확히 파악하여 미래에 나타날 사태를 전망해야 한다. 이때 필요한 것이 정보로서 미래를 준비하는 학생들은 자신의 문제를 해결하며 장래의 계획을 세우기 위해서 필수적인 자료가 된다.

따라서 학교 장면에서 정보가 지니는 의미는 중요하다. 학교가 학생에게 생활지도를 통해 봉사하기 위해서는 우선 학생 자신에 관한 정보와 학생 주위 환경에 대한 정보를 학생이해활동(학생조사활동)을 통하여 수집해야 한다. 학생 자신과 주변에 대한 정보를 수집하고, 수집된 정보를 분석하고 분류하여 다시 학생들에게 필요한 정보를 제공해 주어야 한다. 즉 정보활동이란 학생들이 문제에 직면하여 장래 계획이나 의사결정을 할 때 자기와 자기를 둘러싼 환경을 이해하는 데 필요한 사실과 자료를 수집해서 제공해 주는 활동이라고 할 수 있다(황응연, 윤희준, 1983). 학생들이 당면하는 여러 가지 문제들을 현명하게 결정하고 선택할 수 있도록 자기 자신과 자신의 환경조건을 정확히 이해하고, 관계되는 여러 조건들을 정확하게 평가할 수 있도록 교사는 만들어 주어야 한다.

Shertzer와 Stone(1981)은 생활지도에서 정보활동이 차지하는 역할로 세 가지를 제시하였다. 첫째, 정보활동은 학생들이 진학문제, 직업선택, 성격문제 등과 같은 당면하는 중요한 문제를 생각하는 데 필요한 지식을 제공하는 역할을 한다. 오늘날의 청소년들은 복잡하고 경쟁이 심한 사회에서 성장해야 하는 것, 상급학교에 진학하는 것, 자율적인 책임성을 감수하는 것 등이 모두 무거운 부담이 된다. 정보활동의 목표는 정보를 제공하는 것뿐만 아니라 현재와 미래에 대한 개인적인 의미를 찾기 위해서 학생들로 하여금 생각과 조건, 경향 등을 비판적으로 평가할 수 있도록 자극시키는 것이다. 사회의 유능한 구성원이 되기 위해서는 각 개인의 자신의 발달에 필요한 모든 적절한 정보를 탐색하고, 인식하고, 활용하는 것이 필요하다. 잘 계획된 정보활동을 전문가가 다루게 되면 개인으로 하여금 그들의 기회를 더 인식하게 함으로써 개인의 잠재력을 실현하는 데 도움을 줄 수 있다.

둘째, 정보활동은 학생들의 자율성을 신장시키는 데 중요한 역할을 한다. 오늘날의 청소년들은 이전의 청소년들보다 더 자율성이 요구되고 있다. 자율의 기본조건은 알려진 자료에 의거해서 계획을 세우고 행동하는 것이다. 즉 성숙된 행동은 정확한 정보에 기초한다고 할 수 있다. 주위 환경에 관한 정보의 수집과 활용은 합리적인 의사결정을 촉진할 수 있기 때문에 정보활동이 하는 역할은 중요하다.

셋째, 정보활동은 학생들의 발달과 관련된 문제를 탐색해서 인식하도록 하는 데 필수적이다. 학생들은 자신들이 가지고 싶은 지위를 탐색하게 되고, 그들의 선택에 대한 결과를 이해해야 한다. 자신의 발달에 대한 지식이 없으면 실패나 좌절 등을 맛보게 된다. 자기 발달에 대한 지식은 자신에 대한 긍정적인 인상을 갖도록 하고 개성을 촉진시켜 개인의 성장과 발달을 촉진하기 때문에 정보는 중요한 역할을 한다.

한편, 정보활동의 목적은 크게 공통목적과 수준목적으로 나누어 볼 수 있다. 초·중등교육에서 공통적으로 제시하고 있는 목적과 초등교육과 중등교육 각각에 해당하는 목적으로 분류할 수 있다. 우선 공통적인 목적은 다음과 같다.

① 모든 훈련 단계에서 인생의 기회와 문제들을 광범위하고 사실적인 견해를 발전시킨다.
② 정확하고 뚜렷한 직업적, 교육적, 개인사회적 정보에 대하여 욕구의 인식과 적극적인 욕망을 기르도록 한다.
③ 관련된 넓은 범주의 활동에 비추어서 교육적, 직업적, 사회적 활동에 대한 넓은 범위를 이해하도록 한다.
④ 진보적인 자기지향을 위한 정보를 얻고 설명할 수 있는 기술정보를 하도록 도와 준다.
⑤ 개인 만족과 효과를 올리기 위하여 생산적인 선택과 적응을 하도록 돕는 태도와 습관을 마련한다.
⑥ 적성, 능력, 흥미에 적합하고 명확한 의사결정에 타당하도록 돕는 태도와 습관을 마련한다.

초등교육에 있어서의 정보활동의 목적은 다음과 같다.

① 아동들로 하여금 직업세계를 탐색하고 그들의 능력을 발전시킬 수 있는 장점과 흥미를 평가하도록 돕는다.
② 여러 유형의 직업인들, 특히 자기 지역에서 일하고 있는 사람들을 알 수 있도록 풍부한 경험을 마련한다.
③ 아동들로 하여금 여러 분야의 일의 상호관계를 알도록 돕는다.
④ 아동들로 하여금 여러 유형의 사람들과 일하는 방법을 배우게 하고 바람직한 습관을 기르도록 돕는다.
⑤ 아동들로 하여금 사회적으로 유능한 모든 종류의 직업에 적합한 적성을 발전시키도록 돕는다.
⑥ 아동들에게 직업선택에 관계되는 문제를 알게 한다.

⑦ 아동들이 이용할 수 있는 교육시설과 계획에 관련되는 문제들을 알려주어 장차 보다 훌륭한 교육을 받을 수 있는 계획, 즉 상급학교의 선택, 교육과정, 장래 직업 등을 할 수 있도록 돕는다.

⑧ 중등학교에 진학하지 못하는 학생들이 명확한 정보를 토대로 해서 취업할 수 있도록 돕는다.

중등교육에 있어서 정보활동의 목적은 다음과 같다.

① 직업과 관련된 넓은 분야의 이해를 돕는다.

② 학생들이 몇 개의 선정된 직업이나 교육 시설을 중점적으로 연구할 수 있는 수단을 발전시킨다.

③ 지역사회에서의 직업 및 교육기회를 충분히 알게 한다.

④ 자기 연구를 통해서 잠정적인 직업적 · 교육적 계획을 세우도록 한다.

⑤ 학교를 중퇴하거나 떠난 학생들, 즉 취직하거나 진학하거나 가정을 갖는 사람들이 당면하는 욕구를 충족시킬 수 있는 특정한 기술을 제시한다.

정보의 활용 방안

- 확신을 위한 활용 : 의사결정이나 계획 등이 적절하게 이루어진 것에 대해 학생들이 자신감을 가지도록 하기 위하여 정보 자료를 활용하는 것을 가르친다.
- 평가적 활용 : 학생의 지식이나 이해가 얼마나 정확하며 또한 적합한가를 확인하기 위하여 정보 자료를 활용하는 것이다.
- 탐색적 활용 : 학생들이 가능한 선택이나 결정의 모든 대안들을 탐색하고 연구하도록 돕기 위하여 정보 자료를 활용하는 것이다.
- 정보적 활용 : 직업, 선택, 삶의 조건 등에 관련된 학생들의 지식을 증가시키기 위하여 정보 자료를 활용하는 것이다.
- 재적응적 활용 : 현저하게 부적합한 목적을 세우거나 선택을 한 학생을 위하여 목적과 선택의 수준과 방향을 다른 수준으로 다시 정립시키는 데 정보 자료를 활용하는 것이다.
- 종합적 활용 : 정보 자료의 검사 결과를 같은 다른 자료와 함께 활용하여 학생 행동의 유형을 종합적으로 이해할 수 있도록 활용하는 것을 가르친다.
- 검증적 활용 : 선택, 기회, 결정 등을 명백하게 하고 검증하기 위하여 학생들이 정보 자료를 활용하는 것을 가르친다.

Shertzer와 Stone(1981)

(2) 정보활동의 영역

정보활동은 일반적으로 교육정보, 직업정보, 그리고 개인 · 사회적 정보 등의 영역으로 나눌 수 있다.

[1] 교육정보(educational information)

교육정보란 교육적 기회에 관한 모든 정보를 의미한다. 이를 테면 새로 입학한 학교에 관한 정보, 학생들이 선택한 여러 교과에 관한 정보, 장학금 및 기타 재정적 보조에 관한 정보, 상급학교 및 학과에 관한 정보, 효과적 학습방법에 관한 정보, 도서관 사용법 및 학교 시설물 이용에 관한 정보 등으로 학생들에게 직 · 간접적으로 학습과 교육에 도움이 되도록 제공해 주어야 한다.

학생들에게 교육정보를 제공해 주는 이유는 교육정보를 토대로 하여 자신의 교육 계획을 수립하여 학습의 기회를 최대한 활용하기 위한 계획을 세우게 하기 위해서다. 학생과 교사 및 학부모가 알아두어야 할 교육에 관한 정보를 좀 더 자세히 제시하면 다음과 같다.

① 학교생활의 시간과 규칙
② 교육과정 및 교과
③ 학교의 클럽활동 및 사회적 활동
④ 학교의 교육가치관
⑤ 고등학교의 단위, 성적, 전공, 부전공
⑥ 현존하는 고등학교 졸업 후의 교육 프로그램
⑦ 대학이나 다른 고등교육기관에 진학하는 데 필요한 과목
⑧ 고등교육기관에 진학하는 데 필요한 요건
⑨ 대학이나 다른 고등교육기관 진학에 필요한 비용
⑩ 다른 직업에 요구되는 교육 및 훈련
⑪ 대학 및 기타 교육 프로그램의 특성
⑫ 학습습관과 기술
⑬ 대학교육에 대한 장학제도, 학비 융자, 및 다른 재정 지원

⑭ 교육 프로그램의 자격 인준
⑮ 통신학교
⑯ 현직 훈련 기회와 프로그램
⑰ 대학 교육 프로그램에서의 학생의 사회생활과 문화 행사

2 직업정보(occupational information)

직업정보는 직무와 취업에 필요한 자격요건, 작업조건, 보수, 승진유형, 현재와 미래에 있어서의 인력의 수요와 공급, 그리고 더 필요한 정보의 원천 등을 포함하는 직위, 직무, 직업에 관한 타당하고 유용한 자료를 의미한다. 이러한 직업정보는 학교단위로 수집하고 이용하는 데에는 많은 노력과 경비 그리고 시간이 요구된다. 따라서 다양한 직업정보의 활용을 위해서는 각급 학교에서는 학교 단위별 직업정보실 또는 진로정보실이 마련되어야 하고 교육과학기술부나 각 시 · 도교육청 등에는 진로정보센터가 설치 및 운영되어 각급 학교를 지원해 줄 필요가 있다. 학생들의 진로 및 직업지도에 필요한 정보는 다음과 같다.

① 노동력에 관한 자료 : 인원, 구성, 지리적 요인, 인종 및 연령의 분포, 주요 산업체
② 직업구조와 주요 직업집단
③ 인력 수급, 인구변화, 상품에 대한 일반대중의 요구, 기술 변화 등을 포함하는 직업변화
④ 노동에 대한 법규
⑤ 직업 연구에 필요한 정보원
⑥ 직업과 직업정보의 분류
⑦ 필수불가결한 직업
⑧ 특정 직업의 직무와 작업의 성격
⑨ 각종 직업의 취업에 필요한 자격 요건
⑩ 각종 직업에 필요한 준비과정
⑪ 취업 및 승진 방법
⑫ 각종 직업의 작업 조건

⑬ 각종 직업의 임금과 사례금
⑭ 직업정보 자료의 평가기준
⑮ 취업을 담당하는 기관
⑯ 일의 의미

3 개인-사회적 정보(personal social information)

개인-사회적 정보는 자기 자신과 타인의 이해를 위해서 다루는 정보다. 다시 말해서 개인과 대인관계에 작용하는 인간적·물리적 환경의 기회와 영향에 관한 타당하고 유용한 자료다. 이는 학생들로 하여금 자기이해와 타인과의 관계를 증진시키는 인간에 관한 정보를 의미한다. 자기 자신의 이해와 남과 잘 어울리는 것뿐만 아니라 남녀간의 이성관계, 예의범절, 여가활동, 가족관계, 재정적 계획, 건강한 생활 등과 같은 광범위한 영역의 정보를 포함한다. 이러한 정보는 모든 개인이 사회에 속하고, 사회는 각 개인의 집합에 의해 생긴 것이므로 개인과 사회는 분리될 수 없기에 개인-사회적 정보라고 부른다. 이러한 의미에서의 개인-사회적 정보는 다음과 같다.

① 자기통찰과 자기이해의 성취
② 동성과 이성과의 성숙된 관계 확립
③ 남성적·여성적 역할의 이해
④ 건강한 성격의 발달
⑤ 개인의 행동과 특성의 이해
⑥ 개인과 타인과의 이질성과 동질성의 이해
⑦ 타인의 행동과 욕구의 이해
⑧ 가정의 조건, 가족, 부모의 기대에 대한 적응·수용·이해
⑨ 데이트, 성에 관한 정보, 결혼에 대한 책임에 관한 지식
⑩ 신체적·정신적 건강의 발달
⑪ 외모, 예의, 에티켓
⑫ 사교술, 금전에 관한 계획, 여가활동

이상에서 정보활동의 영역을 교육정보, 직업정보, 개인－사회적 정보로 구분하여 살펴보았다. 다음에는 각 정보 영역의 정보원천과 정보제공활동의 실제를 살펴보기로 한다.

(3) 정보제공활동의 실제

현대사회는 정보사회로 정보의 양이 적은 것보다는 수없이 많은 정보들 중에서 필요한 정보를 얼마나 효과적으로 빨리 수집하느냐가 관건이 된다. 필요한 정보를 신속하게 수집하기 위해서는 그 정보가 어떤 기관이나 단체 또는 개인에 의해서 제공하느냐를 파악하는 것이 중요하다. 특히 현대사회는 컴퓨터와 인터넷의 발달로 인하여 개인이나 단체 또는 기관에서 인터넷 홈페이지를 개설하여 자신들의 정보를 제공하고 있다. 새로운 정보를 수집할 때는 다음 질문을 고려하여야 한다.

① 믿을 만한 출판사인가?
② 저자는 누구이며, 그 분야에서 자격이 있는 사람인가?
③ 저자의 동기는 무엇인가? 저자의 견해를 제시하거나 어떤 기관의 모집을 위해서 의무적으로 집필한 것인가?
④ 자료가 언제 출판되었으며, 최신의 것인가?
⑤ 자료는 잘 수집되었으며, 자료를 읽어야 할 대상에게 적합한 수준으로 집필되었는가?
⑥ 자료를 수집하고자 하는 사람의 흥미를 끌 수 있도록 잘 설명이 되었는가?

[1] 정보의 수집

교육정보는 학생의 발달단계에 따라서 다른 정보가 필요하다. 교육정보의 영역은 학교교육 전반에 관한 것과 교과학습에 관한 것 그리고 진학에 관한 것으로 직접 그 교육기관에 가서 얻을 수 있는 것이 사실이나 영역별 자료를 수집할 수 있는 원천은 다음과 같다.

먼저 학교교육 전반에 관한 정보는 정부에서 발간하는 각종 간행물, 각급 학교의 교육계획서 및 학교경영안, 각 대학에서 발간한 안내서와 대학요람 및 교육과정 해설서, 각급 학교에서 발간한 교지 및 학보, 대학 및 전문기관에서 발간한 연구지나 논문집, 교육전문가나 교육심리학자들이 저술한 전문지침서, 일반 사회의 정기간행물과 신문 및 잡지 등에서 수집할 수 있다. 둘째, 교과학습을 위한 교육정보는 해당 학교의 교육과정, 각 교과목의 성격, 다음 학기에 진행되는 교과목, 해당 학교가 주핵으로 삼고 있는 과정, 학교의 소정 과정 및 각 교과목과 개인의 교육적이며 직업적인 목표와의 관계, 해당 학교가 특별히 마련하고 있는 특색 있는 교육적이며 직업적 경험 등이다. 셋째, 진학에 관한 교육정보는 진학할 대학과 학과의 특성, 학교에서 배우게 될 학문의 성격, 개인의 적성과 능력, 진학할 학과에 소용되는 학비, 졸업 후의 전망, 진학할 학과에서 요구하는 입학 조건과 의무, 개인의 경제사정과 가정형편 등이다.

직업정보를 얻을 수 있는 원천도 다양하다. 직업은 생계수단이면서 동시에 자신의 잠재력을 발휘하여 자아실현을 도모할 수 있는 수단이기 때문에 직업에 관한 정보는 무엇보다도 중요하다. 직업 정보의 원천으로 활용될 수 있는 자료는 전문단체와 기업체에서 발간한 간행물, 정부기관 특히 노동부와 기획재정부에서 공포한 자료, 직업에 관계되는 단행본 및 연감류(직업사전 포함)와 팜플렛, 지역사회 조사물 및 연구보고, 기타 생활지도를 위해 준비된 사례와 연구보고 등이다. 미국에서는 직업전망핸드북(The Occupational Handbook)과 직업분류사전(The Dictionary of Occupational Titles), 미국진로발달학회에서 발간하는 학술지(Career Development Quarterly) 등에서 최신의 직업정보를 소개하고 있다. 우리나라에서도 노동부와 기획재정부, 교육기술부에서 직업정보를 소개하고 있으며, 특히 한국직업능력개발원에서는 「미래의 직업세계」를 발간하여 학생들에게 직업세계에 관한 상세한 정보와 향후 전망 및 관련 학과 정보를 제공하고 있다.

개인은 물론 개인과 개인, 개인과 집단 간의 인간관계에 대한 보다 깊은 이해를 위하여 개인-사회적 정보의 수집도 필요하다. 학생들로 하여금 원만한 대인관계를 유지하고 주위환경에 제대로 적응하도록 하기 위한 정보는 전문서적을 통해서 얻을 수 있다. 개인-사회적 정보는 학생의 건강 및 신체발달 기록, 발달심리 및 인성에 관한 서적, 집단역학에 관한 서적, 정신위생에 관한 서적, 성교육 관련 서적, 청소년 발달에 관한 연구물, 위인들의 전기 및 자서전, 입지전 및 성공 사례집 등이 있다. 이외에도 처세술에 관한 도서, 성취동기 육성방안에 관련된 간행물, 가정교육 자료, 부모교육 자료 등에 관한 간행물이 여러 기관들을 통해 출판되고 있다.

2 정보의 제공

학생들에게 필요한 교육, 직업 그리고 개인-사회적 정보를 수집하는 것은 정보활동의 한 측면에 불과하다. 필요한 정보를 수집하는 것만큼 수집된 정보를 학생들이 활용하느냐도 중요하다. 학생들이 정보를 활용하는 방법에는 크게 개별적인 방법과 집단을 통한 방법이 있다.

학생들은 일반적으로 교육의 기회, 일의 세계, 개인과 사회적 관계에 대해서 제한된 생각을 가지고 있으므로 학생 개개인에 필요한 정보는 생활지도와 상담을 통해 제공되어야 한다. 생활지도와 상담을 통해 제공된 정보는 학생 개개인의 목표를 명확하게 하고 자신이 원하는 방향으로 추진하도록 활용되어야 한다. 상담과 면접에서 정보는 학생들이 교사의 도움을 필요로 하는 정도와 적절한 시기 등을 고려해야 하며 구체적으로 다음과 같은 사항에 유의해야 한다.

① 정보는 교사의 필요에 의해서 제공되는 것이 아니라 학생들이 절대적으로 필요로 할 때 제공되어야 한다.
② 정보는 학생들에게 영향력을 행사하거나 조종하기 위해서 사용되어서는 안 된다.
③ 정보를 제공하는 가장 객관적인 방법은 가공되지 않는 순수한 정보를 얻어야 함을 전제로 한다.
④ 정보를 받아들이는 사람의 태도와 감정을 솔직하게 표현하도록 허용되어야 하며, 필요에 따라서 치료적으로도 다루어져야 한다.

학생에게 필요한 정보를 개별적으로 전달하고자 할 때 교사는 학생에게 적합한 정보를 찾아내어 학생으로 하여금 정보에 관해서 논의하고, 처리하고, 사용하는 기회를 제공하는 데 있어서 적극적으로 임해야 한다.

학교에서의 정보제공은 개별적으로 이루어지는 것보다 집단을 통해서 이루어지는 경우가 많다. 집단을 통해서 정보를 제공하는 방법에는 여러 가지 긍정적 측면이 있다. 첫째, 시간, 인적자원, 시설 면에서 경제적이다. 둘째, 특정한 종류의 정보는 동료들과의 토론을 통해 정보를 더 의미 있게 하므로 다른 방법보다 더 효과적이다. 셋째, 학생에 따라서는 자신의 문제를 동료들과 논의하는 것이 더 편하게 느껴지므로 학생간의 긍정적인 관계를 형성하도록 한다. 넷째, 학생과 상담교사 간의 관계 개선과 앞으로의 생활지도 활동의 활용에 초석이 된다.

집단을 통해서 정보를 제공하는 구체적인 방법으로는 독립된 교과목, 교과목이나 홈룸의 특별단원, 특별회의나 행사, 정보자료실, 컴퓨터를 활용하는 방법 등이 있다.

학생들에게 정보를 제공하는 교과목으로는 '직업', '생활지도', '오리엔테이션', '진로', '집단지도' 등 다양한 명칭을 붙일 수 있으며, 이러한 교과는 기간, 학점, 목적, 학년수준 등에 따라 다양한 형태로 구성될 수 있다. 전형적인 교과에서 다루는 내용은 자율학습, 직업, 교육기회, 진로계획, 학교에 관한 오리엔테이션, 군복무, 결혼 그리고 장래에 관한 일반적인 주제와 직업에 관한 연구와 같은 특정 영역에 맞추어서 구성할 수 있다.

학교의 교과목이나 홈룸의 한 단원으로 정보를 제공하는 데는 특별한 주의를 기울여서 조직해야 한다. 여기에서 다루는 주제는 앞의 독립된 교과목에서 다루는 주제들과 매우 유사하나 각 단원에 부과되는 시간, 교사의 흥미와 배경이 단원의 내용과 성격을 결정하게 된다. 이때 교사의 역할은 단순히 정보를 제공하는 것보다는 제공된 정보에 대한 학생들의 반응에 더욱 관심을 가져야 한다. 또한 학생들의 동기유발과 흥미를 이끌 수 있도록 학생들에게 필요한 정보의 문제와 논쟁점을 토론하도록 권장해야 한다.

특별 회의나 행사는 학생들에게 교육, 직업, 개인 · 사회적 정보를 제공하는 방법으로 학교에서 많이 사용되고 있는 방법이다. 흔히 사용되고 있는 방법 중의 하나가 진로간담회(career conference)이다. 진로간담회는 직업지도에 관한 정보를 제공해 주기 위해서 조직된 것으로 여러 종류의 직업에 종사하는 사람들이 자신들의 업무, 그 직무의 장 · 단점, 취업 방법, 보수와 여가 조건 등과 같은 것에 관한 자신들의 의견을 이야기한다. 진로간담회와 마찬가지로 대학간담회에서는 각 대학의 대표들이 참석해서 학교의 입학요강, 학비, 교육과정, 장학금, 취업기회 등에 관한 정보를 제공해 준다.

ㅇㅇ중(고등)학교 오리엔테이션 계획

1. 목표
신입생으로 하여금 학교의 제반 시설, 새로운 교육과정, 도서관의 이용법, 다양한 특별활동, 생활지도 프로그램 등의 제반 교육적 기회와 편의를 위해 파악시키고, 학교조직과 운영, 학교 생활 규칙 등에 대한 이해를 기초로 건실한 자율적 학교생활의 기초를 확립시키는 것을 목표로 한다.
2. 내용
① 학교 건물과 시설 파악 : 일반교실, 실험실, 특수교육, 도서관, 교직원실, 학생상담실, 양호실, 기타 특수 시설 및 변소
② 학교의 일반 생활의 이해 : 교과 학습활동 일정표, 학교 연중행사, 클럽활동, 학교의 여러 규정 및 규칙, 학생평가 및 기록, 생활지도 프로그램, 상담실의 이용, 기타 학교에 따라 요구되는 특별한 사항
③ 학교 조직과 행정 : 학교의 행정조직(직원조직), 교사들의 임무, 학생회 조직과 운영, 학급회의 조직과 운영
④ 학습 생활 방법에 대한 학습 : 각 교과별 학습 계획, 교과에 따른 학습의 방법, 자기의 교육 프로그램, 바람직한 학습 습관 및 태도
3. 일정표

월 / 일	내 용	담당자
제1일(3월ㅇ일)	중학교(고등학교)생활과 학생의 자세	교장(교감)
	학생의 교육 방침	교무부장
	학생 생활의 준칙	학생부장
제2일(3월ㅇ일)	학교 시설 및 설비 안내	학급부장
	학급 내 급우간의 자기 소개	학급부장
	학교 생활에의 적응	상담교사
	학교의 직원 조직과 임무	교감
제3일(3월ㅇ일)	바람직한 학교 생활	상담교사
	도서관 이용 안내	사서교사
	학생이해를 위한 조사(심리)	상담교사
제4일(3월ㅇ일)	각 교과의 학습 안내	각과부장
	학생회 활동 안내	학생회
	특별환 클럽 활동 안내	상담교사
	학생의 희망 및 생육사 조사	학급담임
제5일(3월ㅇ일)	학생의 목표 세우기	학급담임
	각 교과의 학습 안내	각 교과부장

진로정보자료실(career resource center)를 통하여 직업과 진로에 관한 정보를 제공할 수도 있다. 또한 진로정보자료실을 학교 및 지역 단위 등으로 설치하여 진로와 직업에 관한 전반적인 정보 자료를 비치하여 학생들로 하여금 수시로 정보를 얻을 수 있도록 한다. 진로정보자료실이 제 기능을 하도록 하기 위해서는 학생들 각각의 적성과 흥미를 파악하여 진로 계획에 필요한 검사를 실시해 보도록 하는 등의 서비스를 해야 하며, 보다 전문적인 상담을 해 줄 수 있는 전문가를 배치해 두어야 한다.

Meerbach(1978)는 정보자료실이 제 기능을 발휘할 수 있도록 운영하기 위해서 다음과 같은 사항을 제안하였다. 첫째, 학생들에게 필요한 정보를 제공해 주고 필요하면 개인상담이나 집단상담을 해 줄 수 있는 상담자가 있어야 한다. 둘째, 학생들의 흥미를 끌기 위해서는 교과서적인 정보와 상담활동은 지양해야 한다. 셋째, 게시판, 카세트, 녹음기 등 필요한 기구와 충분한 공간이 마련되어야 한다. 넷째, 충분한 재정적 지원이 있어야 한다.

최근 정보제공 방식에서 두드러지게 나타나는 현상은 컴퓨터를 활용하는 방법이다. 컴퓨터의 보급으로 정보 및 자료의 제공이나 생애 상담에서 컴퓨터를 활용하는 방안이 널리 강구되고 있다. 예를 들면, 교육 및 생애탐색체제(Educational and Career Exploration System)는 세 가지 단계로 활용될 수 있도록 마련된 컴퓨터 정보 봉사 프로그램이다. 이러한 프로그램들은 무엇보다도 학생들이 관심을 가지고 탐색하는 정보들로 이루어져 있으며, 학생들의 교육적 · 직업적 목적과 관련 있는 교육 프로그램 등에 관련된 교육정보를 다루고 있다. 또한 학생들이 고등학교를 졸업한 후에 주어지는 교육과 직업의 기회나 자신에 관한 정보 등도 다루고 있다. 상담교사는 학생들이 이 세 단계 중 어떤 한 단계에서 시작할 수 있도록 도움을 줄 수 있다. 그러면 학생들은 컴퓨터 터미널에 앉아서 질문을 하고 그에 대한 대답을 각자의 모니터 및 전체 스크린을 통해서 읽을 수 있다. 이 밖에도 시뮬레이션이나 게임의 기법을 적용하여 선택과 결정의 능력을 향상시키는 방법들도 있다.

3) 정치활동 및 추수지도활동

(1) 정치활동의 의미와 필요성

정치란 한 개인이 자신의 위치를 찾는 것을 의미하는 것으로써 정치활동은 자기이해, 정보 및 상담의 과정을 통해서 얻어진 결과에 의해서 보다 나은 적응과 성장 또는 문제해결을 위하여 다음 단계에서는 '무엇을 어떻게 해야 될 것인가'를 선택하고 결정하도록 도우며, 또 그 결정에 따라 잘 적응하도록 도와 주는 일련의 활동을 말한다(김충기, 1983). 이러한 정치활동에 대한 지도는 현대사회에서 더욱 요청되고 있다. 왜냐하면 사회가 더욱 분화되면서 여러 가지 직업이 등장하게 되고 학생들은 자신이 어떠한 위치를 선택할 것인가에 더욱 혼란스러움을 경험하기 때문이다. 이러한 혼란스러움을 해결해 주고 나아가서 학생이 선택한 사항을 실행할 수 있는 계기를 마련해 주는 것이 정치활동이다. 정치활동의 필요는 다른 모든 교육적 노력과 마찬가지로 개인과 환경에서 찾을 수 있다. 개인의 심리적 욕구는 무척 다양하고, 이 욕구들을 충족하기 위하여 이루어지는 일 가운데 하나가 정치활동이라고 하겠다. 특히 성취욕구, 인지적 욕구, 자아실현의 욕구가 정치활동을 통하여 어느 정도 충족되고 있는 것들이라고 하겠다.

Shertwer와 Stone(1976)은 정치활동을 생애계획과 배치라는 점에 초점을 두면서 정치활동이 현대 교육에서 무엇 때문에 필요한지를 다음과 같이 설명하였다.

첫째, 지식의 가속적인 증가는 생애계획과 배치와 같은 정치활동을 더욱 필요로 하고 있다. 이러한 지식의 증가에 따라 일의 분야가 끊임없이 변화되는 지식과 기술, 그리고 일의 세계에 대해서 능동적으로 대처할 수 있는 계획이 필요하다.

둘째, 아동과 청소년에게 주어지는 교육의 기회가 부족하다. 청소년의 빈곤, 범죄, 비행의 문제들은 대체로 적절한 교육을 받지 못하였거나 교육의 기회를 충분히 갖지 못한 것에서 비롯된다. 직업과 생애 발달에 필요한 태도와 실천적 기능을 학습하지 못하기 때문에 직업의 세계에서는 물론 가정생활에서까지도 어려움을 경험하는 학생들이 늘어나고 있다.

셋째, 문화적 · 사회적으로 소외된 청소년들이 있다. 경제적으로나 사회적으로 또는 문화적으로 불리한 입장에 있는 청소년은 여러 가지 장애로 인하여 개인의 자아실현에 많은 불이익을 경험하고 있다. 또한 적지 않은 청소년들이 사회적 기회뿐만 아니라 교육의 기회로부터도 소외되어 있다. 이렇듯 여러 유형의 불이익을 경험하며, 사회의 주류에서 벗어난 소외된 청소년들이 개인의 잠재 능력을 발견하고, 의미 있고 목적 있는 생활을 할 수 있도록 조력하는 것은 현재 교육에서 이루어져야 할 중요한 과업이다.

넷째, 여성의 사회적 역할이 급격하게 달라지고 있다. 여성들의 교육적 욕구와 사회적 역할이 20세기 후반에 들어와서 엄청나게 달라지고 있다. 여성의 직업, 결혼, 출산, 육아, 가정생활 등이 크게 달라짐에 따라서 체계적이고 합리적인 생애계획, 배치, 생애교육 등과 같은 정치활동이 필요하게 되었다. 또한 여학생의 진학률이 점증되기 때문에 이에 따른 진학지도와 전반적인 생애교육이 종전과는 달라져야 할 필요가 생기게 된 것이다.

다섯째, 노동력의 양적 연구와 구조적 변혁이 이루어지고 있다. 인간의 발달이 어떻게 적용되어 있느냐 하는 것은 한 국가의 성취를 결정하는 중요한 변인이다. 우리나라의 경우 계속적으로 인구가 증가하고 있고 점차로 고학력 사회로 변모됨에 따라서 직업과 산업의 구조가 변화되고 있다. 학교에서 요청되는 일의 세계에 대한 계획과 준비는 사회의 변화에 따라서 계속 새로워질 것을 요청받고 있다.

여섯째, 기계 문명의 발달로 자동화가 이루어짐에 따라서 일의 성격이 변화되고 있다. 단순노동 및 사무직의 일을 기계화 · 자동화시킴으로써 미숙련 노동직은 점차 줄어들게 되었다. 기계화 내지 자동화는 새로운 직업적 기능과 태도를 요구하게 되었고 이러한 추세는 자동화가 진행될수록 더욱 강하게 나타나게 된다.

일곱째, 사회가 불확실성 내지 불안정성을 지니고 있다. 현대사회는 확실성을 상실하고 있다. 현 시대를 불안의 시대나 종말의 시대라고 주장하는 사람들은 통제하기 어려운 경제적 불황, 기아, 전쟁, 정치적 변동 등에서 그 이유를 찾는다. 개인들이 무관심, 염세주의, 맹목적성, 의미상실 등과 같은 부정적 의식을 완화

내지 극복하도록 하기 위한 교육적 노력이 필요하다.

여덟째, 개인의 수월성 탐구가 점차로 존중되고 있다. 수월성이란 개념은 근래에 활발하게 논의되고 있으나 실제로 수월성의 문제는 오래 전부터 상당히 중요하게 다루어지던 것이다. 개인들이 삶의 여러 분야에서 타고난 잠재가능성을 최고 수준까지 향상시키는 일이란 개인 뿐만 아니라 사회적으로도 무척 중요한 과제다. 사회의 발달은 개인의 발달 수준을 넘어설 수 없는 것이다. 탁월한 성취를 이룩하도록 도우려면 인생의 계획과 생애의 결정, 그리고 건전한 태도를 함양하기 위한 끊임없는 교육적 노력이 필요하다. 수월성을 성취하기 위하여 정부의 정책이나 학교의 방침을 통해서 지원을 받을 수 있으나, 그것만으로는 개인의 수월성 문제를 모두 해결할 수 없다. 따라서 상담교사가 학생과 함께 개인의 자아발견, 자아결정, 자아실현의 과정에서 정밀하고 정성스러운 심리적 조력을 요청하고 있다.

(2) 정치활동의 유형과 내용

정치활동의 유형은 보는 관점에 따라서 다른 형태로 구분된다. 크게는 학교 내 정치(in-school placement)와 학교 외 정치(out-of-school placement)활동으로 구분되며, 그 내용에 따라서는 교과활동에 대한 정치, 교과 외 활동에 대한 정치, 직업에 대한 정치, 훈련에 대한 정치 등으로 나눌 수 있다. 또한 교육적 정치, 개인발달을 위한 정치, 환경적 정치, 진로정치 등으로도 구분할 수 있다. 여기에서는 학교 내 정치활동과 학교 외 정치활동으로 구분하여 살펴보고자 한다.

1 학교 내 정치활동

학교 내 정치활동은 학생들로 하여금 적합한 교육과정, 교육과정에 있어서의 교과, 특별활동, 특별집단이나 특별학급 등은 선택하도록 도와 주는 활동 등으로 구성되어 있다. 일반적으로 교육적 정치는 학생의 특성과 자질을 진학할 학교나 특정한 프로그램의 자격요건과 연결을 시키는 조직된 노력을 의미한다. 즉 상급학교의 입시요강, 경비, 학교의 특징, 프로그램 내용 등에 관한 정보를 제공함으로써 학생으로 하여금 합리적인 의사결정을 하도록 하는 것이다. 학교 내 정치는 또한 학생들을 개인적인 발달을 촉진시킬 수 있는 교과 외 생활에 배치시키는 일도 포함한다. 이러한 교과 외 생활에 대한 정치는 학생의 사회적 발달, 사회참여, 그리고 개인 성장에 대한 욕구를 충족시키기 위한 활동을 포함한다. 즉 각급 학교에서 정규과정으로 참가하는 특별활동과 학생들이 자유롭게 참가하는 과외 활동과 집단활동이 포함된다.

사실상 정치활동은 진학이나 진로 등의 교육적인 정치활동만 의미하는 것은 아니다. 넓은 의미로는 필요한 경험을 통해서 도움을 받을 수 있고, 만족할 만한 적응을 하고, 유용한 정보를 얻고, 나아가서는 개인의 전체 발달을 가능하게 하는 자기정치를 촉진시키는 활동이라고 할 수 있다(Gibson & Mitchell, 1981). 이러한 넓은 의미의 정치의 한 예가 개인으로 하여금 다양한 역할과 환경을 경험하도록 하는 것이다. 이러한 역할정치는 서로 다른, 그리고 의미 있는 역할을 경험하는 것이 개인의 발달을 위해서 중요하다고 가정하고 있다. 여기에서는 지도자, 집단 성원, 교사, 성취자, 권위자, 의사결정자, 봉사자 등의 역할을 수행해 보도록 하는 것이다. 어떤 사람들은 이러한 역할을 계획 없이 자연스럽게 수행할 수 있지만, 대부분의 사람들은 특별히 계획된 활동을 통하지 않고서는 경험할 기회가 없다. 상담자와 담임교사가 협동적으로 수업과 개인 발달을 동시에 촉진시킬 수 있는 의미 있는 경험을 계획해야 한다.

학교 내 정치 또한 학습자들로 하여금 자신에게 적합한 특별학급을 선택하도록 도와 주는 일을 포함한다. 예를 들면, 학생들이 자신의 능력에 비해 낮은 학급을 택하거나, 혹은 야심 있는 부모에 의해서 너무 높은 학급을 택하는 것을 지양하고 학생 각자의 능력에 적합한 특별학급을 선택하는 것이다.

2 학교 외 정치활동

학교 외 정치활동은 시간제 부업이나 방학 동안의 부업, 졸업 후의 취업, 또는 상급학교로의 진학이나 훈련 등에 학생들을 적절히 배치하는 것 등을 의미한다. 학교 내 정치활동이 주로 학생들을 학교 안에서의 교과활동이나 특별활동에 적절히 배치하는 것에 중점을 두는 데 비해, 학교 외 정치활동은 주로 학교 장면 밖으로 학생들을 배치하는 데 중점을 둔 활동이다. Gibson과 Mitchell(1981)은 환경적 정치와 진로정치가 학교 외 정치에 속한다고 하였다.

환경적 정치는 개인 발달의 한 활동으로서, 이는 학생으로 하여금 자신이 속한 환경과 다른 환경을 경험할 기회를 제공하기 위해서 배치한 것이다. 예를 들면, 도시의 학생들로 하여금 얼마 동안 농촌에서 지내보도록 하고, 반대로 농촌 학생들로 하여금 도시생활을 접할 기회를 만들어 주는 것이다. 학생들의 역할 배치는 학급이나 학교 안에서 다른 역할을 경험해 봄으로써 개인의 발달을 촉진하는 것인데 비해, 환경적 정치는 학교 밖의 새로운 환경을 접함으로써 학생의 개인적 발달을 증진시키도록 하는 것이다. 훈련에 대한 정치는 실습과 같은 특정한 훈련 경험에 학생을 배치하는 것이다. 다시 말해서, 공업학교에서는 공장에 가서 실습을 하게 하거나 교사를 희망하는 학생들에게는 교생실습을 할 적절한 학교를 배치하는 것 등이 이에 속한다. 경우에 따라서는 방학 동안에 현장에 나가서 학교에서 배운 이론의 실제를 경험하게 되는데 이러한 것들이 모두 훈련에 대한 정치라고 할 수 있다(이재창, 1988).

결국, 정치활동이란 모든 학년에 걸쳐서 학생들이 그들 나름의 특별한 필요를 충족시키기 위하여 다음 단계의 계획을 세우고, 새로운 위치를 정하여 전진하도록 돕는 일체의 활동이라고 할 수 있다. 이러한 활동에 포함되는 구체적인 내용을 들어 살펴보면 다음과 같다.

① 학생들을 일정 수준 이상의 능력에 도달하게 하기 위하여 그들을 능력별로 배치하는 일
② 학생들을 진급, 전학, 월반하도록 돕는 일
③ 교육과정이나 교과목을 학생 개개인의 수준에 맞게 선택하도록 돕는 일
④ 교과 외의 활동도 선택하도록 돕는 일
⑤ 자기능력과 사정에 맞는 부직을 구하도록 돕는 일
⑥ 상급학교와 직업선택을 현명하게 하도록 돕는 일
⑦ 졸업생이 항구적인 직업을 선택·결정하도록 돕는 일

(3) 추수지도활동의 의미와 내용

교육이 졸업과 동시에 끝나는 것이 아닌 것처럼 참다운 지도 역시 진급이나

졸업으로 끝나는 것이 아니다. 추수활동은 바로 이러한 지도의 계속성을 살리는 활동으로 다음 두 가지 경우를 생각해 볼 수 있다.

첫째, 추수활동을 좁게 보는 견해로서 상담이나 사례연구를 끝낸 다음에도 계속해서 학생들이 적응을 잘 하고 있는지를 확인하고 지도하는 것이다. 둘째, 넓게 보는 견해로서 교육의 전체적인 성과나 생활지도의 성과를 계속해서 체계적으로 확인해 보는 것이다. 추수활동의 범위를 넓게 보든 좁게 보든 간에 학생들을 지도하고 난 후 그 성과를 확인하면서 계속 체계적으로 지도하는 활동을 추수활동이라고 한다. 이렇게 볼 때 이미 지도를 받은 모든 사람이 다 추수지도의 대상이 될 수 있다. 그러나 현실적으로 모든 학생을 추수지도의 대상으로 삼을 수 없기 때문에 재학생, 중퇴생, 졸업생 가운데서 특히 계속적으로 지도를 필요로 하는 학생을 대상으로 하는 것이 상례다. 추수활동의 목적은 한 마디로 말해서 이미 지도를 받았던 사람의 계속적인 성장·발달을 도우려는 것이다. 추수활동의 내용을 열거해 보면 다음과 같은 것들이 포함된다.

① 학교를 떠났거나 과거에 지도를 받았던 학생에게 계속해서 그가 당면한 상황에 대한 정보를 주는 일
② 이전에 지도를 받았던 학생에게 계속해서 자기를 평가하고 이해할 수 있는 정보를 제공하는 일
③ 이전에 지도를 받았던 학생이 그 이후에 얼마나 적응된 생활을 하고 있는지를 확인해 보는 일
④ 졸업생이나 중퇴생들과 계속적으로 접촉하여 친화감을 유지하면서 교육적인 영향력을 발휘하는 일
⑤ 학생, 학교, 지역사회 간의 유대를 긴밀하게 하는 일
⑥ 현재 지도하고 있는 학생들에게 도움이 될 만한 정보 및 자료를 제공하는 일
⑦ 과거에 지도했던 학생들에게 현재 지도하는 학생이나 학교교육 활동에 도움이 되는 건설적인 의견을 듣는 일
⑧ 과거에 지도했던 학생들을 위하여 계속적으로 상담활동을 하는 일

(4) 추수지도의 형태

추수활동의 형태는 졸업반 학생과 졸업생을 대상으로 하는 것으로 구분할 수 있다. 먼저 졸업반 학생들에 대한 추수활동이 필요한 이유는 우선, 학생들의 장래 계획 수립에 도움을 줄 수 있으며, 학교 자체의 생활지도 계획을 위해서 필요한 것이다. 또한 졸업 예정자들은 졸업을 앞두고 진학계획이나 직업계획을 세우는 문제 때문에 카운슬러의 도움을 대단히 필요로 하고 있다. 그러므로 카운슬러는 졸업을 앞둔 학생들에게 제공할 추수활동 계획을 확고하게 세우지 않으면 안 된다.

학교를 졸업한 후에 상급학교 진학이나 또는 취직을 하였을 때 졸업생이 새로운 환경에서 어떻게 적응하고 있는가를 알아보기 위해 추수활동이 필요하다. 졸업생에 대해서 추수활동을 해야 하는 이유는 얻어지는 정보는 졸업생의 성취를 나타내 주는데, 그 같은 성취는 그들이 재학 중에 받은 교육 때문이며, 얻어진 정보를 통하여 각급 학교에서는 졸업생들이 받았던 교육과 그의 이용관계를 알게 되어 교육계획을 평가할 수 있기 때문이다. 또한 졸업생들의 정보를 통하여 카운슬러와 생활지도위원회에서는 그들을 위한 추수활동 계획을 수립할 수 있기 때문이다.

4) 상담활동

(1) 상담의 정의 및 본질

상담은 단순한 대화가 아니다. 또한 전문적인 지식과 정보를 필요로 하는 것을 상담이라고 할 수도 없다. 최근에 이르러 학교나 기업체 등에서 상담활동이나 상담이라는 용어를 비교적 안일하게 사용하는 경우가 많다. 대개의 경우 상담의 본질을 이해하지 못하고 사용하고 있거나 그릇된 개념으로 파악하고 있는 실정이다.

학자에 따라 상담의 개념을 다양하게 정의하고 있지만, 가장 포괄적이고 적절한 정의를 살펴보면, 상담이란 '도움을 필요로 하는 사람(내담자)이 전문적 훈련을 받은 사람(상담자)과의 대면관계에서 생활과제의 해결과 사고, 행동 및 감정측면의 인간적 성장을 위해 노력하는 학습과정이다'라고 할 수 있다. 이러한 정의는 다음과 같은 상담의 네 가지 특징을 강조하고 있다.

첫째, 상담의 구성요소에 대한 것으로서 상담은 내담자와 상담자 두 사람의 대면적 관계로 이루어진다. 즉 상담은 내담자의 삶의 문제를 다루며, 도움을 필요로 하는 내담자, 내담자의 문제해결을 도와줄 수 있는 전문적 지식과 능력을 지닌 상담자, 그리고 두 사람 간의 대면적 관계로 구성된다.

둘째, 상담은 내담자의 생활과제의 해결과 인간적 성장을 목표로 한다는 점이다. 상담은 내담자가 지닌 생활과제의 해결과 더불어 내담자의 사고, 행동, 감정 등 전체적인 측면에서 인간적 성장을 추구한다. 그러나 상담의 구체적 목표는 내담자가 지닌 문제에 따라서 다양하게 설정될 수 있으며 흔히 내담자와 상담자의 합의에 의해 정해지는 경우가 많다. 이러한 상담목표의 구체적 예로는 우울이나 불안과 같은 부정적 정서의 극복, 인간관계의 갈등해소나 인간관계 능력의 증진, 부적응적인 행동이나 습관의 교정, 학업 및 진로문제의 해결, 부적응적인 성격의 개선 등이 있다.

셋째, 상담은 인간적 성장을 목표로 하여 내담자를 변화시키는 학습과정이라는 점이다. 심리학에서 학습이라는 용어는 새로운 경험을 통하여 긍정적 변화를 이루어가는 과정을 의미하며, 상담은 상담목표를 향해 내담자를 변화시키는 과정이다. 이러한 내담자의 변화는 상담자와의 관계 속에서 새롭고 긍정적인 경험을 통해 이루어지게 된다.

마지막으로 상담은 내담자와 상담자 간의 지속적인 상호작용과정이라는 점이다. 간혹 한두 번의 면접으로 끝나는 상담도 있지만, 내담자의 문제해결과 발전적인 변화를 위해서는 적어도 7～8회 이상의 면접이 필요하다는 것이 경험적으로 입증되었다. 즉 상담이 성과를 거두기 위해서는 여러 번의 면접을 포함하는 지속적인 상호작용이 필요하다.

한편, 20세기 말 상담은 인간문제, 특히 인류 전체의 개인적 문제를 해결하는 고도의 전문적 학문으로 확고한 위치를 차지하고 있으며 또한 실천적 · 전문적으로도 막대한 사회적 지지를 받고 있다. 특히 선진국에서는 상담자를 전문직으로 보며 생활문화의 일부로서 개개인들에게 큰 힘과 지혜, 그리고 용기와 희망을 주고 있다. 따라서 상담은 학문적으로 뿐만 아니라 제도적으로 짜임새를 갖추고 있으며 법률적으로도 뒷받침을 받고 있다. 이러한 여러 가지 특징에도 불구하고 상담을 정의하려면 그것의 본질이 무엇인가를 분명하고 구체적으로 밝혀야 한다.

첫째, 상담은 상담자가 한다. 상담자란 상담에 관련된 일정 수준 이상의 전문교육을 받은 전문가를 가리킨다. 상담자로서 전문적 활동을 하는 데 필요한 지식과 기능, 그리고 윤리의 최저수준을 어떻게 정의하느냐에 따라서 상담자의 자격기준도 달리 설정되겠지만 상담에 필요한 지식과 기능, 도덕적 수준을 갖추려면 학부 수준의 학사학위 취득자 정도로는 어렵다는 것이 공통된 인식이다. 대학원에서 상담을 전공한 석사학위 이상의 교육을 받은 사람을 전문적 상담자로 보는 것이 세계적 추세다.

둘째, 상담은 힘 또는 능력을 기르는 것을 목적으로 한다. 유태인의 격언에 '물고기를 열 마리 잡아 주는 것보다 낚싯대를 주는 것이 낫다'는 말이 있다. 열 가지의 문제를 해결해 주기보다 스스로 문제를 해결하고 관리할 수 있는 힘 또는 능력을 기르게 하는 것이 훨씬 더 효율적이라는 뜻이다. 상담에서는 스스로 문제를 해결하는 힘 또는 능력을 기르는 것에 주안점을 두어야 한다.

셋째, 모든 사람은 문제를 가지고 있다. 사람이 살아 있음은 문제를 가지고 있음을 뜻한다. 삶이란 문제를 다루는 과정이다. 그 문제를 어떻게 이해하고 대응하느냐에 따라 삶의 양상이 달라진다. 꿈틀거리며 움직이는 것이 인간의 삶이다. 따라서 살아가려면 언제나 새로운 힘을 충전받아야 한다.

넷째, 상담의 기본 요소는 촉진적 의사소통이다. 상담은 대화로 이루어지나 우리가 일상 속에서 사용하고 있는 대화와는 그 의미가 다르다. 상담에서는 내담자가 언어로 표현하는 것 뿐만 아니라 언어로 표현하지 않은 것에도 관심을 가지며, 내담자의 마음 속에 남아 있는 것들까지 이해하려고 노력한다. 언어를 넘어 마음과 정황을 파악하여 내담자에게 삶의 힘을 복돋아 주는 것이 곧 상담이다.

다섯째, 상담은 통합적이고 체계적인 학문이며 동시에 실천적이다. 의학이

하나의 학문이며 동시에 실천인 것처럼 상담은 통합적 학문이며 또한 현실적으로 실천되는 체계적인 인간봉사활동 중 하나다. 상담은 교육학, 철학, 심리학, 사회학, 문화인류학, 정신의학 등이 교차하는 지점에서 인간의 개인적 문제를 다루는 통합적 학문이다.

요약하면, 상담이란 개인적 문제를 해결하도록 할 뿐만 아니라 다른 문제가 제기될 때 이를 적극적으로 다루어 행복과 성공을 이루어 낼 수 있는 힘을 복돋아 주는 것이다. 힘을 길러 주는 것이 결국 상담이며 힘차게 살아 자신의 세계를 개척하도록 돕고 성취와 행복의 길로 안내하는 것이 바로 상담이다.

(2) 상담의 목표

상담의 목표는 상담의 방향을 제시할 뿐만 아니라 상담의 효과를 평가하기 위한 기초로서 수립되었다. 이러한 목표는 매우 일반적인 것에서 세분화된 것으로 또는 추상적인 것에서부터 구체적인 것에 이르기까지 다양하다. 상담의 목표를 무엇에 두느냐 하는 것은 내용이나 방법, 또는 이론이나 분야에 따라 큰 차이가 있다. 하지만 여기에서는 상담의 목표를 그것이 지니고 있는 특징에 따라 소극적인 것과 적극적인 것으로 나누어 본다. 대체적으로 소극적 목표는 제거하거나 감소시킴으로써 달성될 수 있고, 적극적인 목표는 새롭게 형성하거나 증가시킴으로써 달성될 수 있다.

상담은 사람들이 불편이나 고통을 경험할 때 시작하는 경우가 많다. 새로운 환경에 적응을 못하거나 쉽게 해결할 수 없는 문제가 있을 때에도 상담을 하게 된다. 상담은 사람들의 마음에 피를 흘리고 있는 곳에서부터 시작된다고 말하는 사람도 있다. 이처럼 부정적인 맥락이나 소극적 의미에서 자주 설정되는 상담의 소극적 목표에는 문제해결, 적응, 치료, 예방, 갈등해소 등이 있다.

한편, 상담의 목표는 부정적인 인간특성을 제거하거나 약화시키고 긍정적 인간특성을 형성하고 강화시키는 것이라고 할 수 있다. 상담을 통해서 달성해야 할 긍정적이고 적극적인 인간특성은 헤아리기 어려울 정도로 다양하나 몇 가지로 나누어 살펴보면, 긍정적 행동변화, 합리적 의사결정, 전인적 발달, 자아존중감, 개인적 강녕 등이 있다.

(3) 상담의 기본 원리

상담이 개인이 가진 문제를 해결하고 적응활동을 증진시킴으로써 건전한 자아 형성을 통한 성장을 돕는 것이기 때문에, 전문적 소양을 가진 상담자가 상담을 전개할 때에는 반드시 일정한 원리에 바탕을 두어야 한다.

[1] 개별화의 원리(individulization)

개별화는 내담자의 독특성을 파악하고 이해하는 일이며, 적응을 잘 할 수 있도록 개개인을 조력함에 있어서 상이한 원리나 방법을 활용하는 것이다. 따라서 개별화란 인간을 개별적 차이를 지닌 특정한 개개인으로서 취급해야 한다는 것이므로 소위 내담자의 권리와 욕구로서의 개별화라고 표현함이 더 적절할 것이다.

[2] 의도적 감정표현의 원리(purposeful expression of feelings)

의도적 감정표현은 내담자가 자신의 감정, 특히 부정적 감정을 자유롭게 표현하려는 욕구에 대한 인식이다. 즉, 사람은 누구나 정당하고 잘한 일뿐만 아니라 부정적인 감정까지도 떳떳하게 표현할 수 있는 의사표현의 자유가 있다. 특히, 상담자는 내담자가 가지고 있는 감정을 자유롭게 의도적으로 표현을 할 수 있는 권리를 보장받을 수 있도록 온화한 분위기를 조성해 주어야 한다. 그러기 위해서 상담자는 압력이나 긴장으로부터 내담자를 완화시켜 주어야 할 것이며, 내담자 자신을 이해할 수 있도록 해 주어야 할 것이다. 이는 내담자에 대한 심리사회적인 지지의 형태인 동시에 상담자는 그의 부정적인 감정표현 자체를 진정한 문제로 인식할 수 있어야 한다.

[3] 수용의 원리(acceptance)

상담자는 내담자에게 따뜻하고 명랑하며 친절하면서 수용적이어야 한다. 내담자를 하나의 인격체로서 존중하고 언어적으로나 행동으로 특히, 비언어적 단서인 얼굴 표정에 잘 전달하여야 한다. 상담자는 내담자의 의견에 동의할 수 없을 때에는 동의하지 않는다는 사실을 분명히 전달하되, 그 표현이나 자세는 온화해야 한다. 다시 말해서 상담자와 내담자간에 의견이 일치하지 않는 것과, 내담자를 수용하지 않거나 거부하는 것과는 구별되어야 한다.

4 비심판적 태도의 원리(non judgemental attitude)

비심판적 태도란 내담자의 문제에 대해서 '자네는 유죄다', '무죄다', '자네가 책임져야 한다'는 식의 말이나 행동을 삼가야 한다는 뜻이다. 내담자는 자신의 잘못이나 문제의 결과를 부정적으로 보여지거나 책임을 추궁당하거나 질책당하는 것을 두려워한다. 그들은 죄책감, 열등감, 불만감, 고독감 등을 가지고 있기 때문에 타인의 비판에 예민하여 자신을 방어함으로써 안전을 추구하려는 것은 당연한 일이다. 따라서 상담자는 객관적으로 내담자의 행동 · 태도 · 가치관 등을 평가하여야 하며, 어떠한 문제에 대하여 '죄다', '무죄다', '책임져야 한다', '나쁘다'는 등의 과격한 언어로 평가되어서는 안 될 것이다.

5 자기결정의 원리(self determination)

상담과정에 있어서 상담자는 '자기 스스로 자기가 나아갈 방향을 결정하고 선택하려는 내담자의 결정'을 존중하며, 그 같은 욕구를 결정할 수 있는 잠재적 능력을 자극하여 활동하게 할 수 있도록 지도해야 한다. 그러나 내담자가 자기결정과 선택의 자유 · 권리 · 욕구가 있다고 해서 무조건적으로 도와 주자는 것은 아니다. 그들의 자기결정의 권리 · 욕구 등은 내담자의 능력이나 법률 및 도덕적 규범, 사회기관 내에서만 이루어질 수 있다는 점을 주지시켜야 한다.

6 비밀보장의 원리(confidentiality)

상담과정 중 가장 중요하게 명심해야 할 것은 상담자가 내담자와의 대화 내용을 다른 사람에게 이야기하는 습관을 버리고 반드시 비밀을 지켜야 한다는 것이다. 상담은 내담자가 상담자를 신뢰하는 데에서 출발한다. 따라서 어떠한 경우라 할지라도 개인의 명예훼손이나 누를 끼치는 일을 이야기해서는 안 된다. 즉 상담자는 내담자의 비밀을 지켜줄 윤리적 의무가 있는 것이다. 상담자의 윤리 가운데 가장 중요한 것은 무조건 내담자의 비밀을 보장하는 것이다.

(4) 상담의 과정과 기법

상담은 상담자와 내담자가 만나기 시작해서 종결될 때까지 여러 번의 면접을 거치는 하나의 과정이다. 때로는 한두 번의 면접으로 내담자의 관심사와 문제가 해결될 수도 있으나, 교육기관에서의 상담만 하더라도 대체로 5~6회 이상에서 20여 회에 이르는 면접이 진행되는 것이 보통이다. 그러므로 상담 과정의 지속시간에 따라 그 진행 과정이 달라질 수 있다. 그러나 1, 2회의 면접으로 끝나든 장기간 지속되든 그 과정을 단계적으로 구분해 볼 수 있다. 이 상담 과정의 단계는 문제의 정의에서부터 바람직한 행동의 실천에 이르는, 상담자와 내담자의 공동노력의 특징들을 나누어 본 것이다. 실제 상담 과정에서는 이런 분류가 분명하지 않고 서로 중복되거나 생략되는 경우도 있다. 그러나 이렇게 단계적으로 구분하여 살펴보는 것이 상담 과정을 이해하는데 도움이 될 뿐만 아니라, 실제로 상담을 효과적으로 진행시키려는 하나의 지침이 될 수도 있다. 이러한 상담의 과정은 대략 몇 단계의 절차를 거쳐 진행된다.

상담의 진행과정을 문제의 제시 및 상담의 필요성에 대한 인식, 촉진적 관계의 형성, 목표설정과 구조화, 문제해결의 노력, 자각과 합리적 사고의 촉진, 실천행동계획, 실천결과의 평가와 종결 등의 7단계를 제시해 볼 수 있다.

1 문제의 제시 및 상담의 필요성에 대한 인식단계

먼저 내담자에게 자신의 걱정거리, 문제, 찾아온 이유를 말하도록 한다. 내담자들은 문제에 대한 책임감을 회피하고 남을 비난하거나 자신이 운명의 피해자란 느낌에서, 전문적인 상담의 필요성을 절실히 느끼지 못하는 경우가 있다. 그러므로 상담자는 내담자와 문제의 배경 및 관계 요인들을 토의한 후, 내담자가 상담과정에 적극적으로 참여하도록 해야 한다.

2 촉진적 관계의 형성단계

이 단계에서는 상담자와 내담자가 솔직하고 신뢰로운 관계를 형성하는 것이다. 내담자가 상담자에게서 느끼는 전문적 숙련성, 매력, 신뢰성 등은 상담 효과에 대한 긍정적 기대를 갖게 하는 요인이다. 상담의 촉진적 관계를 형성하는 데에는 상담자의 공감적 이해, 성실한 자세, 내담자에 대한 수용적 존중 및 적극적인 경청 등이 필요하다.

3 상담의 목표 설정과 구조화단계

이 단계에서는 상담 과정의 방향과 골격을 분명히 하는 것이다. 내담자들은 흔히 상담자가 자신의 문제를 직접 해결해 주기를 바라거나, 문제에 대한 해답 및 행동 방향을 제시해 줄 것으로 기대한다. 그러나 구조화에서 상담의 효과를 최대 한도로 높이기 위해 상담의 기본 성격, 상담자 및 내담자의 역할 한계, 바람직한 태도 등을 설명하고 인식시켜 주는 작업이 필수적으로 이루어져야 한다. 구조화에 포함되는 사항은 상담의 성질, 상담자의 역할과 책임, 내담자의 역할과 책임, 상담의 목표 등이다. 아울러 시간과 공간적인 제한사항도 덧붙인다.

4 문제해결의 노력단계

이 단계에서는 우선 문제에 관한 내담자의 감정 표현을 촉진하고, 제시된 문제를 다시 구체적으로 정의한다. 특히 문제의 성질을 명확히 하고 어떤 방법과 절차를 이용할 것인가를 먼저 결정해야 한다. 이 과정은 내담자의 문제의 성질이나 상담에 대한 요구 및 상담자의 이론적 입장에 따라서 달라진다. 문제해결 단계에서는 현재의 문제 행동과 바람직한 목표행동에 대한 내담자의 자각과 문제해결 과정에서의 실제 노력을 촉진하는 것이 필요하다. 이를 위해 문제 및 상담 목표에 관련된 내담자의 감정 및 생각을 탐색 · 정리하는 것이 바람직하다.

5 내담자의 자각과 합리적 사고의 촉진단계

자각은 자신과 생활 과정에서의 주요 경험 및 사건들을 이전보다 분명히 그리고 통합된 시야에서 재인식하는 것이다. 내담자가 상담의 목표에 도달하기 위해 필요한 자기 이해와 합리적 생각을 갖출 때까지 상담에 적극적으로 참여하도록 한다.

6 실천행동의 계획단계

자각과 합리적 사고의 달성만으로 상담이 종결되는 것은 아니다. 상담과정 중에는 모든 문제가 잘 해결될 것 같지만 실제 생활에 부딪쳤을 때는 당황하는 경우가 많다. 내담자의 새로운 견해나 인식이 실생활에서 실현되도록 내담자의 의사결정이나 행동 계획을 도울 필요가 있다. 이 단계에서 이루어져야 할 목표는 내담자의 구체적인 행동 절차를 협의하고 세부적인 행동 계획을 작성하는 것이다.

7 실천결과의 평가와 종결단계

종결은 주로 내담자와 상담자의 합의에 의하여 이루어진다. 내담자가 종결을 희망하더라도 상담자가 아직 불충분하다는 판단이 들 경우에는 '잘 대처해 나가는지 서로 확인해 보기 위해' 상담을 당분간 계속하도록 권유하는 것이 바람직하다. 또한 내담자로서는 상담을 종결한 후, '다시 문제가 발생하지 않을까', '혼자서 해결할 수 있을까'에 대해 불안해하는 경우가 있다. 상담의 종결이 자기를 배척하는 것으로 생각하는 내담자도 있으므로 상담자는 내담자가 이러한 문제에 당황하지 않도록 서서히 상담을 종결시킨다.

한편, 상담관계를 원만하게 이끌어 가기 위해서는 몇 가지 기법이 있다. 이러한 기법들은 상담자마다 자신의 성격과 내담자의 요구에 가장 적합하다고 생각하는 형태로 나타나게 마련이다. 상담기법이나 방법은 기본적인 상담자의 태도와 여러 방법의 바탕이 되는 이론적인 배경을 충분히 이해한 후에 활용되어야 한다.

상담자가 내담자를 만날 때의 첫 과제는 신뢰감을 형성하는 일이다. 처음에는 기법의 적용보다는 수용적이고 온화한 태도로서 내담자에게 깊은 관심을 나타내는 것이 무엇보다 중요한 일이다. 이러한 상담자의 태도와 관심이 보여져야만 내담자가 상담자를 믿고 편안한 상태에서 자신의 이야기를 할 수 있게 된다. 상담자는 화제의 유도, 물리적 배치, 비밀보장의 확인 및 상담에 임하는 태도의 확인 등을 토대로 내담자와 래포를 형성해야 한다.

흔히 내담자의 감정은 '큰 저류가 있지만 표면에는 잔물결만이 보이는 강물'에 비유된다. 즉 내담자의 감정은 수면상의 물결처럼 겉으로 보이는 표면감정이 있고 강의 저류처럼 보이지는 않으나 중심적인 내면 감정이 있는 것이다. 반영은 잔물결 속에 감추어져 있는 저류와 같은 내담자의 내면적 감정을 정확히 파악하여 내담자에게 전달해 주는 것을 말한다. 즉, 반영이란 내담자의 말과 행동에서 표현된 기본적인 감정 · 생각 및 태도를 상담자가 다른 참신한 말로 부언해 주는 것이다.

수용(受容)이란 "으음"이나 "예, 계속하십시오."와 같이 짧은 문구로 표현되는 상담자의 반응을 말한다. 이런 반응은 내담자에게 주의를 기울이고 있으며, 내담자의 말을 받아들이고 있다는 상담자의 태도를 나타내는 것이다. 이러한 수용의 기법은 상담의 초기 단계에서 많이 사용되지만, 내담자가 자신을 깊이 탐색하고 의미있는 자료를 고통스럽게 진술하는 상담의 종반기에서도 사용되는 경우가 있다.

구조화(構造化)란 상담과정의 본질, 제한조건 및 목적에 대하여 상담자가 정의를 내려주는 것이다. 다른 말로 하면 내담자에게 상담과정의 바람직한 체계와 방향을 알려주는 것이다. 이러한 구조화를 통해 내담자는 상담 관계가 합리적인 계획을 가지고 있다는 점을 느끼게 된다. 상담이 하나의 여행이라면, 구조화는 그 여행의 방향을 알리는 노선(路線) 표시에 비유될 수 있다.

바꾸어 말하기란 내담자가 말하는 것을 상담자가 바꾸어 말하여 주는 것을 말하는데, 상담에 여러 가지로 도움이 된다. 첫째 바꾸어 말하여 줌으로써 내담자의 입장을 이해하려는 상담자의 노력을 알려주게 되며, 둘째 내담자가 한 말을 간략하게 반복함으로써 내담자의 생각을 구체화시키며, 셋째 내담자가 말하고 있는 바를 상담자 자신이 제대로 이해하고 있는지를 확인해 볼 수 있다.

경청이란 내담자의 말과 행동에 상담자가 선택적으로 주목하는 것을 뜻한다. 물론 상담자는 내담자의 말과 행동 하나하나를 그냥 흘려 보내서는 안 된다. 그렇다고 상담자는 내담자의 모든 말과 행동에 주목하여 반응할 수도 없다. 따라서 상담자가 경청할 때의 관건은 상담자가 상대적으로 더 비중을 두어야 할 내담자의 말과 행동을 선택적으로 주목하는 것이다. 즉 선택적으로 주목함으로써 내담자가 특정 문제에 대해 탐색하도록 한다. 이 때 상담자가 선택적으로 주목한 것이 내담자의 진술의 흐름에 적합한 것이라면 더욱 유익하다고 말할 수 있다.

내담자의 말의 내용을 요약(要約)하기 위해서는 말의 내용, 말할 때의 감정, 그가 한 말의 목적, 시기, 효과에 대해서 주의를 기울여야 한다. 요약은 여러 생각과 감정을 매회의 상담이 끝날 무렵 하나로 묶어 정리하는 것이다. 예를 들면 내담자와 그의 부적절한 감정에 대하여 대화를 가진 후 "당신이 가정이나 학교, 현재 직업에 대하여 말한 것을 보면, 모든 생활에서 실패감을 느낀 것 같군요"라고 요약할 수 있다. 매회 또는 수회의 상담을 거친 후 이를 요약하면 한두 문장으로 표현하기는 쉽지 않다. 요약의 기본은 대화의 내용과 감정들의 요체 그리고 일반적인 줄거리를 잡아내는 것이다. 또한 내담자가 진술하는 말의 흐름을 요약한다는 것은 상담이 어디로 진행되고 있으며 현재의 위치를 파악하는 것이다.

명료화(明瞭化)는 내담자의 말 중에서 모호한 점을 내담자가 확실히 알도록 해 주는 것이다. 명료화는 내담자가 말하고자 하는 의미를 상담자가 생각하고, 이 생각한 바를 다시 내담자에게 말해 준다는 점에서 단순한 재진술이 아니다. 또한 상담자가 내담자의 반응을 이해할 수 없을 때 분명하게 말해 줄 것을 요청하기도 한다. 내담자가 하는 말의 의미가 모호하거나 혼란되어 있을 때 "잘 이해를 못하겠습니다. 당신이 말하고자 하는 바를 좀 더 분명하게 말하여 주십시오", "나는 당신이 직업에 대해서 느끼는 감정이 어떤지 확실하지 않습니다" 또는 "예를 들어서 간략하게 다시 말해 주시겠습니까?" 등으로 말할 수 있을 것이다.

상담에서의 해석은 내담자에게 어떤 의미를 전달하고자 하는 상담자의 시도라고 볼 수 있다. 해석은 내담자의 여러 언행들간의 관계 및 의미에 대한 가설을 제시하는 것이다. 즉 내담자로 하여금 과거의 생각과는 다른 각도에서 자기의 행동과 내면 세계를 파악하게 하는 것이다. 해석을 어떤 이론적 입장에서 도출되었느냐에 따라 그 내용이 달라진다. 그러나 상담자가 해석을 통해 내담자에게 새로운 참조체계를 제공한다는 점은 동일하다. 상담자는 내담자가 새로운 참조체계를 통해 자신의 문제를 보고 처한 상황을 보다 잘 이해하며 환경에 능률적으로 대처할 수 있기를 바란다. 이러한 점에서 해석은 내담자의 말을 바꾸어 말하기나 느낌의 반영과 크게 다르지 않다. 바꾸어 말하기와 느낌의 반영이 하는 기능 중 하나는 내담자가 방금 말한 것의 내용 또는 느낌을 구체화하는 것이다. 그리고 상담자는 주로 내담자의 참조체계에 따라 반응하는 것이다.

(5) 상담이론

1 정신분석 상담이론

정신분석이론에서 바라보는 인간은 비합리적이고 비관적인 결정론적인 존재다. 인간의 행동은 생물학적인 충동과 본능을 만족시키려는 욕망에 의하여 동기화되는 것으로 개인을 현재에서 자신의 행위를 결정하고 그에 따른 책임을 질 수 있는 주체 보다는 오히려 과거 생활 경험들에 의하여 그것도 출생에서부터 5세 사이의 어린 시절 경험한 무의식 속에 잠재하여 심리성적인 사건들에 의하여 결정되는 존재로 본다. 정신분석이론에서는 의식과 성격을 각각 세 요소로 구분하여 설명하였다. 즉, 한 개인이 현재 각성하고 있는 모든 행위와 감정을 포함하는 의식과 이용 가능한 기억으로 의식 부분은 아니지만 조금만 노력하면 의식 속으로 떠올릴 수 있는 생각이나 감정들을 포함하면서 의식과 무의식을 연결하는 전의식, 그리고 개인이 자신의 힘으로는 의식으로 떠올릴 수 없는 생각이나 감정들을 포함하며 자신이나 사회에 의하여 용납될 수 없는 감정이나 생각 혹은 충동들이 억압되어 내적 갈등을 경험하게 되고 이로 인해 왜곡된 증상이 출현하는 무의식으로 구분하였다. 성격 또한 쾌락의 원리에 따라 본능적 욕구를 만족시키려는 일념

만을 갖고 움직이며 정신적 에너지의 저장소인 원초아, 현실의 원리에 입각하여 욕구 충족을 위해 적합한 대상이 발견될 때까지 긴장 해소를 보류하면서, 이차적 과정, 즉 현실적 사고 과정을 통하여 통제하고, 반응할 환 경의 성질을 검토, 선정하고 욕구를 어떤 방법으로 만족시킬 수 있을 것인가 결정하는 자아, 그리고 한 사회의 전통적 가치와 이상의 내적 기준으로 성격의 도덕적 무기, 현실보다는 이상을, 쾌락 보다는 완성을 위해 작용하는 초자아로 구분하였다.

프로이드는 잘 적응하는 개인이란 진정 사랑할 수 있고 일할 수 있는 사람으로 정의하였다. 적응을 방해하는 요소는 무의식 속에서 동기로 작용하고 있는 억압된 충동들(과거에 자아가 적절하게 중재할 수 없었던 원욕의 충동)이다. 이와 같은 무의식의 내용을 의식화라는 과정을 통하여 내담자는 자신의 현재 행동의 적절성과 부적절성을 탐색할 수 있고 나아가서는 자신의 문제행동의 원인을 통찰하게 되어 새로운 행동을 할 수 있게 되는 것이다. 즉, 상담의 목표는 내담자로 하여금 자신의 행동의 동기를 각성 · 통찰할 수 있어서 의식 수준에서 행동할 수 있게 돕는 것이다. 상담의 목적은 무의식에 근거하고 있는 내담자의 문제행동에 대한 각성과 통찰을 도와서 건설적인 성격으로 변화시킴으로써 진정 사랑할 수 있고 일할 수 있는 잘 적응하는 개인으로의 성장을 돕는 데 있다. 그가 주로 사용한 상담의 기법은 꿈의 분석, 자유연상, 저항과 전이의 해석 등의 방법을 통하여 무의식을 의식화시켰다.

정신분석이론의 공헌점으로는 첫째, 인간은 자주 그 개인이 인지하지 못하고 수용할 수 없는 충동들에 의하여 사고나 행동이 동기화된다는 사실을 밝혀 주었다는 점 둘째, 담대하고 통찰력 있는 탐구를 통하여 최초의 체계적인 성격 이론과 최초의 효과적인 심리 치료의 기술을 개발해 내었다는 점 셋째, 성격의 발달에 있어서 유아기의 중요성을 강조한 프로이드의 이론은 자녀 양육에 대한 각성과 연구를 자극하였다는 점 넷째, 심리치료에 있어서 면접 활용의 한 모형을 개발한 점 다섯째, 신경증이나 치료 과정에 있어서 불안의 기능을 처음으로 확인하였고 해석, 저항, 전이 현상의 중요성을 강조했다는 것을 들 수 있다. 그러나 프로이드의 이론을 뒷받침해 줄 자료가 주로 통제되지 않는 상태에서 관찰한 불완전한 기록들과 자료에 근거한 추론의 결과라는 점, 정신분석의 결과에 대한 연구들이 그 효과성을 충분히 지지해 주지 못하고 있다는 점 등이 비판을 받고 있다.

2 행동주의적 상담이론

인간의 모든 행동은 학습을 통해 형성되므로 새로운 학습을 위한 새로운 조건들을 조성해 내는 것이다. 즉 행동주의적 상담이론은 부적합한 학습을 제거하고 적합한 반응들이 학습되도록 하는 과정으로 이루어진다. 행동주의적 상담이론은 다양한 상담기법을 제시하였는데, 체계적 감감법(단계적 둔화 systematic desensitization), 주장적 훈련(자기 표현 훈련 assertive training), 혐오치료(aversion therapy), 긍정적 강화(positive reinforcement), 조형(행동 조성 shaping), 모방학습(modeling), 토큰경제(대리경제, 환권 보상치료 token economics) 등이 있다.

체계적 감감법은 공포나 불안을 제거하는 데 쓰이는 기술로, 먼저 불안의 정도에 따른 불안 위계목록을 작성하고, 근육이완 훈련을 받도록 한 후, 내담자가 이완 상태에 도달하면 불안 위계목록 중 가장 적은 불안을 일으키는 장면부터 상상시켜 최대의 불안을 일으키는 장면을 상상해도 이완 상태에 머무를 수 있을 때 치료는 끝나게 된다. 주장적 훈련은 대인관계에서 자기표현이 어려운 내담자들에게 적합한 기술로 상담자와 내담자가 문제의 대인관계 상황을 놓고, 서로 역할을 바꾸어 가며 자신을 표현하는 역할 행동(role playing)을 통해 연습하여 실제 상황에서 실행되어지도록 한다. 혐오치료는 전기 충격이나 구토제와 같은 혐오자극을 가하여 바람직하지 못한 행동을 소거시키는 기술로, 처벌된 행동을 대체할 수 있는 바람직한 행동에 대한 강화물이 제시될 때 그 효과는 더욱 크다. 긍정적 강화는 바람직한 행동을 할 때마다 음식이나 칭찬과 같은 보상을 주어 그 행동을 강화시키는 행동이다. 조형은 바람직한 행동을 여러 단계로 나누어 강화함으로써 점진적으로 그 행동에 접근하도록 유도하는 기술이다. 모방학습은 인간은 적합한 모델의 행동을 관찰하고 모방함으로써 새로운 행동을 학습할 수 있으므로 어떤 모델을 관찰하고 그 모델의 바람직한 행동을 모방하도록 하는 것이다. 토큰경제는 바람직한 행동을 인정해 주는 것만으로는 별 다른 효과가 없을 때, 토큰이라는 강화물을 제공하여 내담자가 원하는 물건이나 권리로 바꿀 수 있게 함으로써 바람직한 행동을 강화시키는 기술이다.

스키너는 인간의 행동은 일정한 법칙성을 지니므로 예측이 가능하고 환경적으로 통제가 가능하다고 주장하였다. 그는 인간본성에 대한 학문적 관심을 조작적 행동에 초점을 두었다. 이러한 관심에 따른 연구로 스키너는 유기체의 행동을 조작적으로 강화 또는 소거시킬 수 있는 여러 방법들을 발견해 내었으며, 이는 곧 행동주의적 상담이론의 초석이 되었다. 스키너가 발견해 낸 인간행동의 원리에 대한 적용, 특히 상담기술과 관련한 적용은 매우 광범위하게 확산되었다.

3 인간중심 상담이론

로저스에 의해 창시된 이론으로써 인간의 잠재 능력에 큰 신뢰를 두고, 내담자는 자신의 문제를 스스로 해결할 수 있는 능력을 지녔으므로 상담자는 상담과정에서 내담자가 성장할 수 있는 촉진적인 조건을 제공해야 할 것을 강조한다. 상담목표는 충분히 기능하고 자아실현을 이룬 인간형성에 두며, 그러한 사람들의 특성들은 내담자 중심이론의 기본적인 상담목표를 구성하는데, 그 특성들은 경험에 대한 개방성, 자신에 대한 신뢰, 평가에 대한 내재적 요소, 과정에 참여하고자 하는 자발성이다. 상담기술로는 상담자가 갖추어야 할 인격적 특성 혹은 태도를 표현하고 전달하는 방법이라 할 수 있으며 이러한 태도에는 내담자와의 관계에서 일어나는 경험과 감정을 솔직히 표현하는 태도인 일치성 혹은 진실성, 내담자의 있는 모습 그대로를 수용 존중하는 태도인 무조건적인 긍정적 관심, 내담자의 경험과 감정을 민감하고 정확하게 공감하고 이해하는 태도인 공감적 이해가 요구된다.

프로이드와 마찬가지로 로저스의 인간에 대한 본성과 성격에 관한 현상학적 이론은 정서적인 장애를 가진 사람들을 치료한 경험이 바탕이 되었다. 즉 그의 수많은 임상경험은 인본주의 성격이론에 영향을 주었으며, 이는 다시 내담자 중심 상담과 심리치료 이론을 형성하는 데 사상적인 틀이 되었다. 로저스의 성격이론에서 개인이 채택하는 대부분의 행위는 개인의 자아개념의 구조와 일치하며, 위협이란 인간이 그의 자아개념과 실제 경험 사이의 부조화를 인식할 때 생긴다고 주장하였다. 따라서 스스로를 정직한 사람으로 인식하고 부정직한 행위를 할 경우 그는 위협의 상태에 있게 된다. 또한, 불안에 사로잡힌 사람이란 어떤 경험을 인식하거나 이를 상징화하는 것이 그의 현재 자아상에 극적인 변화를 강요한다는 것을 어렴풋이 지각하는 사람이다. 따라서 자신을 전적으로 애정이 많은 사람으로 지각하는 사람이 공격성과 적개심의 감정을 깊이 인식하는 것은 그의 자아개념을 필연적으로 재조직하게 만들며, 그는 적개심을 느낄 때마다 불안을 경험할 것이다. 이렇게 로저스는 '자아'의 개념을 중시하고 현실적 자아와 경험의 불일치는 불안이나 여러 가지 정서적 장애에 빠진다는 생각 아래 그에 적합한 상담이론을 발전시켜 나갔으며 여기서 발전된 내담자 중심 상담이론에서는 자아개념과 전체 유기체가 더 일치하는 관계를 맺도록 돕고, 자아개념과 현상적 경험 간의 일치를 높이는데 목적을 둔다.

④ 합리적 · 정서적 상담

합리적 · 정서적 상담의 기본철학에서 인간은 합리적 사고를 하는 동시에 비합리적 사고도 한다고 바라본다. 그들은 비합리적 사고에 빠질 위험을 갖고 있으며 이러한 신념들을 스스로에게 주입시키는 경향을 지니고 있다. 상담은 인지적, 행동적 행위적이며 사고, 판단, 분석, 행동, 재결정을 중시한다. 이 접근은 교훈적이고 직접적이며, 상담을 재교육의 과정으로 본다.

주요개념으로서 신경증은 비합리적 사고와 행동의 결과이다. 정서장애는 아동기에 뿌리를 두지만 현재의 계속적인 자기주입의 결과로 설명하였다. 개인의 신념체계는 정서장애의 원인이 되므로 내담자는 자신의 신념체계의 타당성을 검토해야 한다.

합리적 · 정서적 상담의 목표는 내담자의 삶에 대한 자기패배적 관점을 제거하고 보다 참을성 있고 합리적인 관점을 얻도록 도우며 내담자가 과학적인 방법을 일상적인 정서적 문제나 행동적 문제를 해결하는 데 적용하도록 돕는다.

이 이론을 바탕으로 전재되는 상담의 상담자들은 다양한 인지적 · 정서적 · 행동적 기법을 사용한다. 이러한 다양한 기법들은 내담자 개개인에게 적합하게 고안되어야 한다. 인지적 기법들로는 비합리적 신념의 논박, 인지적 과제의 이행, 언어와 사고의 유형을 변화시키기 등이 있다. 정서적 기법들로는 역할연기, 이미

지기법, 부끄러움, 공격연습 등이 있다. 다양한 행동적 기법들은 내담자로 하여금 상담에서 요구되는 힘든 작업을 하는 데 사용된다.

이러한 기법들은 성문제 상담, 교육상담, 집단상담, 주장훈련, 우울증, 아동상담 그리고 개인상담에 적합한 모든 상담에 광범위하게 적용될 수 있다. 합리적·정서적 상담은 집단상담, 마라톤집단, 간이상담, 위기상담, 부부 및 가족상담을 포함하여 중요한 상담모형 등에 이용된다. 또한 이 접근법은 내담자의 인지를 수정하는 데 유용하여 대다수의 자기조력 접근법에서는 합리적·정서적 상담의 원리를 이용한다.

합리적·정서적 상담이론의 주요 공헌점은 포괄적이고 절충적인 상담을 할 수 있다는 점이다, 즉 수많은 인지적·정서적·행동적인 기법들, 다른 접근법으로부터의 통합의 개방성, 비합리적 신념을 공격하는 방법론 등 이것은 정서장애에 영향을 주는 요인으로서 과거사건을 강조하지 않는다. 이 이론에서는 행동지향적인 과제부과, 테이프 듣기, 행동 녹음하기, 읽기과제 등의 보조적인 접근들도 모두 사용한다. 합리적·정서적 상담의 원리와 절차들은 다른 접근법에 적용될 수 있으나 성급하게 비합리적 신념을 확인하고 너무 강하게 이것들을 공격하는 데서 오는 위험이 있다. 그러한 직면은 내담자를 위축시킬 수도 있다. 또한 이 이론은 고도로 인지적이기 때문에 감정을 실제로는 상담에서는 거의 탐색되지 못한다. 상담자는 내담자를 위협하면서 자신의 신념체계를 내담자의 비합리적 신념체계에 대치시킬지도 모른다.

5 현실상담이론

현실상담의 기본철학은 인간을 궁극적으로 자기결정적인 존재이며 삶에 대한 책임을 진다는 가정에 기초하는 존재로 본다. 이 접근법은 반결정론적이고 긍정적이다. 이 모형은 인간의 자기 주변 세계를 어떻게 통제하는가를 기술한다. 이것은 인간이 그의 욕구를 보다 효율적으로 만족시키는 방법들을 내담자에게 가르친다.

주요개념으로는 내담자가 무엇을 하고 있는지, 그들의 현재의 활동이 그들에게 어떤 영향을 주는지를 어떻게 평가하는지에 초점을 둔다. 그들은 '성공적인 정체감'을 가지고 있는가? 아니면 '실패적인 정체감'을 가지고 있는가? 등의 인간은 그들이 행동하고 선택하는 것에 의해 감정을 창조하고, 그에 따른 책임도 내담자의 몫이 된다. 행동은 우리의 지각을 통제한다. 이 접근법은 기존의 상담기법(내담자의 과거, 감정, 통찰, 전이, 무의식, 꿈과 같은 요인에 초점은 맞추는 것과 같은 상담법)을 거부한다.

이 이론의 상담목표는 내담자가 정서적으로 강해지고 자신의 인생에서 개인적인 책임성을 충분히 받아들일 수 있을 만큼 합리적인 사람이 되도록 돕는 것이다. 이와 같은 상담목표를 가진 현실중심 상담의 공헌점을 몇 가지 살펴보자.

첫째, 상담자는 상담과정에 관여함으로써 내담자에게 관심을 나타낸다. 그들은 내담자가 원하는 것을 발견하고 그들이 선택하도록 요구한다. 또한 현재의 행동평가를 하도록 안내하고 변화의 계획을 세우도록 도우며 그것들을 수행하도록 격려하고 변명을 거절한다. 또한 벌을 피하고 그들이 포기하는 것을 용납하지 않는다.

둘째, 현실중심 상담은 행동적이고 직접적이며 교시적인 상담법이다. 어떠한 행동적 기법도 내담자가 변화를 원한다면 자신이 무엇을 하는지를 평가하는데 사용할 수 있다. 만약 그들이 현재 자신의 행동이 효율적이지 못하다고 판단하면 그들은 변화를 위한 계획을 세워 그에 따라 실천할 수 있다. 계약은 전형적으로 내담자에게 초점을 두는 방식으로 이루어지며 책임성 있는 측정의 한 방법으로 사용된다.

셋째, 이 접근법은 인간의 삶을 효율적으로 통제하도록 가르치는 기법이다. 이것은 광범위하게 내담자들의 개인상담, 집단상담, 청소년 범죄상담, 부부 및 가족 치료 등에 적용될 수 있다. 어떤 경우에는 간이상담이나 위기상담에도 적합하게 이용될 수 있다,

넷째, 이 이론의 내용은 대부분의 조력자가 파악하기 쉬운 간결하고 명확한 개념으로 구성되어 있기 때문에 교사, 간호사, 목사, 교육가, 사회봉사자, 상담자 등이 사용할 수 있다.

다섯째, 행동지향적인 긍정적 접근법이다. 지시적인 방법들을 사용하기 때문에 상담에 저항을 느끼는 많은 내담자들에게 적합한 접근법으로 다양한 사람들

에게 적용할 수 있는 단기치료법이며, 의학적인 상담모형에 도전할 수 있는 중요한 힘을 갖고 있다.

그러나 내담자의 과거, 꿈, 무의식, 초기 아동기의 경험, 전이 등의 탐색에 대한 상담적 가치를 낮게 평가하고, 비교적 단순한 문제에 국한되어 사용할 수 있다는 한계가 있다. 또한 보다 깊은 정서적인 문제들에 대한 탐색을 무시하는 문제해결적인 상담법으로 내담자를 신속히 '고정시키려는' 상담자에게 있어서는 공격당하기 쉬운 기법이다.

6 형태주의 상담이론

형태주의 상담의 기본철학에서는 인간을 사고, 정서, 행동의 전체성과 통일성을 추구하는 존재로 본다. 이 관점은 비결정론적이며 인간은 과거의 경험이 현재의 장애에 어떻게 영향을 미치는가를 인식할 수 있는 능력을 갖고 있다고 설명한다.

주요개념으로는 개인의 책임성, 미결과제, 회피, 경험, 현재의 자각 등이다. 형태상담은 현재의 성격발달에 영향을 주는 미결과제와 감정을 강조하는 경험적 상담으로 상담 목표는 내담자가 순간순간의 경험을 자각하도록 돕고 내담자로 하여금 외적인 지원에 의존하지 않고 내부적인 지원을 위한 책임성을 수락하도록 도전하게 하는 것이다.

이 이론에 근거한 상담과정에서 상담자는 내담자에게 해석해 주지 않지만 그들 스스로 해석하는 방법을 배우는 것을 도우며 내담자는 해석방법을 습득한 후 자신의 현재의 기능을 간섭하는 과거의 미결과제를 확인하고 이를 해결하는 작업을 한다. 즉 과거의 외상경험이 마치 현재에서 다시 일어나고 있는 것처럼 재경험함으로써 이를 해결할 수 있다.

상담 장면에서 내담자가 자신의 경험을 확인하고 갈등의 감정을 통합하는 것을 돕는 상담자의 기법들로는 직면, 양극적인 대화, 역할연기, 감정에 머무르기, 궁지에 몰리기, 분노나 죄의식의 형태로 남아 있는 미결과제를 재경험하고 없애기 등이 있다. 형태적인 꿈의 작업은 유용하나 형식적인 진단이나 검사는 하지 않는다. 해석은 상담자 대신에 내담자에 의해서 이루어지며, 직면은 불일치가 있을 때 "어떻게"와 "무엇"이라는 질문을 통하여 사용된다.

형태주의 상담이론의 기법은 광범위한 문제와 사람들에게 적합하다. 즉 위기상담, 심신장애의 처치, 부부 및 가족치료, 정신건강전문가의 자각훈련, 아동의 행동문제 등으로 이것은 개인 및 집단상담에도 적합한 상담이론이다. 형태주의 상담이론의 주요 공헌점은 감정에 대해 이야기하는 것보다 직접적인 경험과 행동을 강조한 점이다. 이것은 장애치료에 목적이 있다기 보다는 개인의 성장과 자기확장에 대한 관점을 제공해 준다. 이것은 내담자가 내적인 창조능력을 자각하도록 하는 기초로서 내담자의 행동을 사용한다. 꿈에 대한 이 접근법은 창조적인 방법으로 내담자의 기본 갈등을 발견하게 해 준다. 상담은 실존적 만남으로 간주된다. 이것은 과정지향적이지 기법지향적이 아니다. 이것은 비언어적 행동을 이해의 열쇠로 인식한다. 하지만 상담자가 선생으로 기능하는 데서 오는 위험, 내담자의 욕구보다 자신의 욕구를 충족시키려는 위험이 따른다. 기법들은 격렬한 감정표현으로 내담자를 이끈다. 만약 이 감정들이 폭발되지 않거나, 인지적 작업이 행해지지 않으면 내담자는 미해결된 상태로 남으며 자신의 학습을 통합시키려는 의식을 갖지 못할 것이다. 이미지와 환상의 능력이 없는 내담자들은 형태적인 기법으로는 도움을 받지 못한다.

7 의사교류분석 상담이론

의사교류분석 상담의 기본철학에서는 인간을 선택의 능력을 지니고 있는 존재로 본다. 여기에서 의미하는 선택의 의미는 고정된 것이 아니라, 즉 선택된 것도 다시 결정될 수 있다는 뜻이다. 비록 인간은 초기 결정의 희생자일지도 모르지만 과거의 인생극본, 자기 패배적 양상들은 자각을 통해 변화될 수 있다.

주요개념으로는 게임, 라켓, 초기결정, 극본, 주입, 재결정 등으로 의사교류에서 친근성을 회피하는 게임에 초점을 둔다. 성격은 부모(parent), 어른(adult), 아동(child)으로 구성되며, 내담자는 주어진 의사교류에서 그들이 기능하고 있는 자아상태를 어떻게 자각하고 있는가를 배운다.

상담목표는 내담자가 극본에서 자유롭고, 게임에서 해방되며 자신이 원하는 것을 어떻게 얻을 수 있는지를 결정할 수 있는 자발성을 가진 사람이 되도록 도우며 내담자가 초기 결정을 검토하고 자각에 입각한 새로운 결정을 하도록 돕는 것이다.

이 상담이론에서는 상담과정에서 상담자의 위치를 강조하지 않으며 내담자와 동등한 관계를 갖는다. 내담자의 변화를 위하여 상담 장면에서 상담자와의 계약이 요구되며, 상담이 종결될 때 계약이 끝난다. 또한 상담자에 대한 전이와 의존은 무시된다.

주로 사용되는 기법으로는 생애극본의 분석점검표, 질문지, TA의 많은 기법들—진단, 직면, 계약, 질문—등이 있다, 생애극본의 분석점검표나 질문지는 초기의 주입을 인식하는 데 유용하며, TA의 많은 기법은 형태상담의 기법과 잘 혼용되어 쓰일 수 있다. 진단의 어떤 유형은 문제의 본질을 평가하는 데 유용하다. 내담자는 진단에 적극 참여하며 자신의 해석과 가치판단의 방법을 배운다. 직면은 상담과정에서 가끔 사용되며 계약은 필수적이다. 질문은 TA 접근법의 기본 요소다.

이러한 기법은 집단상황뿐 아니라 개인상담, 부부 및 가족상담, 부모-아동 상담에도 적합하며, 모든 연령이나 문제에 적용될 수 있다. 즉 범죄행동, 알코올 중독이나 약물남용, 정신분열증의 "회복" 그리고 인간관계의 문제들에 적용된다.

주요 공헌점으로는 첫째, 상담과정의 지침으로서 상담자와 내담자간의 계약을 맺는다는 점 둘째, 내담자의 행동을 강조한 점 셋째, 내담자와 상담자의 동등한 관계나 기본개념들이 이해하기 쉽다는 점을 들 수 있다. 그러나 TA의 기본 개념들을 지지해 주는 경험적인 연구들이 많지 않고 상담자나 내담자는 지적인 이해나 표현에 지나치게 초점을 두기 때문에 감정을 무시하는 경향이 있다. 또한 용어의 초점이 분산될 수 있다는 한계점을 가진다. 반면 TA는 초기 결정의 영향을 인식하고 내담자가 새로운 결정, 예전의 진부한 결정에 대치할 수 있는 보다 적절한 결정을 할 수 있는 능력을 지니고 있음을 강조한다. TA가 역할놀이, 형태적 기법, 신체적인 작업 등의 방법과 결부되면 지나치게 인지적인 면에서 오는 위험이 감소된다.

지금까지 몇 가지의 이론을 간단하게 살펴보았다. 현재로서 상담의 여러 접근

방법들을 모두 설명할 수 있는 이론은 없다. 학자와 상담자마다 자신의 접근 방식이 가장 좋은 방법이며 효과적이라고 생각하고 있다. 예를 들어, 일부 정신 분석가들은 행동수정이 근본적 변화를 가져다 주지 못하며 기법 위주의 피상적인 단기 치료에 불과하다고 비판한다. 반면 일부 행동수정자들은 정신분석이론이 과학적 근거가 없으며 실제적인 치료 효과도 없다고 주장하고 있다. 하지만 모든 접근 방법에는 그 나름대로 유용한 측면이 있으며 한 이론을 따른다고 해서 다른 이론을 배척할 필요는 없는 것이다. 특정 이론에 근거한 상담방법만을 고수하다 보면, 인간 행동의 다양한 측면을 소홀히 하기 쉬우며 저마다의 독특한 삶을 살아가고 있는 내담자들을 효과적으로 상담하기도 어렵다.

한편, 상담자들은 대개 어렴풋이나마 상담의 정의와 방법에 대하여 자기 나름대로의 견해를 갖고 있다. 이러한 견해가 상담에 대한 피상적 이해로 그치지 않기 위해서는 주요 이론과 접근 방법을 연구하여 자신의 것으로 소화시키는 작업이 필요하다. 특히 주목할 점은 여러 가지 접근 방법 중에서 자신의 개인적 편견이나 선입견에 맞는 일부분만을 채택해서는 안 된다는 것이다. 그렇게 되면 주요한 개념이나 개념에서 비롯되는 다양한 상담 기법들을 소홀히 하기 쉽다. 따라서 편의대로 취사선택을 하지 말고 체계적인 방식으로 여러 접근 방법을 통합하려고 노력해야 한다. 즉 보다 개방적인 자세로 여러 이론을 이해하면서 자기에게 적합한 개념과 기법들을 찾으려고 노력할 때 비로소 내담자를 이해하고 도와 줄 수 있는 능력을 갖추게 되는 것이다.

참고 문헌

곽준규(1993), 집단상담, 대학상담학회(편), 상담의 이론과 실제(개정증보판). 서울 : 중앙적성출판사.

교육개혁 위원회(1996). 신교육체제 수립을 위한 교육개혁방안.

김경헌 외(2007). 신교육학개론. 서울 : 태영출판사.

김계현 외(2001). 학교상담과 생활지도. 서울 : 학지사.

김계현(1995,1997,2000). 상담심리학. 서울 : 학지사.

김계현(1998). 인간관계 심리학. 서울 : 학지사.

김계현,(1997). 상담심리학. 서울 : 학지사.

김기석 역(1972). 상담과 심리치료. 서울 : 중앙적성연구소.

김아영 외 5인(1997). 교육심리학. 서울 : 학문사.

김재은. 류기섭(1979). 심리검사의 활용. 서울 : 중앙적성출판사.

김충기(1996). 생활지도와 상담. 서울 : 교육과학사.

김충기(1999). 생활지도 · 상담 · 진로지도. 서울 : 교육과학사.

김충기 · 강봉규(2001). 현대상담이론과 실제. 서울 : 교육과학사.

김충기 · 김현옥(1991). 상담과 심리치료의 원리와 실제. 서울 : 성원사.

김태련(1992). 청소년기의 발달과 발달과정. 청소년 심리학. 서울 : 한국청소년연구원.

김태호(2004). 학생생활지도와 상담. 서울 : 학지사.

김형태(2000). 상담의 이론과 실제. 서울 : 동문사

도종수(1992). 대중사회와 청소년 문제. 청소년 문제론. 서울 : 한국청소년연구원.

박성수(1986). 생활지도. 서울 : 정민사.

박성수(1986/1996). 생활지도. 서울 : 정민사.

박성수 · 김창대 · 이숙영(2000). 상담심리학. 서울 : 한국방송대학교 출판부.

박성희(2001). 상담과 상담학 : 새로운 패러다임. 서울 : 학지사.

서울시 교육연구원(1992). 학생상담의 이론과 실제. 서울 : 교육연구원.

송인섭 외(2000). 교육심리학. 양서원.

심응철(1992). 청소년의 일탈행위와 비행. 청소년 심리학. 서울 : 한국청소년연구원.

안범희(1977). 학습심리학. 서울 : 하우.

여광응 외 3인(1992). 교사를 위한 교육심리학. 서울 : 양서원.
여광응. 전영길. 정종진. 조인수(1992). 교사를 위한 교육심리학. 서울 : 양서원.
오경자(1992). 청소년의 정신건강. 청소년 심리학. 서울 : 한국청소년연구원.
유기섭 · 김태호(2001). 교육심리학. 서울 : 동문사.
윤운성 · 김홍운(2001). 생활지도와 상담. 서울 : 양서원.
윤운성(2002). 교육의 심리적 이해. 서울 : 양서원.
윤운성 · 김홍운 공저(2001). 생활지도와 상담 서울 : 양서원.
윤현석(1997). 감정지능과 창의성의 관계에 관한 연구. 충남대학교 박사학위논문.
이달석(2001). 교육심리학. 서울 : 학지사.
이성진(1999). 교육심리학서설. 서울 : 교육과학사.
이성진(2001). 행동수정. 서울 : 교육과학사
이장호(1982). 상담면접의 기초. 서울 : 중앙적성연구소.
이장호(1982). 상담심리학 입문. 서울 : 박영사.
이장호(1995). 상담심리학. 서울 : 박영사
이재창(1988). 생활지도. 서울 : 문음사.
이형득 외(1992). 상담의 이론적 접근. 서울 : 형설출판사
이형득 · 한상철(1998). 인간 이해와 교육. 서울 : 중앙적성출판사.
정원식 외 2인(1991). 현대교육심리학. 서울 : 교육출판사.
최윤진(1992). 청소년과 가치관. 청소년문화론. 서울 : 한국청소년연구원.
최충옥(1992). 가정과 청소년문제. 청소년문제론. 서울 : 한국청소년연구원.
한규원(1999). 해방 후 전라북도 교육의 발전. 교육학연구. 제4권 제1호. 우석대학교 교육과학연구소.
황응연(1984). 현대 생활지도. 서울 : 교육출판사.
황응연. 윤희준(1983). 현대생활지도론. 서울 : 교육출판사.
황정규(1985). 학교학습과 교육평가. 서울 : 교육과학사.

Allport, G. W.(1937). Personality, Henry Holt, pp. 303-311.
Allport, G. W.(1961). Pattern and Growth in Personality, N. Y. : Holt.
Anastasi, A.(1982). Psychological Testing(5th ed.). N. Y. : Macmillan.
Anastasi, A., & Urbina, S.(1997). Psychological Testing(7th ed.). New York : Macmillan.
Atkinson, R. L., Atkinson, R. C., & Hilgard, E. R.(1983). Introduction to Psychology (8th ed.). NY : Harcourt Brace Jovanovich.
Barron. F.(1969). Creative Person and Creative Process. N.Y. : Holt, Rinehart & Winston.
Freud, S. (1901). The Psychopathology of Everyday Life, Vol. 6.
Gibson, R. L., & Mitchell, M. H.(1981). Introduction to Guidance. NY : Macmillan.
Gibson, R. L., & Mitchell, M. H.(1999). Introduction to counseling and guidance. New

Jersey : Prentice-Hall.

Glanz, E. C. & Hays, R. W.(1968). Groups in Guidance(2nd ed.). Boston : Allyn and Bacon.

Goleman, D.(1995). Emotional Intelligence. N.Y. : Brockman Inc.

Guilford, J. P. & Hoepfner, R.(1971). The Analysis of Intelligence. N.Y. : McGraw-Hill Book Co.

Hall, C. S. & Lindzey, G.(1970). Theories of Personality (2nd ed.), N.Y. : John Wiley & Sons, p. 34.

Jones, A. J., Stefflre, B., & Stewart, N.(1970). Principles of Guidance(6th ed.). New York : McGraw-Hill.

Mayer, J. D. & Salovey, P.(1989~1990). Emotional Intelligence. Imagination, Cognition and Personality, 9(3), 185-211.

Meerbach, J. C.(1978). The career resource center. N.Y. : Human Services Press.

Miller, C.(1971). Foundations of Guidance(2nd ed.). New York : Harper & Row.

Morrissey, M.(1998). Middle school counselors playing vital role in development of youth. Counseling Today, 4(11), 13-14.

Norris, W., Hatch, R., Engelkes, J. R., & Winborn, B. B.(1979). The Career Information Service(4th ed.). Chicago Rand McNally & Company.

Pietrofesa, L. L., Bernstein, B., Minor, L., & Stanford, S.(1980). Guidance : An introduction. Chicago : Rand McNally.

Rogers C. R.(1969). Freedom to Learn, Columbus Ohio : Merrill.

Rogers, C. R.(1970). On becoming a person : A therapist's view of psychotherapy. Boston : Houghton Mifflin-Sentry Edition.

Ross, D. M.(1996). Childhood bully and teasing : What school personnel, other professionals, and parents can do. Alexandria. American Counseling Association.

Shaffer, L. F.(1959). The psychology of adjustment. Boston : Houghton Mifflin Co.

Shertzer, B., & Stone, S. C.(1981). Fundamentals of guidance(4th ed.). Boston : Houghton Mifflin.

Torrance, E. P.(1970). Creative Learning and Teaching, N.Y. : Harper and Raw Publishers.

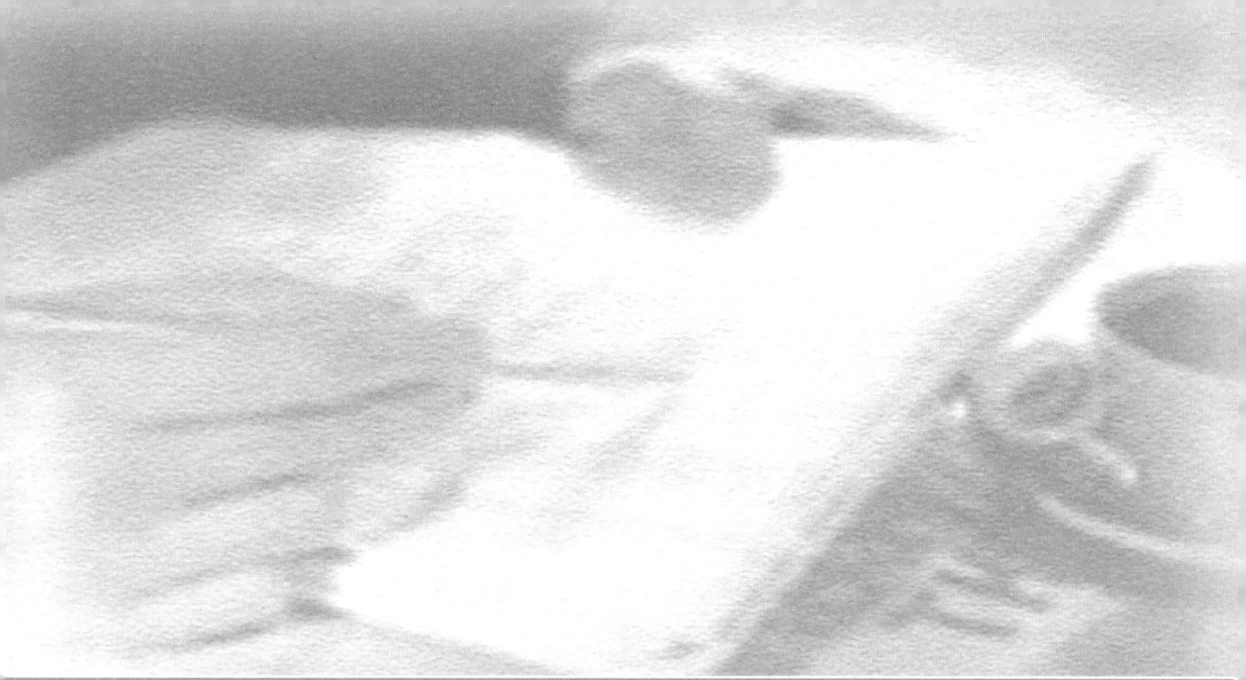

제 3 장

심 리 교 육

1. 심리교육의 정의 및 특성
2. 심리교육의 발달과정
3. 심리교육의 이론적 배경
4. 심리교육의 모형
5. 심리교육의 내용 및 방법
6. 심리교육의 활용방안
7. 심리교육의 실제

우리는 새로운 시대에 접어들면서 사회 · 경제 · 정치 · 문화 · 교육 등 여러 분야에 혁명적인 변화를 경험하고 있다.

첨단 과학기술의 발달로 지식의 양이 기하급수적으로 증가함에 따라 학교의 교육과정과 교육방법은 많은 지식 기술자들을 양성하여 사회를 유지 · 발전시키는 데 주력해 왔으며, 이러한 교육이 현 사회를 지탱해온 것 또한 부인할 수 없는 사실이다. 그러나 현 사회는 전쟁과 분열이 아닌 평화와 협동의 시대로 접어들고 있으며, 인간존중, 공생주의, 환경주의 등 새로운 이념이 등장하면서 전반에 걸쳐 다양성이 존중되고, 정치적으로도 참다운 민주주의 사회가 도래하였다.

21세기는 정보사회로 학습자가 지식의 생산자이자 전달자이다. 이는 학습자를 지식전수자로 보았던 종래의 학교교육 과정이나 방법의 변화를 요구하며 이러한 변화는 개인의 삶 전반에 영향을 미치고 그 개인은 자신이 속한 사회에서의 변화를 주도할 것이다.

청소년의 발달과 성장에 결정적인 역할을 하는 학교에서의 교육과정 및 방법의 변화에 대한 요구는 더욱 시급한 실정이다. 따라서 우수한 인재 양성과 그 인재가 삶의 영역에서 더욱 건강한 삶을 영위할 수 있도록 내적 성장과의 균형을 이루는 교육의 방법 및 내용이 필요하다. 이에 학생들의 내적 성장과 교육적 요구를 채워줄 수 있는 교육을 심리교육이라고 할 수 있다.

심리교육이란 교과교육을 거부하고 학생들의 심리적 성장에만 역점을 둔 교육이 아니라 교과교육과 생활지도의 균형을 이루는데 그 목적과 의의가 있다. 또한 심리교육 역시 학교교육 과정의 한 영역에 포함되는 것으로 Alschuler, Ivey, 그리고 Hatcher(1977) 등은 심리교육을 "성장을 위한 특수한 기술(skills)이며, 정신건강과 개인의 적응을 포함하여 주의 깊게 설계된 교육과정이며, 개인이 자신을 이해하고 자신이 원하는 것을 좀 더 효과적으로 달성하기 위한 방법을 학습할 수 있는 교육과정의 영역이다"라고 정의하였다.

본 장에서는 심리교육의 전체적인 개관과 함께 심리교육의 학교현장에서 활용할 수 있는 방안 및 심리교육의 실제 등을 소개하고자 한다.

1 심리교육의 정의 및 특성

1) 심리교육의 정의

우리나라에서는 아직 많은 연구가 이루어지고 있지 않으나 외국의 학자들을 중심으로 연구되어온 심리교육(Psychoeducational, Psychological education)을 정의하기란 쉬운 일이 아니다. Nelson-Jones(1982)는 심리교육의 정의에 앞서 심리교육이 지향하는 목표로 하고 있는 대전제를 다음과 같이 제시한 바 있다.

첫째, 심리교육은 만인을 위한 심리학적 봉사를 제공하는 것이며 이러한 심리학적 조력을 받는 사람들은 대체로 심각한 심리적 장애를 경험하지 않는다고 가정한다. 둘째, 심리교육에서는 문제를 치료중심적 접근이 아닌 개인의 내적·외적 성장과 발달을 조력하고 발달 및 예방을 강조함으로써 자신의 삶의 기술을 훈련시키는 데 보다 많은 관심을 기울인다. 따라서 내담자중심의 상담활동과 자기성장에 중점을 둔다고 할 수 있다.

Skovholt(1977)는 "심리교육은 개인적 학습과 심리적 능력을 증진하기 위해서 특별히 계획된 교육적 개입"이라고 정의하였으며, Weinstein(1973)은 심리교육을 '자아과학교육(self-science education)'이라고 명명하여, "학습자로 하여금 자신이 속해 있는 세상에서 살아가는 기술, 개념, 태도 등을 훈련시키는 프로그램"이라고 설명하였다. 그는 이를 통해 자신의 존재와 자신을 둘러싼 환경과의 관계 속에서 보다 건강한 삶을 선택하고 영위할 수 있다고 주장하였다. Tiedman과 Tiedman(1973)도 생활지도를 합목적적인 행동과학이라 정의하면서 생활지도의 목적은 교육의 맥락 속에서 학생의 합목적적인 행동을 이해하고, 또한 합목적적이 되도록 하는 데 있다고 했다. 그러므로 상담자가 정규교육과정을 통해 행동과학의 지식과 산 경험을 학생들에게 체험시키고 가르칠 것을 강조했다. 이러한 상담자의 활동이 곧 심리교육이다. 국내의 학자들 중 이재창(1985)은 "기존의 지식주입 위주의 교육에서 탈피하여 개인의 성장을 위해서 노력하고 적극적으로 참여하는 긍정적이고 역동적인 교육"이라고 정의하였다. 박성수(1994)는 "사람들의 심리적 성장과 발달을 촉진하기 위해서 의도적이고 체계적으로 하는 교육적 개입"이라고 하였다.

많은 학자들의 심리교육에 대한 정의를 종합적으로 살펴보면 심리교육은 교육과정의 한 영역으로, 학습과 심리적 문제로부터 자신을 건강하게 통제하고 환경에 적응할 수 있도록 하며, 이를 통해 개인이 삶을 보다 건강하게 살아갈 수 있도록 돕는 교육과정이라고 정의할 수 있다.

2) 심리교육의 특성

심리교육은 학교 교과교육에 대항하는 심리적 활동으로서의 교육이 아닌 교과교육과 생활지도가 조화를 이루어 학생의 전인적 성장·발달을 조력하는 데 그 목적이 있다. 따라서 심리교육의 가장 기본적인 목표는 학생의 심리적 성장·발달이므로 학생의 인지적 발달과정에 적절한 교육 내용이 포함되어 모든 학생에게 제공되어야 한다.

국내외의 많은 학자들이 설명한 심리교육의 정의를 토대로 심리교육의 특성을 제시하면 다음과 같다.

첫째, 심리교육은 치료보다 발달과 예방, 그리고 교육을 강조한다. 기존의 상담이나 생활지도에서는 문제가 있다고 인식되는 학생들만이 심리적 치료나 활동의 대상이 되었다. 그러나 이는 해당 학생들을 심리적으로 건강하지 못하고 미완성된 존재라고 여겨지게 만들고, 모든 학생의 성장과 발달의 극대화에 목표를 두지 않고 일부 학생의 선도나 문제 학생의 비행 예방을 위한 지도 및 상담으로 그 대상에 있어 한계가 있었다. 그러나 심리교육은 모든 학생들의 심리적 건강과 성장·발달에 초점을 두는 교육적 환경을 증진하는 데 목적을 두고 있다.

둘째, 심리교육은 학생의 인지적 영역의 학습과 정의적 영역의 인간적 성장 경험의 통합을 목적으로 한다. 그러므로 교사나 상담자는 학교교육 과정과 학생들의 발달단계를 고려하여 인간발달에 관한 심리학적 지식을 가르치고 이에 적절한 실제적인 경험을 제공함으로써 발생 가능한 문제를 사전에 예방하고 건강한 성장 · 발달을 할 수 있도록 도와 주어야 한다.

셋째, 심리교육은 학생, 교사, 지역사회 인사 등 비전문가들에게 상담기술을 훈련시키는 것이다. 대리상담자(준상담자)를 활용함으로써 그들의 내적 성장을 도모하고, 주변 사람들이 경험하는 문제들을 도울 수 있게 한다.

넷째, 심리교육은 활동 – 반영(action–reflection)의 접근방법을 구사한다. 이 접근방법은 학생들에게 새롭고 도전적인 상황을 제시하고 이에 대한 책임을 경험하게 한다. 이러한 책임의 경험은 인지적 갈등을 야기시키며, 이러한 갈등은 자신이 속한 지지적인 집단 내에서 적절한 반영을 통해 해결하게 된다.

다섯째, 심리교육에서는 예방적이고 발달적인 업무를 수행하는 상담자의 역할이 더욱 다양해진다. 심리교육 담당자들 상담뿐 아니라 교사, 교육과정 개발자, 자문가로서의 역할이 요구된다.

2 심리교육의 발달과정

1960년대 말과 1970년대 초 미국 생활지도에 있어서 획기적인 변화는 심리적(psychological) 혹은 정의적(affective) 교육을 생활지도의 개념에 도입한 사실이다. 1969년 미국심리학회(APA : American Psychological Association) 회장 George Miller가 취임연설에서 심리교육에 대한 관심을 표현한 것을 시작으로 1970년대 초 미국에서 시작된 심리교육은 종전의 생활지도와 상담이 주로 몇몇의 문제 학생들에 대한 소극적 치료적 접근이거나 훈육중심이 대부분이어서 일반학생들의 발달과업 문제의 해결이나 자기 성장을 적극적이고 지속적으로 도와 주는 측면에 소홀하며, 학생들의 지적인 성장위주의 교육에 대한 비판에서 출발하였다.

그러나 산업화의 발달로 학습자들의 지식과 기술의 습득이 중요시되면서 일선 학교에서 심리교육 위치가 점점 좁아져 갔다.

심리교육이 최근에 다시 주목받게 된 이유는 학교에서의 생활지도가 학생들로 하여금 학교에 적응하도록 하고 교과와 진로결정에 약간의 도움을 주는 것에 한정되어 있었으며, 학교교육이 지적 발달에만 관심을 가져 왔기 때문에 학생들의 동기나 자아개념과 같은 정의적 측면을 다루는 데는 소홀했기 때문이다. 또한 상담자의 역할도 소수의 학생들에게만 도움을 주는 소극적이고 주변적인 역할에 제한되어 있어, 많은 교육전문가들은 학교교육이 학생의 정의적 발달에 부정적인 영향을 미칠 것을 우려하였다. 이에 대하여 많은 학자들이 종전의 방법으로는 학교교육이 소기의 목적을 달성할 수 없다고 보고 다른 방법, 즉 학생들에게 개인적인 발달을 가져오도록 하는 심리교육의 실시가 필요하다고 주장하였다.

이러한 주장은 계속되어 일선학교의 교사들을 비롯한 교육 관계자들로 하여금 학생들의 장애여부와 관계없이 모든 학생들에게 심리교육이 실시되어야 할 것을 촉구하였다. 더 나아가서 심리교육을 보다 효과적이고 효율적으로 수행할 수 있는 방안이 강구되어야 하며, 특히 아동과 청소년들로 하여금 학업성취, 인지발달, 정의적 기능, 사회화, 신체단련, 진로발달 등과 같은 다양한 영역에서 학생들에게 도움을 줄 수 있는 체계적인 방법이 연구·개발되어 일선학교의 교사들에게 보급해 줄 것을 요청하였다.

우리나라에서도 최근에 계속된 청소년 비행을 비롯하여 사회에 팽배해 있는 부조리와 부도덕의 원인을 학교에서의 인성교육과 도덕교육의 부재에 그 원인을 두고 가정과 학교에서의 인성교육과 도덕교육을 강화할 것을 주장하고 있다. 이러한 인성교육은 종전과 같이 인성교육과 도덕교육에 관련된 교과를 개설하여 교과서를 통한 주입식 수업으로는 그 목적을 달성할 수 없다. 생활지도를 통하여 학생들이 스스로 체험하면서 소위 생활기술(life skills)을 배워야 하는 것이다. 이러한 목적을 달성하기 위한 가장 효과적이고 대표적인 방법이 바로 심리교육이라고 할 수 있다.

3 심리교육의 이론적 배경

일반적으로 심리교육의 이론적 배경은 일반심리학적 이론으로 인간중심심리학, 발달심리학, 위기에 관한 연구, 행동수정 등을 바탕으로 한다.

첫째, 인간중심심리학은 심리교육의 바탕이 되는 이론으로써 Alschuler(1973), Alschuler와 Ivey(1973) 등은 건강한 성격이란 타인과 친근하게 관계할 수 있는 능력, 모호성에 대한 인내심, 개방성, 수용성, 그리고 자발성 등을 소유한 사람이며, 경험적인 방법을 통한 교육과 학생들의 정서적인 측면을 발달시키는 방법을 통해 증진시킬 수 있다고 하였다.

둘째, 인간의 인지적 측면에 관심을 가진 Piaget와 Kohlberg 등의 이론을 바탕으로 한 발달심리학이다. 발달심리학은 심리교육을 실시하는 교사나 상담자 등에게 학생들의 발달 단계에 대한 충분한 지식을 제공하여 수업이나 활동 등을 계획하고 실시하는 데 도움을 준다. 그러나 인간의 발달은 개인차가 존재하며 연속적 과정이 아니므로 평가가 될 수 없다. 또한 발달이론이 주로 인지적 측면에 초점이 맞춰져 있어 인간발달의 개인 및 정서적 측면에 대한 이론적 자료가 부족하다. 따라서 학생들의 전체적인 발달을 고려한 다양한 심리교육 프로그램이 미흡한 실정이다.

셋째, 위기에 대한 많은 연구들이 심리교육의 이론적 배경이 될 수 있다. 많은 학자들이 인간이 경험하는 삶의 위기를 적절하게 극복하거나 해결할 수 있도록 돕는 프로그램들을 제공하기 위해 인간의 삶에서 경험할 수 있는 다양한 위기들을 연구하였다. 예를 들면 가족의 죽음, 이혼, 실직이나 입시에서의 좌절 등에서 경험하는 여러 위기들을 건강하게 극복할 수 있도록 다양한 주제를 다루는 프로그램과 교육적인 내용들이 교육과정에 반영되어야 한다고 하였다.

넷째, 행동수정(behavior modification)이론은 학습자의 행동적 변화를 유도하는 심리교육 프로그램의 개발에 있어 중요한 역할을 하는 이론이다. 특히 자기조절 이론은 학습자의 내적 성장 가능성을 전제한다는 점에서 인간중심적 이론과 일맥상통하다고 볼 수 있다(이재창, 1994).

4 심리교육의 모형

1) Maher와 Zins의 2차원적 심리교육 모형

Maher와 Zins(1989)는 〈표 3－1〉과 같이 활동영역(심리교육의 영역, intervention domain)과 활동모형(intervention mode) 영역 또는 활동형태 영역으로 불려지는 두 가지 영역으로 구성된 학교중심의 2차원적 심리교육(school-based psycho educational intervention) 모형을 제시하고 있다.

2차원적 심리교육 모형의 수직적 측면은 활동영역으로 학생들이 학교교육을 통해서 습득하게 되는 지식, 기술, 태도 등 6개의 영역으로 구성되어 있으며 보다 세부적인 내용들은 다음과 같다.

표 3-1 학교중심 심리교육 모형

활동영역 \ 활동모형	1 대 1	집단	자문
인지발달(cognitive development)	1	2	3
정의적 기능(affective functioning)	4	5	6
사회화(socialization)	7	8	9
학업성취(academic achievement)	10	11	12
체력단련(physical fitness)	13	14	15
직업준비(vocational preparation)	16	17	18

* 자료 출처 : Maher & Zins(1989). Psychoeducational interventions in the schools, p. 3.

① **인지발달**(congnitive development) : 사고, 추리, 문제해결, 의사결정 등
② **정의적 기능**(affective functioning) : 기질, 자아상, 자기통제, 열성 등
③ **사회화**(socialization) : 우정, 동료, 교사, 부모, 그리고 다른 사람들과의 상호작용 등

④ **학업성취**(academic achievement) : 국어(독해, 언어기술), 수학, 사회, 사회, 생물, 물리 등
⑤ **체력단련**(physical fitness) : 쓰기, 걷기, 뛰기, 지구력, 조정력, 영양상태 등
⑥ **직업준비**(vocational preparation) : 진로의식과 목표, 구체적인 직업 기술, 직업 기회 등에 대한 이해와 발달 등

수평적 측면인 활동모형, 즉 심리교육의 방법은 3개의 영역으로 구성되어 있으며 보다 구체적인 방법들은 다음과 같다.

① **1 대 1** : 상담자가 학생들을 직접적으로 조력하는 활동
② **집단** : 상담자가 두 명 이상의 학생들을 직접적으로 조력하는 활동
③ **자문** : 상담자가 교사나 학부모를 통해서 간접적으로 학생들에게 도움을 주는 자문활동

이 심리교육의 모형은 18개의 활동내용으로 구성되어 있으며, 각 숫자는 학생들에게 제공되는 심리교육의 프로그램, 봉사방법 그리고 활동 등을 의미한다. 학생들이 경험하는 내적 · 외적 문제의 원인을 한 가지로 국한시켜 설명할 수 없으므로 학생들을 보다 적절하게 조력하기 위한 중재프로그램이나 활동 등은 교육목표에 따라 여러 가지가 중첩되기도 한다. 예를 들면, 학생들이 친구와의 관계에서 어려움을 경험하고 있는 경우 정의적 기능과 사회화영역에서의 활동이 필요하며, 학생들의 특성과 환경 등을 고려하여 1 대 1, 집단, 자문 등의 형태(4, 5, 6, 7, 8, 9)로 조력할 수 있다. 또한 성적으로 인하여 직업선택을 고민하고 있는 학생의 문제를 조력할 경우 학습의 기술을 습득할 수 있도록 학업성취영역에서의 활동(10, 11, 12)과 직업준비영역에서의 활동(16, 17, 18)을 지원해 주어야 한다

2) Weinstein의 나팔모형

Weinstein(1973)은 심리교육을 '자기과학 교육(self-science education)'이라고 정의하였다. 학습자는 자신과 자신을 둘러싼 환경을 정확히 이해함으로써 보다 성숙하고 합리적인 의사결정을 할 수 있으며, 긍정적인 자아를 형성할 수 있다고

가정하였다. 따라서 심리교육의 내용은 자신을 보다 정확히 이해하는 데서 출발해야 하며 이를 촉진하는 과정을 [그림 3－1]과 같은 나팔모형(trumpet process)으로 제시하고 있다.

나팔모형을 지지하는 심리교육자들은 학교교육과정은 학생들이 성인이 된 후에도 자신의 삶에서 바람직한 가치를 선택하고 심리적 안정을 찾을 수 있도록 설계되어야 한다고 주장한다. 또한 단회적인 중재프로그램이나 활동보다는 다양하고 예상치 못한 환경에서도 적절하게 대처할 수 있도록 일련의 자기 관찰을 통한 인지적인 도표를 제공하여 직면하게 되는 문제상황을 바람직한 방법으로 해결할 수 있도록 하였다. 이 모형은 자신을 탐색하는 과정에서 스스로에게 질문을 던져 그에 대한 해답을 찾아 해결하도록 돕는 모형으로 이와 같은 일련의 과정을 통하여 학습자는 문제를 해결하는 기술과 언어를 학습하게 된다.

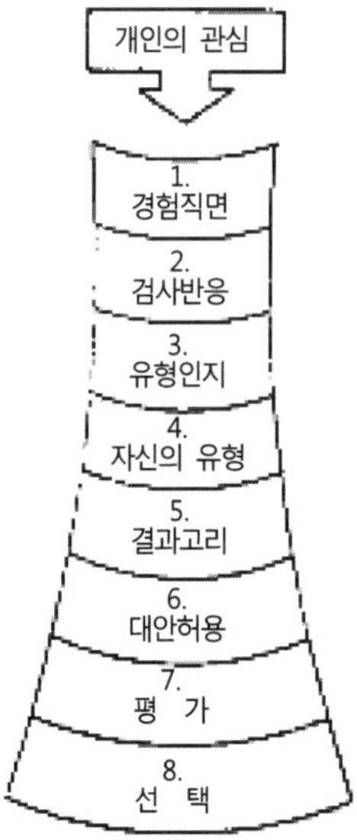

1. 자료를 생성하는 상황과 상호작용
2. 내가 어떻게 반응하였는가?
   무엇이 독특하고 무엇이 공통적인가?
3. 나에게 전형적인 것은 무엇인가?
4. 이 유형이 나에게 봉사하는 기능은 무엇인가?
5. 이 유형 때문에 내 인생에서 발생하고 또 발생할 가능성이 있는 것은 무엇인가?
6. 내가 내 자신에게 다른 반응의 유형을 허용하는가?
7. 나자신에게 새로운 행동을 허용했을 때 어떻게 되었는가?
8. 내가 선택의 자유가 있는데 어떤 행동을 내가 취하기를 원하는가?

[그림 3-1] **나팔모형**

* 자료 : Weinstein, G.(1973). Self-science education : the trumpet, *Personnel and Guidance Journal,* 51, p. 602.

5 심리교육의 내용 및 방법

많은 교육전문가들은 학교교육이 지식위주로 편중되는 것을 비판하고 학생들의 인간성 상실과 그로 인해 나타나는 학교 내외의 문제에 대한 우려의 목소리를 내고 있다. 따라서 교육의 본질적인 목표인 전인적 인간을 양성하고, 심신이 건강한 성인으로 성장 · 발달할 수 있도록 조력하는 심리교육의 내용이 요구된다.

심리교육이 효과적으로 이루어지기 위해서는 학생들의 인지발달 수준에 적합한 교육내용과 교육방법이 필요하다. Maher & Zins(1989)는 이를 위해 다음과 같은 조건들을 제시하였다.

첫째, 학생들의 심리적 · 교육적 요구를 정확하게 판단하여 이러한 요구를 겨냥한 조직적인 학습경험을 제공해야 한다.

둘째, 자격을 갖춘 전문가나 전문가에 의해서 지도 · 감독을 받는 의사, 교사, 준전문가 등에 의해서 수행되어야 한다.

셋째, 학과 시간이나 학기와 같이 분명한 시간을 정해서 행해져야 한다.

넷째, 학생들의 요구를 반영하는 목표를 달성하기 위해서 특별한 프로그램이나 봉사활동, 또는 일련의 활동으로 실시되어야 한다.

다섯째, 학교수업을 보조하거나 보완하는 방법으로 실시되어야 한다.

여섯째, 인지발달이나 정의적 발달과 같은 영역에서 학생들의 성취를 촉진할 수 있는 다양한 능력 및 자질을 증진시켜 주어야 한다.

1) 심리교육의 내용

현재 우리나라의 학교 교육과정에는 심리교육의 내용이 거의 포함되어 있지 않으며 심리교육의 내용은 학자들마다 다양하게 제시하고 있다. 박성수(1994)가 제시하고 있는 심리교육 내용은 첫째, 인간관계 기능의 교육, 공감적 이해기능의 교육, 자기표현 내지 자기주장의 훈련이다. 둘째, 불안관리의 교육, 위기와 스트레스 대응의 교육, 효율적인 의사소통을 위한 교육, 자기행동 통제기능의 교육이다. 셋째, 자아개념의 긍정적 변화를 위한 훈련, 성취동기의 육성, 창의성의 개발, 학습전략의 개선이다. 넷째, 자녀양육의 기능, 결혼생활의 풍요화(marriage enrichment)이다. 다섯째, 생활기술(life skill)의 교육, 사회적 기능(social skill)의 교육, 의사결정 기능(decision-making)의 교육, 생애계획 및 선택에 관련된 교육 등이라고 하였다. 또한 김정휘(1985)는 대인관계기술, 생활기술의 교육, 자녀를 효과적으로 양육하는 방법, 결혼교육 등 폭넓은 내용을 제시하고 있으며, 김진희(1996)는 스트레스 적응훈련, 도시생활 적응 등의 생활기술의 교육, 사회적 기술의 교육, 공부기술 향상훈련 등을 제시하고 있다.

위 학자들이 제시한 심리교육의 내용을 종합적으로 살펴보면 인간관계 기술, 공감적 이해 기능, 자아개념 향상, 성취동기 육성, 자기주장 훈련 및 가치명료화, 스트레스 적응 훈련, 생활기술의 교육, 사회적 기능의 교육, 학습전략의 개선 등이다.

이처럼 심리교육의 내용은 광범위하며 이를 실천할 수 있는 방법으로는 독립된 교과로서 1년 또는 한 학기 단위로 실시할 수 있으며, 다른 교과와 통합하거나 특별활동으로도 아루어질 수 있을 것이다.

2) 심리교육의 방법

앞서 살펴본 바와 같이 심리교육의 내용은 자아개념 향상에서부터 학습전략의 개선에 이르기까지 광범위하여, 학자들 마다 조금씩 다른 내용을 담고 있다. 따라서 심리교육의 세부적인 내용을 학습자들에게 실시하는 방법 또한 다양하다.

첫째, 심리교육을 독립된 하나의 교과로 운영하는 것이다. 이때 인간행동과 관련된 모든 지식을 학생들에게 가르치고 이러한 지식들이 관념적 · 추상적으로 전달되는 것이 아니라 학생들에게 보다 현실적이고 구체적으로 경험할 수 있도록 심리학적 이론에 근거한 프로그램들을 개발하여 학생들이 유의미한 경험을 할 수 있도록 해야 할 것이다.

둘째, 심리교육을 기존 교과활동과 통합시켜 운영하는 것이다. 학교상담전문가들은 각 교과목 교사들에게 심리적 기법들을 가르쳐 해당 교과시간에 사용할 수 있도록 돕는 것이다. 이 같은 방법은 해당 교과담당 교사들의 관심도에 따라 창의적으로 활용될 수 있을 것이다. 그러나 교사들이 심리교육에 대한 이해나 훈련이 부족한 경우 자칫 형식적으로 이루어질 수 있다는 단점이 있다.

셋째, 심리교육에 대한 이해와 훈련을 받은 교사가 특별활동 시간이나 학교 재량시간 등을 이용해 별도의 시간을 확보하여 프로그램을 체계적으로 실시하는 방법도 있다. 이는 심리교육에 대한 이해와 훈련이 된 교사가 담당하여 운영하기 때문에 심리교육 프로그램을 체계적으로 실시할 수 있다는 장점이 있으나, 각급 학교의 행사나 사정 등에 의하여 특별활동 시간이나 학교 재량시간의 차이가 있을 수 있으므로 심리교육이 일시적이고 한정적으로만 이루어질 수 있다는 단점이 있다.

넷째, 준상담자(대리상담자) 활용을 통한 학교와 지역사회 심리교육 운동의 방법이 있다.

심리교육을 담당하는 교사가 상담기술과 심리학의 전문지식을 준상담자에게 가르쳐 줌으로써 각자 자신의 문제해결에 도움을 얻도록 할 뿐 아니라 남을 도울 수 있도록 해야 한다. 이러한 준상담자들을 활용한 활동들은 학교 혹은 지역사회에 심리교육을 확산시켜 나갈 수 있다.

6 심리교육의 활용방안

최근 학교 수업과 더불어 학생들의 인성지도를 위한 심리교육적 중재나 심리교육 프로그램의 필요성이 절실히 요청되고 있다. 심리교육 프로그램은 교과수업에 대한 보완적 기능을 하는 것으로 교사뿐 아니라 교육전문가, 상담자, 지역사회 인사, 사회복지사 등의 상호협조적인 노력을 필요로 한다.

Lockwood(1997)는 학교에서 제공되는 심리교육 프로그램은 다음과 같은 사항들을 인식하고 평가되어져야 한다고 주장한다(이명숙, 1997, 재인용).

첫째, 학생들의 심리적 · 교육적 요구를 분명히 해 주는 체계화된 학습경험을 실시하여야 한다.

둘째, 적절한 전문가 혹은 전문가에 의해 지도받은 준전문가에 의해 제공되어야 한다.

셋째, 보통 일련의 기간 동안 실시되어야 한다.

넷째, 특정한 프로그램, 봉사, 방법, 활동상황의 형태를 갖춘 실시와 학생의 요구에 부응하는 중요한 목표를 성취하도록 설계되어야 한다.

다섯째, 교실 수업을 보완하고 보충하도록 의도되어져야 한다.

여섯째, 학생들의 인지발달, 정의적 측면, 학업성취, 사회성, 신체적 적응, 직업 교육의 영역에서 향상될 수 있도록 기대되어져야 한다.

일곱째, 다른 학생들과 함께 학교에서 이용될 수 있어야 한다.

7 심리교육의 실제

심리교육은 학생들의 심리적 성장과 발달을 도모하는 것을 교육목표로 모든 학생들이 심리교육의 대상이 된다. 따라서 학습자의 특성 · 환경 · 호소의 문제 등에 따라 다양한 접근방법과 프로그램이 필요하다. 현재 교육장면에서 활용할 수 있는 몇 가지 프로그램을 소개하면 다음과 같다.

1) 시간 · 정신에너지 관리훈련

학생들이 자신의 삶 전체를 효과적으로 관리하여 자신감 있는 생활태도를 갖도록 돕는 데 목적을 둔 시간 · 정신에너지 관리훈련은 청소년대화의 광장에서 개발한 프로그램(이숙영, 1994)으로서 청소년들이 시간과 자신에게 내재되어 있는 정신에너지의 가치를 재인식하고, 시간관리 및 정신에너지 관리의 일반적인 원리와 구체적인 방법들을 습득함으로써 실제 생활의 관리 능력을 증진시키는 방법 등을 학습시킨다. 이 프로그램은 일반교과 시간에도 사용할 수 있어 융합교육에 포함된다. 즉 교과학습을 통해 학습자의 인지적 측면을 충족시키는 지적 학습과 학습자의 정서적 측면의 융합을 의미한다.

2) 발달지도 경험

교사와 상담자가 특정 연령층, 학년층에서 빈번히 발생할 수 있는 문제와 관련하여 학생들에게 토론을 하도록 하는 것이다. 이러한 토론의 결과는 학생들의 활동계획 수립에도 결정적 영향을 미친다. 따라서 교사나 상담자가 학습자의 활동계획을 수립할 때에는 학습자의 발달과업에 따라 적절하게 설계하도록 한다. 발달지도 경험(developmental guidance experiences : DGE)에서는 학생들에게 이야기나 사건 또는 게임 등의 계획된 자극을 제시하여 학급 내에서의 심리 · 사회적 성장을 촉진하도록 하고 있다.

3) 감성수업(feeling class)

학생들이 자기 자신과 타인의 감정을 인식, 이해, 수용하도록 촉진하고, 감정과 행동이 어떻게 관련이 되어 있는가를 학습한다. 나아가 자신의 감정과 정서를 보다 효과적으로 표현할 수 있도록 다양한 표현방법을 익히는 데 그 목적이 있다.

4) 활동 집단지도(activity group guidance : AGG)

감성수업과 유사한 프로그램으로 교사나 상담자가 제시한 과업이나 연구를 학생 스스로가 계획하고 경험해 보고 이를 해결해 봄으로써 구체적인 생활지도의 원리를 논의하고 경험하도록 하는 방법이다. 또한 학생들에게 행동 변화의 기회를 제공해 줄 수 있는 환경에서 교사나 상담자는 활동의 촉진자나 모델링의 대상으로서 학생들과 함께 활동하는 것이 가장 효과적이다.

5) 동료상담자 훈련

학생들의 주변 동료들을 통해 보다 효과적으로 심리적인 도움을 주고받을 수 있도록 고안된 일종의 교육프로그램으로 이 훈련은 아동이나 청소년의 인지적 능력 못지않게 정서나 인격발달에 초점을 두고 있다. 동료상담자 훈련프로그램은 미국 각 기관에서 정규 교과과정이나 과외활동 프로그램으로 운영되고 있다(Crouse, 1985). 본 프로그램에서 학습할 수 있는 주요 상담기술은 관심 기울이기, 경청, 공감, 질문, 진실성 등이다. 이러한 상담기술은 초보 상담자 훈련에서는 물론 일반적인 상담과정에서도 필수적으로 요청되는 기술이다.

6) 대인관계(interpersonal relationship) 촉진 프로그램

대인관계 촉진 프로그램은 비교적 역사가 오래되어 이와 관련된 프로그램도 다양하다. 여러 가지 대인관계 촉진 프로그램 중 비교적 체계적인 프로그램으로는 Johnson(1990)이 제시한 인간관계 기술 프로그램이다. 이 프로그램은 서로를 알고 신뢰하기, 정확하게 서로 의사소통하기, 서로를 수용하고 지지하기, 갈등과 대인관계 문제를 건설적으로 해결하기로 구성되어 있다.

첫 번째 영역인 서로를 알고 신뢰하기는 자기개방과 타인을 수용하는 것에서부터 출발한다. 타인의 기대나 평가가 두려워 자신의 생각이나 느낌 등을 감추려 한다면 이는 자신 스스로를 정확하게 이해하지 못하는 것이다. 자신의 생각과 감정을 올바르게 표현하는 것을 어려워하기 때문에 타인의 기대나 평가가 두려워지고 나아가 타인을 있는 그대로 수용할 수 없을 뿐 아니라 의사소통 자체가 불가능해진다. 따라서 이 영역에서는 자기이해, 자기개방, 타인과의 신뢰감 형성과 유지의 기술 등을 다루게 된다.

두 번째 영역은 정확하게 서로 의사소통하기다. 이 영역은 표현하고자 하는 자신의 생각과 느낌을 있는 그대로 정확하게 전달하는 기술 등을 다루게 된다. 의사소통이란 서로의 생각과 감정을 있는 그대로 전달하고 경청하는 상호작용의 과정이다. 즉 전달하는 것뿐 아니라 수용하는 데 있어서도 정확히 받아들여야 한다는 것이다. 따라서 언어적 의사소통의 기술 뿐만 아니라 비언어적 의사소통의 방법 등을 다루게 된다.

세 번째 영역은 서로를 수용하고 지지하기다. 상대방이 나에게 도움을 청할 때나 나의 지지를 원할 때 어떻게 도와 주고 어떻게 수용하며 그것을 어떻게 표현할 것인가를 다루는 영역이다. 따라서 경청과 반응, 자신과 타인의 정체감 증진 등의 기술을 다루게 된다.

네 번째 영역에서는 갈등과 대인관계 문제를 건설적으로 해결하기다. 대인간의 갈등 해결, 직면과 타협, 분노, 스트레스, 그리고 감정의 통제 등의 기술을 다루게 된다.

7) 가치관 명료화 프로그램

가치관은 개인의 행동방향을 제시해 준다. 전통적 가치관 교육의 접근방법의 비합리성과 비효율성에 대한 하나의 대안으로 대두된 것이 가치관 명료화다.

Rath, Harmin 그리고 Simon(1966) 등은 [그림 3-2]와 같은 과정을 통해 가치관이 명료화되어질 수 있다고 제안하였다. 이 과정은 선택→보상→실행의 과정에 따라 7개의 하위과정으로 구성되어 있다.

자유롭게 선택	→	여러 대안 중 선택	→	결과를 심사숙고한 뒤에 선택	→	선택한 것을 귀중히 여기고 존중	→	필요하면 선택한 것을 여러 사람 앞에서 확인	→	선택한 가치를 실천	→	선택한 가치를 유형화하여 일관성 있게 반복해서 실천
선택(choosing)					→	보상(prizing)			→	실행(acting)		

[그림 3-2] **가치관의 명료화 과정**

이러한 가치관 명료화 과정은 아동이나 청소년들이 가능한 한 언제나 스스로 자유롭게 선택할 수 있도록 해야 하며, 선택하는 상황에서 대안을 탐색하고, 각 대안들의 예상되는 결과와 중요성을 심사숙고하도록 도와 준다. 개인이 선택한 가치에 대해서 존중하고 확신을 가지며, 이를 실천에 옮길 수 있도록 지원해 줌으로써 가치관이 명료화될 수 있음을 제안하고 있다.

8) 위기상담

위기 상황에서 해결은 특별한 기술을 요구한다. 성공은 조치되는 속도와 카운슬러의 감성, 학교 운영진이 이용하는 상담전략 중 적용 가능한 것을 고르는 능력에 달려 있다. 개인적인 위기는 드물다 할지라도 학교 내의 모든 학생들은 사는 동안 수많은 위기들에 직면하게 된다는 것을 알아야 한다. 위기 상황에 처했을 때 성공적인 해결이 학생들의 정신적 건강을 증진시키는 데 중요한 요인이 된다(홍기철, 1999).

학교에서 활용되고 있는 위기예방으로 5가지 전략이 있다.

첫째, 교육적 워크숍으로 학생들에게 앞으로 일어날 문제를 예상케 하여 이를 토론시키는 방법으로 단시간에 이루어질 수 있다. 이 과정을 통하여 학생 자신의 생각과 느낌을 자유롭게 표현하도록 돕고 앞으로 일어날 일에 대한 불안감을 감소시킬 수 있다. 예를 들면, 학급만남(classroom meeting), 마술의 원(magic circle)이 이 전략에 해당한다.

둘째, 미리 알려주기는 문제에 대한 예방접종의 개념으로 이해될 수 있다. 상담자는 발생 가능성이 있는 다양한 사태에 대해 학생들에게 알려주고 이를 효과적으로 해결할 수 있는 다양한 방법들을 숙지하도록 돕는다. 예를 들면 A라는 약물을 복용했을 때 나타나는 부작용에 대한 정보를 제공하고 이를 막기 위하여 어떠한 방법들이 있는지 또한 어떻게 하면 부작용을 최대한 막을 수 있는지를 미리 알려주는 의사의 활동을 들 수 있다.

셋째, 검증 프로그램은 특별한 위기에 직면할 위험이 높은 사람을 검증하고 확인된 사람에게 적절한 중재프로그램을 제공하기 위한 활동이다. 이러한 검증에 사용되는 도구들로는 설문지, 각종 검사도구 등이 있다. 예를 들면 또래와의 관계형성에 어려움을 가지고 있으나 표현하지 않는 학생들을 검증도구를 이용하여 찾아 내고 이를 통해 확인된 학생들을 대상으로 바람직한 관계형성을 도울 수 있는 여러 가지 프로그램들을 제공해 줄 수 있다. 이러한 검증프로그램은 자신을 개방하지 않는 학생들의 심리적 만족감까지 채워줄 수 있는 효과가 있다.

넷째, 자문가는 상담자나 심리학자 등이 학교장면에서 위기에 처한 학습자를 조력하는 교사, 학부모 등을 도울 수 있도록 다양한 심리교육 방법이나 상담전략을 지원하고 학습자의 욕구나 반응에 민감하도록 돕는 것이다.

다섯째, 연구는 예방활동의 가장 기본이 되는 것으로 교육적 워크숍, 미리 알려주기, 자문 등이 보다 효과적으로 이루어질 수 있도록 객관적이고 경험적인 근거가 되는 활동이다.

9) 학교중심상담

학생들의 생활 대부분은 학교에서 이루어지므로 학교 내의 환경은 학생들에게 다양한 경험을 제공해 주는 동시에 스트레스원이 될 수 있다. 학교장면에서 경험하는 여러 문제들을 해결하도록 직접적으로 지원해 주는 것이 학교중심상담이다. 학교중심상담의 몇 가지 방법을 소개하면 다음과 같다.

첫째, 합리적-정서적 치료와 교육으로 Ellis의 인지적-정서적 접근 이론을 토대로 개발된 것이다. 그는 특정 사태에 대한 개인의 비합리적 신념이 과도한 정서적 고통으로 작용한다고 보았다. 따라서 이 접근에서는 안내된 발견(guided discovery), 교훈적 제시, 과제, 구조화된 역할놀이 등을 통하여 개인의 비합리적 신념을 수정하도록 교육한다.

둘째, 합리적-정서적 치료와 교육의 대상이 주로 성인인데 반해 이완훈련(relaxation training)은 아동을 대상으로 스트레스에 대한 그들의 심리적 반응을 점검하고 조직하는 것을 돕는다. 주로 과잉행동이나 시험 불안을 호소는 학생들에게 효과적이다.

긴장이완 훈련은 문제행동을 수정할 때 사용하는 다른 프로그램의 보조적 역할로도 효과적이며 학교장면에서 실시할 경우 비교적 저렴하며 그 효과 면에서도 우수하다는 장점이 있다.

10) 행동적 자기관리

Mace, Brown & West(1989)는 개인의 어떤 행동의 발생 가능성을 증감시키는 활동의 범주로서 자기점검, 자기평가, 자기강화, 자기지시를 통해 문제행동을 스스로 관리할 수 있다고 설명하였다.

(1) 자기점검(self-monitoring)

자기관리(self-management)의 영역 중 첫 단계로 자기관찰과 자기기록을 통해 자신의 문제행동의 유무를 자각하거나 변별하고 이와 같은 일련의 과정을 통해 문제행동의 빈도, 기간, 지연 등을 기록한다. 이러한 관찰과 기록의 과정은 자신의 문제행동에 대한 각성을 통해 긍정적 행동을 증가시키고, 바람직하지 못한 행동을 감소시킨다. 예를 들면 다이어트를 하는 사람들의 경우 자신이 하루 동안 먹은 음식들을 기록하는 것은 자신의 식사량과 올바르지 못한 식습관을 확인하는 데 효과적이다.

(2) 자기평가(self-evaluation)

자기평가는 자신의 행동의 적절성을 평가하기 위해 마련된 기준과 비교하는 것을 의미한다. 즉 개인은 자신이 행하는 것과 행해야 할 것 간의 조화를 추구하는 것이다. 또한 자기평가는 처치 효과를 유지하고 일반화하는 데 효과적이다.

(3) 자기강화

심리교육에서 강화는 학생 스스로가 자기평가를 통해 자신의 수행에 대한 보상을 스스로가 한다는 것을 의미한다. 이는 목표로 하는 특정행동이 내적 동기

상태일 때 그 행동의 출현빈도, 지속시간 등이 비교적 안정적이라는 것과 같은 맥락에서 이해되어질 수 있다. 따라서 행동에 대한 외적 보상보다는 자신이 느끼는 만족감이 훨씬 중요하다는 것을 의미한다.

(4) 자기지시

자신의 행동을 스스로 다스리기 위한 자기만의 규칙을 형성하는 것이다. 규칙은 인지적 변화를 이끌고 변화는 외현적인 행동의 변화로까지 확대된다. 이것이 곧 자기평가로 이어지고 삶의 만족도나 이후의 행동까지도 결정하게 된다.

11) 합류교육

일반교과와 생활지도를 접목시키는 가장 체계적인 시도 가운데 하나가 합류교육(confluent education)이다. 1971년 George Brown과 그의 동료들이 개인과 집단 학습에 있어서 정의적(affective) 요소와 인지적 요소를 통합시켜 개발한 교육프로그램이다. 교과의 교재를 통하여 지적 영역 뿐만 아니라 생활지도 영역을 통해 자기이해와 자신의 내적 · 외적 자원을 인식하고 관리할 수 있도록 한다.

12) 인간발달 프로그램 : 마술의 원(magic circle)

마술의 원은 반구조적인 토론(semi-structured)으로 교사는 학생들의 사회적 · 정서적 발달수준에 적합한 주제를 소개하며, 학생들을 적극적으로 경청하고 반응하도록 유도하여 이를 마술의 원 안에서 공유하도록 한다. 이 프로그램에서의 첫 번째 목표는 감정, 사고, 행동의 지각이다. 다른 사람의 생각이나 느낌을 경청하고 이를 공유함으로써 나만이 아닌 다른 사람들도 자신과 같은 다양한 감정과 사고를 한다는 것을 배우게 된다.

두 번째 목표는 자신감 형성(self-confidence ; mastery)이다. 집단 내의 활동을 통하며 서로의 경험을 공유하고, 격려와 지지를 통해 '할 수 있다'는 것을 배우게 되는 것은 자신을 포함한 집단 내의 옆 사람에 대한 지지와 격려를 제공하는 책임감과도 연결된다.

세 번째 목표는 사회적 상호작용이다. 집단 내에서 다른 사람을 있는 그대로 이해하고 관계를 형성하고 이를 유지·발전시키는 기술을 습득하는 데 그 목적이 있다. 따라서 대인관계에서의 사회적 기술을 습득시키는 활동이다.

마술의 원(magic circle) 활동에서는 다른 학생들의 감정에 대해서 무비판적으로 수용하는 것이 중요하며, 교사는 모든 학생들에게 공통적인 관심사를 선정하고, 수용적인 분위기를 형성하고 전체 학생이 참여할 수 있도록 해야 한다.

13) 정서지능(emotional intelligence) 향상 프로그램

정서지능이란 자신과 타인의 정서를 평가하고 표현하는 능력, 자신과 타인의 정서를 효과적으로 조절하는 능력, 그리고 자신의 삶을 계획하고 성취하기 위해 그러한 능력을 잘 활용하는 능력을 말한다. 정서지능을 향상시키는 교육으로는 인성교육과 심리교육을 들 수 있다. 현재 정서지능을 향상시키는 여러 가지 기법들이 소개되고 있으나 프로그램화된 것은 아직 드물다. 따라서 정서지능 향상 프로그램을 학생들의 인지발달 수준과 교육과정에 적합하게 개발하여 활용하게 되면 심리교육적 효과가 높을 것으로 기대된다.

14) 학습기술훈련(study skills)

학습기술훈련이 효과적이기 위해서는 공부기술 적용의 장애를 제거하는 데 주의를 기울여야 한다. 학습기술훈련에 포함되는 내용으로 대표적인 것을 소개하면 다음과 같다.

첫째, 시간사용 전략, 오류피하기, 추측, 연역적 추론, 의도고려, 단서사용 등의 전략이다. 시험문제 만들기 경험을 통해 시험문항에 단서를 확인함으로써 시험문제의 전략에 민감해지고 귀납적으로 시험을 치루는 요령을 학습하게 된다.

둘째, 시간 사용 차트(time-use chart)다. 이것은 일주일을 하루 단위로, 하루를 시간 단위로 쪼개어 학생활동을 기록하는 것으로 학생들이 시간 사용 방법을 익히도록 하는데 효과적이다.

셋째, 일관성 있고 실제적인 복습계획 전략의 설정이다. 이 전략의 대표적인 예로는 복습 중 핵심 아이디어 강조하기, 시험 문제 예상하기 등을 들 수 있다.

그 외에도 지시사항이나 질문을 주의 깊게 읽기, 시험문항 전체를 개관하고 쉬운 문제부터 먼저 풀기, 기억법을 이용해서 쓰기, 모든 문항에 답하고 가장 좋은 답 쓰기 등이 있다

이상에서 언급한 내용들을 포함하여 학습기술훈련 프로그램을 구성할 수 있다. 이러한 종합적 학습기술 프로그램의 운영 절차는 ① 공부기술과 자기관리에 대한 학생 요구사정, ② 프로그램 계획, 설계, 스텝훈련, ③ 발달적 · 치료적 요소의 실행, ④ 치료, ⑤ 평가의 5단계로 나누어 볼 수 있다.

15) 동료도움을 통한 학습

동료도움을 통한 학습이란 학업성취와 사회 · 정서적 목표를 성취하기 위해 교사에 의해 설계된 두 명 이상의 학생간의 구조화된 상호작용을 의미한다. 이와 같은 수업중재는 보통 동료로부터 혹은 동료에게 학업수행을 증진하기 위한 도움의 기회를 제공하는 것이다. 동료교수와 협동학습은 또한 부적절한 특수교육 배치를 예방하기 위한 개입 프로그램으로 효과적이다.

16) 생활기술훈련(life skill training : LST) 프로그램

생활기술훈련 프로그램은 흡연, 음주, 약물남용, 심리적 장애, 십대임신, 무단결석 등을 방지하기 위한 종합적인 심리교육 프로그램이다. 이 접근은 흡연, 음주, 약물사용에 대한 사회적 압력에 저항하는 특별한 기술을 가르친다. 따라서 최근 심각해져 가는 청소년 비행의 문제를 사전에 예방하는 데 효과적이다.

17) 지역사회 주민을 위한 심리교육 프로그램

기존의 상담이 내담자 문제해결 중심이라는 한계를 지적받아 왔다. 따라서 최근의 상담은 보다 적극적인 상담활동으로 내담자 뿐만 아니라 지역사회 주민들의 성장과 발달을 지향하는 방향으로 나아가고 있다. 따라서 김정한 등(1996)은 지역사회 주민을 위한 심리교육프로그램을 개발하여 그 효과를 검증하였다. 이 프로그램은 자아성장, 자녀교육 그리고 가족관계의 세 가지 영역으로 구성되어 있으며, 자기이해, 자기수용, 자기개방을 촉진할 수 있는 내용과 자녀를 지도하는 방법, 가족관계의 중요성, 화목한 가족관계를 촉진하기 위한 의사소통기술, 문제해결 및 갈등해소 기술, 가족의 규칙, 역할, 책임 등의 내용으로 구성되어 있다.

참고 문헌

김정한 외(1996). 지역사회주민의 성장을 위한 심리교육 프로그램의 개발. 학생연구. 제24집. 동아대학교 학생생활연구소. 5-86.

김정한(1980). 생활지도. 서울 : 형설출판사.

김정휘(1985). 심리교육에 대한 일고찰. 학생지도연구. 제10집. 춘천교육대학 학생지도연구소. 13-38.

김진희(1996). 학교상담체계발전연구. 서울 : 청소년대화의 광장.

박성수(1994). 생활지도 서울 : 정민사.

이명숙(1997). 인성교육에 대한 심리교육적 접근. 대구교육대학교. 학생생활연구. 제23집. 19.

이재창(1985). 심리교육의 이해와 그 활용에 관한 고찰. 홍대논총. 17. 547-568.

이재창(1994). 학교심리교육 프로그램에 관한 연구. 교육연구논총. 제11집. 홍익대학교 교육연구소. 125-155.

이재창(1994). 학교심리교육 프로그램에 관한 연구. 교육연구논총. 11. 홍익대학교 교육연구소. 125-155.

이재창(1994). 생활지도. 서울 : 문음사.

홍기칠(1999). 인성교육을 위한 심리교육 프로그램의 탐색. 대구교육대학교 초등교육연구논총. 제14집. 181-212.

Alschuler, A. S., Ivey, A. E., & Hatcher, C.(1977). Psychological education. In C. Hatcher & B. S. Brooks (Eds.). *Innovations in counseling psychology(126-145)*. San francisco : Jossey-Bass.

Crouse. R. (1985). Using peer network therapy with an residential program for Chicano students *Journal of college Student Personnel. 26(6)*, 549-550.

Maher, C. A., & Zins, J. E.(Eds.)(1989). Psychoeducational interventions in the Schools : Methods and : procedures for enhancing student competence. New York : Pergamon Press.

Skovholt, T.(1977). Issues in psychological education. *Personnel and Guidance Journal,*

55. 472~476.

Weinstein, G.(1973). Self-science education : The trumpet. *Personnel and Guidance Journal*, 51, 600-606.

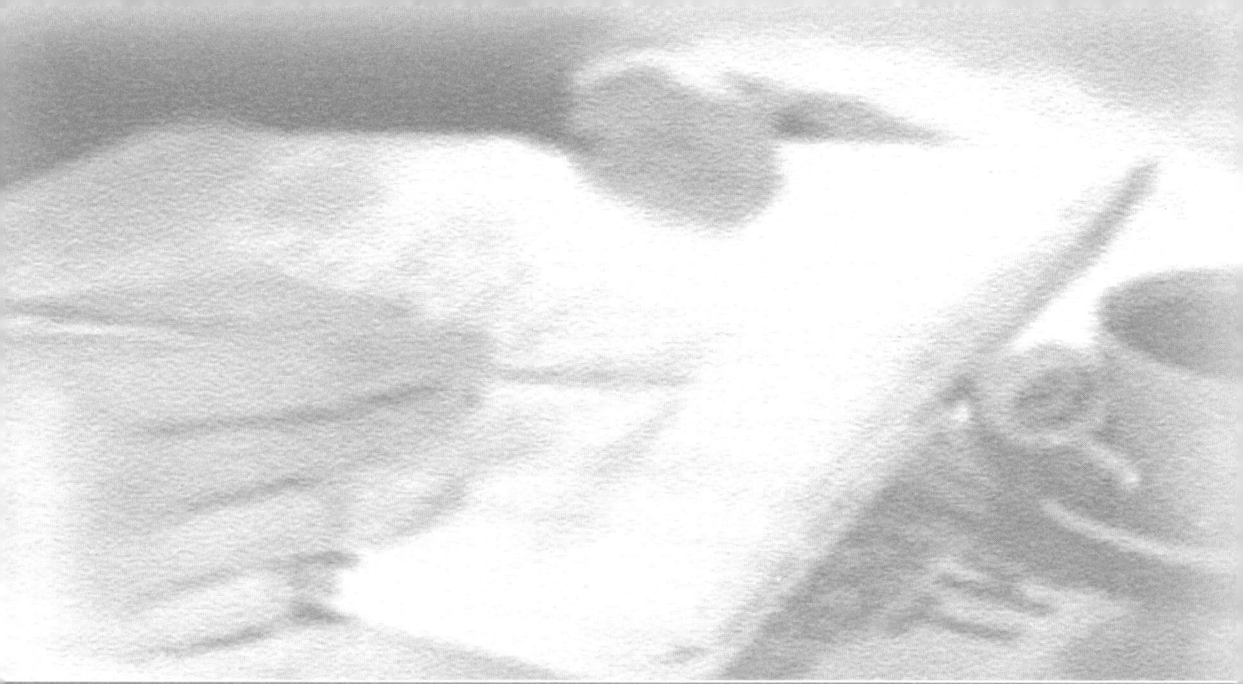

제 4 장

생활지도의 실제

1. 학업과 생활지도
2. 진로와 생활지도
3. 대인관계와 생활지도
4. 부적응 행동과 생활지도
5. 봉사와 생활지도
6. 여가와 생활지도

1 학업과 생활지도

1) 학업문제의 유형

이제 막 정규학교에 들어간 초등학생들로부터 실제적으로 입시스트레스를 경험하고 있는 청소년들에 이르기까지 혹은 대학생들조차도 가장 큰 걱정거리는 학업과 성적에 관한 것이다(황정규, 1990). 특히 중·고등학생은 입시와 더불어 성적과 학업에 관한 스트레스는 심각할 정도이며 심지어 정신병적인 증상을 수반하기도 한다.

학업수행은 우리 나라 청소년들에게 있어서는 주요한 발달과업 중 하나로서, 상급학교와 취업을 위한 기본적인 조건이 된다. 따라서 절대적이지는 않지만 학업성적은 이후 성공과 행복을 예측해 주는 주요 예측인자가 된다. 게다가 본인뿐 아니라 부모의 기대와 연합됨으로써 그 의미는 실제로 더 커진다. 이로 인해 학업은 이 시기의 아동과 청소년들에게 고민과 갈등은 주요한 원인이 된다. 그러나 학습과정에서 심리적·사회적 이유로 인해, 정규학습과정에 적응하는 것에 어려움을 겪기도 하고, 때로는 단지 상대적 평가로 이루어지는 교육과정으로 인해 학습과정에서 어려움을 겪기도 한다. 따라서 학생들에게는 학습과 관련된 어려움에 도움과 협조를 해 줄 수 있는 지원체계가 필요하며, 보다 체계적인 지원을 하기 위해서는 우선 학습문제를 유발하는 원인들에 대한 고찰이 요구된다.

최근의 연구들에 따르면, 우리 나라 청소년들의 주요 고민거리는 학업과 관련된 문제이며, 특히 시험성적에 대해 민감한 반응을 보인다. 시험성적에 대한 스트레스를 유발하는 이유는 자존감이 상하거나 혹은 부모의 기대에 맞추기 못한 것에 대한 죄책감 등이 있다. 흥미로운 것은 실제로 시험에 대한 스트레스를 많이 받는 청소년은 학교에서 상위성적에 속하는 학생들이라는 것이다. 오히려 하위권에 속하는 학생들에게는 학업에 대한 스트레스가 더 적게 보인다. 학습과 관련된 스트레스 요인으로는 크게 성적저하로 인한 스트레스, 시험불안, 공부에 대한 회의와 동기저하, 학업능률의 저하 등으로 나누어 볼 수 있다.

성적으로 인한 걱정과 스트레스는 낮은 학습결과에 대한 반응일 뿐 아니라 낮은 학습수행을 가져오는 이유가 되기도 한다. 이것은 실제로 성적이 떨어지는 경우에도 해당되지만, 결과에 대한 기대에서 연유한다. 앞에서 언급했듯이 성적이 상위권에 속하는 학생들이 오히려 학업성적에 심한 스트레스를 겪는 것과 관련된다. 이런 학생들의 특성을 살펴보면, 자신에 대한 높은 기대, 타인으로부터 인정받으려는 높은 욕구, 부모의 기대에 맞추려는 욕구 등과 관련된다. 자신이 생각한 목표에 도달하지 못한 경우 좌절감과 열등감을 초래한다.

시험불안의 경우, 중요한 시험일수록 더 강하게 나타나는 경향을 보인다. 시험이 다가오면 불안, 초조, 주의산만, 불면, 두통, 소화불량 등 다양한 행동적, 신체적 증상을 나타낸다. 또한 시험지를 받으면 시험지가 하얀 백지로 보인다거나 아니면 눈앞이 깜깜해지거나 하는 경험을 호소하기도 한다. 이런 시험불안을 보이는 학생들은 성적에 대한 지나친 자신감과 성적저하에 대한 두려움을 보인다.

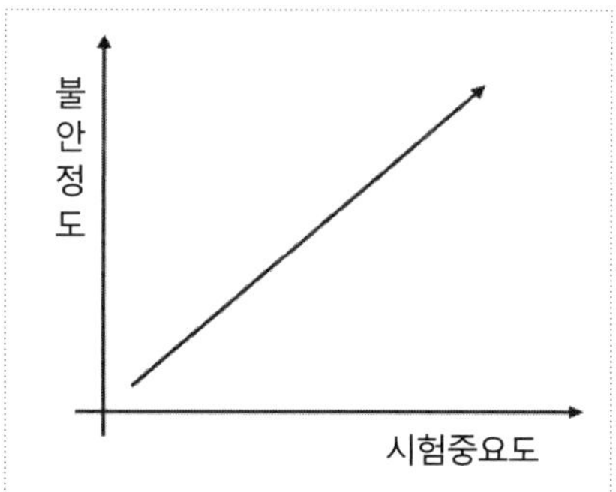

[그림 4-1] **불안정도와 시험중요도와의 관계**

공부에 대한 회의와 동기저하도 스트레스이다. 일을 하는 동기는 일을 시작하는 것 뿐 아니라 일을 지속하고 종료하는 힘이 된다. 반대로 학업에 대한 동기가 부족한 경우, 성적이 저하되거나 수업내용을 따라가지 못하는 것에 대해 스트레스를 겪지는 않지만, 이들은 무력감을 경험한다. 이런 학생들은 실제로 정규학습 이외에 다른 분야에 관심을 갖고 자아실현을 위해 나름대로의 목표를 설정하고 실행하는 학생들과는 구분된다. 이 두 가지의 경우는 학업에서 때로 낮은 수행을 보인다는 점에서는 유사점을 보이기도 하지만, 전자가 목표가 결여되어 있다면, 후자는 목표가 정해져 있다는 점에서 차이가 있다. 따라서 이들에게는 서로 다른 형태의 도움이 필요하다. 동기가 결여된 학생들의 경우, 학습문제 뿐 아니라 자아정체감이나 가치관이 복합적으로 관련되어 있다.

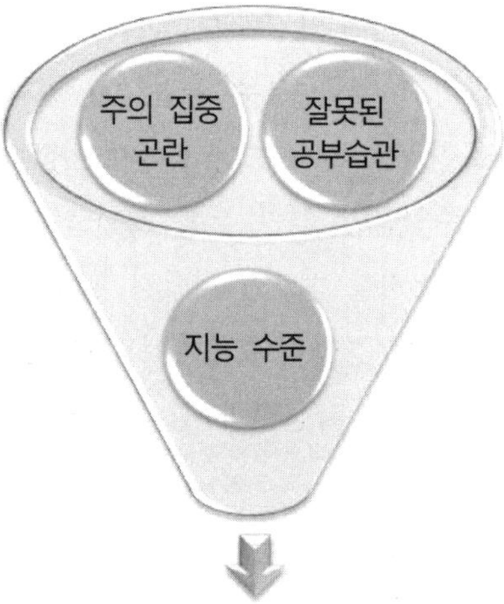

학업능률의 저하

마지막으로 실제적인 학습과 관련된 학업능률의 저하가 문제이다. 학업능률 저하의 원인으로는 첫째, 주의집중의 곤란이다. 최근 들어 주의집중 문제로 어려움을 겪는 학생들이 증가하였다. 주의집중 문제는 특히 초등학교에 들어오면서 가시화되는데, 유치원과는 달리 학교장면에서는 적절한 자극에 주의를 기울이고 이를 효율적으로 처리하기 위해서는, 주의를 유지하는 것이 중요하다. 그만큼 주의력과 학습은 밀접한 관계가 있다. 주의력결핍은 다양한 뇌 기능의 결함, 불안감, 정서적 불안정, 신체적 피로함 등 다양한 이유에서 발생한다. 둘째, 공부방법이 효율적이지 못하거나 혹은 잘못된 공부습관으로 인한 학업능률의 저하이다. 예를 들면, 중요한 것과 중요치 않는 것을 구분하지 못해서 쓸데없는 내용을 필기하는데 시간을 보내는 경우이다. 또한 밤과 낮이 바뀐 생활패턴을 갖고 있거나 혹은 산만한 학습환경이 문제가 된다. 마지막으로 학생의 지능수준이다. 특히 IQ 검사점수와 학습간에는 다소 높은 정도의 상관이 있는 것으로 알려져 있다. 다시 말하면, 학습에는 기본적인 지적 능력이 요구된다.

지금까지 살펴본 학업과 관련된 성적저하로 인한 스트레스, 시험불안, 공부에 대한 회의와 동기저하, 학업능률의 저하 등이 결국 학교생활 적응의 실패로 연결된다. 이는 학습과 관련된 영역의 좌절과 실패가 학교생활 적응의 실패로 연결되어 곧 자신에 대한 부정적인 이미지를 지니게 하여 반사회적이며 일탈행동을 유발하기도 한다.

2) 학업문제의 진단

학업과 관련된 문제를 진단할 때 간편하게 활용하는 것은 성적저하이다. 하지만 성적저하는 학업문제 진단의 단편적인 결과일 뿐이다. 학업과 관련된 문제를 정확하게 진단할 때는 좀 더 과학적인 관점에서 다각적으로 진단해야 한다. 심리검사, 학습능력평가, 면담, 가족평가, 학교환경 등 다양한 각도에서 살펴보아야 한다.

학습과 관련된 문제 진단에서 가장 정확하게 활용할 수 있는 방법이 심리검사이다. 심리검사를 토대로 학습자의 지적 · 정의적 문제의 유무를 과학적으로 검증해야 한다. 특히 지능이 보통 혹은 그 이상인 데 비하여 실제 학업성적이 평균보다 낮은 경우, 공간지각 능력이나 지각-운동 협응력이 요구되는 동작성 검사에 비하여 언어적인 이해와 표현력이 공통요인이 되는 언어성 검사에서 상대적으로 낮은 경우가 많다. 구체적으로 살펴보면, 첫째, 추상적인 사고능력이나 어휘능력, 이해능력과 판단능력, 변별능력, 시각-운동 협응능력 등 학습의 기초가 될 수 있는 기본적인 능력이 평균 혹은 그 이상의 수준까지도 발달되어 있으면서도 학교교육이나 주변의 경험, 독서 등을 통해 획득하게 되는 상식과 산수 같은 특정 영역에서 낮은 학습결과를 보여 준다. 이는 지식습득이나 성취욕구에 대한 관심 및 동기의 저하, 문제해결의 다양한 기술이나 응용능력의 부족으로 설명할 수 있다. 둘째, 주의집중력을 측정하는 산수, 숫자, 기호쓰기 검사에서 상대적인 저하를 보이고 있는데, 이는 행동상의 산만함이나 심리적인 불안이나 불안정감, 자신의 갈등 영역에 대한 강박적인 사고와 집착 등으로 과제에 깊이 몰입하거나 주의를 유지하기 어렵거나 우울감, 무기력감, 흥미나 의욕상실로 인하여 정신활동이 저하되었기 때문이다. 셋째, 시간 제한이 있는 과제에서 저조한 수행을 보이는데 그 원인으로는 심리적인 불안, 시간 내에 끝내지 못할까봐 걱정하는 강박적 사고 경향, 정신운동 기능 속도의 저하 등을 지적할 수 있다. 이러한 학습장면과 관련하여 제한된 시간 내에 문제를 해결해야 하는 시험불안과 관련되어 나타난다.

학습능력 평가는 학습자의 학업수준이 정상과 비교하여 어느 정도 뒤지는가를 알아보거나, 진단평가 후 배치에서 어느 수준의 학습지단에 들어갈 수 있는가를 결정하게 위하여 실시한다. 특히 주요 학습 영역별로 기초학력 수준을 평가하기 위하여 기초학습기능검사를 사용하거나 교과담당 교사의 도움으로 제작하여 사용할 수 있다.

학습의 문제로 상담실을 찾게 되는 대부분의 학습자는 부모에 의해 수동적으로 방문한 것이지 자발적 의지로 찾아오는 경우는 드물다. 따라서 학습자의 능동적인 숙제 해결을 위해서는 상담교사는 학습자와 긍정적인 관계를 유지해야 한다. 상담교사가 부모나 교사처럼 공부만을 강조하는 사람이 아니라는 느낌이 들어야 마음을 열고 마음 속 깊은 이야기들을 할 수 있기 때문이다. 학습자의 면담과정에서 나타나는 학습과 관련된 가장 흔한 호소문제는 감정부전장애(dysthymia)라 불리우는 만성 우울증이며, 다음으로 적대적 - 반항장애, 주의력결핍 - 과잉행동장애, 심리적 통증장애 등으로 인하여 학습과 관련된 어려움과 고통 등이다.

가족평가에서는 학습자가 왜 학습을 하는데 어려움을 가지게 되는지에 대한 원인을 파악하는 데 주력한다. 가족평가를 실시해 보면, 선천적인 능력의 부족으로 학습과 관련된 문제를 보이기도 하지만 학습자를 둘러싼 가정의 환경적인 요인도 중요한 문제로 나타나고 있다. 특히 부보의 과잉기대, 불안정한 가족 분위기, 애정결핍, 정서적인 문제 등으로 인하여 학습에 어려움을 호소할 수 있다.

가족환경뿐 아니라 학교에서 담임 및 교과담당 교사와의 관계 형성도 중요한 요인이다. 교사가 너무 엄격해서 학습자를 지나치게 감정적으로 대하거나, 학습자에게 부여되는 학습량이 과도한 경우도 학습에 대한 열의를 빼앗는다. 또한 여건상 잦은 전학을 하다 보면 학습자는 학습보다 낯선 환경에 적응하는 데 에너지를 투여하기 때문에 학습에 대한 관심이 떨어지기도 한다.

3) 학습문제 해결전략 Ⅰ-성취동기

(1) 학업성취와 동기

학습과 관련된 문제의 유형에 따라 도와 주어야 하는 전략은 다르다. 그러나 여기에서는 인간 행동 가운데 동기가 행동변화의 가장 중요한 요인으로 알려져 있기 때문에 학습동기로서 중요한 학습 성취동기를 중심으로 그 전략을 살펴보고자 한다.

동기란 사람으로 하여금 어떤 행동을 시작하도록 하고 그 행동을 활성화시키고, 그 행동을 어떤 방향으로 움직이게 하고 목표를 이루기 위해서 특정행동을 지속시켜 나가는 내적인 상태라고 정의되고 있다(이성진, 1996; 정종진, 1996). 동기와 관련지어 학습상담에서 가장 많은 연구를 하는 부분이 성취동기이다. 성취동기를 도전적이고 어려운 과제를 성취함으로써 만족을 얻으려는 의욕, 또는 성취하려는 동기라고 정의를 내린다면, 성취동기가 높은 사람은 과업지향적이고, 모험심을 지니고 있고, 자신감이 있고, 정열적이고 혁신적으로 활동하고 결과에 대한 지식을 추구하며 미래 지향적(박용현, 1975)이기 때문에 학습자의 성취동기를 고무시킨다는 것은 상담의 긍정적 결과를 유도할 가능성이 높아진다는 것을 의미한다. 이 사실을 기초로 할 때, 학교장면에서 학습무기력증에 빠진 학습자의 성취동기를 향상시키는 것은 바로 학업성취동기 향상을 의미하게 된다. 학업성취동기가 지니는 긍정적 영향은 학습활동을 시작하게 하고, 시작된 학습활동을 활성화시키고, 그 영향 정도에 따라 학습활동을 다양하게 변화시키는 기능을 지니고 있다.

Weiner(1990)와 Graham(1996)은 학업성취와 관련된 최근의 중요한 연구주제를 Bandura와 Schunk의 자기효능감, Seligman의 학습된 무력감, Deci와 Ryan의 내외적 동기, Duda와 Nicholls의 자아관여, Ames의 목적이론 등으로 정리하고 있다.

Schunk(1983)는 노력에 관한 귀인과 그 결과에 대한 피드백이 학습자의 지각된 자기효능감과 학업성취에 미치는 영향을 연구하여, 높은 자기효능감을 가진 학습자들이 도전적인 문제를 더 오래 시도하고, 과거 노력에 대한 귀인 피드백이 미래의 노력에 대한 피드백보다 학습기능을 더 높이며, 노력에 대한 피드백을 받은 학습자들이 능력에 대한 피드백을 받은 학습자보다 학습기능이 더 높다는 연구결과를 보고했다.

Seligman은 무력한 학습자는 실패를 내적이고, 안정적이고, 일반적인 요인으로 귀인하는 경향이 있다고 지적했다(Graham, 1996). 이 학습된 무기력은 모든 행동에 있어서 동기의 결여와 함께 수동성과 학습의 결손, 문제해결 전략의 효율성 저하, 그리고 기대와 실천을 쉽게 포기하는 인내심의 부족 등을 특징으로 지니고 있다. Davison(1986)은 무기력에 빠진 사람의 일반적인 특징으로 의욕상실과 동기부여의 저하를 지적하고 있으며, Andrew(1987)는 학습뿐만 아니라 매사에 동기가 결여되어 어떤 한 가지 과제를 지속적이고 끈기있게 해결하지 못하는 특징을 지니고 있으며, 욕구불만으로 조그만 어려운 일에도 쉽게 포기하거나 회피하는 경향이 강하다는 것을 지적하고 있다.

Deci와 Ryan은 인간은 선천적으로 학습과 관련된 활동을 하려는 성향이 있다고 하면서 학습하려는 동기를 내 · 외적 동기로 구분하여 설명하였다. 학습 자체가 강화작용을 하여 학습하려는 동기가 부여된다는 내적 동기와 학습 후의 피드백의 과정으로서 받게 되는 강화에 대한 유인가에 동기가 부여되는 외적 동기로 나누면서, 학습자의 특성에 따라 내 · 외적 동기부여 전략을 다르게 제시하여야 학습의 효과를 이끌어 낼 수 있다고 하였다.

Duda와 Nicholls는 학습의 효과에 영향을 미치는 요인으로 자신의 능력에 대한 주관적인 지각의 중요성을 강조하면서, 숙달지향적인 학습자는 낙천적인 경향 때문에 능력이 향상될 수 있다고 믿으며, 자신의 향상을 위해서 적극적으로 과제를 수행한다. 반면 무기력한 학습자는 염세적인 경향이 있으며 능력이 고정적이어서 통제가 불가능하기 때문에 도전적인 과제를 피하려는 경향이 있다고 보고하였다.

최근 강조되고 있는 Ames의 목적이론에서는 동기를 목표지향적 행동으로 정의하면서 동기와 관련된 목표를 숙달목표와 수행목표로 나누어 설명하였다. 숙달목표를 지향하는 학습자는 새로운 학습기술을 발전시키고, 자신의 일에 이해하려고 노력하며 유능감 수준을 향상시키거나 자아관련 기준에 근거하여 숙달감을 성취하도록 노력하기 때문에 효과적인 학습전략과 문제해결 전략을 적용한다. 반면 수행목표는 개인의 능력과 자기가치감에 초점을 두면서 자신의 능력은 다른 사람들보다 더 잘하는 것, 또는 규준에 근거한 기준을 넘는 것이나 적은 노력으로 성공을 이루어 내기 때문에 똑똑하게 보이거나 아니면 무능력하게 보이는 것을 회피하는 데 관심이 많으며, 좋은 성적과 교사의 칭찬을 받기 위해 학습을 한다.

(2) 동기유발을 위한 지도

개체의 높은 성취동기는 활기 있고 즐거우며 생산적인 삶을 가능케 하지만 우리 교육현장의 모든 학습자들이 높은 성취동기를 지니고 있는 것은 아니다. 결국 교사와 학부모는 학습자의 낮은 성취동기가 높여주기 위한 과제를 지니게 되는 것이다. 하지만 불행하게도 기계적으로 따르기만 한다고 해서 수동적으로 또는 지시한대로 따르기만 해서는 성취동기를 향상시킬 수 없다. 왜냐하면 성취동기에 영향을 미치는 변인은 너무나도 다양하기 때문이다.

Chauhan(1979)은 학교에서 교사들이 학습자의 성취동기를 높일 수 있는 방안으로 다음과 같은 것들을 제시하였다. 첫째, 여러 분야에 위대한 사람들의 생애 및 업적을 이야기해주거나 위인전을 읽게 함으로써 성취동기의 중요성을 학생들이 분명하게 알도록 해준다. 둘째, 성취동기를 장래의 삶과 관련시키며 독자적으로 책임을 감당하는 경험을 학생들에게 부여한다. 셋째, 학생들에게 새로운 성취동기를 가지고 노력한다면 자부심도 높아진다는 것을 알게 한다. 넷째, 학생들로 하여금 자기 목표에 대한 진전의 정도를 기록으로 만들게 한다. 다섯째, 학습에 있어서의 좋은 사회적 분위기를 조성하는 노력을 함으로써 학생들 모두가 소속감을 느끼고 서로 돕는 관계에 있음을 실감하게 한다.

Johnson(1979)은 성취동기를 높이기 위하여 세 가지의 지도방안을 제시하였다. 그 첫째는 주어진 학습과제를 성공적으로 감당할 수 있을 것이라는 기대감을 높여 주는 것이다. 학생들은 학습과제가 아무리 가치 있는 것이라 할지라도 그것은 자기 능력 밖의 것이어서 감당할 수 없다고 생각한다면 시도조차 하지 않을 것이다. 이런 경우에는 학습과제를 작은 단위로 나누어서 하위에 있는 가장 쉬운 것부터 조금씩 학습하게 한다. 그리고 그에 필요한 지식이나 기술을 제공해 주는 등 필요에 따라 안정을 느낄 수 있도록 지도하고 나타나는 결과를 그의 노력의 결과로 인정해 준다. 둘째는 성공은 비록 작은 것일지라도 그의 능력과 노력의 결과라고 지각하도록 지도하는 것이다. 성공할 때마다 그것은 능력에 있고 노력했기 때문이라고 인정해 주며 실패할 때는 노력이 부족했기 때문이란 것을 알게 한다. 셋째는 학급 전체 학생들의 성취동기를 높여 주는 것이다.

학급에서 성취동기 높이기

① 학생들이 개성있고 현실적이며 실용성 있는 학습목표를 설정하도록 돕는다. 모든 학생이 A학점을 받아야 되는 것은 아니다. 지난 번의 성적보다 조금이라도 더 좋은 성적을 얻으려는 것이 현실적인 목표가 된다.

② 모든 학생들이 자기를 성취지향적인 사람이라고 생각하도록 돕는다. 이에는 어느 정도 어려운 과제를 자기에 대한 도전으로 받아들이는 것, 자기도 그 정도는 해낼 수 있을 것이란 자신감을 가지는 것, 성공은 노력을 통해서만 거둘 수 있다는 것 등의 태도가 포함된다.

③ 학생들이 자기 자신을 쉽지 않은 학습과제로부터 도전을 받고 있는 사람, 성취를 가치있는 것으로 여기는 사람, 자기의 노력을 통해서 성취하려는 사람으로 생각하도록 돕는다.

④ 급우 및 교사들이 자기의 성취노력을 격려해 주고 있다는 것을 확신하게 한다. 이 같은 분위기는 학생들을 소수집단으로 나누어 협동해서 학습하도록 구조화할 때 더 쉽게 형성될 수 있다. 집단 내에서 협동적으로 노력할 때 학생들이 집단의 격려와 지지를 많이 받게 된다.

McClelland(1985)

여러 연구들을 토대로 교수-학습 상황에서 학습자의 동기를 유발시키기 위한 방안들을 제시하면 다음과 같다.

첫째, 학습자들에게 현실성 있는 학습의 목표를 설정해 주어야 한다.

목표란 행동이 지향하는 최종의 결과이며, 모든 행동은 목표를 지향한다. 즉, 우리는 주어진 상황을 자기 나름대로 해석함으로써 얻을 수 있는 결과를 예상하고 그것을 달성하기 위해 노력한다. 학교현장에서 흔히 다루어지는 목표에는 수행목표와 학습목표가 있다. 행동의 수행이 목표로 부각될 때에는 학생들은 자기의 행동을 다른 사람에게 어떻게 보이게 하느냐에 더 많은 관심을 기울이게 된다. 즉 잘하는 것처럼 보이고 무능하게 보이는 것을 회피하려 하게 된다. 그러므로 이런 경우에는 무엇을 배웠는가 또는 얼마나 열심히 노력을 했는가 하는 것보다는 수행의 결과를 다른 사람들이 어떻게 평가해 주느냐 하는 것에 더 많은 관심을 갖게 되는 것이다.

그러나 목표가 무엇인가를 학습하는 것일 때에는 실제로 목표한 것을 학습했는가, 그래서 조금이라도 더 향상되었는가 하는 것이 주요 관심사가 된다. 즉 학습목표를 가졌을 때에는 학습의 과정에서 얼마만큼의 과오가 있었는가 또는 어색한 것을 얼마나 경험했는가 하는 것은 그리 문제가 되지 않는다. 따라서 학습목표를 설정한 사람은 학습활동의 과정에서 약간의 어려움을 경험하게 될지라도 오히려 그에 도전하는 태도로 끈질긴 노력을 하게 된다.

일반적으로 학습과제가 분명하고 색다르며 합리적이고 도전할 만한 것이어서 비교적 짧은 시간 내에 달성할 수 있을 것으로 생각될 때 학생들은 그것을 학습하려는 목표로 설정하게 된다. 그러므로 교사는 학습과제의 제시나 학습목표의 설정에 있어서 이 같은 사실을 충분히 고려하여야 하며, 성취된 결과에 대해서는 그것을 인정해 주고 적절히 보상하는 데 인색하지 않아야 한다. 결론적으로 설정된 목표가 언제나 무엇인가를 배우고 향상을 가져오는 것이어야 하며, 다만 수행하고 있다는 사실에 의미를 부여하는 것 또는 좋게 보이려는 것이어서는 안 된다는 것이다.

한편 목표는 그 결과를 얻기까지의 기간이 짧을수록 단순하고 분명하며 그때까지의 기간이 길수록 더 복합적이며 덜 분명하다. 가령 30분 후에 끝낼 수 있는 일이라면 그 결과를 상당히 확실하게 예견할 수가 있고 설령 그것을 추구하는 목적이 한 가지가 아닐지라도 비교적 단순하다. 그러나 학기 말에 좋은 성적을 얻으려는 목표도 그 결과에 대한 예측이 덜 확실하며, 미래에 훌륭한 디자이너가 되어야겠다는 목표는 상당히 막연하게 느껴지게 마련이다. 그러므로 교사는 중장기 목표보다는 단기목표의 활동을 많이 계획함으로써 보상을 받을 기회를 많이 부여하고, 그 같은 경험의 반복을 통해서 다가오는 일들을 예측하는 능력을 점진적으로 키워 주어야 한다.

둘째, 학습의 과정에서 협동과 경쟁을 적절히 적용한다.

학습활동을 격려하기 위해 가장 흔히 사용하는 방법이 경쟁과 협동이다. 경쟁과 협동 중 무엇이 더 효과적인가를 쉽게 말할 수 있는 것은 아니지만 연구결과를 종합하여 보면 각각의 방법들이 장·단점을 지니고 있다. 경쟁은 개인의 노력과 생산성을 자극하여 기대수준을 높여 줌으로써 능력과 성취와의 간격을 좁혀주며, 자신의 한계점을 확인하게 하고 그것을 극복해 갈 수 있는 인성적인 부분을 형성해 주며, 일상생활 과업의 단조로움을 극복해 준다. 하지만 경쟁적 방법은 불안감을 일으킴으로써 학습을 저해할 수 있으며, 극단적으로 운영되면 능력이 부족한 학습자들은 열등감을 느끼게 되어 처음부터 과제 자체를 포기하게 만들고 긴장과 적개 및 복수심 등의 부정적 정서를 유발시킬 수 있다.

이와 반대로 협동적 상황은 긍정적인 상호의존 관계를 만들어 주며, 협동적인 학습경험은 자신이 동료들로부터 호의적으로 받아들여지고 있다는 것을 느끼게 하여 동료들이 얼마만큼 학습하였는가에 관심을 가지며 서로 도우려는 성향을 갖게 한다. 공동의 목표를 위해 다른 사람들과 더불어 할 수 있는 능력을 갖고 그 속에서 만족과 성취감을 느끼는 것은 안정된 가정, 성공적인 생애, 이웃과 지역사회의 구성원으로서의 소속감, 그리고 중요한 가치와 신념, 우정 등을 가지고 사회발전에 공헌하는 초석이 된다. 따라서 교사는 교수-학습 상황에서 경쟁을 가볍게 사용하면서 협동을 조장하는 분위기를 형성해야 할 것이며, 가급적 협동적 학습구조를 최대한 적용해야 한다.

셋째, 긍정적인 자아개념을 형성할 수 있도록 도와 준다.

자아개념을 학습에 영향을 미치는 요인 중의 하나로, 최근 들어 교육적 변인으로 관심의 대상이 되고 있다. 자아개념의 향상은 그 자체가 가치 있는 교육의 결과일 뿐 아니라 학업성취를 비롯한 다른 활동의 결과도 향상시키는 수단이 된다(Shavelson & Bolus, 1982).

자아개념이란 자기가 어떠한 사람인가에 대한 개인의 신념으로서 들어오는 자극을 걸러 주는 필터 역할을 하기 때문에 학생들의 자아개념은 그들이 학습과제를 대하는 태도를 이해하는 데 있어서 중요한 요인이 된다. 많은 학생들은 이른바 악순환을 거듭하고 있는데 어떤 과목의 공부는 잘할 수 없다고 믿기 때문에 그 과목을 멀리한다. 그 과목을 멀리하기 때문에 잘할 수 있는 가능성은 더욱 낮아지는 것이다. 잘할 수 있는 능력의 부족에서 오는 부정적인 경험은 자기의 능력을 낮게 평가하게 되고 그 생각을 강화하는 것이다. 그러므로 교사는 학습자들이 긍정적인 자아개념을 가지도록 노력해야 할 것이며, 관심을 가져야 한다. 특히 학교에서 학습자들은 자기능력에 대한 개념을 주로 학업을 통해서 형성하기 때문에 교사는 이를 항상 유의하면서 가르쳐야 한다. 학생을 이해하고 우수한 학생과 비교함이 없이 그 개인의 입장에서 학습상황을 판단하고 작은 성공이라도 인정하며 격려하는 것은 학생들의 긍정적인 자아개념의 발달에 많은 영향을 미치는 것이다.

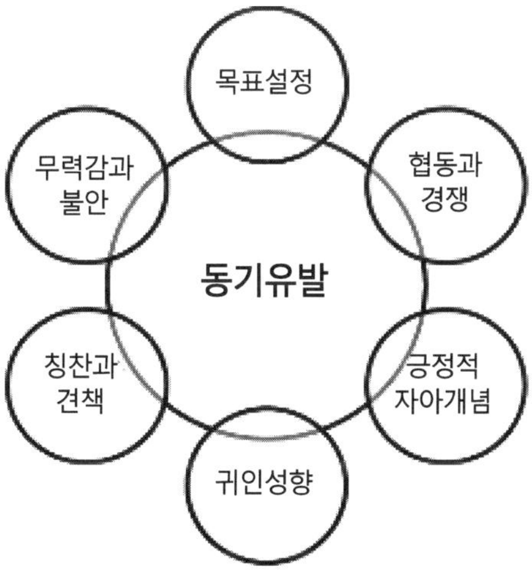

[그림 4-2] **동기유발 전략**

넷째, 활동의 결과에 대한 책임을 자신에게서 찾도록 한다.

성공의 경험은 성취동기나 기대수준을 높여 주며 실패의 경험은 이와는 반대의 결과를 가져오게 한다. 그러나 이 같은 현상이 언제나 일정하게 나타나는 것이 아니고, 나타난 결과에 영향을 미치는 것이 무엇이라고 생각하느냐에 따라서 다를 수 있다. 즉 어떤 일을 성공했다 할지라도 그것은 운이 좋아서 얻어진 것 뿐이며 그 같은 행운이 다시 오리라고는 믿을 수 없다고 생각한다면, 그 성공이 동기로 작용하거나 기대수준을 높여 주지는 않는다. 따라서 성공과 실패에 어떠한 영향을 미치느냐 하는 것은 개인이 그 성공이나 실패의 원인을 무엇이라고 생각하느냐에 따라 다르다. 귀인성향이란 바로 나타난 결과의 원인이 무엇이라고 생각하느냐에 대한 개인적 성향이며 원인에 대한 일종의 인지적 설명이다.

이와 같은 귀인성향이 행동 또는 노력에 영향을 미친다고 하는 사실은 학습자들로 하여금 자신이 얻은 결과를 자기의 책임으로 내적 귀인하도록 지도할 필요가 있음을 의미한다. 즉 학업결과에 대한 학생들의 책임을 강조하는 것은 중요하며, 특히 긍정적인 지도, 즉 '이것은 네 능력이 부족해서가 아니라 노력이 부족해서 일거야. 좀 더 노력해야겠다.' 같이 노력을 강조하는 지도가 이루어져야 한다.

다섯째, 칭찬과 견책을 적절히 적용한다.

칭찬과 견책은 아주 오래전부터 인간의 행동을 통제하기 위해 사용한 수단이다. 그 내용에 있어서도 고개를 끄덕여 인정하거나 어깨나 등을 가볍게 쳐주는 것으로부터 상장 또는 상품을 주는 것에 이르기까지, 그리고 견책에는 잘못을 지적하는 것, 찌푸린 얼굴로 불만을 표시하는 것 등으로부터 체벌을 가하는 것에 이르기까지 매우 다양하다.

칭찬이 효과적인가 아니면 견책이 효과적인가에 대해서 논의하는 것은 매우 어렵다. 같은 칭찬을 듣는다 해도 대수롭게 생각지 않는 사람으로부터 들을 때와 존경하고 자기에게 중요한 사람으로부터 들을 때, 그것이 학생에게 미치는 영향은 다르며, 또한 교사가 같은 책망을 하더라도 예사로 듣는 사람, 순종하고 반성하는 사람, 오히려 불쾌하게 생각하고 반발하는 사람이 있는 등 학생의 태도에 따라 반응도 다르기 때문이다.

따라서 학습과제의 성격에 따라, 학습자에 따라 그때의 상황에 따라, 그리고 대상자의 성격적 특성에 따라 칭찬이나 견책을 어떻게 사용할 것인지 심사숙고해야 한다. 그러나 교사는 학생들의 노력에 대해서 아무런 반응도 보이지 않는 것보다는 조금이라도 반응을 보이는 것이 좋다.

마지막으로 학습자들이 무력감이나 불안에 빠지지 않도록 지도한다.

많은 노력을 해도 좋은 결과를 얻을 수 없었던 경험이 반복되면 다시 비슷한 과제에 당면했을 때 그것을 시도해 보지도 않고 포기하게 된다. 시도해 보아도 그 결과는 역시 기대 이하일 것이라고 생각하기 때문이다. 이와 같이 자신에게 일어나는 일에 대해 스스로가 어떠한 영향도 미칠 수 없다고 생각하여 냉담하고 흥미를 잃어 포기하는 현상은 무력감이 발달했기 때문이며, 이 같은 무력감은 실패의 경험에 의해서 발달한 것이란 뜻에서 이를 학습된 무력감이라고 한다. 우리의 교육현장에서 학생들에게 무의도적으로 무력감을 주입하고 있다. 부모나 교사의 일방적이고 매정한 비교 · 평가 · 질책 · 강요 속에서 그들의 기대에 미치지 못하는 학습자들은 자기무력을 느낄 수밖에 없다. 따라서 교사는 무의도적으로 학습자들을 무력하게 학습시키지는 않는지 점검해야 한다.

또한 누구나 학습 상황과 관련된 불안을 경험한다. 능력이 부족한 사람뿐만 아니라 공부를 잘 하는 학습자들도 시험이나 교실활동에 있어서 불안을 느끼는 일이 많다. 특히 학습상황에서 적정수준의 불안은 학습활동을 자극하여 촉진하지만, 불안이 아주 높거나 낮을 때에는 학습활동이 저조한 경우가 많다. 불안이 아주 낮을 때에는 진행되는 학습에 열의가 없고 반대로 아주 높을 때에는 흥분하고 서두르는 나머지 오히려 적절한 사고 작용을 못하게 만든다. 한편 학습과 불안의 관계는 학습과제의 난이도에 따라 다르게 나타난다. 충분히 이해하고 있거나 간단한 학습과제에 있어서는 불안이 높을 때 학습활동의 효과가 높지만, 학습의 초기 또는 매우 어려운 학습과제에 있어서는 그 효율성이 낮다. 이와 같은 학습과제의 경우에는 긴장을 풀고 침착하되 주의를 집중할 때에 학습활동의 효과가 높게 나타난다. 불안은 이와 같은 학습활동에 영향을 미치는 것 외에도 그것이 심할 때는 회피 또는 도피행동이나 갈등을 초래하기도 한다.

4) 학습문제 해결전략 Ⅱ-학습전략 프로그램

학습문제에 도움을 주기 위해서는 학습자들에게 좀 더 효율적으로 공부하는 방법을 알려 주어야 한다. 즉 교사는 학생들이 효과적으로 공부하여 학업을 증진하도록 지도하고 훈련시켜 주어야 하는 것이다. 국내 선행연구에서 효율적인 공부 방법에 관한 일반적인 내용과 구성을 살펴보면 다음과 같다.

표 4-1 효율적 공부 방법 프로그램(홍경자 외, 1996 재인용)

회기	훈련 주제	활동내용
제1회기	학습 습관 진단	학습방법의 진단과 평가(학습기술검사)
제2회기	공부계획 만들기	1. 좋은 공부계획을 세우기 위한 준비과정 · 목표 세우기, 실행에 옮기기 2. 하루 일과와 한 주일 분석하기 3. 공부계획 세우기 · 공부계획표 작성의 원칙 · 공부계획표 작성
제3회기	정신집중력 향상	1. 정신집중 향상을 위한 외부 환경 만들기 2. 정신집중 향상을 위한 심리적 환경만들기 · 낮잠 문제, 개인적 정서 및 고민 · 학과에 대한 불안 다루기 3. 정신집중 향상을 위한 훈련 · 점진적 근육이완 훈련 · 호흡 명상 훈련
제4회기	기억능력 향상	1. 기억능력 향상 훈련 2. 흥미 일으키기, 주의 집중하기 3. 자료를 심상화하기 4. 정보를 연합하기 5. 기억 문장 만들기

제5회기	교재 이해능력 향상	1. 교재 이해 능력 향상 훈련 · 교재를 개관하기 · SQ3R 기법 2. 그래픽 자료 이해 · 능력향상 훈련
제6회기	노트정리와 정보요약 능력향상	1. 강의 및 세미나에서 노트 정리하기 2. 정보를 요약하는 몇 가지 방법 · 도표 관리법, 요약 정리법
제7회기	어휘학습 능력향상	1. 어휘 이해 능력향상 훈련 2. 어휘 학습훈련 · 경제 어휘 학습 시스템
제8회기	논문 및 리포트 작성하기	1. 논문 및 리포트 작성 2. 능력 향상 훈련
제9회기	시험 치르기	시험 치기 능력향상 훈련

학습자들이 효율적으로 공부할 수 있도록 도움을 주고자 학습전략 프로그램들이 제공되고 있다. 학습전략 훈련 모델의 기본과제는 학생들에게 학업 관련 과업을 익히고 수행하는 방법을 훈련시켜 그들에게 주어진 과업을 성공적으로 성취하고 일생을 통해 또한 다른 환경 속에서도 문제해결 방법을 일반화하여 적용할 수 있도록 한다(Deshelr & Schumaker, 1988). 대부분의 학습전략 프로그램 훈련은 학습자들이 문제해결에 있어서 전략을 활용하여 생각하고 적용할 수 있도록 체계적인 절차를 제시한다.

학습전략 훈련 프로그램은 전략적 교육과정(무슨 전략을 가르칠 것인가), 전략적 훈련 절차(어떻게 전략을 가르칠 것인가), 전략적 환경(학습을 촉진시키고 강화시키기 위해서 환경을 어떻게 배치할 것인가)의 3가지 구성요소를 포함한다.

전략적 교육과정	전략적 훈련절차	전략적 환경
· 학습전략 : 습득, 저장, 표현 및 수행 · 동기화전략 · 실행전략	· 습득단계 · 일반화단계 · 전략적 교수활동단계 · 내용강화단계	· 학습지원을 위한 협력 관계 구성기법 · 관리기법 · 평가기법 · 발달기법

[그림 4-3] **학습전략 훈련 모델 구성요소**

(1) 전략적 교육과정

전략적 교육과정은 4가지 유형의 전략으로 구성된다. 학습전략은 내용을 이해하고, 기억하고, 산출하는 데 필요하다. 사회적 기술 전략은 학생들이 학교, 가정, 지역사회에서 성공적으로 생활하는데 유용하다. 동기화 전략은 학생들이 문제를 해결하고 의사결정을 내리는 데 도움을 준다. 실행전략들은 학생들이 자신의 전략들을 창출하고, 전략의 효과를 검토해 보고, 가능하면 효과를 향상시키기 위해서 필요한 수정을 할 수 있게 한다.

① **학습전략** : 정보기억하기, 재진술하기, 시험치르기 기술
② **사회적 기술전략** : 함께 어울리기, 대화기술, 문제해결
③ **동기화 전략** : 동기부여, 목표 설정하기
④ **실행 전략** : 적절한 전략을 선택하고 설계하기

4가지 전략은 모두 성공적인 학교생활을 위하여 필요하다. 특히 학업성취를 위하여 직접적으로 관련된 전략은 학습전략이다. 학습전략 교육과정은 3가지 유형의 전략들을 포함하고 있다.

① **습득** : 학습 자료에서 효율적으로 정보를 습득하도록 하는 전략들
→ 해독 및 발음, 읽은 내용의 재진술, 질문하기 전략, 시각적 심상, 자료해석,

SQ3R 등

② **저장** : 필요한 정보를 효율적으로 기억하도록 하는 전략들

→ 반복, 심상, 범주화, 음율법, 축약법, 쐐기어, 장소법, 연상, 정교화, 공책정리 등

③ **표현 및 수행** : 문장을 작성하고 교정하고, 내용을 조직하는 전략들

→ 오류 점검 전략, 문장작성훈련, 주제가 있는 글쓰기, 시험 치르기 기술 등

(2) 전략적 훈련절차

전략적 훈련절차는 습득단계, 일반화단계, 전략적 교수활동단계, 내용강화단계 등 4단계 절차를 통하여 실행된다. 이러한 단계를 따르면 보다 높은 훈련의 효과를 나타날 수 있다. 특히 전략적 교수활동은 학생들의 개별적인 요구를 맞추기 위하여 프로그램 내내 이루어야 한다. 전략적 훈련절차는 상담교사가 학생을 훈련과정에 적극적으로 참여시키고 보다 흥미롭게 훈련을 진행할 때 효과적이다.

학습전략의 습득단계에서 상담교사는 오류 점검, 내용 재진술하기 등 다양한 전략을 가르칠 수 있다. 특히 습득단계에서는 다음과 같은 절차를 따르게 된다.

① **진단검사 실시 및 전략을 활용할 수 있는 조건형성** : 학생의 현재 수행수준을 점검하고 그들로 하여금 전략을 배우고자하는 동기를 부여한다. 상담교사는 학습을 촉진하는 전략의 사용에 대하여 학생의 개인적인 흥미와 관심을 높인다.

② **전략 설명하기** : 각 학습전략의 장점과 근거에 대하여 설명하고 구체적인 실행단계를 제시한다.

③ **전략 시범보이기** : 전략을 시범보이는 것은 단순히 설명을 하는 것보다 중요하다. 예를 들면, 교사가 문장을 작성하고 쓰기오류를 점검하는 전략을 직접 보여주면 학생이 보다 잘 이해하게 된다.

④ **언어화** : 언어화 단계는 언어적 시연과 언어적 정교화로 이루어져 있다.

학생이 직접 전략의 적용단계를 말로 설명하고(시연), 상담교사가 질문을 통해 학생이 사용하는 전략의 구체적인 부분을 확인하게 된다(정교화).

⑤ **훈련자에 의한 연습과 피드백 제공** : 훈련자의 지도하에 충분하게 연습을 하도록 한다. 오류를 교정하고 성취결과에 대한 강화를 제공한다. 이는 학생들의 노력을 강화시키고 틀린 반응을 연습하는 것을 방지하기 위해 개인적으로 적절한 피드백을 제시해야 한다.

⑥ **심화 연습과 피드백 제공** : 긍정적이고 적절한 피드백을 제공하면서 보다 다양한 과제를 제공하고 자기 주도적으로 연습을 하게 한다.

⑦ **형성평가와 추수지도** : 수행의 진척도를 알아보고 그에 따른 피드백을 제공하기 위해 형성평가를 실시한다. 학생들에게 다른 환경에서도 해당 전략의 사용을 일반화하도록 한다.

학생들이 전략을 습득하면 상담교사는 일반화단계에 초점을 두어야 한다. 전략수업이 효과적으로 이루어지기 위해 학생들이 다양한 상황에서 전략을 적용하도록 조력해야 한다. 일반화단계의 절차는 다음과 같다.

① **오리엔테이션** : 학생들이 전략을 적용할 수 있는 상황을 인식하게 한다.

② **활성화** : 학생들이 전략을 적용하도록 격려하고 그 결과를 점검해 본다.

③ **수정** : 전략을 적용해보고 새로운 상황의 요구에 맞추어 전략을 수정하도록 한다.

④ **유지** : 다양한 상황(가정과 학교 등)에서 전략을 지속적으로 활용할 수 있도록 격려한다.

대표적인 전략적 교수활동은 다음과 같다.

① 선행조직자와 정리 활용

② 원리에 대한 토론

③ 예상되는 것에 대한 토론

습득단계

진단검사 실시 및 전략을 활용할 수 있는 능력
- 조건형성
- 전략설명하기
- 전략 시험보이기
- 언어화
- 훈련자에 의한 연습과 피드백 제공
- 심화연습과 피드백 제공
- 형성평가와 추수지도

→

일반화단계

- 오리엔테이션
- 활성화
- 수정
- 유지

→

전략적 교수활동단계

- 선행자와 정리활용
- 원리에 대한 토론
- 예상되는 것에 대한 토론
- 이해한 것에 대해 재검토하고 점검
- 독립적이고 자기주도적 학습의 조장
- 밀도있는 훈련과정
- 훈련진행 상황점검
- 피드백 제공
- 완전학습

→

내용강화단계

- 학생들이 적극적 참여유도
- 구체적 형태로 제시
- 적절하게 조직화된 정보의 제시
- 정보와 정보간의 분명한 구분
- 중요한 혹은 중요치 않은 정보 구분

[그림 4-4] **전략적 훈련절차**

④ 이해한 것에 대한 재검토와 점검
⑤ 독립적이고 자기 주도적 학습의 조장
⑥ 밀도 있는 훈련과정
⑦ 훈련 진행 상황 점검
⑧ 피드백 제공
⑨ 완전학습

내용강화단계는 무슨 내용을 가르칠 것인지 그리고 그것을 어떻게 의미있는 방법으로 전달할 것인지를 결정하는 것을 돕기 위해 사용된다. 내용 강화 단계는 학생들이 조직하고, 이해하고, 기억해 낼 수 있는 방법으로 학습내용을 제시하기 위하여 계획과 절차를 작성한 것이다. 내용강화단계는 효과적인 학습을 위하여 다음과 같은 사항들을 고려해야 한다.

첫째, 학생들이 적극적으로 참여하도록 유도해야 한다.

둘째, 추상적인 개념들이 구체적인 형태로 제시되어야 한다.

셋째, 정보가 적절히 조직되어 제시되어야 한다.

넷째, 정보와 정보간의 관계가 분명하게 제시되어야 한다.

다섯째, 중요한 정보와 중요하지 않은 정보를 구별해야 한다.

예를 들면, 단원조직표와 같은 요약표는 내용강화단계의 구체적인 항목으로 볼 수 있다. 이는 교사가 학습할 단원에 대한 교수활동을 계획하고, 검토하고 평가하기 위해 사용하는 시각적인 도표이다. 교재가 있든 없든 간에 어떤 과목을 가르치기 위해서도 사용될 수 있다. 이는 교사 혼자 준비할 수도 있고, 교과와 그 주제에 대해 흥미를 유발하기 위해 학생들과 같이 준비할 수 있다. 단원조직표는 교사가 학습할 단원을 소개하는 선행조직자로 사용할 수 있고, 학생들은 과제나 평가에 대비하여 자신의 현재 진도를 점검해 볼 수 있는 점검목표도 사용할 수 있다. 또한 현재의 학습주제와 다른 주제와의 관련성을 알아보고자 할 때도 도움이 된다.

(3) 전략적 환경

학습전략 훈련 모델은 전략적 학습 환경을 촉진하기 위하여 학습지원을 위한 협력관계 구성기법, 관리기법, 평가기법, 발달기법 등을 포함한다. 협력관계 구성기법은 학습문제해결을 위하여 교사, 학부모, 학생, 카운슬러가 협력적 관계를 형성할 수 있도록 조직하는 것이다. 관리기법은 학생의 학습을 촉진시키기 위해 시간관리, 학습자료관리, 전문가의 조력을 체계적으로 관리하는 기법이다. 평가기법은 교사와 학생에 대한 체계적인 피드백을 하기 위한 것이며, 발달기법은 학생의 다양한 요구를 충족시키기 위해 이후 여러 가지 전략을 체계적으로 구안하고 발달시키는 것이다.

표 4-2 학습전략 훈련 프로그램의 전체적 구조

영역	프로그램	특징
전략적 교육과정	동기화전략	학생들이 그들의 삶의 방향을 계획하는데 있어서 주도적이며 적극적으로 참여할 수 있도록 촉진하는 전략들로 구성되어 있다. 학생들이 그들의 삶과 관련된 의미있는 목표를 설정하고, 검토하고, 달성할 수 있을 것인가 그리고 그 목표를 의미있는 타인들과 어떻게 의사소통할 것인지를 가르치도록 설계한다.
	학습전략	학교, 가정 등 다양한 상황에서 주어지는 학업적인 과제에 대처하는 전략을 가르치도록 설계한다. ① 정보습득단계 ② 정보저장단계 ③ 표현 및 수행단계
	사회적 기술증진전략	다양한 상황과 장면에서 교사와 다른 학생들과 어떻게 적절하게 상호작용할 것인지를 가르친다. 성취압력에의 적응, 자신에 대한 건설적 비판을 수용, 협상, 도움요청 등이 포함된다.
	실행전략	자신이 어떻게 스스로 주어진 문제를 해결하고 학습에 일반화할 것인지를 가르치도록 설계되어 있다. 몇 가지 학습전략을 배운 후에 실제로 적절한 전략을 선택하고 실행할 수 있게 한다.
전략적 환경	관리전략	학생의 주도성과 성공을 촉진하기 위하여 학습자료, 시간, 학습 환경 및 자신의 행동을 어떻게 관리할 것인가에 대한 전략을 설계한다. ① 학습 시간 관리전략 ② 학습 환경 관리전략 ③ 자료 탐색전략
	학습지원을 위한 협조관계 구성전략	나타나는 학습문제해결을 위하여 교사, 학부모, 학생, 카운슬러가 협조관계를 구성하는 것이다. ① 개인상담 및 가족상담 의뢰 ② 온라인 시스템 ③ 학부모 및 학교 담당교사

교사는 학습자들에게 학습전략을 가르치기 위해서는 먼저 학생의 현 수준을 진단하고, 학생들이 전략을 능동적이고 적극적으로 활용할 수 있는 분위기와 조건을 조성하여야 한다. 그리하여 각각의 전략을 설명하고 시범을 보이고 훈련자의 지도하에 연습을 하도록 하며, 그 결과에 대한 형성평가를 하고 다른 상황에 일반화할 수 있도록 다양한 기회를 제공해야 한다.

5) 학습문제 해결전략 Ⅲ - SQ3R법

성적이 우수한 두 학생이 있을 때 각자 사용하는 학습방법은 서로 다를 수 있으며, 또 사람들은 여러 면에서 개인차가 있기 때문에 같은 방법을 사용하더라도 사용하는 사람에 따라 다른 결과를 나타낼 수도 있다. 그러나 공부를 잘하는 학생들은 대부분 의식적으로든 무의식적으로든 공통적으로 사용하고 있는 핵심적인 공부 방법을 사용하고 있는데, 이를 SQ3R법이라고 한다. 즉 공부를 하되 무조건 읽고 외우는 것이 아니라 다음과 같은 5단계의 순서를 거친다.

[그림 4-5] **SQ3R의 과정**

(1) 개관하기

개관은 학습전략 5단계 중 첫째 단계다. 개관이란 학습할 내용을 자세히 읽어가기 전에 우선 전반적인 줄거리를 대강 훑어보는 것을 말한다. 비유하자면 모르는 곳으로 여행을 가거나 등산을 갈 경우 출발하기에 앞서 지도를 펴놓고 코스를 살펴보는 것과 같은 일이다. 책을 상세히 읽기 전에 미리 대략적인 개관을 해두면 앞으로 읽을 내용을 이해하기가 훨씬 쉬워진다. 원하는 책을 사고자 할 때나 교과서를 처음 받았을 때와 같이 책 한 권을 전부 개관해야 하는 경우도 있으나, 일반적으로는 오늘 공부하기로 계획한 단원만 개관하면 된다. 두 경우 개관의 방법에는 큰 차이가 없으나 여기서는 그 두 경우를 나누어서 살펴보도록 하자.

책 한 권을 전부 개관하는 경우, 먼저 서문을 읽는다. 서문을 통해 그 책이 어떤 목적으로 쓰여졌으며, 어떤 내용을 다루고 있는지 쉽게 파악할 수 있다. 또 어떤 사람을 대상으로 쓰였으며, 그 책을 읽자면 어떤 준비와 얼마 만큼의 예비지식이 필요한지 대략적으로 알 수 있다. 그런 다음 차례를 읽는다. 꼼꼼하게 차례를 읽어 나가면서 그 책이 어떤 내용을 담고 있는지 자세히 파악한다. 책장을 넘겨가며 각 단원의 제목과 그 밑의 소제목들을 읽어 본다. 이러한 일은 꽤 시간이 걸리고 귀찮은 일일 수도 있으나 꼭 해야 하는 일이다. 왜냐하면 이러한 과정을 통하여 그 책의 전반적인 경향과 전체적인 체계를 이해할 수 있기 때문이다. 만약 단원마다 요약이나 개요가 되어 있다면 개관할 때 그 요약을 읽어 보아야 한다.

교과서의 경우 나중에 본격적으로 책을 읽어 나가면서도 가끔씩 차례를 다시 찾아보면서 내용의 진행을 살피는 것이 좋다. 그러기 위해서는 교과서를 처음 받아 왔을 때 미리 책의 차례를 축소 복사하여 코팅한 후 책갈피로 꽂아 놓으면 큰 도움이 된다. 책에 들어갈 수 있도록 작은 크기로 축소하는 것이 좋겠다. 책을 읽을 때 그것을 옆에 놓고 보면서 공부하면 현재의 위치 파악은 물론 내용의 전후 맥락을 쉽게 알 수 있으므로 매우 효과적이다.

오늘 공부하기로 계획한 단원만을 개관하는 경우, 먼저 소제목을 잘 살펴본다. 교과서는 대부분 여러 수준의 소제목에 따라 내용이 구성되어 있다. 학생들은 각 단원의 제목과 그 밑의 소제목들을 순서대로 훑어보아야 한다. 그러면 그 단원의 내용과 구성을 알 수 있다. 각 소제목은 다루려는 내용의 핵심인 것이다. 그런 다음 각 소제목 밑의 문장을 몇 줄 읽어 본다. 또 그림이나 도표를 살펴본다. 그리고 그 단원의 앞이나 뒤에 개요나 요약이 있으면 그 부분은 꼭 읽어 보아야 한다.

고등학교 국사 교과서의 경우 대단원이 시작되기 전에 '단원 개관'과 '연표'를 제시해 놓았으며 소단원 제일 앞부분에 그 단원의 '개요'를 친절하게 써 놓았다. 국사 교과서만 그런 것이 아니라, 명칭과 제시된 부분이 서로 다를 뿐 모든 교과서가 공통적이다. 예컨대 정치 · 경제 교과서에서는 '이 단원의 공부를 위하여'라는 제목으로 대단원의 내용을 요약해 놓았으며 각 소단원에서는 끝부분에 '학습 정리'라는 제목으로 그 단원의 핵심 내용을 간략히 정리해 놓고 있다. 그 외의 여러 가지 과학 교과서에서도 역시 대단원이 시작되는 부분에서는 '단원 학습 안내' 혹은 '단원 학습 목표'라는 제목 밑에, 그리고 각 소단원이 시작될 때는 단원 머리에 간략히 그 내용을 요약해 두고 있다. 또 어떤 과학 교과서에서는 단원이 끝날 때마다 '단원의 요약'이라 하여 핵심 내용을 한 페이지로 친절하게 정리해 주고 있기도 하다. 책을 본격적으로 읽기 전에 바로 그런 것들을 꼼꼼히 읽어 보아야 한다.

5단계 공부 방법의 첫째 단계인 개관에 대해 알아보았다. 연구 결과 많은 학생들이 개관을 충실히 하지 않는다는 사실이 밝혀졌다. 갈 길은 멀고 마음만 급해서 매번 책의 본문만 허둥지둥 읽는 학생들이 많은 것이다. 어떤 학생들은 아예 교과서에 '단원 개관'과 '개요', '단원 학습 안내'와 '학습 정리', '단원의 요약' 같은 것이 있는지조차 모르고 있다. 그것이 바로 공부 못하는 요인이 되는 것이다. 교과서에는 쓸데없는 것을 적어 놓지 않는다. 나름대로 다 의미와 가치가 있다. 특히 각 단원의 앞이나 뒤에 붙어 있는 요약은 책의 다른 어떤 부분보다 더 중요하다. 앞으로는 개관을 할 때 그것을 꼭 읽도록 하라. 개관없이 책을 읽는다는 것은 한 번도 가보지 않은 울창한 숲 속을 지도도 없이 들어가는 것과 같다. 요약을 읽고 소제목을 훑어보는 것이 귀찮게 여겨질는지 모르겠으나, 충분히 개관하는 것은 시간 낭비가 아니라 그에 대한 보상을 충분히 준다는 것을 명심해야 한다.

(2) 질문하기

둘째 단계는 질문을 하는 것이다. 책 내용에 대해 궁금증을 갖는 것은 학습에 목표를 갖게 된다는 것이다. 의문을 갖고 있으면 책을 읽어 가면서 알고 싶은 것을 찾게 되므로 학습에 큰 도움이 된다. 또한 궁금증을 해결하기 위해 읽은 내용은 그냥 외운 것보다 훨씬 오래 기억된다는 소득이 있다.

학생 마음 속에서 저절로 생겨난 질문이나 의문이 가장 좋다. 그 교과서를 공부하려는 사람은 바로 학생 자신이기 때문이다. 그러기 위해서는 개관을 하기 위해 각 단원의 요약과 소제목들을 살펴볼 때 내용에 대한 호기심이 자연스럽게 생겨날 수 있도록 좀더 적극적으로 살펴보는 버릇을 길러야 한다. 어떤 경우에는 각 단원의 첫 부분이나 끝 부분에 질문이 제시된 것도 있다. 그 단원의 핵심 내용에 대하여 묻고 있기 때문에 이것은 매우 중요하다. 책을 본격적으로 읽어 나갈 때 그 질문에 대한 답을 찾는 식으로 읽고, 책을 다 읽고 난 후 그 질문에 옳게 답할 수만 있다면 제대로 공부했다고 할 수 있겠다.

요즈음의 교과서에는 모두 질문이 붙어 있다. 예를 들면 국사 교과서의 경우 각 소단원 앞부분에 '연구 과제'라는 이름을 붙여 질문을 던져 놓았으며, 정치·경제 교과서에서는 앞 부분에 '학습 과제'라는 이름으로, 뒷부분에 '연습 문제'라는 이름으로 질문을 주고 있다. 또 과학 교과서 중에는 책 중간중간에 '물음'을, 책 끝에 '익힘 문제'를 넣은 것도 있고, 책 끝에만 '연습 문제'를 만들어 질문하는 것도 있다. 학생들은 이것을 무시하는 경우가 많으나 충실히 이용하면 학습과정에 큰 도움을 받을 수 있다. 물론 아직 공부를 시작하지 않았으니 그런 질문에 답을 할 수는 없다. 그러나 책 읽기 전에 그 질문을 마음 속에 새겨 두고 그 질문에 대한 답을 찾는 태도로 읽어야 한다. 책을 읽는 중에 질문과 관련된 부분이 나오면 가끔씩은 책의 앞뒤로 가서 질문을 다시 읽어 보고 돌아와 계속 읽어 가는 것도 좋다. 또 공부가 끝난 후에는 그것을 이용하여 자기 자신이 읽은 것을 점검해 보아야 한다.

체계적으로 질문하기 위해서는 연습을 많이 하는 것이 필요하다. 공부하는 모든 과제에 대해 의문을 제기하는 연습을 열심히 해 보고 의문점을 간단히 적어본다. 이렇게 연습하다 보면 질문하는 방식에 체계가 형성되고 나중에는 적을 필요도 없이 개관할 때나 읽어 나가는 과정에서 자연히 많은 의문점들이 생기고 그 의문을 중심으로 책을 읽게 된다.

(3) 읽기

셋째 단계는 읽기다. 많은 학생들은 책을 읽는 것이 공부의 첫 단계라고 생각하지만 그것은 잘못된 생각이다. 읽기란 공부의 첫 단계도 마지막 단계도 아니며, 또 항상 가장 중요한 단계라고 볼 수도 없다. 비유하자면 일기란 개관에 의하여 이미 이느 정도 알려졌으며, 각각의 중요한 곳이 의문에 의해서 특별히 표시돼 있는 숲 속 길을 산책하는 것과 같다.

제대로 읽기 위해서는 우선, 교과서는 소설 읽듯이 읽어서는 안 되며 항상 능동적이고 적극적으로 읽어야 한다. 그러기 위해서는 의문에 대한 답을 찾는 자세로 정신을 집중해서 읽어야 한다. 단지 글줄을 따라 안구 운동만 반복해서는 안 된다. 그리고 강조된 부분에는 특히 신경을 쓰며 읽어야 한다. 교과서에서는 중요한 용어, 개념 혹은 특별히 강조하고 싶은 부분에는 밑줄을 그어 표시해 놓거나 고딕체로 제시되어 있다. 이러한 부분은 특히 주의를 집중하여 그것이 전체 문장과 어떤 관련이 있는지 완전히 이해하도록 한다. 또한 본문만 읽지 말고 표, 그래프, 그림들도 빼놓지 말아야 한다. 이런 것들은 의도적으로 그곳에 삽입해 둔 것이니 소홀히 넘겨서는 안 된다. 때로는 이런 표나 그림들이 문장보다도 그 내용을 훨씬 더 전달해 줄 수도 있기 때문이다. 표 중에는 이해하기 어려운 것도 있으나 개념 간의 비교를 통하여 많은 것을 가르쳐 줄 것이다.

(4) 암기

암기는 SQ3R 공부법의 넷째 단계다. 암기는 아주 오래된 학습방법으로 책이 발명되기 전과 책이 귀하던 시절에는 이 암기가 곧 학습을 의미했다. 학생들은 일반적으로 암기의 중요성에 대하여 잘 모르는 것 같다. 책을 읽고 있을 때는 그 책을 잘 이해하고 앞으로도 전부 기억할 것 같지만 사실은 그렇지 못하다. 실험에 의하면 글을 읽은 직후 내용의 재생 정도는 겨우 50%에 불과하였고, 하루가 지난 후에는 25~30% 밖에 기억하지 못하는 것으로 나타났다. 그리고 2주일이 지난 후에는 10%밖에 기억하지 못했다. 이러한 망각을 억제하는 방법은 배운 즉시 반복하여 암기하는 수밖에 없다. 실험 결과 공부가 끝난 직후 소리내어 2번을 암기한 집단은 2주일 후에도 그 내용의 80%를 기억하고 있었으나 암기를 안한 집단은 15% 정도 밖에 기억하지 못했다. 즉 암기를 하지 않은 집단이 단 하루 동안에 망각한 양이 암기를 한 집단이 63일 동안 망각한 양보다도 더 많다는 것이다. 이러한 연구들은 즉각적인 암기가 학습에 얼마나 중요한지를 단적으로 보여 준다.

그렇다면 암기하는 데 얼마나 많은 시간을 할애해야 하는가는 공부하는 내용에 따라 다르다. 예를 들어 사람의 이름이나 지명, 연도 등과 같이 무슨 원칙이 있는 것도 아니고 상호 연관성도 강하지 못한 내용이 많은 과목, 즉 국사나 지리 같은 과목을 공부할 때는 공부시간의 90~95%를 암기에 할당해야 한다. 따라서 이러한 과목을 암기과목이라고 부르는 것이다. 그러나 기본개념과 원리를 이해하는 것이 특히 중요한 수학이나 과학 같은 과목에서는 이해하는 데 많은 시간이 걸리지만 이해만 잘 하고 나면 막상 외우는 데는 그리 많은 시간이 걸리지 않는다. 그러한 과목에서는 대개 공부시간의 20~30%만 암기에 할애하면 된다.

암기하기에 가장 적절한 시기는 단원의 양이나 내용에 따라 다르다. 단원의 양이 많을 경우에는 한 단원을 모두 읽은 다음에 암기하기보다는 전체적으로 몇 개의 영역으로 나누어 읽어 보고 중요한 부분을 그때 그때마다 암기하는 것이 좋다. 내용이 너무 많으면 그 내용 중 벌써 잊혀진 것도 많기 때문이다. 그렇다고 한 단락을 마칠 때마다 암기하는 것도 나쁘다. 암기를 위해 너무 자주 읽기를 멈추는 것은 전체적인 내용을 파악하는 데 지장을 주기 때문이다. 여기서 권하는 것은 소제목 단위로 내용을 나누어 암기하라는 것이다. 분량으로 치자면 2~3쪽을 읽고 난 후 암기하는 것이 적당하다. 한 개 소제목 밑의 내용을 다 읽었으면 새로운 소제목으로 넘어가기 전에 눈을 감고 금방 읽은 앞부분의 줄거리와 핵심 내용을 기억해 가면서 소리내어 말해 보는 것이 가장 효과적인 방법이다.

지금까지 암기의 중요성과 암기의 적절한 시기에 대하여 설명하였다. 암기는 귀찮고 시간이 오래 걸리는 일이지만 그것의 효과는 대단하다. 기억량을 증가시켜 주고 앞으로의 시험 준비를 위하여 따로 외울 필요가 없으므로 결과적으로 시간을 절약하게 해 주는 학습전략이 된다. 또한 책을 읽을 때 주의집중을 하게 해 주며 잘못 안 것을 교정할 수 있는 기회를 제공한다.

(5) 재검토

재검토란 공부방법의 마지막 단계이며 책을 덮기 전에 오늘 공부한 부분을 빠른 속도로 다시 한번 훑어보는 것이다.

재검토는 일종의 개관이다. 본 학습방법의 첫째 단계가 책을 읽기 전에 하는 개관이라면 재검토는 공부를 다한 후에 다시 한번 하는 개관이다. 방금 공부한 단원의 요약과 정리를 다시 읽어 보고, 소제목들과 미리 밑줄을 쳐둔 중요 단어들을 순서대로 훑어 보면서, 그 부분에 어떤 내용들이 있었으며, 앞뒤의 내용은 서로 어떤 연관을 가지고 있는지 자문자답해 가며 내용을 되새겨 보는 것이다. 끝으로 교과서에 제시되어 있는 질문에 답해 봄으로써 자신이 공부한 것을 확인하고 정리한다. 그러려면 밑줄도 요령있게 쳐 두어야 한다. 밑줄 치는 방법은 다음 기회에 상세히 설명하겠다. 재검토할 때는 다시 읽기와 암기가 요구된다. 읽은 내용을 다시 개관하다 보면 벌써 망각된 부분이 있음을 알게 된다. 그러면 그런 부분은 다시 읽고 암기해야 한다.

재검토하기 좋은 시간은 시험 보기 전까지 재검토를 3~4번 할 수 있다면 가장 바람직하다. 첫 번째 재검토는 공부를 끝낸 직후에 한다. 소제목과 밑줄 친 부분을 빠른 속도로 다시 훑으면서 내용을 상기해 보다가 망각된 부분이 있으면 다시 읽고 외운다. 이 때는 망각된 것이 그리 많지 않으므로 시간이 많이 소요되지 않는다. 첫 번째 재검토는 주로 암기를 하는 시간이다. 마지막 재검토는 시험 보기 전날쯤 한다. 여기에서도 주로 암기를 한다. 시험보기 바로 몇 시간 전에 급히 암기하는 방법은 학습 효과가 없다. 첫 번째, 재검토와 마지막 재검토 사이에 한두 번의 재검토를 더 하면 좋다. 이 때는 암기가 아니라 주로 중요한 부분을 다시 읽는 일을 한다. 재검토를 그렇게 여러 번 하려면 많은 시간이 소요될 것 같지만 내용을 전부 읽는 것이 아니라 소제목과 밑줄 친 부분을 훑어보다가 내용이 생각나지 않는 부분만 골라 읽으면 되기 때문에 생각만큼 오래 걸리지는 않는다.

지금까지 5단계 학습방법에 대하여 살펴보았다. 이 학습방법은 수많은 학생을 대상으로 실험한 결과 많은 학생들의 성적이 크게 향상되었다. 따라서 학교에서 교사가 성적부진으로 고민하는 학습자에게 이 5단계 학습방법을 안내해 주고 익힐 수 있도록 한다면 보다 효과적으로 학습할 수 있게 될 것이다.

2 진로와 생활지도

1) 진로와 진로상담

과거 전통적 농업사회에서는 변화의 속도와 양상이 현재와는 달리 일정하고 단편적이어서 미래에 대한 예측이 어느 정도 가능하였다. 그러나 산업사회를 맞이하면서 폭발적인 인구증가, 과학기술 문명의 발달 등으로 산업구조의 변화, 첨단산업의 급증, 가치관의 변화, 민주주의의 토착화 과정 속의 민주화 추진, 산업발달에 따른 직업세계(world of work)의 다양화 · 세분화 · 전문화로 인한 직업 선택의 문제, 고학력(高學歷) 추세에 따른 국민의 교육수준의 팽창, 인권존중사상 등이 사회적으로 대두되면서 진로선택에도 많은 어려움을 주고 있다. 따라서 학생들은 학교의 정규교육과정만으로 복잡한 진로의 문제를 해결하는 데 상당한 어려움에 놓이게 되었다.

이처럼 개인의 진로문제가 삶의 가장 중요한 이슈(issue)로 등장한 현대 산업사회에서 새로운 인재를 양성하는 정식교육기관이 학생들이 자신에게 적합한 진로를 선택할 수 있도록 관심을 가지고 지도하지 않는다면 학교교육의 온전한 평가는 이루어지지 않을 것이다. 그렇지 않아도 다원화 사회 일각에서는 학교교육의 비중을 낮게 평가하는 여론이 일고 있다. 따라서 교육받은 학생이 장차 성인이 되었을 때 만족할 만한 직업선택이 이루어지지 않아 방황하거나 허송세월을 보낸다면 문제가 더욱 심각해진다. 고등학교나 대학을 졸업하고도 제대로 적합한 직업을 얻지 못한다면 현행 교육의 내용이나 방법을 재고해 보아야 할 것이다. 교육받은 사람이면 자신의 능력을 최대한 발휘하고 이를 인정받을 수 있는 직업을 찾아 생활을 유지하고 사회적인 봉사나 역할분담을 통해 명실공히 자아실현을 이룬 인간으로 이룩되어야 성공적인 삶을 이룩할 수 있는 것이며, 교육받은 효과나 결과가 뚜렷해지고 인정받을 수 있으며 가치로운 것이다.

그럼에도 불구하고 현실은 어떠한가? 고등학교를 졸업하고도 장차 직업적응에 필요한 직업준비 교육이 이루어지지 않아 취업에 어려움을 안겨 주고 있으며, 대학을 나와도 마땅한 취업을 못하여 취업재수생이 되는 숫자가 얼마나 많은가? 생각해 보면 수많은 고등인력의 낭비와 함께 이제는 대학교육이나 고등학교교육의 내용면에서도 합리적이고 실용적인 교육과정으로 개편하여야 할 문제가 많이 도사리고 있다고 볼 수 있다.

진로교육의 중요성이 부각되는 원인도 바로 현재 당면하고 있는 교육의 문제점을 시정하고 보완하기 위하여 1970년대 초부터 수많은 전문가와 일반인들이 관심을 표명하기 시작하였다. 그 후 벌써 20여 년의 세월이 흘러갔다. 교육의 목적에는 여러 가지가 있지만 무엇보다도 교양인으로서의 인간다움이 중요한 것은 재론할 여지가 없다. 다음으로는 직업인 · 생활인으로서 만족하고 행복한 삶을 누리면서 평생 동안 보람과 긍지를 느끼고 자신이 선택한 직업인으로서의 삶을 풍요롭게 만끽하는 실천인이 되어야 할 것이다.

이와 같은 참된 삶을 이룩하려면 사전에 적합하고 철저한 준비교육이 필요하다. 막연하게 교양교육에만 치중한다면 교육의 일면은 성취시켰을지 모르나 생활적응인으로서의 의무나 책임을 모두 이행하였다고는 볼 수 없다. 저마다 타고난 잠재능력을 바탕으로 적재적소에 알맞은 직업인의 육성을 위해서는 흥미 · 적성 · 능력 · 인성 · 신체적 조건 · 가치관에 부합되는 교육이 실천되어야 하는데, 이와 같은 목적을 실현시킬 수 있는 교육이 바로 진로교육인 것이다. 그러므로 학교교육에서 진로교육은 빼놓을 수 없는 통합적인 영역으로 인식하여야 하며 학교교육은 진로교육의 핵심이 되어야 한다.

진로교육의 실천을 위한 학교에서의 진로상담은 학생들의 바람직한 진로발달(career development)을 위해 각 교과활동을 통한 진로교육과 함께 중요한 활동이다. 학생들이 당면한 진학(중 · 고 · 대학)과 직업선택에 관련하여 다양한 진로정보의 제공, 진로계획, 그리고 의사결정 능력을 돕는 활동이다. 따라서 각 학교에서의 진로상담이 바르게 이루어질 수 있도록 하기 위하여, 먼저 진로상담이란 무엇인지에 대해 알아보고 각 학교(초 · 중 · 고)에서 진로교육이 어떻게 이루어져야 하는지에 대해 살펴보고자 한다. 또한 개개인의 특성을 고려한 직업선택에 대해 살펴보고, 다양한 직업세계 그리고 미래의 유망직업에는 어떤 것들이 있는지 알아보고자 한다.

진로상담은 진로교육의 이론과 실제를 현실 적응에 필요한 실천적 활동으로 학생들의 정의적 성숙과 진로발달의 과정을 도와 주는 체계적이고 전문적인 활동이다. 진로(career)란 생애 · 경력 · 직업 등으로 해석이 되지만, 일반적으로 개인의 장래 · 미래에 대한 전망 등으로 인식된다. 또한 진로란 생애직업발달과 그 과정의 내용을 가리키는 포괄적인 용어이다. 그래서 누구나 자신의 앞날이 어떻게 전개되고 이루어질 것인가에 대하여 희망도 가져 보고 고뇌와 회의도 느낀다. 한편으로 현대사회의 급격한 변화와 변모 속에서 어떻게 적응할 수 있을까라는 불확실한 전망 속에 매우 걱정도 하면서 고민에 빠지게 된다.

진로상담은 진로지도를 효율적으로 이끌기 위한 방편으로 개인이 지니고 있는 잠재가능성(potentiality)을 인식 · 탐색하고 개발시켜 그가 원하는 진학 · 직업을 선택하고 이에 잘 적응하도록 함으로써, 선택한 진학 · 직업에 들어가 자신의 삶을 만족하고 일에 대한 능률을 향상시켜 행복감을 느끼며 지낼 수 있도록 하는 것이다. 더 나아가 자아실현이라는 측면에서 뿐만 아니라 사회적 측면에서 살펴보면 인력(manpower)의 적재적소 배치에 따른 인적 자원(human resource)의 효율적 이용이라는 측면에서도 강조되어야 한다. 그러나 지금까지도 진로상담의 사회적 측면에 치중한 나머지 내실 있는 발전은 하지 못한 것으로 판단된다. 여기에는 여러 가지 요인과 이유가 있겠으나 가장 중요한 것은, 학생의 장래 진로가 고려되지 않은 상태에서 진학지도와 직업지도에 대한 전문적인 지도와 기술부족을 들 수 있겠다.

본래 진로상담이나 진로지도는 미국의 Frank Parsons가 1908년 보스톤 시에서 시작한 직업상담과 직업지도를 효시로 하고 있다. 이것이 큰 성과를 이룩하게 되어 학교상담에 도입되고 확대되었다. 그러나 우리 나라에서 카운슬링의 효시인 진로지도는, 초기(1957년)에는 도입되지 않고 생활지도와 상담만이 소개되었다. 이것이 1980년대 초에 비로소 중요성이 인식되고 관심의 초점이 되어 학교교육에서도 확대하기에 이르렀다.

Super는 진로상담이란 일의 세계에서 적절히 융화된 자신의 역할상과 자아상을 발전시키고 수용하여 그것을 현실에 검토해 보고 검토한 자체를 스스로에게 만족스럽고 사회에 이익되는 현실로 전환하도록 개인을 도와 주는 과정이라고 말한다. 미국의 진로발달협회(National Career Development Association)에서는 진로상담이란 내담자가 가장 적절한 진로결정을 하기 위해 자신과 환경의 이해를 종합하고 응용하도록 돕는 목적을 가진 상담자와 내담자 사이의 개인과 개인 또는 개인과 소집단의 관계라고 정의를 내리고 있다.

이와 같은 정의를 종합해 보면 다음과 같은 주요 개념을 포함한다. 일반적으로 상담과 마찬가지로 진로상담에서 상담자는 내담자가 표현하는 태도 · 행동 · 감정 · 사고 또는 생각을 적절하게 분류하여, 내담자의 반응을 검토하여야 한다. 진로상담은 개인의 진로발달을 도와 주는 일련의 과정이다. 진로란 단순히 대학이나 학과의 선택, 직업의 알선이나 선택을 위한 활동만이 아니라 개인의 과거 · 현재 · 미래를 총괄하는 연속적인 과정이다. 아울러 개인의 진로계획 및 준비, 직업의 준비와 선택, 진로문제의 해결과 적용을 단계적으로 도와 주는 계속적인 과정이다.

진로상담은 개인이 당면하는 진로목표나 진로문제의 해결과 적응을 도와 개인의 원만한 인격적 통합이 이루어지도록 도와 주며, 상담자와 내담자 사이의 인간관계는 진로문제의 해결을 위한 필수적인 조건이 된다. 나아가서 상담자는 내담자가 자아(self)와 효과적인 의사결정, 계획 그리고 계속적인 계획의 실천에 필요한 직업세계에 관한 정보를 얻고 조정하여 적용하도록 도와 주어야 한다.

따라서 진로상담을 효과적으로 추진하기 위해서는 진로발달이론과 상담의 기법이나 방법, 지식과 능력을 갖춘 진로상담자의 역할이 기대된다. 효과적인 진로상담이 이루어지기 위해서 상담자는 첫째로 상담과정에서 필요한 숙련된 상담의 기술을 습득해야 한다. 즉 내담자가 지시적 · 비지시적 언어를 통해 표현하고자 하는 감정과 문제 등을 정확히 탐색하여 내담자 스스로 자신의 문제를 이해하도록 도움을 주어야 한다. 둘째로, 진로상담자는 복잡다양한 직업세계의 구조를 이해하여 취업구조, 작업조건, 교육 · 훈련관계, 승진관계, 임금, 장래의 전망 등 직업세계에 관한 정보의 활용에 능숙하여야 한다. 셋째로, 상담자는 내담자로 하여금 능력 · 포부 · 흥미 · 동기 · 가치관 등을 포함하여 자신을 정확하고 객관적으로 이해할 수 있도록 도울 수 있어야 하며, 여러 가지 직업에 성공할 수 있는 필연적인 특성에 알맞게 내담자의 속성(attributes)을 관계지을 수 있도록 도와 주어야 한다. 그리하여 논리적이고 합리적인 의사결정 과정을 통해 적합한 진로선택과 계획이 실천될 수 있도록 하여야 한다. 이러한 활동이야말로 저마다 타고난 잠재능력을 적재적소에 알맞게 배치하여 후회 없는 인생과 만족스러운 삶을 추구하면서 자아실현의 경지로 이끌어 행복한 인생을 추구할 수 있는 것이라고 본다.

2) 진로상담의 목적

진로상담의 목적은 자신의 진로를 객관적이고 합리적인 경로를 통하여 정확하게 인식하도록 도와 주는데 있다. 다시 말하며 진로상담과 지도를 통하여 개인이 자신을 정확히 이해하고 주위여건을 충분히 고려하여 자신에게 적합한 진로를 계획하고 선택하여 이를 개척해 나감으로써 자기 자신 및 사회의 역군으로서 공헌할 수 있는 기틀을 마련해 주는 데 있다. 그 구체적 목표를 제시하면 다음과 같다.

첫째, 진로상담은 자아개념의 구체화를 목표로 한다. 일반적으로 자아개념이란 한 개인이 자신의 능력 · 인간특성 · 적성 · 흥미 · 대인관계 · 외모 등에 대하여 갖는 이미지로서 대부분의 경우 자신의 이미지를 비현실적으로 인식하는 경우가 많다. 따라서 진로상담을 통하여 정확하고 현실적인 자신의 이미지를 형성하도록 도와 주어야 한다.

둘째, 진로상담은 일의 세계에 대한 이해를 목적으로 한다. 일의 종류, 직업세계의 구조, 직업세계의 특성, 변화하는 직업의 요구조건과 필요한 기술, 고용기회 및 경향, 피고용자와 고용자와의 관계 등에 대하여 이해시켜야 한다. 이는 진로상담만을 통해서는 구현하기 어렵기 때문에 별도의 자료와 시간을 할애하여 체계적으로 이해시켜야 한다.

셋째, 진로상담은 진로계획에 대한 책임감을 목적으로 한다. 인간은 자신의 진로를 스스로 계획하고 추구하는 권리의 의무가 있음을 인식시켜 준다. 이러한 인식을 굳히기 위해서는 주기적으로 진로상담을 실시하여야 하나, 자신의 앞날을 스스로 계획함으로써 그만큼 선택의 자유가 보장되고 아울러 선택의 폭이 확장된다는 점을 인식시켜야 한다.

넷째, 진로상담은 의사결정 능력의 함양을 목적으로 한다. 자신의 진로를 현명하게 계획하고 이를 추진하기 위해서는 상황을 정확히 판단하고 최선의 것을 선택할 수 있는 수준 높은 의사결정 능력이 요구된다. 이러한 능력을 신장시켜 주기 위해서는 의사결정시 고려하여야 할 요소, 결정의 우선 순위, 필요한 정보 등을 제공하고 연습하도록 도움을 준다. 그러나 최종 결정은 언제나 내담자가 스스로 하도록 배려되어야 한다.

다섯째, 진로상담은 협동적인 사회행동의 함양을 목적으로 한다. 일이란 대부분의 경우 다른 사람과 함께 하기 마련이므로, 이들과 협동적인 관계가 유지되어야 일의 효율성이 증가한다. 따라서 진로상담 과정에서도 협동적인 사회행동의 중요성을 강조하고 이러한 능력이 신장되도록 각종 교육을 통하여 지도한다.

여섯째, 진로상담은 바람직한 일에 대한 태도를 함양하고자 한다. 일에 대한 태도는 상담을 통하여 개선될 확률이 상당히 희박하다. 그러므로 이는 가정생활과 학교교육을 통하여 올바르게 형성되어야 하며, 진로상담에서는 이를 확인하는 정도에서 그쳐야 한다. 그러나 이 세상에 존재하는 합법적인 일은 모두 가치가 있는 것이며, 그로부터 우리가 혜택을 받고 있다는 점을 강조하여 일에 대한 긍정적인 태도를 형성하도록 도와 주어야 한다.

3) 진로상담의 전개 요령

(1) 진로상담의 계획과 준비

학급과 학생을 대상으로 하는 진로상담에는 학급담임, 교도주임, 진로지도부

등과의 연계와 협력이 필요하다. 진로상담자는 이러한 연계와 협력 속에서 학생의 직업적 발달 단계와 진로 성숙도에 따른 진로상담의 구체적 계획을 세울 필요가 있다. 광의의 진로상담 계획은 진로 성숙, 진로 성숙에 관한 측정과 평가를 포함하기 때문에, 중 · 고등학교에서는 심리 검사의 실시와 해석, 정보의 수집과 제공, 진로상담의 실시를 각 학년의 직업적 발달에 적합한 주제와 방법을 가지고 계획할 필요가 있다. 진로상담 계획을 수립할 때에는 먼저 전체 학생을 대상으로 진로지도 계획안을 세운다. 그것을 다시 진로 정보의 학습, 성격 조사와 측정, 결과의 해석과 학생에게 통보하는 영역으로 세분화하여 이들 영역이 서로 유기적인 관계를 가지도록 상담을 실시하는 것이 중요하다. 진로상담의 준비에는 일반적으로 시간, 장소, 자료 등이 포함된다.

상담에 필요한 시간은 수시 상담의 경우 1시간 내외가 적당하나 정기상담에서는 수시 상담에 비해 시간이 적게 들 수도 있다. 그러나 이 경우에도 상담자가 자신의 의견을 강요한다든지 임의적으로 면접을 중단한다든지 해서는 안 되고 내담자와 충분한 대화가 이루어졌는지를 확인해야 한다. 특히 진로에 관한 의사 결정에서와 자아 개념의 혼란 등이 보일 때에는 1회의 면접으로 끝나지 않고 여러 번 면접을 계속할 필요가 있다. 상담면접의 시간은 진로상담 계획에 의해 집중적으로 어떤 일정한 시기로 결정되어지는 경우가 많지만, 수시 상담일 때에는 교사와 학생이 다같이 편리한 시간을 가질 수 있도록 배려해야 한다.

진로상담은 학교의 상담실이나 진로지도실 등에서 이루어진다. 많은 경우 현재의 진로지도부와 교도부장이 학생지도와 상담 활동을 개별적으로 전개하고 있으며, 각 학교는 진로상담실이라는 독립된 공간을 가지고, 상담 면접 · 검사 · 자료 정보 및 진로지도에 관한 업무를 수행하고 있다. 그렇지만 어떤 방에서라도 편안한 분위기로 상담이 행해질 수 있으며 동시에 사생활이 지켜질 수 있는 조건하에서 행해질 필요가 있다. 편안한 분위기를 만들어 내기 위해 실내의 조도, 책상과 의자의 배치 등에 주의를 기울여야 한다. 비품으로 녹음기 등을 준비하는 것이 바람직하나, 그것은 상담자의 개인 연수 목적으로만 사용하고 상담 내용을 제3자에게 공개해서는 안 된다.

진로상담 전에는 직업세계에 관한 자료와 내담자 개인에 관한 자료가 정비되어 있어야 한다. 전자의 자료는 내담자를 위해 전시나 그 경우 해당되는 내담자와 관련 인사 이외에는 어떤 누구에게도 공개되어서는 안 된다. 개인 자료의 활용은 내담자 자신의 가능성과 그것을 얼마나 신장시킬 것인가 하는 것을 중심으로 이야기하고, 자신의 단점과 한계를 강조함으로써 내담자를 낙담시키는 것은 피해야 한다. 요컨대, 객관적 사실을 보일 때, 내담자가 그것을 수용하는가 혹은 거부하는가, 심리적 기저에 어떤 감정이 있는가를 고려하면서 신중한 대화가 이루어져야 한다. 검사 자료를 가지고 종래의 능력과 흥미 등의 자료와 함께 내담자의 직업적 발달을 평가하는 척도와 검사를 준비해서 내담자의 자기 이해 정도와 진로에 대한 문제, 그리고 의사결정 능력을 측정하고 평가하는 것이 진로상담을 진행하는 데 크게 도움이 된다.

(2) 진로상담을 위한 면접 요령

상담자가 진로상담을 효과적으로 진행하기 위해서는 다음의 몇 가지 원칙을 우선적으로 고려해야 한다.

첫째, 일상적인 교사 활동과는 분리한다. 진로상담은 일상의 상담자 활동과 상담자와 내담자의 인간적인 접촉을 전제로 해서 성립한다. 상담이 성공하기 위해서는 상담에 임하는 상담자에 대한 신뢰감이 필수적인데, 그것은 일반적으로 상담자의 성실함과 비밀 유지의 능력에 관련된다.

둘째, 자연스럽고 따뜻한 태도로 맞이하고 내담자의 자기 지도를 존중한다. 상담 과정에서 가장 중요한 기본적 태도는 내담자를 개인으로서 존중하는 태도다. 이러한 상담자의 태도에서 내담자는 부담 없이 이야기할 수 있는 분위기가 생겨나는 것이다. 상담 장면에서는 일상의 교사 대 학생이라고 하는 관계에 구애받지 않는 것이 좋고, 함께 생각하고 서로 영향을 미치면서, 내담자가 자주적으로 문제를 생각하고 해결할 수 있는 능력을 높이도록 진행하는 것이 중요하다.

셋째, 면접 방법에 숙달될 필요가 있으며 적당한 방법으로 면접을 수행한다. 면접의 과정에 있어서 장면 구성과 상담의 진행 방법에 대해서는 현재 여러 가지 기술이 강조되고 있는데, 상담이 상황에 맞는 방법을 적절히 사용할 수 있어야 한다. 따라서 상담이론과 기술의 연구가 필요하다. 이러한 진로상담의 원칙이 고려되고 상담자가 면접을 진행할 때에는, 내담자의 말을 경청하고, 그의 진로 희망과 배경을 이루는 자기 자신에 대한 사고 방식을 분명히 해야 한다. 그런 다음 문제의 소재와 상담의 목표를 명확히 표현하여 그 해결을 위해 어떤 방법이 있는가를 서로 이야기한다. 또한 문제해결에 필요한 자료를 준비한다. 예를 들면, 진로 정보나 개인 자료 등을 준비해서 여러 각도로 문제해결을 검토한다. 이 경우 자료의 이용이 오히려 내담자의 희망을 좌절시키지 않고 배려할 수 있다. 이를 위하여 특히 내담자 자신의 능력이나 학력과 같은 한계나 단점보다도 내담자가 가진 장점이나 가능성을 강조하여 장래의 희망과 자신감을 가지게 하는 형태로 제시되는 것이 바람직하다. 그리고 자료의 검토 결과를 여러 관점에서 평가할 필요가 있다. 따라서 이러한 평가는 가능한 한 광범위하고 융통성 있는 입장에서 행할 필요가 있다. 마지막으로 진로에 관한 의사결정과 최종 선택은 내담자가 주체적으로 하도록 한다.

(3) 진로상담에서 심리검사의 활용

검사 사용의 피해는 가끔 그 목적이 혼동될 때에 일어나기 쉽다. 원래 상담이나 생활지도에서 검사의 사용은 내담자의 자질을 평가하고 그 장점을 신장시키기 위해 이용하지만, 진로상담에 있어서는 그것이 선발상의 문제와 밀접하게 관련되기 때문에 검사상의 중대한 오용이 생길 수 있다. 이런 의미에서 상담과 선발을 위한 검사의 차이점을 명확히 해 두는 것은 의미 있는 일이라고 생각한다. Rothney(1972)는 진로상담에 있어서 상담자가 검사를 사용할 때 주의해야 할 8가지 사항을 다음과 같이 들고 있다.

첫째, 성적을 평가하는 것과 같은 감정, 태도, 흥미, 성격 등을 체크리스트식 검사로 조사하는 것을 혼동해서는 안 된다. 후자의 체크리스트식 검사는 엄밀하게 말하면 검사라고 말할 수 없다.

둘째, 검사에서 능력에 대한 이상적 수준을 내세우고 있거나 모든 학습 영역에서 동시에 높은 수준까지 발전시킬 수 있다고 기대하지 말아야 한다.

셋째, 만약 문화적 환경이 '완벽하게 같다'라고 믿을 수 있는 이유가 조금이라도 없다면 그 검사에서 주어진 기준과 학생의 득점을 비교하지 말아야 한다.

넷째, 너무 많은 검사를 힘으로써 내담자와 부모, 교사들과 그것에 대해 개인적으로 연구하는 시간이 없어지지 않도록 주의해야 한다.

다섯째, 검사 제목만으로 성급하게 판단하지 말아야 한다. 검사의 문항들은 내담자의 특성을 정확히 측정하고 있는지 잘 검토되어지지 않으면 안 된다.

여섯째, 검사에서 너무 많은 것을 기대하지 말아야 한다. 검사가 목적의 전부를 측정하지는 않는다.

일곱째, 다른 사람이 '그렇게 하고 있기 때문에'라고 하는 것만으로 검사를 사용하지 말아야 한다. 상담교사는 특정한 개인에게서 일어난 의문에 해답을 주는 것만을 이용해야 한다.

여덟째, 신뢰도라고 하는 말에 주의해야 한다. 그것은 측정상 특별한 의미를 가지고 있기는 하지만 글자상의 의미보다 훨씬 한정되어 있다.

상담에 있어서 검사의 이용은 검사 계획, 실시, 해석, 보고의 방법 등을 충분히 이해한 다음 사용해야 할 필요가 있다.

4) 학교급별 진로교육

진로교육의 체제는 나라별로 약간씩 다르기는 하지만 대체로 지금까지 일반화된 모형은 초등학교 단계에서는 진로인식, 중학교 단계에서는 진로탐색, 고등학교 단계에서는 진로준비, 대학 단계에서는 진로 전문화로 강조점을 두고 있다. 여기서는 각 학교급별(진로교육 단계별)로 강조되어야 할 진로교육의 내용을 간단히 살펴보기로 하겠다.

(1) 초등학교 단계 : 진로인식 단계

인생의 초기 단계에서 삶의 의미와 문제, 방향에 관한 초보적 인상을 다지는데 역점을 둔다. 이는 앞으로 진로선택, 결정의 기초가 되기 때문이다. 초등학교에서의 진로교육은 超 교과적인 입장에서 학생들의 학업적성, 직업적성 등 적성을 발견해 내는데 초점을 두어야 한다. 이는 전 교과를 교사 혼자서 다루므로 학생 개개인의 교과간의 학업적성을 비교할 수 있는 적성 가비교성이 가장 크기 때문이다. 특히 교과시간에는 학생 개개인의 학업적성 개발에 힘쓰고, 특활 시간에는 직업적성에 관심을 두면 양자가 합치되는 어떤 공통점을 발견할 수 있을 것이다. 이러한 적성의 발로는 초등학교에서 가장 잘 발견할 수 있고, 중학교로 진학하고 나면 교과 담임이 각각 다르기 때문에 교과간 적성의 가비교성이 감소하게 된다. 진로인식 단계의 진로상담의 실천 방안은 다음과 같은 것들이 있다.

우선, 교과를 통한 진로교육의 형태가 있다. 한 교사가 모든 교과를 지도하고 있으므로 학생 개개인이 잘하는 과목과 부진한 과목을 파악할 수 있다는 장점이 있다. 따라서 초등학교 단계의 진로교육은 잘하는 교과와 과목이 바로 적성과 일치한다고 볼 때 그 교과나 과목이 무엇인지를 파악하는 것에 중점을 두고 지도하는 것이 바람직하다.

둘째, 특별활동을 통한 진로교육의 형태가 있다. 교과시간에 다루지 못하는 흥미나 성격, 인간관계의 기술(social skill) 등을 지도하는 것이 바람직하다.

셋째, 각종 학교 행사를 통한 진로교육의 형태가 있다. 대규모 집단으로 행동하고 또 많은 사람들과 접촉해야 하는 상황이 많으므로 대인관계의 기술, 사회인으로서의 자세, 책임과 의무, 그리고 권리 등을 이해시키는 것이 바람직하다.

표 4-3 진로인식 단계의 진로교육 내용

영역	내용
자아이해 영역	자아(self)의 구성 요소 인식
	자아의 특징 인식
일, 직업 이해 영역	다양한 직업의 종류 인식
	일과 직업에 관한 가치 인식
	잠정적인 직업 선택의 기회 제공
의사결정 영역	의사결정 능력의 중요성 인식
	자신의 행동에 대한 책임 인식
인간관계 영역	인간관계의 중요성 인식
	인간관계 형성을 위한 기술의 인식
	협동적 사회행동의 중요성 인식

(2) 중학교 단계 : 진로탐색 단계

진로탐색의 시기로서 자기 자신의 특성에 관한 객관적 이해를 토대로 자기의 적성과 소질, 흥미, 능력에 적합한 두세 가지 직업군이나 직업 영역을 선택하여 여러모로 탐색해 보게 한다. 이는 초등학교에서 교과를 통해서 발견된 적성이나 소질을 기초로 해야 한다. 초등학교 6년 동안의 교과활동 상황과 특별활동 상황, 그리고 건강기록부 등을 참조하여 가장 성취도가 높은 교과와 참가 횟수가 많은 특별활동 영역 등을 찾아내어 그 영역을 적성으로 간주하면 큰 오차는 없을 것이다. 진로탐색 단계의 진로교육 실천 방법은 다음과 같이 다각적으로 이루어져야 한다.

① **학교에서의 진로탐색** : 다음과 같은 방법들을 통하여 탐색하게 한다.

- 모든 교과의 각 단원을 진로 및 직업과 관련지어 활용
- 여러 직업에 종사하는 지역사회 자원 인사를 활용
- 직업 현장 견학
- 노동교육 프로그램에 참여
- 진로 자료실의 설치 및 활용
- 일에 대한 시뮬레이션(simulation)
- 지역사회의 여러 활동에 참여해 보기 등

② **가정에서의 진로탐색** : 학교에서의 진로교육 프로그램을 보완하도록 한다.

- 부모님의 직장 탐방
- 직업관련 정보 수집하기
- 자원 인사로서 진로교육에서 참여하기
- 일에 대한 가치관 및 습관 형성 지도

③ **진로담당 교사의 진로탐색** : 진로담당 교사는 진로교육의 전문가로서 역할이 점차로 증대되고 있다.

- 진로교육 정보의 수집 및 분석 및 제공
- 진로상담 활동

· 학교와 지역사회의 유기적 연계
· 진로 자료 센터의 운용

④ **교육행정가의 진로탐색** : 교사들의 진로지도 활동을 적극 지원한다.

· 진로지도의 목표 설정
· 지역사회의 자원 인사 활용계획 수립
· 진로교육의 계획, 실천, 평가에 활용한 인적 · 물적 지원
· 교과활동 및 특별활동의 유기적 연계로 진로교육의 효율성 제고

표 4-4 진로인식 단계의 진로교육 내용

영역	내용
자아이해 영역	자아개념의 구체화
	자아의 특징의 구체화 및 발전
일, 직업이해 영역	일과 직업 세계에 관한 가치 및 이해 증진
	직업의 구분 기준과 직업군의 이해
	사회 경제 체제의 이해
	직업 선택의 연습
의사결정 영역	진로계획의 책임감 강화
	의사결정의 과정 이해와 책임감 고취
	잠정적인 진로계획 수립의 기회 제공
	자기 적성, 흥미, 능력과 직업과의 관련짓기
	자신의 결정과 행동에 대한 책임의식 증진
인간관계 영역	인간관계 기술의 학습
	협동과 경쟁의 사회적 행동 학습

(3) 고등학교 단계 : 직업(진로)준비 단계

직업(진로)준비 단계로서 고등학교 단계에서는 초등학교와 중학교에서 개발한 적성, 흥미, 능력 등을 확인하고 발전시키도록 하면서 직업세계의 객관적인 정보들을 수집 · 분석하여 합리적인 의사결정을 할 수 있도록 지도한다.

학교에서는 학생들의 적성과 능력, 흥미와 포부 등이 거의 노출되고 자기의 진로가 잠정적으로 정해진 상태다. 그러므로 모든 교과담당 교사는 진로교육의 관점에서 학습 단원을 지도하는 것이 바람직하다. 특히 직업, 기술 교과 담당 교사는 직업에 필요한 기능, 태도, 취업정보, 합리적인 의사결정 방법의 구체화 등을 진로상담 교사와 긴밀하게 협조하여 지도한다. 진로담당 교사는 진로지도의 내용과 방법, 자료수집, 분석 및 배포를 통하여 일반 교과 담당 교사를 지원, 협력하고, 진로상담에서 취업 상담까지 협력한다.

학부모는 자기의 해야 할 일에 대한 책임감과 긍정적이고 적극적인 태도형성을 할 수 있도록 지도하고, 부모의 의견을 일방적으로 강요하거나 주장하는 태도보다는 대화를 통하여 합리적인 의사결정을 할 수 있도록 도와 준다. 그리고 지역사회는 학교를 위하여 노동교육 및 학습의 기회를 제공하고 진로교육에 필요한 자원 인사를 제공할 수 있어야 하며, 학교에서의 취업지도 프로그램에 참여하여 지원해야 한다.

표 4-5 직업준비 단계의 진로교육 내용

영역	내용
자아이해 영역	자아개념의 구체화 및 현실적 이해
	자기 인격의 고유성 및 주체성 확립
일, 직업이해 영역	직업에 대한 긍정적, 적극적 태도 견지
	직업과 사회구조간의 심도 있는 이해
	직업에서 사회 구성원으로서의 행동 이해
	직업의 변천과 미래사회 직업의 예상
의사결정 영역	진로목표에 적합한 계획 수립
	문제해결 능력의 신장
	졸업 후 환경변화에 대한 대비
	의사결정의 융통성 제고
인간관계 영역	인간관계의 사회적 의미 확대
	인간관계 기술의 증진
	협동과 경쟁의 사회적 행동증진
	인간관계에서 자기의 장단점 파악

5) 개인 특성을 고려한 진로교육

개개인의 직업적인 적응 여부는 개인의 만족한 생활은 물론이고 사회적으로 인적 자원의 활용과 직결된다. 따라서 효과적이고도 만족스러운 직업적 적응·발전을 위하여서는 개인의 능력, 인성(성격), 신체적 조건, 흥미와 적성, 가치관, 가정환경과 기대수준 등 많은 요인이 고려되어야 한다.

(1) 지능과 직업

학교에서 실시하는 인지적 영역의 검사는 지능 검사와 창의성 검사가 대표적이다. 지능 검사는 가장 오래된 검사로서 그 의미와 의의도 크다. 지능을 '환경에 적응하는 능력', '학습하는 능력', '추상적 개념에서 구체적 사실로 변환시키는 능력', '유목적적인 행동과 합리적 사고, 환경을 효과적으로 다루는 집합적·총체적 능력'으로 보는 입장(Wechsler, 1944)과, '곤란도, 복잡성, 추상성, 속도, 목적으로 향한 적응성, 사회적 가치, 독창성의 발현 등 7가지 내용'으로 보는 견해(Stoddard, 1943)를 들 수 있다.

직무를 수행하기 위해서 필요로 하는 능력은 직종마다 다르기 때문에 지능은 직업선택에서 우선 고려되어야 할 요소이다. 지능검사 결과와 실무성적과의 상관관계는 사무직, 서기직, 전문직 등에서는 높게 나타났다. 그러나 한 개인의 지능이 높다고 모든 직종이 적합한 것은 아니다. 어떤 직종에는 높은 지능이 부적응의 원인이 되기도 한다. 예컨대, 높은 지능을 가진 사람이 단조롭고 고정된 직무에 종사하게 되면 쉽게 싫증을 느끼고 주의가 산만해져서 실수가 잦아지게 된다. 결국 오래 견디지 못하고 전직을 하게 된다. 현재 사용하고 있는 지능지수는 편차 지능지수(deviation IQ)로서 한 연령의 지능 평균을 100으로, 편차가 15 또는 16인 정상분포를 가진다. 우리 나라에 10세 어린이가 모두 10만 명이라고 한다면 이들의 지능 지수 평균이 100이고, 평균을 중심으로 1편차 안에 전체의 68%가 있으며, 2편차 안에 전체의 95%가 있게 된다. 쉽게 설명해 보자. 100을 중심으로 1편차, 즉 15점 상하로 보면 85에서 115까지 범위가 되는데 그 안에 68%인 68,000명이 있게 되고, 2편차인 70~130 사이에 95%인 95,000명이 있다고 할 수 있다. 3편차에 해당되는 지능을 특수아라고 분류하기도 한다.

표 4-6 지능과 직업선택의 기준 예시

IQ	백분율	특 징	직업의 예
131 이상	3%	창조적, 전문적	학자, 교수, 고급공무원
118~130	10%	지도적, 전문적	의사, 변호사, 저술가
108~117	18%	행정적, 지도적	고급경영자, 고급기술자
93~107	38%	행동적, 지도적	각종 기능직 상급
83~92	18%	행동적	각종 기능직 중, 하급
71~82	10%	행동적	비교적 단순 기능직
70 이하	3%	단순	단순 노무직

(2) 적성과 직업

적성이란 소질 또는 재능이라고 알려진 개념이며, 어떤 직업에서의 성공 가능성을 예언해 주는 요인이기도 하다(어떤 특정 분야에서 성공할 수 있는 잠재능력). 적성 검사란 어떤 일의 과정이나 직종에 대한 수행 능력이나 적응도를 예측하기 위한 검사로서, 미경험의 여러 분야에 관한 가능성과 성취 및 적응 가능성을 가늠해 보려는 하나의 종합적 개념이므로, 흥미와는 다르다. 흥미란 학생이 이미 경험한 사실들과 체험에 대하여 갖게 되는 애착의 정도라고 할 수 있는 바, 일반적으로 취약 전의 유치원 또는 초등학교나 학원, 교습소 등에서 다루어 본 경험에 국한시켜서 매우 열심히 또한 몰두하는 모습에서 흥미가 있다고 할 수는 있지만, 그렇다고 그 일에 적성이 있다고 단정하는 것은 매우 위험한 일이다. 적성은 흥미를 포함한 포괄적인 종합개념으로서 해석도 직접적이고 단순하게 구분적으로 해서는 곤란하다. 따라서 전체적이고 일반적인 경향을 기초로 하여 각 하위 영역별로 전체에 비추어서 해석해야 할 것이다. 인간의 능력을 일반적인 능력과 특수적 능력으로 구분하는 방법이 널리 사용되는데(Spearman), 여기서 일반적 능력(G 요인)을 지능으로, 특수적 능력(S 요인)을 적성이라고 할 수 있다.

적성은 표준화된 적성 검사에 의해서 알아낼 수 있는데, 해석에 있어서 높은 점수를 얻은 분야라고 해서 그 직업을 택해야 한다는 것보다는 성공의 가능성이 높은 것이라고 해석해야 한다. 적성의 유형은 학자에 따라서 약간씩 다르지만 여기서는 10개의 하위 능력을 살펴보기로 한다.

표 4-7 적성과 직업분야의 예

요인 / 적성	내 용 / 직 업 분 야
언어능력	정확한 의사 소통을 위해 정확한 단어를 선택하고, 어휘를 연상하고 문장의 뜻을 이해하고, 의사를 발표하는 능력을 말하며, 이 언어 능력을 언어적 개념을 중요한 요인으로 하는 사회과학 분야에서 요구되는 적성이다.
공간지각	입체적 공간 관계를 이해하는 능력으로서 시각을 통하여 실체적 물체를 취급하고, 실체적 물체를 회전, 또는 분해했을 때의 형태를 상상하는 능력이다. 이 능력은 제도, 설계, 건축, 미술, 가구 등 제도에서부터 제단에 이르기까지 입체구성 능력을 요구하는 직업분야의 적성요인이다.
계산력	정확하고 빠르게 계산하는 능력을 말하며, 이 능력은 대부분의 직업에서 필요한 기초적 능력이지만, 특히 사무분야에서 중요한 적성이다.
추리력	원리를 추구하고 응용하는 능력이다. 자연과학, 사회과학 등의 분야에서 필요로 하는 적성이다.
기계추리력	각종 기계기구 및 물리학적 원리를 이해하고 추리하는 능력을 말하며, 이 능력은 토목, 기계수리 기술자, 조리 기술자, 기타 각종 이 공학 분야 및 공장 등에서 요구되는 적성이다.
척도해독력	척도, 그래프, 차트, 계기 등을 신속, 정확하게 읽는 능력을 말하며, 이 능력은 이공학, 화학, 생물, 수학, 의학 등의 과학 분야와 실험 및 기술 분야에서 요구되는 적성이다.
수공능력	운동 감각의 정확성과 신속히 반응하는 능력이다. 이 능력은 전자공, 전기공, 인쇄공, 세공 등의 직업 분야에서 중요한 적성이다.
기억력	복잡한 자료나 항목들의 분류 및 상징, 기호를 학습하고 암기하는 능력을 말하며, 이 능력은 사회과학, 실업, 사무 분야에서 중요한 적성이다.

사무지각	문자나 기호를 정확하고 신속하게 식별하는 능력을 말하며, 경리, 서기, 전화 교환 등 사무 분야에서 필요한 적성이다.
형태지각	실물이나 도예를 정확하고 빠르게 비교 변별하는 능력을 말하며, 이 능력은 통신, 타자 등의 사무분야와 도안, 디자인 등의 응용미술 분야, 그리고 기타 기능직 분야에서 필요한 적성이다.

(3) 성격(혹은 인성)과 직업

성격(personality)이란 타인이나 사물에 대하여 나타내는 비교적 일관성 있는 반응형태를 말하는 것으로서, 개개인이 종사할 직업과 또 직장 내에서의 적응정도를 가늠할 수 있는 중요한 요소이다. 아무리 능력이 뛰어나다 할지라도 성격이 바람직하지 못하여 인간관계에서 원만하지 못하다면 효율적으로 일하기 힘들 것이다. 여기서는 Holland가 분류한 인성유형과 관련 직업을 살펴보기로 한다.

표 4-8 인성 유형과 관련 직업(Holland)

구분 / 성격	특 성	직 업
활동성	신체적 활동에 대한 선호, 공격적, 운동신경 발달 언어적, 인간관계 기술 부족, 추상적인 것보다 구체적인 것을 좋아하고 비사교적임	노동, 기계, 비행사, 농부, 트럭 운전사 등
사려성	과업지향적 문제를 깊이 생각함. 세계를 조직하고 이해하려함. 추상적인 것에 대한 선호	물리학자, 인류학자, 화학자, 수학자, 생물학자 등
사회성	남을 가르치거나 치료하는 것을 좋아함. 안정된 것을 좋아하고, 언어적, 인간관계 기술 풍부, 사회적 지향	임상심리학자, 상담자, 외교관, 교사, 목사
안정성	체계적인 언어적, 수리적 업무와 책임감이 부여된 업무를 정확하게 수행	출납원, 통계학자, 부기계원, 행정보조원, 우체국 서기 등
지배성	남을 지배하거나, 물건을 팔거나, 이끌기 위한 언어적 기술 탁월	자동차판매원, 경매인, 정치가, 사회자, 판매원 등

예술성	간접적인 인간관계를 좋아함. 예술매체를 통해서 자기표현을 함으로써 세계의 문제를 다루는 것을 좋아함	시인, 소설가, 음악가, 조각가, 극작가, 작곡가, 연출가 등

(4) 흥미와 직업

직업을 선택할 때, 개인의 적성이나 지능, 성격뿐만 아니라 그의 흥미도 반드시 고려되어야 한다. 그것은 능력과 적성이 알맞더라도 그 일에 아무런 흥미를 느끼지 못한다면 효율성이 낮아지기 때문이다. 따라서 적성에 맞는 일에 흥미까지 더한다면 금상첨화가 될 것이다. 이러한 형태야말로 가장 바람직한 것이라고 할 수 있다. 흥미와 적성은 엄격하게 구분되어야 하는데 적성은 어떤 특정한 분야나 일에서 특출한 성취를 보이는 능력, 즉 인지적 영역에 속하는 반면에, 흥미는 경험한 사실에 관한 관심 또는 애착을 갖는 정도로서 정의적 영역에 속한다. 흥미의 유형과 직업군을 살펴보면 다음과 같다.

표 4-9 흥미와 관련 직업의 예

흥미 \ 내용	내 용
문학적 흥미	시, 문학 등 문예활동이나 어학, 편집 등에 관련되는 흥미로서, 저술, 번역, 편집, 교정직 등에 알맞다.
물상과학적 흥미	자연과학 중에서도 물리학, 화학, 지구과학 등에 대한 연구적 흥미로서 크게 자연과학적 또는 공학직에 알맞다.
생물과학적 흥미	생물학, 생리학, 의학, 동물학, 식물학, 미생물학, 기타 생명계와 관련된 흥미로서 생물과학직 또는 생명과학직(의과직)에 알맞다.
사회과학적 흥미	정치, 선전, 광고, 법률, 외교 등 집단적, 정치적, 언론적, 설득적 활동에 관한 흥미로서 행정 및 관리직, 법무직, 사회과학 연구직에 알맞다.
기계적 흥미	기계, 금속, 조선, 섬유, 교통수단, 전기 등 기계류의 제작, 수리에 관한 흥미로서 공학 및 기타 전문직에 알맞다.
전자적 흥미	전자공학 기술 및 기타 전자 분야를 다루는 활동에 관한 흥미로서 전자공학, 전자기술직에 알맞다.

상업적 흥미	경제, 경영, 무역, 관리 등 기업의 운영과 경제적 활동에 관한 흥미로서 경영 및 관련직에 알맞다.
봉사적 흥미	사회 사업, 사회 복지, 교육, 종교 등 활동에 관한 흥미로서 교직, 종교관련직, 사회사업가직 등에 알맞다.
사무적 흥미	회계, 계산, 경리, 서기적 활동에 관한 흥미로서 단순 사무직에 알맞다.
옥외 운동적 흥미	체육활동 또는 야외 활동에 관한 흥미로서 스포츠 관계직 또는 옥외 관찰 답사직에 알맞다.
음악적 흥미	성악, 기악, 작곡, 감상, 평론 등 음악적 활동에 관한 흥미로서 음악관련직에 알맞다.
미술적 흥미	회화, 조각 등 미술 활동, 디자인, 감상, 평론 등 미술적 활동에 관한 흥미로서 미술관련직에 알맞다.

(5) 신체적 조건과 직업

직무를 수행할 때 지능과 능력, 적성, 흥미와 성격 그리고 중요한 요소로서 신체적 조건도 고려해야 한다. 능력과 흥미가 있다 할지라도 건강하지 못하거나 신체적 조건이 적합하지 못하면 수행할 수 없기 때문이다. 신체적 장애나 쇠약 등의 결함과 부적합한 직업의 예를 살펴보자.

표 4-10 신체적 장애와 부적당한 직업

구분 / 신체장애	부적당한 직업의 성질	부적당한 직업의 예
신체적 쇠약	강건한 체력을 요하는 직업	선박 갑판원, 철물 압연공, 주조공, 광부, 토공, 농업종사자, 운반 인부 등
근 시	충분한 시력을 요하는 직업	정밀기계공, 교통종업원, 활판, 문선, 식자공, 인쇄공, 인쇄조각공, 금세공사, 사진 기술자 등
색맹 색약	색채를 상세히 구별해야 하는 직업	화가, 장식도안가, 의사, 교통종업원, 염색공, 다색판 제판 인쇄공, 자수공, 미술·서예가, 약제사 등

난 청	재해의 위험이 많은 직업이나 귀를 사용해야 할 일이 많은 직업	음악가, 악기조율사, 시계수선공, 통신사, 안내계, 전화교환수, 판매계, 교원, 간호원, 의사 등
발음 장애	유창한 변설을 요하는 직업	아나운서, 교원, 전화교환수, 성악가, 판매원 및 서비스업 종사자 등
신경질환	대인관계가 잦은 직업	경찰, 기자, 의사, 교사 등

(6) 기타 요인들과 직업

위에서 살펴본 바와 같은 지능, 적성, 성격, 흥미, 신체적 조건 이외에도 직업선택과 직무수행에 관련된 요인들은 많다. 개인이 갖는 가치관이나 인생관, 자아관, 학력, 성, 종교, 가정적 배경, 직업에 대한 태도 등이 그것이다. 가치관은 사람이나 사물에 대해서 가지는 행동원리나 신념으로 쉽게 변화되지 않는 특성을 지닌다. 자신이 가치롭지 않게 생각되는 일은 배척하고, 가치있는 종류의 일을 선택하게 된다. 따라서 개인의 가치관과 부합되지 않는 직업을 선택했을 경우 불만과 좌절에 빠지게 된다. 또한 학력은 개인이 받은 교육수준을 의미하는 것으로 어떤 직업, 직무는 다른 직업이나 직무보다도 높은 학력과 훈련을 요구하는가 하면, 대부분의 직업은 보통수준의 교육(중등교육)으로도 충분하다.

자아관은 자기가 자신을 능력 있는 사람으로 보느냐 혹은 무능하다고 보느냐 하는 관점을 말하는 데, 실제로 많은 능력을 가지고 있음에도 불구하고 부정적인 자아관 때문에 능력을 발휘하지 못하고 썩히는 경우도 흔히 볼 수 있다. 이와는 대조적으로 지나치게 적극적인 자아관을 가진 경우는 한정된 능력을 초과하여 성취하려다가 좌절하는 경우도 있음을 알아야 한다.

직업에 대한 태도는 일하면서 자기의 발전을 도모하는 적극적인 입장이나 혹은 자기의 경제적 필요만 해결하는 선에서 일을 적당하게 하고 남는 시간은 자신의 개인적인 시간으로 즐기려는 태도도 있을 수 있다. 혹은 많은 보수만 준다면 위험하거나 하기 싫더라도 용감하게 도전하려는 의욕이 넘치는 직업태도도 흔히 볼 수 있다. 그러나 그것은 바람직하지 못한 직업태도라고 하겠다. 이밖에도 성은 직업과 직접적이고도 밀접한 관계가 있고, 종교도 상당한 연관이 있다고 하겠으며, 부모의 직업이나 사회적 지위 등도 그 학생의 장래직업과 무관하지 않을 것이다.

6) 직업세계의 변화

과학 기술 문명이 발달하고 산업이 고도화되면서 직업의 분화 현상이 일어난다. 직업의 분화 현상으로 직업이 없어지기도 하지만 그 보다는 더 많은 직업들이 생겨나서 직업의 수를 증대시키고 있다. 예를 들면, 1차 산업 시대에서 2차 산업 시대로 전환됨에 따라 농림, 수산업 관련 직종은 점점 사라지는 대신 제조업 분야의 직종들이 늘어났는 데, 그 수에 있어서 사라지는 직업의 수보다는 늘어나는 직업의 수가 많았다. 또한 기술의 발달은 산업체에서 종래 사람의 손으로 하던 단순 노동을 자동화 기기나 로봇 등이 대신 하도록 하지만, 새로운 제품들을 발명시켜 이를 생산, 판매하는데 관련된 새로운 직업을 생성시키기도 한다. 한 연구에 의하면 산업혁명 당시에는 약 400여 종의 직업이 있었으나, 1945년경에는 이것이 10,000여 개로 늘어났고, 1965년경에는 약 50,000여 종이 되었다고 한다.

일반적으로 직업의 종류는 시대와 국가에 따라 다를 뿐 아니라 한 나라의 경제 발전 정도나 직업의 분류 방법에 따라서도 달라질 수 있다. 농경 시대에는 농업을 중심으로 한 직업이 많다가, 2차 산업 시대에는 제조업과 관련된 직업의 수가 급격히 늘어나고, 반면에 농업 관련 직업은 상대적으로 축소된다. 탈공업 시대에 들어서면서 농업이나 공업 등 1, 2차 산업에 관련된 직업보다는 서비스업 등 3차 산업 관련 직종이 늘어났다.

이와 비슷하게 국가에 따라서도 직업의 종류는 달라진다. 농업을 주로 하는 덴마크나 미얀마 등은 농업과 관련된 직종이 많으나 미국이나 독일 등의 공업국가에는 제조업을 중심으로 한 직업에 많은 사람들이 종사한다. 싱가폴이나 홍콩 등지에는 유통 및 서비스업에 종사하는 사람들이 상대적으로 많다.

우리 나라의 경우 최근 몇 년 사이 금융, 서비스업 및 정보 통신 관련 직종이 과학 기술, 정보 산업 사회의 도래와 함께 많이 생성되었고 앞으로도 그 수가 더욱 증가할 전망이다. 미국의 직업 사전에는 직업의 종류를 20,000여 종, 캐나다는 14,000여 종, 일본은 30,000여 종, 영국은 약 40,000여 종으로 직업을 분류하고 있다. 우리 나라의 경우 1986년 노동부 국립중앙직업안정소에서 발간한 〈한국직업사전〉에 13,000여 종의 직업이 수록되어 있다.

직업의 세계에서도 사람의 경우와 마찬가지로 비슷한 직업이라 할지라도 각기 고유의 특성을 지니게 마련이다. 직업의 특성은 직업을 어떻게 분류하느냐에 따라 달라질 수 있는데, 직업의 분류 방법에는 〈한국표준직업분류〉의 대 분류 직업군을 중심으로 12개군 105가지 유형으로 분류하는 방법, 미국 교육성의 15개 직업군으로 분류하는 방법 및 적성, 흥미 등 직업 근로자들의 특성과 관련하여 12개군 66개로 분류하는 방법 등이 있다. 여기에서 일에 종사하는 사람의 특성에 따라 직업을 분류하고, 그 특성을 알아보면 다음과 같다.

(1) 과학과 관련된 직업

자연 현상에 대한 연구를 통하여 새로운 지식 및 이론을 발견하고 이들을 의학, 생명과학, 물리학 분야에서 제기되는 문제해결을 위하여 적용시키는 직업 영역이다. 이 영역에 종사하기 위해서는 자연 현상을 관찰하거나 자연 현상에 관련된 자료를 수집하는 데 흥미가 있어야 할 뿐 아니라, 고도의 논리적 사고력과 창조력이 있어야 한다. 관련된 직업으로는 천문학, 화학, 생물학, 지질학, 수학, 물리학, 의학, 농학 등이 여기에 속한다.

(2) 기계 · 기술과 관련된 직업

기계나 공구를 설계하거나 만들고 이들을 사용하는 직업 영역으로 기계를 다루는 데 흥미가 있어야 한다. 이 직업 영역에는 단순직으로부터 고도의 응용력을 필요로 하는 전문직이 있다. 관련된 직업으로는 건축 및 토목 기능공과 기술자, 설계공, 설계사, 기계공 및 기계 기술자, 전기 · 전자 기능공 및 기술자 등이 있다.

(3) 정치 · 경제와 관련된 직업

행정이나 경영 등과 같이 지도력과 책임이 수반되는 동시에 사회과학 분야의 전문적인 지식이 요구된다. 자신들이 하는 일로 인하여 다른 사람들로부터 인정받고, 칭찬받는 데 만족을 느낀다. 관련된 직업으로는 정치학자, 경제학자, 정치가, 변호사, 법률가, 행정가, 사업가 등이 있다.

(4) 사회 봉사와 관련된 직업

다른 사람들의 사회적, 직업적, 신체적, 종교적, 정신적 문제에 관련된 서비스를 제공하는 직업 영역으로, 인간에 대한 애정과 다른 사람들과의 만남을 좋아하는 흥미와 투철한 희생정신이 요구된다. 관련된 직업으로는 자선사업가, 교직, 성직, 간호사, 보모 등이 있다.

(5) 문화 · 예술과 관련된 직업

창작 문학, 예술이나 무대 예술과 관련된 직업 영역으로 감정이나 생각을 창의적으로 표현할 수 있는 능력이 요구된다. 관련된 직업 영역으로는 소설, 음악, 미술, 연예 등이 이에 속한다.

(6) 사무에 관련된 직업

사무실에서 여러 가지 서류를 세밀하게 정리, 보관 및 처리하는 직업 영역으로 침착성과 정확성이 요구된다. 행정공무원, 기업체 사무원, 타자수, 경리원, 각종 사무용 기기 조작원 등이 이에 속한다.

(7) 판매와 관련된 직업

판촉 기술이나 설득력을 활용하는 제품이나 서비스를 판매하는 일에 관련된 직업 영역으로 해당 분야에 대한 흥미와 함께 적극적인 행동이 요구된다. 관련된 직업으로는 광고 기획, 판매 관리 및 종사원, 보험 · 부동산 · 증권 거래, 구매 상담 등이 있다.

(8) 편의 제공과 관련된 직업

사람들의 편의를 위하여 다양한 서비스를 제공하는 직업 영역으로 친밀성과 사교성이 요구된다. 이 분야에 종사하기 위해서는 공공 정신, 희생과 봉사 정신이 강해야 한다. 관련된 직업으로는 음식 · 숙박업 관리자 및 종사원, 이 · 미용사, 운수 관련 종사자, 여행 안내원 등이 있다.

(9) 대민 보호와 관련된 직업

주어진 권한을 가지고 국가의 안전, 국민의 재산과 생명 등을 보호하는 직업 영역으로 투철한 희생과 봉사 정신이 요구된다. 경찰관, 군인, 소방원, 경비원, 구조대원 등이 이 직업 분야에 속한다.

(10) 자연과 관련된 직업

동 · 식물을 기르는 일에 관련된 직업 영역으로 세심한 관찰력과 자연에 대한 애착, 동물에 대한 애정 등이 요구된다. 농업, 임업, 수산업 및 축산업 관리자 및 종사원이 이에 속한다.

(11) 제품 생산과 관련된 직업

대량 생산 체제를 갖춘 산업 현장에서 공구, 기계 등을 사용하는 직업 영역으로 특히 섬세한 손 재능이 요구되는 영역이다. 금속 · 목재 가공 처리공, 적니 · 기계 설비공, 기계 조립 · 제작공, 인쇄공 등이 이에 속한다.

(12) 심체 조절과 관련된 직업

대중 앞에서 체능이나 기예를 연기하는 직업 영역으로 강인한 체력과 신체

조절 능력이 요구된다. 각종 운동 경기의 선수, 감독, 코치, 심판 그리고 기악 연주자, 무용가, 곡예사 등이 이에 속한다.

7) 21세기 직업세계 변화와 진로지도

(1) 세계화의 진전과 직업세계의 변화

지금 우리는 통신기술, 교통수단 및 자유무역제도의 발전은 세계화를 급속히 진전시키고 있어 인력, 자본, 기술의 국제적 이동이 가속화되고 있는 시대 속에 살고 있다. 우리 나라 역시 현재 세계화의 급격한 진전으로 많은 변화의 소용돌이를 겪고 있다. 개방화로 인하여 한국은 첨단기술면에서는 선진국에 눌리고, 전통적 산업기술면에서는 발전도상국과의 가격경쟁에서 떠밀리는 소위 협공을 당하는 상황에 직면해 있다. 이제 우리는 경공업 및 제조업이 사양 산업화되거나 제3국으로 이전되는 상황을 맞고 있으며, 서비스산업, 지식기반산업, 첨단산업을 발전시켜야 되는 새로운 국면을 맞고 있다.

인적 · 물적 교류가 급속히 확대되는 추세에 맞추어 직업기술교육에 있어서도 그간 소홀히 해왔던 세계문화 및 외국어 교육의 필요성이 고조되고 있다. 외국에서의 취업이 보편화되고, 자국 내에 외국계 회사의 취업이 일반화되는 추세로 보아 세계문화 및 외국어 교육의 필요성은 더욱 확대될 것으로 보인다.

국제경쟁이 치열해지면서부터 직업기술교육기관 출신자들의 현장 적응력이 부족하다는 산업체에서의 불만은 더욱 커지게 되었다. 일반 교육체제가 지나치게 인문계열에 치우친 교육을 실시해 왔고, 직업기술교육기관도 이론 중심의 교육을 실시해 왔기 때문이다. 이를 시정하기 위하여 일반학교의 인문교양교육에 있어서도 그 직업적 실용성을 높여야 된다는 욕구가 커지고 있다. 그리고 직업기술교육기관에서도 이론과 실기를 통합한 실무 위주의 모듈식 교육에 대한 요구가 커지고 있으며, 현장실습교육의 강화가 절실한 정책과제로 떠오르고 있다.

세계화의 진전은 기회이며 동시에 도전으로 작용한다. 국제표준을 능가하는 상품과 인력은 판매와 취업의 기회를 세계시장으로 확대할 수 있으나, 국제표준에 못 미치는 상품과 인력은 국내시장에서도 살아남을 수 없게 된다. 기능인으로서도 세계 일류가 되면 기회를 잡을 수 있지만 엔지니어나 학자가 되어도 국제표준에 못 미치는 삼류가 되면 국내에서조차도 취업을 할 수 없게 된다. 이러한 점에서 우리의 직업교육은 다방면에서 평균적으로 우수한 사람보다는 어느 한 분야에서 뛰어난 인재를 육성하는 방향으로 나갈 수밖에 없다. 따라서 각자의 분야에서 일류가 되는 이론과 실무를 겸비한 직업교육을 받아야 한다.

(2) 지식기반 산업의 발전과 직업세계의 변화

지식기반산업(knowledge-based industry)이란 자본, 노동, 토지, 시설 설비 등 전통적 생산요소보다는 새롭고 창의적인 지식을 기반으로 더 많은 부가가치를 창출하는 산업을 뜻한다. OECD의 선진국들은 오래 전부터 첨단과학기술의 개발을 서둘러 지식기반산업사회로 발전해 나가고 있다. 우리 나라도 최근 국제경쟁력 제고를 위하여 첨단산업을 육성하는 등 지식기반산업의 발전을 서두르게 되었다. 신기술개발에 의한 지식기반산업의 발전과 함께 전통적 산업 분야도 첨단지식과 기술을 개발 · 적용함으로써 고부가가치를 창출할 수 있는 지식기반산업으로의 발전을 서두르게 된 것이다.

소득수준 및 교육수준이 높아지고, 세계화가 촉진됨으로써 소비문화가 다양화되고 고도화되고 있다. 이러한 욕구에 대응하기 위해서도 지식산업의 발전은 불가피하다. 지식산업사회에 있어서 정보기술은 더욱 급속히 발전될 전망이다. 우리 나라에도 이미 PC통신이 일반화되었고, 전자상거래가 급속히 확산되고 있다. 이러한 정보 통신기술의 발전은 서비스 제공, 그리고 일의 형태를 근본적으로 변화시킬 것으로 전망된다. 산업전반에 걸쳐 새로운 지식, 창의성, 문제해결이 요구되며 고도의 질적 제품 생산이 요구될 전망이다.

지식기반 산업사회는 근본적으로 과학기술 및 과학기술 인력에 의존된 사회이다. 이러한 점에서 우리는 앞으로 과학기술 분야에 투자를 집중하고 효율성을 높이려는 노력을 집중해 나갈 것이다. 그리고 이러한 정책 방향에 맞추어 학교와 개인들도 과학기술 교육에 노력을 집중해 나가야 할 것이다.

세계 인류가 되려면 새로운 지식과 정보를 받아들여 직무에 응용해 나갈 수 있는 지식기능이 되어야 한다. 신지식인은 신소재나 신물질, 생물공학, 우주공학 등 새로운 분야의 전문가만을 의미하지 않는다. 이는 오히려 모든 분야에서 새로운 지식과 아이디어를 창출하고 적용하여 높은 부가가치를 만들어 내는 사람을 뜻한다. 따라서 기능 분야에서도 실무기능과 창의력을 키워 주고 현장 응용력을 육성해 주는 교육이 중요하게 된다. 우리 나라도 이러한 점에서 중등단계 직업교육의 질적 고도화를 추구하고, 이들이 계속해서 지식기능인으로서 발전해 나갈 수 있도록 계속교육체제를 뒷받침해 주어야 한다.

지식기반 산업사회에서의 기능인 교육은 과거와는 판이하게 달라져야 한다. 공업선진국으로서 우리의 기능인은 국제표준을 능가하는 일류가 되어야 한다. 그렇게 되기 위해서는 새로운 지식기반 산업사회가 요구하는 지식기능인으로서의 능력과 자질을 갖추어야 한다. 이러한 점에서 앞으로의 지식기반 산업사회가 요구하는 기능인들의 능력과 자질을 요약 제시해 보면 다음과 같다.

미래의 지식 산업사회가 요구하는 다양한 능력과 자질

- 다양한 역할 수행능력
- 주도력과 위험 감수력
- 책임성과 독립성
- 협동과 사교 능력
- 시간 관리 능력
- 다양한 외국어 습득을 통한 언어소통 능력
- 정보 기술 사용 능력
- 작업장의 안정과 위험 관리 능력
- 창의적 사고와 행동 능력
- 질 관리 능력

(3) 환경문제의 대두와 직업세계의 변화

오존층의 문제, 생물종 다양성의 보전, 해양환경 보전, 열대림 보전 및 사막화 방지 등 지구환경 문제는 앞으로 전세계가 함께 풀어나가야 할 문제로 대두되어 있다. 이는 지금까지 선 경제성장, 후 환경보전이라는 기존의 정책적 틀을 경제성장과 환경보전을 동시에 추구하는 방향으로 전환해야 한다는 것을 의미한다. 이러한 정책적 틀의 전환은 앞으로 물과 공기의 오염을 막고, 일상생활환경의 질을 높이며, 환경 친화적인 생산 및 소비구조를 유도해 나갈 것이다. 또한 국토 개발도 환경문제를 우선적으로 고려한 관점에서 정책이 시행될 것이다.

이러한 환경정책의 시행을 위해서는 선진국형 환경기술의 개발과 환경산업을 육성해야 한다. 이는 앞으로 환경기술 및 환경산업 분야에서 발전 가능성이 크며 일자리가 많이 늘어날 것임을 암시한다.

(4) 산업구조의 변화와 직업세계의 변화

산업구조의 변화와 함께 취업구조 역시 농림어업의 비중이 현저하게 저하되고, 제조업의 취업 비중은 서서히 감소하며, 서비스업의 취업비중은 지속적으로 증가할 것으로 전망된다. 이에 따라 제조업도 과거와 같은 고용 흡수력을 발휘하기는 어려울 것으로 보이며, 제조업 내에서도 산업구조가 서비스화 · 지식 집약화됨에 따라 제조업의 취업자 비중이 낮아질 것이다. 이러한 변화에 따라 직업세계는 정보통신 및 첨단과학기술을 선도하는 직종의 확대와 기존의 직종으로부터 지식 및 정보 · 기술의 심화로 직종의 분화 또는 다양화가 가속화될 것이다.

전통적인 산업으로부터 새로운 수요를 창출하는 첨단산업으로의 전환과 이동이 계속되면서 새로운 고용이 창출되기도 하지만, 실업도 계속해서 발생하게 될 것이다. 신기술이 개발되어도 기계화, 자동화가 촉진되고 지식 집약적 기술이 개발됨으로써 고용창출 효과는 낮아지는 반면, 전통산업과 한계기술의 기업이 잇따라 도산 또는 제삼국에 이전되고 이에 따라 발생한 실업자들의 재취업 기간이 길어지거나 어려워짐으로써 만성적 고실업의 발생 가능성이 높아지게 되었기 때문이다. 유럽 선진국들이 그간 겪어 왔던 만성적으로 높은 실업률이 우리 나라에서도 나타나게 된 것이다. 산업의 구조조정과 재편과정에서 발생하는 대량실업을 예방하고 재취업을 촉진하기 위하여 선진국들은 오래 전부터 평생교육을 통한 성인들의 직업교육 · 훈련을 강조해 오고 있다.

(5) 자격과 능력 사회로의 발전과 직업세계의 변화

개방화 시대를 맞이하여 정부와 기업은 경쟁이 점차 치열해지는 국제 시장에서 성공하기 위해서는 개인의 잠재력을 최대한 개발하기 위한 투자전략을 시도하고 있다. 특히 국제 시장의 변화, 새로운 기술의 급속한 발전, 산업구조의 변화에 따라 탄력적으로 적응하기 위해 다양한 인재양성이 중요한 전략이 되고 있다.

개인적 차원에서는 잠재적 능력을 최대한 발휘하여 자신의 노력과 재능에 따라 직무를 효율적으로 수행하고, 국가 사회적으로는 인재 양성 및 개발을 통해 국제 경쟁력 제고 및 생산성 향상을 도모해야 한다는 점에서, 학력중시 사회로부터 능력중심 사회로의 전환이 절실하게 요청된다.

이미 기업들은 학력 위주에서 생산성 중심으로 능력과 자질을 평가하고 대우하는 방향으로 진입하고 있다. 연공서열식 보수체계가 무너지고 생산성에 입각한 연봉제로 전화되고 있고, 이에 따라 생산성을 높인 영업직 사원이나 저학력의 하위직 사원이 연간 수억원 이상의 보수를 받는 현상도 점차 보편화되어 가고 있다. 이러한 환경에서는 생산성을 높일 수 있는 기능과 기술 보유자만이 끝까지 살아남을 수 있다. 만약, 높은 학력이 요구된다면 그것은 오직 고도의 생산적 기능과 기술을 배운다는 전제일 것이다. 이제는 형식적 학력이 아니라 생산성을 높일 수 있는 실무 기능과 기술의 학습이 필요한 시대가 된 것이다.

실무기술의 학습과 계속 변화 발전하는 새로운 기술의 학습을 위하여 평생교육 또는 계속교육이 보편화되고 있다. 이러한 계속교육과 평생교육은 기능인들이 산업현장에서 필요한 기술을 필요한 시기에 편리한 장소에서 배울 수 있도록 제공되는 방향으로 발전되고 있다.

기능과 기술을 배우고 자격증을 얻고, 계속교육을 통하여 새로운 고도기술을 학습하고, 자격증을 갱신해 나가는 현상은 평생학습 시대의 일상생활의 일부가 될 전망이다. 이를 위하여 우리 나라도 현장 경험을 평가하여 학점으로 인정해 주고, 자격증을 부여할 수 있는 제도를 이미 도입하여 시행하고 있다. 학문적이고 지적인 소질이 있는 소수의 학생들은 인문고교를 통한 진로개척이 유리할 수 있지만 기능이나 기술, 예능 등 여타 분야에 소질이 있는 학생들은 오히려 실업계 고교 등으로 진학하여 유망한 직업 분야의 기술을 배워 나가는 것이 유리할 수 있는 것이다. 앞으로는 각자의 분야에서 일류가 되는 진로선택을 해야 살아남을 수 있게 된다.

3 대인관계와 생활지도

1) 인간관계의 형성과 매력

인간은 가정을 비롯하여 학교와 지역사회에서의 다양한 활동을 통하여 삶을 영위해 나가기 때문에 사회를 떠나서는 살 수 없다. Adler는 사람들이 일생을 통해 성취해야 할 세 가지 과업으로 일을 통한 사회에의 공헌과, 성공적인 대인관계, 그리고 만족스런 친밀감을 들어 설명하였다(Dinkmeyer 외, 1987). 사람과 사람 사이의 관계에서 형성되는 친밀감과 만족감은 인간의 성장을 촉진하는 자극제로서 삶에 있어서 중요한 요소이다.

우리 인간은 이 세상에 태어나면서부터 다양한 인간관계 속에서 생활하게 된다. 아리스토텔레스가 언급한 '인간은 사회적 동물'이라는 말 속에는 이미 인간과 인간과의 관계 속에서 우리의 삶이 영위되고 있음을 전제하고 있는 것이다. 우리는 여러 모습의 인간관계 속에서 기쁨과 환희, 그리고 희망과 친밀감을 느끼기도 하지만, 때로는 슬픔과 분노, 그리고 시기와 질투를 경험하며 마음의 상처를 받기도 한다. 이렇게 볼 때 인간관계라는 것은 우리가 살아가는 동안 계속해서 직면하고 해결해야만 하는 중요한 과업인 것이다. 더구나 인간관계라는 과업이 학습과 지도에 의해서 개선될 수 있는 것이라고 가정해 본다면 청소년기에 이에 대한 올바른 지도는 매우 중요한 교육적 관계가 된다.

따라서 본 장에서는 청소년들의 올바른 인간관계의 증진을 위해서 인간관계의 기초가 되는 지식으로서 대인관계의 형성과정과 호감을 촉진하는 요인에 대해서 살펴본다. 그 다음으로 청소년기에 중요한 인간관계 영역으로 간주되는 이성과의 관계, 친구와의 관계, 가족과의 관계, 그리고 교사와의 관계를 중심으로 각 영역의 인간관계상의 특징과 갈등요인을 살펴볼 것이다. 끝으로 대인기술 및 인간관계의 개선과 지도를 위한 구체적인 방법들에 대해서 논의해 보기로 한다.

인간은 특정의 지역, 사회, 가정에서 태어나 다양한 집단에 소속되면서 성장하며 다른 사람들과의 관계 속에서 성장 · 발달해 가는 사회적인 존재이다. 개인이 소속되어 있는 환경 내 다른 사람들과의 상호작용을 통하여 행동, 태도, 가치관 등을 습득하면서 개인의 사회성은 발달해 간다. 자녀들은 부모와의 상호작용을 통해 의사소통하는 방법을 터득하게 되며 가족의 사회화 과정은 개인의 사회성 발달에 중요한 역할을 한다. 또한 지역사회의 가치와 관습을 포함하는 문화, 또래와의 관계 등 다양한 요인의 영향을 받는다. 따라서 개인의 사회성은 교육, 사회 환경 그리고 그 환경을 통한 사회적 경험들에서 발달해 간다고 볼 수 있다. 주변의 어른들이 서로 사이좋게 지낸다거나, 좋은 성적을 받아오면 안아 준다거나, 부산하게 돌아다닌다고 꾸짖는다거나, 형제 · 자매가 서로 다툰다거나, 친구들과 잘 어울려 논다거나, 선생님이 교실 문 앞에서 따뜻하게 맞아 주는 등 개인이 성장하면서 경험하게 되는 다양한 삶의 환경은 개인의 사회적인 세계(social world)로 이를 통해 개인의 사회성이 발달해 가는 것이다.

각 개인이 소속된 집단에서 잘 적응하며 살아가기 위해서는 기본 교양, 도덕적 윤리관, 적절한 자기표현, 원만한 대인관계 등이 필요하다. 이러한 사회적 특성이 결핍되면, 고립과 폭력 등의 반사회적인 행동으로 인해 가족 문제, 교우 관계, 성인 관계, 운동 · 경기 참여, 및 사회생활과 관련된 문제들이 야기될 수 있다. 부모가 자녀를 양육할 때 일관성이 없거나 물리적인 훈육방법을 사용하는 경우 그 자녀들에게서 반사회적인 일탈문제가 나타날 가능성이 큰 것은 이미 밝혀진 사실이며 자녀가 성장하면서 또래집단과 사회 환경이 미치는 영향 또한 지대하다. 사회성은 불변하는 것이 아니라 지속적으로 성장하면서 발달하며 변화해 간다. 따라서 담당교사 혹은 상담교사는 끊임없이 사회와 이웃, 학교가 변하고 가정이 변하면서 개인의 욕구 또한 다양하게 변하는 것을 고려하여 정기적으로 학생들의 욕구를 점검하고 평가하여야 한다. 그리고 그러한 학생들의 자료에 근거하여, 친구간, 교사 학생간의 참만남과 친밀한 관계를 토대로 한 지도가 이루어지도록 계획하고 실행에 옮길 수 있는 학교환경이 필요하다.

대인관계 형성과정에서 가장 중요한 역할을 차지하는 것은 첫인상이다. 어떤 사람이나 어떤 대상에 대한 첫인상은 그 사람이나 대상에 대한 전반적인 신념이나 지식 또는 기대를 형성하는 데 결정적인 역할을 하게 된다. 사람들은 단

몇 분간의 만남 속에서도 상대방의 다양한 특징들(지능, 연령, 성격, 취미, 습관 등)을 평가하려고 한다. 그런데 대부분의 사람들은 타인이 가지고 있는 특징들을 모두 고려해서 공정하게 인상을 형성한다기보다는 매우 한정된 정보에 기초해서 타인들에 대한 광범위한 인상을 형성하려고 든다. 사람들이 타인에 대한 인상을 형성할 때 생기는 편향(bias)은 매우 다양하다. 대체로 첫 만남에서는 외모나 외적인 분위기가 첫인상 형성에 영향을 미치게 되는데 이를 초두효과(primacy effect)라고 한다. 첫 만남에서 형성된 인상이나 개인이 어떤 대상에 대해 지닌 고정관념은 후에 상대방에 대한 전반적인 인상을 형성하는 데 영향을 미치게 된다. 이를 후광효과(halo effect)라고 한다. 그러나 장기간 사귀다 보면 처음에 형성된 인상은 차츰 사라지고 개인이 가지고 있는 다양한 특성들이 전반적인 인간형성에 영향을 미치게 되는데 이를 최신효과(recency effect)라고 한다(김애순, 윤진, 1997).

남들에게 매력적으로 보이고, 타인들이 자신에게 호감을 갖기를 바라는 마음은 누구나 마찬가지다. 그러나 실제적인 인간관계에 있어 어떤 사람에게는 점점 더 마음이 다가가는데 비하여 또 어떤 사람과는 점점 더 멀어지는 경우도 있다. 이러한 이유를 알아보기 위하여 사람들이 어떤 경우에 서로에게 호감을 느끼게 되는가를 살펴보자.

첫째, 서로간의 매력을 형성하기 위해서는 사람과 사람 사이의 거리가 가까워야 한다는 근접성의 원리가 적용된다. 우리는 일상생활을 하면서 가까운 거리에 있고, 자주 접촉하는 사람들과 친하게 된다. 보지도 않고 만나지도 않는 사람에게 좋은 감정도 싫은 감정도 생길 수 없음은 당연한 이치다. 가까이 있을수록 서로 좋아지는 첫 번째 이유는 필요한 경우에 서로에게 도움이 되기 때문이다. 따라서 앞으로도 계속적인 접촉을 해야 될 사람은 싫어하기가 어렵다. 두 번째 이유는 가까이 자주 접촉하게 되면 상대방의 감정이나 태도, 행동을 더 잘 예측할 수 있어서 서로를 더 잘 이해할 수 있기 때문이다. 그렇다면 매일 가깝게 접촉하는 데도 좋아지지 않는 경우는 어떻게 설명할 수 있을까? 그 이유로, 근접성이 호감을 촉진시키기 위해서는 최소한 첫인상이 중간 수준 이상으로는 형성되어야 한다는 것이다. 최초의 만남에서 첫인상이 부정적으로 형성된 경우에는 아무리 가까이 접근해도 호감이 일어나지 않을 수도 있으므로, 최초의 만남에서 부정적인 인상을 주지 않는 것이 무엇보다 중요하다(홍대식 역, 1993).

둘째, 서로간의 매력을 형성하기 위해서는 사람과 사람 사이의 유사성이 존재해야 한다는 원리가 적용된다. 유사성의 인지가 대인매력의 원천이라는 주장은 이미 오래 전부터 있어 왔다(정인석, 1988). 즉 사람들은 자기와 비슷한 성격, 가치관, 능력, 교육수준, 태도, 흥미, 취미 등을 가지고 있는 사람에 대해서 보다 호의적인 태도를 갖게 된다는 것이다. 특히 부부나 연인 사이처럼 장기간 지속되는 인간관계에서는 유사성이 두 사람의 관계에 중요한 영향을 미친다. 흔히 우리는 자신이 좋아하는 사람과는 실제보다 더욱 유사한 것처럼 인지하나 싫어하는 사람과는 실제보다 더욱 서로 다른 것처럼 지각하는 경향이 있다. 즉 친숙할수록 더 유사한 것처럼 느낀다는 것이다. 우리가 자신과 유사한 사람을 좋아하는 이유는 자신과 비슷한 가치나 신념, 사회적 배경, 흥미 등을 소유한 사람이 있다는 사실 자체가 자기 존재에 대한 정당화를 해 주기 때문이다(김애순, 윤진, 1997).

셋째, 서로간의 매력을 형성하기 위해서는 사람과 사람 사이의 상보성의 원리가 존재해야 한다. 상보성은 호감의 촉진시키는 유사성과 어느 정도 대조적인 입장이다. Winch의 연구에 따르면 사람들은 자기와는 비유사한 특징을 가진 사람, 혹은 자기에게 없는 특성을 가지고 있는 사람에 대해서 호의적인 태도를 갖게 되는 경향이 있다고 한다(정인석, 1988). 예컨대 의존성이 강한 학생이 자기와 똑같은 학생보다는 반대의 특성을 가진 학생을 친구로 선택하는 경우다. 결국 유사성이 호감을 촉진하기도 하지만 상호성 역시 호감을 촉진하는 또 다른 요인으로 작용할 수 있음을 알 수 있다.

넷째, 서로간의 매력을 형성하기 위해서는 사람과 사람 사이의 상호호혜성의 원리가 존재해야 한다. 사람들은 자신의 욕구를 충족시켜 주거나 보상을 주는 사람을 좋아한다. 아마도 인간에게 가장 좋은 보상은 누군가가 자신을 좋아한다는 사실일 것이다. 우리는 나를 좋아하는 사람은 좋아하지만 나를 싫어하는 사람을 좋아하기는 어렵다. Aronsosn & Linder(1965)의 연구에서 A(피험자)는 우연히 칸막이 안에서 B(실험조수)가 C(실험자)에게 자신을 좋은 사람이라고 말하고 있는 것을 엿듣게 되었다. 그 후 C는 A에게 B가 어떤 사람인가를 물었다. 그랬더니 A 역시 B를 좋은 사람이라고 말했다고 한다. 만약에 처음에 B가 A를 나쁜 사람이라고 평가했다가 나중에 가서 점점 좋게 평가한 경우에는 어떻게 될까? 우리는 상대방이 나를 좋아하면 자연히 나도 상대방을 좋아하게 된다. 더욱이 자신이 부정적으로 몰린 상황에서 자신을 긍정적으로 인정해 주는 사람이 있다면 더욱 그를 좋아하게 된다. 그러나 아부나 이익을 위한 칭찬은 호감을 절감시킬 수 있다.

다섯째, 서로간의 매력을 형성하기 위해서는 사람마다의 개인적인 특성이 존재해야 하는 원리가 작용한다. 우리는 처음 다른 사람을 만났을 경우 그의 외모나 분위기에 따라 호감을 느끼게 된다. 그리고 신체적인 매력이 있는 사람에게 더 호감을 느끼게 된다. 그러나 개인마다 취향이 다를 수는 있다. 한 연구(Berscheid & Walster, 1974)에 의하면 실제로 우리는 신체적 매력의 정도가 유사한 사람들끼리 안면을 맺고 함께 사는 경향이 있다고 한다. 그러나 오랜 기간 동안 인간관계를 맺다보면 신체적 특성보다는 성격이나 능력 등이 호감도에 더 큰 영향을 미치게 된다. 다른 조건이 같다면 누구나 능력이 있는 유능한 사람을 더 좋아한다. 그러나 보통 사람들은 너무 완벽한 사람보다는 유능하면서도 어딘가 허점이 있는 사람을 더 좋아하는 경향이 있다(Aronson, et al., 1966).

그러나 인간관계에서 호감도에 중요한 영향을 미치는 것은 역시 성격적인 특성이다. 일반적으로 사람들은 냉정한 사람보다는 온화하고 따스한 성격을 지닌 사람을 좋아한다(Folkes & Sears, 1977). 우리는 타인들을 좋아하고 칭찬하며 잘못을 비평하기보다는 있는 그대로 인정하고 긍정적으로 수용할 때 다른 사람들에게 따스한 사람으로 보인다. Anderson(1968)은 사람들이 상당한 정도로 호감을 느끼는 성격특성으로 '성실하다', '정직하다', '이해심이 많다', '충실하다', '진실하다', '신뢰할 수 있다', '지적이다', '사려깊다' 등을 지적하고 있다. 최근 들어, 사람과 사람 사이의 관계를 형성하는 데 중요한 것 중의 하나로서 '편안함'이라는 특성까지도 제시하고 있다.

2) 인간관계의 유형

인간과 인간이 맺는 관계는 수없이 다양하다. 상황과 대상에 따라서 분류한다

해도 이루 헤아릴 수 없을 것이다. 여기에서는 이처럼 무수한 인간관계 중 청소년기에 맺을 수 있는 인간관계 영역을 크게 이성, 친구, 가족 및 교사로 대별하여 차례로 살펴보고, 관계에서 발생할 수 있는 문제와 갈등 그리고 해결 전략들을 간단하게 살펴보고자 한다.

(1) 이성친구와의 관계

1 이성친구와의 관계

사춘기에 접어들면서 청소년들에게 가장 민감한 문제 중의 하나가 바로 이성친구와의 문제다. 이와 같은 사실은 청소년들이 각종 상담기관을 찾아와서 호소하는 문제 중 이성친구 문제가 매우 높은 비율을 차지하고 있는 것에서 분명하게 나타난다. 더구나 요즈음은 사춘기가 점차 빨라짐에 따라서 초등학교 상급생이 되면서 이성문제가 인간관계의 한 영역으로 자리잡기 시작한다.

연령에 따른 발달단계상으로 볼 때 초등학생들과 중등학생들에게 있어서 이성과의 관계는 친구의 범주 내에서의 이성관계로 볼 수 있지만, 대학생이 되면 결혼이 반드시 전제되지는 않지만 사랑이라는 개념으로 발달하기 시작한다. 많은 사람들은 초등학교 상급학년과 중등학교 시절에 경험하였던 이성과의 친구관계를 매우 아름다운 추억으로 간직하고 있다. 최근 TV에서 방영되는 어느 프로그램에서도 청소년기의 이성친구를 찾는 사례가 가끔씩 소개되고 있다. 이는 아마도 청소년기의 이성과의 친구관계는 여타의 다른 인간관계와는 구별되는 독특한 특성과 역할을 지니고 있기 때문인 것으로 생각된다. 그러한 특성과 역할 중 몇 가지를 살펴보기로 하겠다.

첫째, 이성과의 친구관계는 이중적인 관계로 형성되는 경우가 대부분이다. 이성친구는 다른 동성친구와 마찬가지로 허물없이 편안한 대상이 될 수도 있지만 동시에 '이성'과의 관계라는 또 다른 영역이 자리잡고 있다. 물론 두 가지 관계 중 한 가지 측면만이 주도적일 수도 있지만 대부분의 경우 두 가지 측면이 공존하기 마련이다. 따라서 서로가 이러한 두 가지 역할을 무리없이 수행해 낼 때 지속적인 친구관계가 유지될 수 있는 것이다.

둘째, 청소년기의 이성친구는 매우 강력한 심리적 지지자가 될 수 있다. 청소년기에는 부모나 교사보다는 또래집단과의 교류가 매우 강력하다는 것이 하나의 특징이다. 그렇기 때문에 그 누구보다도 친구들의 인정을 받고 싶어하고, 부모의 견해와 친구들의 입장이 대립되었을 때 서슴없이 친구의 입장에 동조하게 되는 것이다. 여기에서 특히 이성의 친구는 자신의 일상생활이나 행동양식에 더욱 비중있는 영향을 미치게 된다. 이성친구와 공부를 열심히 하기로 약속을 하고 나서 그 약속을 지키기 위해 노력하고, 결과적으로 성적이 향상되는 예는 이를 단적으로 보여주고 있다.

셋째, 이성과의 친구관계는 매우 다양한 경로로 이루어질 수 있다. 가장 전형적인 형태는 물리적으로 가까운 거리에서 시작되는 경우다. 즉 같은 동네나 이웃 등에서 함께 자라면서 맺어지는 이성친구가 이 범주에 속한다. 그리고 최근에 이르러 남녀 혼성학급이 점차로 증가하면서 같은 학급의 이성과 친구가 되는 경우다. 이는 학년의 진급과 학급이 바뀜에 따라서 변화될 수도 있는 관계다. 다음으로 각종 동아리 활동이나 단체활동, 종교기관 등도 이성과 친구관계를 맺을 수 있는 또 다른 통로를 제공해 준다. 이처럼 친구관계를 맺는 경로가 다름에 따라 이성친구간의 친밀도나 지속성에 있어서도 차이가 나게 마련이다.

넷째, 이성친구는 이성에 대해서 보다 깊은 이해를 제공해 주는 모니터 역할을 수행해 준다. 사춘기에 접어든 청소년들은 이성에 대한 관심은 물론 강한 호기심을 갖게 마련이다. 이러한 호기심을 합리적인 경로를 통해서 충족시키지 못하면 자칫 이성을 막연하게 신비로운 존재로 여길 수도 있다. 이성친구를 통해서 서로간의 성역할을 깨달을 수 있고, 이성을 대하는 예절을 배울 수 있을 뿐만 아니라 이성에 관한 관심과 막연한 호기심을 자연스럽게 해결해 주는데 더없이 좋은 기회를 제공받게 된다.

다섯째, 이성과의 친구관계는 어느 정도 과도기적 성격을 지니게 된다. 이는 이성친구가 계속적으로 '친구'로 남을 수도 있고, 시간의 경과에 따라서 '연인'으로 발전할 수도 있음을 의미하는 것이다. 그렇기 때문에 이성간의 친구관계는 때때로 당사자들로부터 '정체성'에 의문을 제기받게 된다. 언제인가 청소년들 사이에서 유행하였던 '사랑과 우정 사이'라는 노래는 아마도 이러한 상황을 잘

대변해 주고 있는지도 모른다.

청소년기의 이성관계는 바람직하게 이루어진다면 긍정적인 효과도 많지만, 잘못 방향지워지면 여러 가지 부작용을 낳게 된다. 예컨대 충동적인 육체관계로 다양한 문제를 야기시킬 수도 있으며, 이성관계의 지나친 집착으로 본래의 임무인 학업에 소홀해진다거나 일상생활에 규칙을 잃고 방황할 수도 있다. 따라서 부모나 교사는 청소년들의 바람직한 이성관계에 대해서 확고한 입장을 견지하고, 그에 따라 올바른 지도를 펼쳐 나가야 할 것이다. 이때 유념해야 할 사항을 몇 가지 언급해 보면 다음과 같다.

첫째, 청소년기에 접어들면서 이성에 대한 감정을 느끼게 되는 것이 자연스러운 것임을 깨닫게 해줄 필요가 있다. 많은 청소년들은 이성에 대해서 관심과 호기심을 느끼는 것이 바람직한 것이 아니며, 때로는 그러한 자신을 질책하게 된다. 이때 부모나 교사들은 청소년들로 하여금 이성에 대한 관심은 발달단계상으로 보아 청소년기에 느끼는 자연스럽고 당연한 현상임을 가르쳐 주어야 한다. 그렇게 되면 학생들은 이성에 대한 관심이 자신만이 느끼는 특이한 현상이 아니며, 자신이 비정상적이지도 않다는 것을 깨닫게 될 것이다.

둘째, 어느 한 이성과의 교제가 점차 깊어져서 다양한 충동의 형태로 나타나는 것에 대해서 특히 주의를 기울여야 한다. 자신의 몸 속에서 일어나는 자연스러운 충동을 느끼는 것은 어쩔 수 없지만, 그 충동에 따라서 행동하게 되면 여러 가지 실수를 범할 가능성이 크다. 잘못하면 성범죄를 저지를 수도 있고, 학업에 태만하거나 일상생활이 질서를 잃고 문란해 질 수도 있다. 본래 성적인 충동을 조절하는 힘은 인간을 한 단계 더 성숙시키는 데 중요한 역할을 하는 것이다. 따라서 이러한 성적인 충동을 건전하게 발산시킬 수 있는 다른 대안을 제시해 주는 것이 일차적인 지도방법이 될 것이다.

셋째, 청소년기의 이성교제는 가급적 집단적으로 이루어지도록 유도하고, 이성에 대한 예의를 지키도록 지도해야 한다. 중등학교 시절에는 일 대 일의 이성관계보다는 여럿이 함께 어울리는 이성관계가 여러 가지 측면에서 바람직하다. 그리고 이성과의 만남을 통하여 그에 필요한 예절을 습득하는 계기로 삼는 것도 교육적으로 중요한 의미를 갖는다.

넷째, 사춘기의 이성교제는 결혼을 전제로 하는 것이 아니고 성장해감에 따라서 자연스럽게 인생을 배우는 자세로 교제에 임하도록 지도한다. 따라서 이성교제 그 자체에 가치를 두기보다는 그를 통하여 또 다른 생활의 방식을 학습하는 방향으로 지도하는 것이 바람직할 것이다.

다섯째, 이성문제와 관련하여 혼자서 해결하지 못해 고민할 경우 언제나 교사나 상담전문가의 도움을 요청할 수 있음을 알게 해 준다. 이를 위해서는 교사가 이성문제와 관련하여 학생들이 편안하게 이야기할 수 있는 대화 상대자가 될 수 있음을 평소에 알려줄 필요가 있다. 이것이 어려운 경우 인근의 전문상담기관이 있음을 주지시켜 주고, 특히 대면관계의 상담을 불편해하는 호소문제일 경우 편지상담이나 전화상담 혹은 전자매체상담의 방법을 활용할 수 있음도 알려주면 도움이 될 것이다.

② 이성친구와의 문제–성문제

성은 섹스(sex), 젠더(gender), 섹슈얼리티(sexuality)의 개념으로 크게 분류할 수 있다. 섹스는 신체적 성을 말하며, 구체적인 해부학적 생김새를 기준으로 한 남녀구분을 말한다. 젠더는 남성다움과 여성다움을 의미하는 것으로 사회문화적인 성을 말한다. 섹슈얼리티는 성적인 행위뿐만 아니라 성에 대한 우리의 태도, 가치관, 문화 등 인격의 차원까지 포괄하는 넓은 개념으로 여성의 임신, 출산, 수유 등의 경험도 이에 포함된다. 다시 말해 섹슈얼리티는 인간의 성행동은 물론 개인이 갖는 성에 대한 환상, 태도, 사고, 감정, 가치관, 이해심, 성 정체성 등이 모두 해당된다. 한 개인의 섹슈얼리티는 살아가면서 사회문화적인 환경에 영향을 받기 마련이다. 때문에 성에 대한 행동이나 태도들은 자신이 속한 사회 안에서 학습되어진다고 할 수 있다.

그런데 이러한 '성'이 청소년과 관련되어 큰 부작용적인 현상을 만들어 내고 있다. 청소년들은 성에 대한 정확한 정보를 습득하지 못한 채 자극적인 유해매체들의 과다 노출로 성에 대한 잘못된 가치와 행동을 모방하는 경향이 증가하고 일부 기성세대의 성윤리의 부재는 십대의 성을 상품화하거나 윤리나 가치를 바탕으로 하지 않는 성 개방의식을 확산시키고 있다. 이러한 사회변화로 청소년들이 음란물 중독, 음란채팅, 10대 임신 및 낙태, 성매매, 성폭력과 같은 성문제행동이 심각한 사회문제로 대두되고 있다. 특히 청소년이 당한 성폭행으로는 여학생의 21.2%가 성적 희롱을, 31.5%가 가벼운 추행, 2.5%가 심한 추행, 0.6%가 강간을 당했다고 한다. 성적 피해의 유형 중에서 어느 것 하나라도 피해를 당한 경험은 여자 중학생 3명 중 1명, 여자 고등학생 약 2명 중 1명은 어떠한 형태로든 피해경험이 있다고 보고하였다. 또한 청소년의 성범죄율은 다른 몇 개의 나라와 비교할 때 가장 높으며, 성범죄자의 3명 중 1명이 학생이었으며, 지난 1년 동안 남자 중학생 10명 중 1명이, 남자 고등학생 4명 중 1명이 가벼운 성추행을 가한 경험이 있다고 하였다(청소년대화의 광장, 1994).

또한 한 보고서에 의하면, 우리 나라 중·고생의 6.4%가 성관계 경험이 있으며 이 중 상당수가 '15~17세에 이성친구와 처음으로 성경험을 가졌으며 임신이 됐을 경우 낙태를 해야 한다'고 생각하였으며, 중·고고생 12%가 '내가 소속된 학급에 돈을 매개로 성관계를 갖는 속칭 '원조교제'를 하는 학생이 있다'고 응답했으며, 원조교제 이유가 '쉽게 돈을 벌 수 있기 때문'이라고 답한 것으로 조사됐다. 또한 첫 성관계 시기는 17세가 38.5%로 가장 많았고, 16세 23.7%, 15세 11.9%, 18세 이후 10.4% 순으로 나타났으며, 12세 이하도 0.7%나 됐다(조선일보 2002년 5월 16일).

이러한 청소년 성문제의 사회구조적 원인은 한 마디로 설명할 수 없다. 왜냐하면 여러 요인들이 복합적으로 작용하여 발생하기 때문이다. 첫째, 학교와 학부모로부터의 성교육 부재로 인해 아이들이 저질의 대중매체를 통해 왜곡된 성지식을 습득하고 있다. 둘째, 전통적 성에 대한 가치관이 사라지면서 쾌락위주의 성의식이 청소년에 침투하고 있다. 셋째, 남녀의 성에 대한 이중적 성윤리에 의해 남성의 성일탈 묵인은 여자 청소년들이 매춘업에 종사토록 성일탈을 유도하는 결과를 가져온다. 넷째, 우리 나라 퇴폐 향락업소가 남자의 공적인 사회생활의 일부가 되어 여자 청소년의 수요가 엄청나게 높다. 다섯째, 여성의 산업근로직의 임금이 낮아 성을 파는 직업의 수입이 상대적으로 높은 임금구조의 문제가 있는 한, 매춘으로의 유입을 막을 길이 없다. 여섯째, 가족의 기능에 문제가 있을 때 아이들이 애정 결핍에 대한 대상적 만족 수단으로 성비행을 저지른다. 일곱째, 현행 교육제도에서 입시문제로 인한 스트레스로 인해서 이성 교제에 집착하거나 성비행 행위로 터져 나온다(이영숙, 1992).

특히 성문제를 일으키는 청소년은 문제행동 자체에 직접적으로 개입하는 것도 중요하지만 그보다 건설적인 대인관계, 학습에 대한 관심, 진로의사결정, 여가생활을 위한 대안적 삶의 방법들을 제시해야 한다. 또한 성과 관련된 문제행동은 재발 가능성이 높기 때문에 지속적으로 교육을 실시하는 것이 교육의 현장에서는 필요하다. 그렇다면 구체적으로 성과 관련된 어떤 내용들을 교육해야 하는지는 여러 전문서적들을 참고하기 바란다. 여기에서는 가장 기본적인 성교육의 내용들을 간단하게 제시하고자 한다.

표 4-11 청소년 성교육의 내용

일반적 내용	구체적 내용	
사춘기, 몸과 마음에 일어나는 변화	· 남성과 여성의 생식기관 · 음모와 액모 · 음모없는 여성 · 커진 가슴 · 모델과 같은 유방 · 월경 및 시작과 처리방법 · 월경과 복통 및 월경전증후군	· 키와 음경크기 · 냉은 병이 아닌지 · 한쪽 밖에 없는 고환 · 휘어진 음경 · 성기의 크기 · 포경수술 · 정액과 냄새
성욕구와 성충동	· 몽정 · 3일간 연속적인 몽정 · 야한 장면과 음경발기 · 빨리 사정하는 것	· 음란비디오나 만화 · 성교환상 못 떨쳐버림 · 성충동 정상인가? · 상충동 해소방법
자위행위	· 자위행위 언제 어떻게 · 자위행위는 하루에 몇 번? ▪ 자위행위 자제 방법 · 자위행위 않는데 · 여성도 자위행위?	· 사출된 정액의 모양 · 죄의식 느끼며 자위행위 · 자위행위 부작용 · 자위행위와 성생활 · 비장상적인 자위행위
남녀의 성에 대한 견해와 역할	· 처녀막과 파열 · 여성은 순결? · 순결을 잃었는데	· 성별 성욕구 차이 · 동성에게 성적 매력 · 창녀도 되나요?

이성교제	· 사랑과 성의 관계 · 이성교제는 어떻게 · 나는 왜 이성친구가 없나	· 신체접촉 한계 · 손 허락 하니 입술달래
성교, 혼전 성교	· 성교에 대하여 · 출혈이 있어야 처녀? · 여성의 첫 성교 · 혼전 성교	· 페팅, 네팅 · 오르가즘 · 성교에 걸리는 시간 · 성기의 크기와 성관계
임신, 출산, 인공임신중절	· 임신의 성립 · 여성은 언제부터 임신 · 성교만이 임신시키나 · 단 한 번의 성교로 임신? · 월경기간 중 성교와 임신 · 임신의 증상 · 출산예정일 계산방법 · 성의 결정 · 태아의 성장	· 분만과정 · 미혼녀 임신 · 유산에 대하여 · 인공유산 시기 · 인공유산 몇 번? · 인공유산의 부작용 · 인공유산의 문제점 · 인공유산 후 성교와 피임시기 · 피임과 인공유산
피임과 성병예방	· 피임방법 · 체온과 피임방법 · 성교 후 피임방법 · 성병에 걸린건가요? · 성병과 불임 · 콘돔사용법 · 먹는 피임약 · 월경주기 이용법	· 피임약과 기형아 발생 무관 · 성병의 증세 · 모유수유와 피임효과 · 임질의 증상 · 매독의 증상 · 성병 예방 · 에이즈의 증상과 예방 · 항문섹스와 에이즈
성폭행과 이상 성행동	· 성폭력과 강간 · 성폭력과 강간범 고소	· 변태성욕 · 성기노출과 의상도착증

청소년의 시기는 신체적 측면과 성적 측면의 발달을 야기하는 호르몬의 분비로 인하여 여러 가지 혼란을 경험하게 된다. 이러한 성과 관련된 내용이 사회문화적으로 학습되지 않으면 청소년에게 있어 성은 성기중심적으로 받아들여질 수밖에 없게 된다. 청소년들이 성에 대한 인식을 성기중심적으로 받아들이기

보다는 인간의 삶을 구성하는 총체적인 범주로서 수용하고 인간중심적이고 관계중심적인 성으로 이해시키려면 청소년에게 반드시 성과 관련된 내용은 충분히 학습되어져야 한다.

위에 제시한 내용을 청소년들의 발달수준에 맞는 체계적인 성교육 프로그램이 시청각 자료의 개발과 함께 시급히 마련되어져야 한다. 이를 통해 성이 인간에게 갖는 의미와 가치에 대한 긍정적인 인식을 심어 주어야 한다. 그리고 담당교사뿐만 아니라 일반 교사들에게도 성평등 의식과 함께 성교육을 의무적으로 받을 수 있도록 행정적 조치도 필요하다.

(2) 동년배 친구와의 관계

[1] 동년배 친구와의 관계

일생을 살면서 좋은 친구를 갖는다는 것은 매우 복된 일임에 틀림이 없다. 이처럼 소중한 친구를 얻을 수 있는 좋은 시기가 바로 청소년기인 것이다. 친구는 청소년들의 다른 동반자인 이성친구, 부모, 교사와는 구분되는 또 다른 중요한 인간관계다.

친구관계는 성립과 해체가 비교적 자유롭고, 매우 자율적으로 맺어지는 관계이기 때문에 나름대로의 독특한 특성을 지니고 있다. 우선 친구관계는 실리적인 이득의 추구나 목표지향적이 아니고, 대부분 아주 순수한 인간지향적인 대인관계로서 상호 대등한 위치에서 맺어진다. 아울러 친구는 여러 가지 측면에서 이질성보다는 유사성을 지니고 있고, 서로 공유할 수 있는 삶의 영역이 넓기 때문에 그 어떤 인간관계보다도 자유롭고 편안한 관계이다. 또한 삶의 체험내용과 경로가 유사하기 때문에 서로를 이해하고 공감할 수 있는 공유영역이 가장 넓은 관계이기도 하다. 그렇다면 친구는 우리의 일상생활에서 어떤 기능을 수행하는가? 선행연구(권석만, 1997 ; 한국청소년개발원, 1993)를 토대로 이를 정리해 보기로 한다.

첫째, 유희성의 충족기능을 들 수 있다. 청소년들은 성인들에 비해 활동성이 왕성한 시기이기 때문에 놀이중심의 문화를 적극적으로 형성할 가능성이 크다. 친구관계에서는 이러한 유희성이 비교적 적극적이고 활동적으로 추구된다.

둘째, 친구는 중요한 정서적 공감자이자 지지자가 된다. 친구는 만나서 편안하고 서로 힘을 줄 수 있어야 한다. 서로를 이해하고 공감하며 인정하는 정서적 지지는 친구관계를 유지하고 심화시키는 중요한 요인이 된다.

셋째, 친구는 자신과 자신의 삶을 평가하는 중요한 비교준거가 된다. 우리는 타인과의 비교를 통해 자신을 평가한다. 자신과 여러 가지 조건에서 차이가 있는 사람보다는 비슷한 사람과의 비교 자료가 자신을 평가하는 신뢰로운 자료가 될 수 있다.

넷째, 친구관계는 소속감과 정체성을 확립하는데 도움을 준다. 청소년들은 자신들의 주변적인 위치에서 오는 정체성 위기를 극복하기 위하여 자신을 특정 집단에 소속시키고자 하는 경향이 있다. 이때 친구집단은 청소년이 가족으로부터 분리되어 나오는 과정을 도움으로써 정체성 확립에 큰 역할을 한다.

마지막으로, 친구는 삶에 있어서 현실적인 도움을 준다. 현실적인 곤경이나 도움이 필요한 상항에서 그러한 도움을 요청할 수 있는 주된 대상이 친구다. 현실적으로 도움이 되는 친구관계는 잘 유지될 수 있다. 이러한 현실적인 도움은 재정적 또는 물질적 도움뿐만 아니라 지식과 정보의 제공 및 교환 등을 포함하고 있다.

청소년기에는 일단 친구관계가 형성되면 자유로운 형태로 유지가 된다. 특히 친구관계는 성립과 해체가 자유롭기 때문에 자율성을 지니고 있다. 따라서 문제는 친구관계를 형성하는 데 달려 있다. 그러나 친구를 사귀는 마술적인 공식이 있는 것은 아니다. 단지 심리학적인 연구결과를 토대로 우정을 발달시키고 유지하는데 필요한 몇 가지의 원칙은 제시될 수 있다(Feldman, 1989).

첫째, 자신을 드러내 보일 필요가 있다. 사람들은 특정인에게 매력을 느끼기 전에 그가 누구이며 어떤 사람인가를 알고자 한다. 두 사람의 관계를 발전시키기 위해서는 자신에 대한 정보를 상대방에게 알려 주는 것이 필요하다. 자신에 관한 사항을 스스로 말하기 전에 다른 사람이 알아낼 수 있을 것이라고 가정해서는 안 된다. 그러나 친구관계를 발전시키는 데 있어서 지나치게 빠른 자기노출은 불리한 결과를 초래할 경우도 있음을 기억해야 한다.

둘째, 다른 사람으로 하여금 자신이 그들을 좋아한다는 것을 알게 하여야 한다. 상호 친숙성에 관련된 이론에 따르면 사람은 자신을 좋아하는 사람을 좋아하게 된다. 그렇기 때문에 만약 자신이 누군가를 좋아한다면, 상대방에게 그 사실을 말할 필요가 있는 것이다. 물론 말에 의해서가 아니라 행동으로라도 표현하는 것이 좋다. 비록 자신의 감정을 솔직하게 털어놓는 것이 거절을 당할 위험을 안고 있다 하더라도 그것은 진실된 우정을 발전시키는 데 가장 합리적일 수 있다.

셋째, 다른 사람을 인정하여야 한다. 우정의 표시는 상대방을 자신이 좋아하는 방법에 의해서가 아니고 있는 그대로 인정하는 것이다. 다른 사람을 인정하는데 있어서 어떤 조건을 부여할 필요는 없다. 완전한 사람은 아무도 없으며 모든 사람들은 근본적으로 착하지만, 한편으로 바람직하지 못한 특성도 함께 가지고 있음을 명심해야 한다.

넷째, 같은 활동에 참여하는 것은 큰 도움이 된다. 근접성과 매력의 관계에 관한 이론은 같은 활동에 참여하는 것이 우정 발달에서 중요한 요인이라는 것을 밝히고 있다. 우정이란 자랄 수 있는 시간이 필요하고, 서로 만족할 만한 활동을 공유하는 것은 비록 그것이 단순히 앉아서 이야기하는 정도일지라도 지속적인 우정의 발달을 촉진시키게 된다.

다섯째, 관심과 보살핌을 보여야 한다. 잊어버리기 쉬운 본질이지만 관심과 보살핌은 우정을 형성하고 지속시키기 위한 선행조건이 된다. 상대방의 좋은 일에 관심을 표명하고 불행과 슬픔을 같이 나누어야 할 것이다.

한편 모든 연령의 개인들과 동일하게 청소년들은 타인의 인정과 사랑을 받기 원하며 또한 그렇게 될 필요가 있다. 청소년기 동안 동년배 집단에서의 인기는 특히 중요한 의미를 갖는다. 그 이유는 부모로부터 독립하여 정체감을 획득하려고 노력하는 동안, 청소년들은 성인 문화에 소속할 수 없으므로 동년배 집단은 일시적인 중간문화를 제공하는 역할을 하기 때문이다. 일반적으로 소년들이 소녀들보다 동년배 집단의 인기에 더 큰 관심을 갖는다. 청소년들이 동년배들 사이에서 인기를 얻거나 거부당할 수 있는 요인들을 정리하면 다음과 같다.

표 4-12 동년배의 청소년들의 인기 요인과 거부의 요인

인기의 요인	거부의 요인
· 동년배 집단의 규준에 일치하기 · 사교적 성격 · 신체적 매력 - 미모와 멋진 체격 · 우수한 지적 능력 · 활발한 과외활동	· 동년배 집단의 규준에 불일치 · 지나치게 어른 같은 행동 · 비사교적 성격 · 지나치게 공부를 많이 하는 것

동년배들에게 인기가 있다고 생각하는 청소년들은 인기가 없다고 생각하는 청소년들보다 더 높은 자기존중감을 지닌다(Walker & Greene, 1986). 반면 무시당하거나 거부당하는 청소년들은 자신감이 부족하고 다른 사람들과의 상호작용을 회피하며 위축되기까지 하므로 부모나 교사의 도움이 필요하다.

2 동년배의 문제 동조행동-학교폭력

흔히 청소년들은 성인에 비해 동년배 집단으로부터 영향을 쉽게 받기 때문에, 청소년기의 동조성은 인간관계 형성에 있어서 중요한 심리적 변인이다. 동조성이란 개인의 태도와 행동이 다른 사람들에 의해 영향받는 정도와 관련된다. 청소년기의 동년배에 대한 동조는 청년기인 대학생보다는 청소년 중기인 중 · 고등학교 시기에 현저하게 높게 나타나는 현상이다. Lloyd(1985)는 동년배로부터 거부당하는 것을 두려워하는 청소년들의 동조행위는 15세경에 절정에 달한다고 하였다.

동년배 집단에 대한 동조는 그것이 자율성의 발달을 방해하기 때문에 문제가 된다. 특히 동년배 집단이 반사회적이고 불법적 행위를 격려하고 강요할 때, 구성원들은 일탈 청소년이 될 가능성이 많아지게 된다. 어떤 청소년이 학교에서의 성공을 경시하고 낙제를 바람직한 행동으로 받아들이도록 강요하는 동년배 집단을 가질 때, 그는 집단에 일치하기 위하여 학교를 떠나거나 집단을 탈퇴하거나 해야 한다. 그러나 동년배 집단의 규준이 일탈되어 있으면 있을수록 탈퇴는 용이하지 않다. 집단으로부터의 탈퇴를 배신으로 생각하는 구성원들은 탈퇴하려는 청소년들을 위협하고 폭력을 행사하기나 따돌리게 된다.

학교폭력은 접근하는 시각에 따라 다르게 분류될 수 있는데, 대상에 따라,

구성원의 수에 따라, 그리고 폭력적 행동의 내용에 따라 구분해 볼 수 있다. 첫째, 피해자와 가해자를 대상으로 나누어 볼 수 있는데, 이 경우 가해자는 또래집단(가장 흔한 경우로서 같은 반이나 학교의 친구나 선후배를 대상으로 폭력을 행사)과 교직원(단순한 또래 집단을 넘어서 교사나 학교 직원에 의하여 폭력이 행사)으로 생각해 볼 수 있다. 이러한 경우 좀더 세부적으로 가해자와 피해자의 신분적 상황에 따라 수평적 차원에서 일어나는 폭력으로 유형화할 수도 있다. 둘째, 가해자의 구성원 수에 따라 개인적 폭력과 집단적 폭력(조직폭력)으로 유형화할 수 있다. 개인적 폭력의 경우 가해자가 1명인 경우이고 집단적 폭력의 경우 가해자가 다수로 구성된 경우다. 셋째, 폭력적 행동의 내용적 측면에 기초를 보면 신체적인 구타, 협박을 통한 금품갈취, 기물이나 남의 물건을 고의로 파손시키는 경우 등으로 나누어 볼 수 있으며 이를 크게 나누어 대인적 폭력과 대물적 폭력으로 유형화할 수 있다(양성목, 1997).

또한 실험적 폭력, 사회적 폭력, 성격적 폭력, 신경증적 폭력, 정신병적 폭력, 기질적 폭력으로 구분해 볼 수 있다. 실험적 폭력은 청소년들이 호기심이나 재미로 한 번 해 보는 폭력행위를 말한다. 예를 들면, 동네에서 놀다가 싸움을 하는 경우다. 사회적 폭력은 그 사회의 하위 문호와 직접 관련되어 있다. 반사회적 행동을 허용하는 하위문화에 놓여 있는 청소년들이 자기의 하위문화에서 승인하고 있는 폭력 행동을 사회적 폭력으로 볼 수 있다. 어떤 측면에서 보면 특정한 청소년이 속한 하위문화에서는 오히려 자연스런 행동이 전체 사회의 규범에 비춰 보면 어긋나는 것이 있다. 이러한 사회적 폭력은 특정 집단에서는 부적응 행동이기보다는 적응적인 행동으로 볼 수 있으며, 단독적인 행위가 아니라 집단의 행위 속에서 이루어지는 집단행위이다. 이러한 폭력은 그 하위문화에서 오히려 권위나 위신을 세워 주고, 하지 않으면 여러 가지 제재나 벌을 받게 되는 것이 일반적이다. 특히 폭력 서클과 같이 결속력과 응집력을 이루는 집단을 구성하여 폭력행동을 보이는 경우가 많다. 성격적 폭력은 반사회적인 성격장애와 관련이 있다. 이러한 청소년기의 바사회적인 성격장애는 도벽, 무단결석, 기물파괴, 잔악행위와 같은 것을 특징으로 나타낸다. 신경증적 폭력은 지속적으로 되풀이되는 반사회적 성격장애와는 달리 우발적이고 상황적으로 불안과 공포 때문에 하게 되었다고 생각되는 것이 특징이다. 이러한 신경증적 폭력행동은 특히 과거의 정상적이고 순응적인 행동을 보이는 청소년에게서 나타나기 때문에 환경을 비현실적으로 지각하거나 지신의 행동이 초래하게 될 결과를 예측하지 못하여 심한 폭력 행동을 보이는 경우가 있다. 기질적 폭력은 기질적 문제로 인하여 발생하는 폭력행동이 있다. 예를 들면, 과잉행동 및 주의집중 결핍이나 간질에 의한 것이 있다. 이러한 기질적인 폭력행동은 질병으로서의 기질적 문제와 정서적 · 심리적 문제를 비평과 관련시켜서 다루어야 한다(류상열, 1997).

일반적으로 청소년 폭력의 심각성은 폭력의 가해자 또는 피해자가 모두 청소년일 경우가 많기 때문에 이들이 같은 생활공간에서 살고 있고, 일부 청소년은 폭력의 피해자이면서 동시에 가해자가 될 수 있다는 점이다. 폭력행동을 하는 청소년들의 두드러진 특성은 공격적인 성향을 가지고 있다는 점과 충동조절이 잘 되지 않는다는 측면이다. 또한 권력과 지배에 대한 강한 욕구가 있고 남을 지배하고 굴복시키는 것을 즐기며, 주변 환경에 대한 어느 정도의 적대감을 품고 있는 경우가 많고, 폭력행동에 이익의 요소가 뒤따른다는 것을 알게 된다. 이들은 대부분 다른 비행문제를 동시에 가지고 있으며, 비행하위집단에 소속되어 동료들과 함께 폭력행위에 가담하게 되는 경우가 많다.

한편, 폭력의 피해자들의 특성을 보면 아무런 이유없이 폭행을 당하기도 하며, 누구든지 그 피해 대상이 될 수 있다는 공포심과 학교라는 환경 자체를 신뢰하지 못하게 만들기도 한다. 특히, 교내 학생들에게 폭력을 당한 이후에 분노와 적개심을 보이는 반면, 가해학생과 학교에 대한 공포심이나 회피적 태도를 보이거나, 정신적 충격으로 악몽에 시달리거나 우울 증세를 보이며 심지어 자살을 시도하는 학생들도 있다. 이렇듯 피해 청소년들, 그들이 겪는 고통과 충격을 올바로 극복하지 못하고 분노와 적개심을 가질 때, 또 다른 가해자를 양산하게 되거나 예를 들면, 가족관계에서도 어머니에게 화를 낸다거나 자기보다 약한 아이나 동생을 괴롭히는 경우가 있으며, 또한 대인관계를 일절 기피하거나 가해집단에 가담하는 모습을 보이기도 한다. 그러므로 학교에도 부적응하게 되어 인생 전체에 부정적인 영향을 끼칠수 있다.

청소년 폭력의 일반적 특성을 살펴보면 다음과 같다.

첫째, 청소년 폭력이 단순한 탈선의 차원을 넘어서 심각한 범죄의 단계에 이르고 있다는 것이며, 둘째, 급격한 산업화 과정에서 야기된 가치관의 혼란으로 청소년이 자신의 폭력행위에 대해 죄의식이나 책임감을 느끼지 못한다. 셋째, 폭력행위가 비행청소년에 의해서만 자행되는 것이 아니라 보통 모든 청소년에게서 쉽게 발견될 수 있는 일반화된 비행유행이 되고 있으며, 넷째, 청소년 폭력이 집단화되어 가는 경향이 있다. 다섯째, 청소년 폭력의 연령이 점점 낮아지고 있다는 점도 최근의 특징이며, 여섯째, 여학생들 또한 가해자와 피해자로 대거 등장하고 있다는 것이다. 마지막으로 일반적으로 폭력과 금품갈취 이외에도 집단적인 따돌림과 놀림, 시험지 보여주기를 강요하거나 숙제나 심부름시키기 등의 새로운 형태의 심리폭력이 출현하고 있으며, 특히 최근에는 일회성 단순폭력보다 지속적으로 가해지는 소위 학대적 폭력이 문제가 되고 있다.

또한 폭력의 질적 경향을 보면 다음과 같다. 첫째, 비행의 저연령화, 즉 비행에 있어 나이가 점점 어려지는 경향을 보이고 있다. 둘째, 비행의 지능화, 즉 비행을 함에 있어 고도로 지능적인 현상이 두드러지게 나타나고 있다. 셋째, 비행의 흉폭화, 즉 비행이 잔인하고 과감하며 포악해지고 있다. 넷째, 비행의 집단화, 즉 비행에 있어 또래 집단끼리 행동을 유발하는 경향이 크다. 다섯째, 비행의 중류화, 즉 비행이 예전에는 결손가정 또는 저소득층에서 많았으나 지금은 중상류층 심지어 유명인사의 자녀들까지 그 범위와 빈도가 점점 높아지고 있다. 여섯째, 비행의 단순화, 즉 작은 일에도 이해와 타협보다 행동이 먼저 가해진다는 것이다.

이상에서 살펴본 바와 같이 학교폭력의 일반적 특성은 학교폭력이 탈선의 차원을 넘어 심각한 범죄의 단계에 이르고 있으며 급격한 산업화 과정에서 야기된 가치관의 흔들림으로 자신의 폭력행위에 대해 죄의식이나 책임감을 크게 느끼지 못한다. 또한, 여학생들도 가해자 또는 피해자로서 대거 등장하고 있으며 일반적인 폭력과 금품갈취 이외에도 집단적인 따돌림과 놀림, 시험지 보여주기를 강요한다거나 숙제 빼앗아 가기 등 새로운 형태의 심리적 폭력이 출현하고 있다는 것이다.

이러한 학교폭력 문제를 해결하기 위해서는 여러 가지의 다각적 접근이 필요하다. 우선 학생지도에 있어서는, 눈에 띄는 문제활동(반사회적 행동)이나 학교의 난폭함 등 눈에 보이는 상황뿐만 아니라 학생이 안고 있는 마음의 문제까지 다루어야 한다. 학생 마음이나 문제를 충분히 이해하고, 교직원의 일치 협력한 체제 만들기나 학교 카운슬러에 의한 카운슬링 실시, 학교간이나 관계기관과의 긴밀한 연계에 의해 다양한 관점으로부터 학생의 작은 변화와 우려되는 행동을 초기에 파악하고, 적절하게 대응해 주어야 한다.

둘째, 교직원 팀을 편성하여 학생상담, 지도를 하는 체제 만들기에 주력해야 한다. 지금까지도 전 교직원의 일치 단결된 학생지도체제가 정비되어져 왔지만, 특히 마음의 문제에 있어서는 여러 사람의 눈에 의해서 학생들이 발산하는 징후를 붙잡아 적절한 대응이 강구된다. 이를 위해 학교 교직원, 특히 학생지도의 중심이 되는 학급담임, 학생지도 담당교원, 교육상담 담당교원, 보건주사, 양호교사, 학교카운슬러 등이 팀을 조직해 상담이나 지도에 맞는 것에 의한 문제해결을 도모할 체제를 구축해야 한다.

셋째, 학생의 자기표현력과 커뮤니케이션 능력이나 인간관계를 형성하는 방법에 대한 지도가 이루어져야 한다. 다양한 사회체험이나 봉사활동, 집단활동의 충실에 의해 학생의 사회성을 육성하고, 자제심이나 자율성, 스트레스의 대응력을 포함하는 자기 지도능력과 윤리를 높이는 교육활동을 한층 충실하게 시켜야 한다. 또한 사회성을 기르는 프로그램의 개발과 체험활동의 충실을 도모하기 위한 지원 등이 행해져야 한다.

넷째, 미디어로부터 정보가 넘치는 그림자 부분에의 대응과 매스컴 등의 협조가 원만하게 이루어져야 한다. 학생 문제행동의 배경에는 다양한 미디어를 통해 넘치는 유해 정보의 범람도 있기 때문에, 부모와 학교가 적극적으로 관계업계의 움직임이나 PAT 등에 의한 TV프로그램의 모니터링 조사를 계속해서 실시하는 등 유해 정보에 대한 법적인 구조 검토도 민 · 관이 함께 노력해야 한다.

(3) 부모-자녀간의 관계

[1] 부모-자녀와의 관계

부모와 형제자매로 구성되는 가족의 일생을 통하여 가장 친밀한 관계를 맺게 되는 인간관계의 또 다른 중요한 장이다. 청소년들에게 있어서 가족은 소속감과 안정감을 제공해 주는 베이스캠프와 같은 곳이다. 청소년들이 가족 내에서 맺는 인간관계는 크게 부모-자녀관계와 형제관계로 대별해 볼 수 있을 것이다. 이 중 청소년기에 주로 갈등을 야기시키는 것은 형제관계보다는 부모와의 관계이다. 그래서 여기에서는 부모-자녀관계에 한정하여 살펴볼 것이다.

가족은 개인의 발달에 영향을 주는 가장 중요한 사회적 기관이다. 부모는 자녀의 역할 모델로서, 표준의 제시자로서 그리고 강화와 처벌의 제공자로서 영향력을 행사한다. 청소년기의 시작과 함께 청소년들은 부모와 가족으로부터 점차적으로 독립하여 자율성을 획득하려고 하므로 아동기의 부모-자녀 관계와는 다른 관계가 형성되지 않으면 안 된다. 그러나 청소년 자녀의 자율성 획득은 불가피하게 가족간에 갈등을 초래할 수 있다. 이 시기에 성공적 적응은 부모로부터 분리-개별화를 이루는 동시에 아동기와 비교하여 다소 변형되기는 하지만 부모-자녀간에 애정적 유대가 유지될 수 있어야 한다.

부모로부터 독립하고 자율성을 획득해야 하는 청소년기 동안 부모-자녀관계는 아동기의 부모-자녀관계와는 다른 관계를 형성해야 되기 때문에 이전의 관계와는 다른 수정을 요구한다. 청소년기의 급속한 신체 성장은 부모의 물리적 처벌이나 통제를 불가능하게 한다. 또한 그들의 형식적 조작사고는 부모가 제시하는 규칙이나 가치관의 논리적 모순을 발견하고 그것에 대한 설명을 요구하게 된다. 그 결과 부모-자녀관계는 질적 변화를 겪지 않을 수 없다.

청소년들은 부모에 대한 애정과 의사소통을 유지하면서 점차적으로 부모에 대한 정서적 의존을 감소시켜야만 한다. 동시에 부모는 청소년 자녀에 대한 통제를 감소시키고 적절한 수준의 정서적 지원을 제공할 수 있어야 한다. 부모로부터의 분리는 청소년 자신의 심리적 안녕과 직접적으로 연결되어 있다. 부모에 대한 애착을 유지하면서 성공적으로 분리할 수 있는 청소년들은 더 높은 자기존중감과 학구적이며 직업적 자기효능감을 지니게 된다.

한편, 화목한 가족관계를 위해서는 부모와 자녀간의 조화로운 관계가 필수적임은 말할 것도 없다. 부모－자녀관계는 나름대로의 독특한 몇 가지 특징을 지닌다(권석만, 1997). 첫째, 부모－자녀관계는 인간관계 중에서 가장 혈연적인 관계이다. 아울러 부모－자녀관계는 선택의 여지없이 숙명적으로 주어지는 인간관계로서 관계의 가입과 탈퇴가 불가능하다. 둘째, 부모－자녀관계는 가장 수직적이고 종속적인 관계다. 부모와 자녀는 20~30여 년의 나이 차이와 더불어 능력과 경험에 현저한 차이가 있어서 자녀는 일방적으로 부모를 따르고 의존해야 한다. 부모 역시 어리고 미숙한 자녀를 일방적으로 보호하고 양육해야 하는 지배적인 위치에 있게 된다. 셋째, 한 인간의 인격형성에 있어서 가장 중요한 관계가 부모－자녀관계이다. 자녀의 입장에서는 태어나서 최초로 맺는 인간관계이며 부모의 양육을 통해 성격을 형성해 가는 토양을 제공받게 된다. 넷째, 부모－자녀관계는 중요한 교육의 장이다. 자녀는 부모를 통해 사회의 기본적인 적응기술을 배운다. 또한 부모는 자녀에게 사회의 도덕적 규범과 가치를 가르친다. 즉 가장 기본적인 사회화 과정이 부모－자녀관계 속에서 일어난다. 마지막으로, 부모－자녀관계는 세월이 흐르면서 관계의 속성이 현격하게 변화한다. 부모－자녀관계는 자녀가 어릴 때는 일방적으로 의존적 관계이지만, 자녀가 점차 성장해 가면서 의존적 관계에서 독립적 관계로 변화해 간다. 특히 자녀가 청소년기에 접어들면서 부모의 보호나 통제에서 벗어나려 하며 부모－자녀관계에 현저한 변화와 갈등이 초래된다. 자녀가 점차 성숙함에 따라 부모는 노쇠해진다. 따라서 자녀는 노쇠해진 부모를 봉양해야 되는 보호자의 위치에 서게 된다.

부모와 청소년 자녀의 상호작용 빈도는 청소년기 동안에 감소되기는 하지만, 부모의 청소년 자녀에 대한 영향력이 그와 함께 동일한 정도로 감소하는 것은 아니다. 부모는 청소년 자녀의 동년배 지향적 경향을 허용하고 그들의 독립을 격려하기는 하지만, 가족은 응집성과 적응성을 바탕으로 청소년기 동안에도 여전히 개인의 발달에 영향을 준다. 그러나 가족의 영향이 지나치게 크거나 적을 때, 청소년들의 지적, 사회적 발달에 지장을 받으며, 지나치게 많거나 적은 응집성과 적응성은 청소년의 상호작용 양식을 왜곡시키고, 청소년의 발달을 방해한다. 지나치게 적은 적응성은 가족구성원에 대한 정서적 유대를 경험하지 못하게 하는 반면, 지나치게 많은 응집성은 청소년을 가족 속에 묶어 두어 가족으로부터의 독립을 방해한다. 그러므로 중간 정도의 적응성과 응집성을 유지될 수 있도록 해야 한다.

② 부모-자녀간의 갈등

청소년기 동안의 부모-자녀관계는 가장 사랑이 넘치는 밀착된 관계이기도 하지만, 부모-자녀간의 관계에 대한 질적 변화는 청소년과 부모 사이의 갈등을 초래할 수 있다. 연령 증가와 함께 부모에 대한 의존은 감소하고 독립이 증가하므로 부모-자녀간의 갈등의 정도도 함께 변화한다. 즉 부모에 대한 의존이 감소하고 독립이 증가할 무렵에는 부모-자녀간의 갈등이 증가하나 부모로부터 높은 독립을 이룬 청소년 후기에는 오히려 갈등이 감소하게 된다.

부모-자녀간의 갈등을 초래하는 구체적인 원인은 첫째, 부모와 자녀간에서 발생하는 가치관의 차이다. 사람은 누구나 자신이 살아온 사회적 상황과 그 특수성에 따라 사회화 과정을 통해 사물을 보는 관점이나 개인적인 가치관을 형성하게 된다. 중년기에 있는 부모세대와 20대 전후의 자녀세대는 자신들이 살아온 성장배경과 역사적 경험이 다르기 때문에 가치관에서 세대 차이가 나게 마련이다. 이처럼 부모와 자녀가 여러 가지 현상들(예컨대 정치, 경제, 사회, 직업, 이성관계 등)을 바라보는 관점이 서로 다른 것은 부모-자녀간에 갈등을 초래하는 중요한 이유 중의 하나가 된다.

둘째, 독립과 보호의 갈등이다. 부모는 어린 자녀를 보호하고 되고 어린 자녀는 부모에게 의존하게 된다. 그러나 자녀는 청소년기에 접어들면서부터 자율적인 존재로 독립하고자 하는 욕구가 생겨난다. 이 시기에 자녀는 자신의 행동과 진로를 스스로 결정하고 행동하고자 하는 반면, 부모는 여전히 자녀를 어리다고 생각하여 자녀의 행동과 진로에 관여하고자 한다. 따라서 독립적인 존재로 성장하는 이 시기에 자녀와 부모간의 갈등이 생겨나기 쉽다.

셋째, 애정표현의 방식이다. 모든 부모는 자녀에 대해 무조건적인 애정을 가진다. 그러나 부모가 자녀에게 애정을 표현하는 정도나 방법은 다양하다. 어떤 부모는 자녀를 지나치게 보호하고 통제하는 방식으로 애정을 표현하고, 어떤 부모는 자녀가 원하는 대로 허용함으로써 애정을 표현한다. 어떤 자녀는 부모가 사사건건 개입하고 간섭한다고 불만을 토로하고, 그 부모는 자녀가 부모의 애정을 무시하고 몰라준다고 서운해한다. 이렇듯, 부모의 애정표현 방식과 자녀의 기대간에 차이가 있게 되면 부모－자녀간에 갈등이 싹트게 된다.

넷째, 발달시기에 따른 주관심사의 차이이다. 20대의 자녀세대는 부모로부터 심리적으로 독립해서 자신의 정체감을 새롭게 정립하고, 제2의 인생을 위한 준비로 여념이 없다. 이들은 상급학교 진학문제, 군대문제, 직업선택문제로 고민하게 된다. 한편 부모세대는 신체 및 생리적인 힘의 감퇴와 성적 재생산 능력의 상실로 인하여 자신이 노쇠해져 가고 있음을 감지하게 된다. 이들은 신체적 건강과 직업세계에서의 은퇴, 노후생활 등을 생각하게 된다. 이처럼 부모－자녀간에 주관심사가 다르고 서로가 서로를 배려할 마음의 여유가 없어서 부모－자녀간의 갈등이 심화될 수도 있다.

다섯째, 의사소통의 방식이다. 다른 인간관계와 마찬가지로, 부모－자녀관계도 의사소통방식에 의해 영향을 받게 된다. 특히 부모－자녀관계는 종속적인 관계이기 때문에 부모는 자녀에 대해서 보호와 양육을 위한 다양한 의사전달을 하게 된다. 자녀 역시 자신의 의견과 요구를 위해 부모에게 다양한 표현을 하게 된다. 이러한 의사소통과정에서 부모와 자녀간에 갈등이 초래될 수 있다. Gordon(1975)은 부모가 자녀에게 의사를 전달하는 전형적인 방법을 다양하게 제시하면서, 제언하기, 칭찬 · 동의하기, 지지 · 공감하기 등의 의사소통 방법을 자주 사용하는 것이 좋은 부모자녀관계를 위해서 바람직하다고 권유하고 있다.

지금까지 부모－자녀간에 갈등이 발생하는 이유에 대하여 여러 가지 측면에서 살펴보았다. 어떻게 보면 부모－자녀간의 갈등이란 부모와 자녀가 애착을 형성했다가 분리되어 나가는 과정에서 생기는 자연스러운 현상인지도 모른다. 부모－자녀간의 미움은 결코 애착이 없음을 의미하지는 않는다. 그러나 건강하지 못한 부모－자녀관계는 이러한 갈등이 평형상태로 회복되지 못하고 장기간 지속되는 경우다. 이에 대한 해결방안으로 다음과 같은 사항들을 고려해 볼 수 있을 것이다(김애순, 유진, 1997).

첫째, 폭넓은 의사소통을 하는 것이다. 먼저 어떤 문제가 생겼을 때 폭넓은 대화를 통해 해결해 보려고 시도하는 것이 일차적인 노력일 것이다. 특히 평소에 부모와 학교생활, 이성교제, 진로문제, 그리고 생활방식 등 폭넓은 내용에 대해서 대화를 나눔으로써 서로의 생각과 가치를 교환하면서 세대 차이를 줄여 나갈 수 있다.

둘째, 민주적인 양육 속에서 부모와 자녀간의 갈등은 최소화될 수 있다. Elder(1963)는 부모가 정당한 권력을 민주적인 방법으로 사용하고 그 이유를 자유로운 의사소통을 통하여 알려줄 경우에는 청소년에게 긍정적인 효과가 있다고 했다. 그는 부모의 양육형태를 여러 가지 유형으로 구분하였는데, 민주형은 자녀들이 자유롭게 의사표시를 하고 결정을 내리는 데 참여할 수 있으나 마지막 결정은 부모와 협의하여 내리는 경우를 의미한다.

셋째, 부모의 진정한 사랑은 자녀의 분리를 관용하고 후원해 주는 것이다. 청년기에 부모로부터 독립을 추구하려는 자녀와 자녀를 보호하려는 부모 사이에서 일어나는 갈등은 성장과정에서 불가피하게 일어나는 정상적인 현상이다. 문제가 되는 대상은 자녀가 분리되어서 독립해 나가지 못하도록 과보호하는 부모와 분리와 독립을 추구하지 않는 청소년들이다.

넷째, 부모와 자녀가 서로의 발달적 특징을 이해하는 것이 중요하다. 중년부모와 청년자녀는 서로 다른 발달시기에 처해 있기 때문에 주관심사들이 다르다. 그런데 중년부모는 청년자녀들에 대해 그리고 청년자녀는 중년부모들에 대해 너무 정보가 부족하다. 부모와 자녀가 서로 관심을 가지고 상대편을 이해해 보려고 노력하면서 얻는 발달적 특징에 대한 정보는 관계개선에 많은 도움이 될 것이다.

(4) 교사-학생간의 관계

[1] 교사-학생간의 관계

교사와 학생간의 관계는 본래 가르치고 배운다는 교육장면을 전제로 한 만남이지만, 그 어떤 인간관계보다 독특한 측면을 가지고 있다. 교수-학습 상황에서 교사와 학생간의 관계를 넘어서, 한 개체의 인생과 삶을 결정하는 관계이기도 하다. 대부분의 많은 학생들이 중등학교 시절에 선생님의 영향을 받아서 학과, 대학, 그리고 직업을 선택하게 된다. 이처럼 교사는 학생들의 진로선택에 영향을 줄 뿐만 아니라 학창시절에 맺어진 '사제관계'는 평생을 통하여 지속될 수도 있는 것이다.

인간관계 대상자로서 교사는 몇 가지 역할을 수행하게 되는데, 먼저 교사는 모형으로서의 역할을 수행하게 된다. 학교교육을 통한 학생들의 사회화 과정에서 모형학습이 큰 비중을 차지한다는 점에서 모델의 역할은 매우 중요하다. 교사는 학생들에게 있어서 가장 대표적인 모델이 된다. 따라서 교사의 행동과 사고방식은 학생들의 성장과 발달에 커다란 영향을 미치므로 교사는 학생들의 모델로서의 역할에 항상 주의를 기울여야 한다. 다음은 인생 안내자로서의 역할이다. 학교생활을 하는 동안 학생들은 교사와의 인간적인 상호작용을 통하여 성장하고 발달하게 된다. 따라서 교사는 학생들의 인간적인 성숙을 기하기 위하여 다양한 역할을 수행하게 되는데, 이를 인생안내자로서의 역할이라 할 수 있을 것이다. 교사는 학생들보다는 이미 다양한 경험을 했으므로 이러한 경험들이 학생들의 학습지도나 진로지도는 물론 일상생활에서 당면하는 문제들을 해결하는 데 중요한 도움을 주게 된다. 또한 어떤 경우에는 다정한 친구로서의 역할을 담당해야 하기도 하고, 또 어떤 경우에는 애정상대자로, 부모대행인으로서의 역할도 수행하게 된다.

한편 교사에 대한 학생의 태도에 있어서는 초등학교 저학년에서는 교사에 대한 친애적인 감정이 높아 교사를 절대시 또는 우상시하는 감정이 높으나, 초등학교 고학년 내지 중학생이 되면서부터는 이러한 감정이 줄어들고 교사에 대한 불만이나 저항 등의 적대적 태도를 갖게 되는 발달적 변화가 나타난다.

2 교사-학생간의 갈등

가르치고 배우는 것을 기본전제로 만난 교사와 학생간에 인간관계상의 '갈등'을 말하는 것이 이상하게 들릴 수도 있으나 학교장면에서 늘 접하게 되는 교사와 학생은 또 다른 인간관계를 형성하게 된다. 교사학생관계에서 갈등은 다양한 경로를 통하여 일어날 수 있지만 그 주요 요인을 몇 가지로 나누어 보면 다음과 같다.

첫째는 교사의 편애문제다. 교사교육에서는 훌륭한 교사상의 하나로 학생들에 대해서 편견을 갖지 않을 것을 강조하고 있다. 머리가 영리한 학생이든 지능이 낮은 학생이든 훌륭한 교사에게는 모두 똑같이 보인다는 것이다. 그러나 교사도 인간이기 때문에 감정과 편견을 갖게 마련이다. 교사에게 사랑받고 인정받고 싶은 것이 대부분의 학생들의 바람이다. 따라서 학생들에게 교사의 편애가 지각될 경우 편애의 대상에서 제외된 학생들은 교사에게 좋지 못한 감정을 갖게 되고 이것이 결국은 원만한 교사-학생관계의 형성과 유지를 저해하는 요인으로 작용하게 된다.

둘째는 공부문제다. 입시위주의 교육풍토가 지배하고 있는 우리의 중등교육 현장에서는 학생을 평가하는 일차적인 기준은 역시 성적이다. 특히 학생을 평가하는 교사의 기준이 성적이라는 것을 알아차리게 되면 많은 학생들은 처음부터 교사와의 인간적인 관계를 회피하게 될 것이다.

셋째는 진로문제를 둘러싼 갈등이 있을 수 있다. 중학교 시절에는 상급학교 진학과 관련하여 인문계 혹은 실업계 고등학교를 선택하여야 하며, 고등학생이 되면 문과 혹은 이과의 선택, 취업과 진학의 선택, 진학의 경우 대학의 선택과 계열 내지 학과의 선택 등을 해야만 한다. 진로선택의 과정에서 교사와 학생간의 불일치는 갈등을 유발하기도 한다. 이때 학부모의 또 다른 견해가 개입된다면 그 갈등은 매우 복잡한 양상으로 나타나게 된다.

넷째는 교사가 싫어하는 행동을 하여 교사의 눈 밖에 나는 경우다. 아무리 공부나 성적이 중요하다고는 하나 오히려 공부를 잘한다고 해서 다른 친구들을 업신여기거나 심지어 버릇없는 태도로 교사를 대하는 학생들을 교사들은 무척 싫어한다. 학생에 대한 총체적인 평가는 역시 인간적인 품성이 그 잣대가 되기 때문이다.

다섯째는 학생의 일탈행동이다. 청소년들의 일탈행동은 어제 오늘의 일이 아니지만 최근 들어 그 양상은 더욱 심각한 모습으로 전개되고 있다. 단순한 교칙

위반행위에서부터 심하게는 폭력, 절도 등 사회적인 범법행위에 이르기까지 매우 다양하다. 이러한 범주에 있는 학생 중의 일부는 이미 교사의 통제를 벗어난 경우도 있고, 사제관계의 의미가 상당히 퇴색되어버린 경우도 있다. 이러한 경우 교사-학생간의 원만한 인간관계를 기대하기란 참으로 힘든 일이 아닐 수 없다.

교사와 학생간의 이런 갈등이 유발된다고 하더라도 교사는 학생들이 학교생활에 애착을 느끼며 즐겁게 생활하고, 학업성취를 높이도록 자극 주기 위하여 학생과 원만한 관계를 형성하도록 노력해야 할 것이다. 왜냐하면 교사와 학생간의 관계에 갈등이 발생했을 경우, 그 해결에 대해서 보다 책임을 느끼는 쪽은 아무래도 교사가 해야 되기 때문이다. 그러나 문제의 원인은 교사쪽에 있을 수도 있고 학생편에 있을 수도 있다. 이에 따라서 그 해결전략은 달라져야 할 것이다.

먼저, 어떤 경우이든 공통적으로 필요한 것은 교사와 학생간의 대화가 촉진되어야 한다는 것이다. 특히 학생이 내면세계의 이야기를 많이 할 수 있도록 교사는 표현을 촉진시키는 방법들을 적절하게 구사하여야 할 것이다. 이러한 방법들에 대해서는 뒤에서 논의될 것이다.

다음으로 학생들의 문제로 인하여 교사가 곤란을 겪을 경우, 그에 대한 대화는 나-전달법(I-Message)으로 시작하는 것이 도움이 된다. 이 경우 특히 문제를 일으키는 학생의 행동과 상황, 그러한 행동이 교사에게 미친 영향, 그리고 그 때문에 발생한 감정을 구체적으로 이야기해 주어야 한다. 아울러 나-전달법으로 이야기를 한 후에는 다시 수용적 태도로 돌아와야 한다는 것도 중요하다.

끝으로 교사-학생관계의 갈등 해결을 위해서는 '호출상담'을 적극적으로 활용할 필요가 있다. 호출상담은 학생 스스로 교사를 찾아와서 상담을 요청하기를 기다리는 것이 아니라 교사가 해당 학생을 불러서 상담 장면으로 이끄는 것이다. 아마도 이는 학교현장만이 가질 수 있는 장점이 될 것이다. 단지 이때 교사는 학생을 자연스럽게 호출하는 방법을 생각해 내야 할 것이다. 그리하여 상담관계가 성립되고, 이야기를 지속하다 보면 갈등문제가 자연스럽게 해결됨은 물론 학생이 안고 있는 또 다른 문제의 해결에도 도움을 줄 수 있을 것이다.

3) 인간관계의 지도

지금까지 인간관계의 기초로서 인간형성의 과정과 호감을 촉진하는 요인들에 대해서 알아보았고, 청소년기에 중요한 인간관계 장면을 이성, 친구, 가족, 교사 등으로 나누어서 살펴보았다. 여기에서는 모든 인간관계에 공통적으로 필요한 내용들을 알아보고 이를 지도하는 방법에 대해서 살펴보고자 한다. 인간관계 기술이라고 할 수 있는 대인기술에 대해서 알아본 다음, 구체적인 지도방법을 서술하기로 한다.

(1) 인간관계 기술

일상생활을 하다 보면 어떤 사람들은 다른 사람들과 비교적 관계를 잘 맺고, 바람직한 방향으로 유지하는 반면, 또 어떤 사람들은 인간관계 문제로 많은 고민을 하고 있음을 보게 된다. 이와 같은 차이의 하나로 인간관계를 맺고 유지하는 '능력'을 상정해 볼 수 있을 것이다. 이 분야를 연구하는 사람들은 이처럼 인간관계를 성공적으로 이끌어 갈 수 있는 사교적 능력을 인간관계 기술(interpersonal skill)이라고 칭한다. 인간관계 기술은 자신의 권리, 요구, 만족, 또는 의무를 효율적으로 수행하며 동시에 타인의 유사한 권리, 요구, 만족, 의무를 훼손시킴이 없이 타인과 자유스럽고 개방적인 교환관계 속에서 자신과 타인의 권리 등을 생산적으로 공유하는 방식으로 타인과 의사소통할 수 있는 능력을 의미한다.

이러한 인간관계 기술은 몇 가지의 특징을 지니고 있다.

첫째, 인간관계 기술은 기본적으로 학습을 통해 획득하는 것이다. 인간관계 기술은 출생 후의 성장과정에서 후천적 경험을 통해 의식적 또는 무의식적으로 배워 습득하는 것이다.

둘째, 인간관계 기술은 언어적 행동과 비언어적 행동으로 구성된다. 인간의 중요한 의사소통 수단인 언어뿐만 아니라 다양한 비언어적 행동 역시 대인기술에 포함된다.

인간관계 기술의 언어적 영역과 비언어적 영역

■ 언어적 기술
인간의 의사소통의 주된 수단은 역시 언어이다. 언어는 인간의 내면적인 상태와 의도를 전달하는 가장 효과적이고 강력한 의사소통 수단이다. 따라서 대인관계를 촉진하는 언어적 대인기술은 원만한 인간관계의 형성에 매우 중요한 역할을 한다. 이에 포함되는 요소로는 경청하기, 공감하기, 반영하기, 자기 공개하기, 자기 주장하기 등이 포함된다.

■ 비언어적 기술
비언어적 기술은 비언어적 행동을 통해 자신의 의사와 감정을 표현하는 기술을 의미한다. 동양문화권에 속하는 한국사회는 서구사회에 비해 언어적 행동보다는 비언어적 행동을 통해 의사소통을 하는 비언어적 문화를 지니고 있다. 따라서 비언어적 행동에 의해서 표현되는 타인의 의도와 감정을 잘 파악하는 것이 매우 중요하며 이러한 능력을 '눈치'라고 한다. 비언어적 대인기술로서 활용될 수 있는 소통수단으로는 얼굴표정, 눈마주침, 몸동작이나 제스처, 몸의 자세 등을 포함하는 몸의 움직임, 그리고 악수, 어루만짐, 팔짱낌, 어깨에 손얹기 등을 포함하는 신체적 접촉, 머리모양, 옷차림새, 장신구, 화장 등과 같은 외모의 치장, 그리고 만남의 장소, 상황, 분위기 등의 환경적 요인, 끝으로 부언어라고 일컫는 말의 강약, 완급, 음색, 말하는 방식 등을 들 수 있다.

셋째, 인간관계 기술의 적절성과 효과는 행위자, 상대방 그리고 상황의 특성에 의해 결정된다. 행위자와 상대방의 나이, 성별, 지위 등에 따라서 특정한 사회적 행동이 적절할 수도 있고 그렇지 않을 수도 있다. 뿐만 아니라 특정한 행동이 행해지는 상황이나 시기에 따라 그 효과는 달라질 수 있다. 즉 인간관계 기술에 있어서는 인간관계에 관련된 사람의 특성과 상항적 특성에 대한 고려가 중요한 요소가 된다. 마지막으로, 인간관계 기술은 타인으로부터의 사회적 보상을 극대화한다. 즉 적절한 인간관계 기술은 인간관계에서 얻게 되는 긍정적 성과를 최대화한다.

(2) 인간관계 기술의 지도

관계를 형성하기 위해서 필요한 가장 기본적 기술은 공감적 이해 훈련과 자기표현 훈련이다. 공감적 이해는 과학적인 이론만으로 사람을 이해하거나 밖으로 나타난 행위 그 자체를 이해하는 것과는 달리, 인간의 심리적인 세계에서 주관적으로 움직이는 내면세계를 이해하는 것과 관련된다. 자신이 직접 경험하지 않고도 다른 사람의 감정을 거의 같은 내용과 수준으로 이해할 수 있게 되는 것이다. 이러한 기법은 상담자 훈련에서 많이 강조되고 있지만, 원만한 대인관계를 형성하고 유지하기 위해서는 모든 사람들에게 매우 중요하다.

공감적 이해는 감수성과 의사소통의 두 가지 차원으로 이루어진다(김애순. 윤진, 1997). 먼저 감수성 차원이란 상대방이 한 말이나 얼굴표정, 제스처 속에 숨겨져 있는 중요한 감정이나 생각을 민감하게 알아차리는 것이다. 대개의 사람들은 자신의 감정이나 생각을 모조리 겉으로 표출해 버리지는 않는다. 마음 속 깊이 숨겨 두는 것도 있다. 이 모두를 민감하게 느낄 수 있을 때 공감적 이해는 가능한 것이다. 또한 의사소통 차원이란 내가 상대방의 감정과 생각을 이해하고 있다는 사실을 상대방에게 적절하게 전달해 주는 것이다. 아무리 내가 상대방의 속마음을 이해했다 할지라도 그 사실을 상대방이 모른다면 그는 자신이 이해받고 있다고 느끼지 못할 것이다. 사람들 중에는 유난히 남의 얘기를 잘 들어주고 공감해 주는 사람이 있다. 그러나 이러한 능력은 다른 사람에게 관심을 기울이려는 마음가짐과 끊임없는 노력과 훈련에 의해 습득된다.

또한 대인관계를 하다 보면 남을 이해하고 수용해야 할 때도 있지만 자신의 감정과 생각을 주장하고 표현해야 될 때도 있다. 이때 자신의 생각이나 감정을 표현하는 방식은 두 사람간의 관계에 매우 중요한 영향을 미치게 된다. 어떤 사람들은 너무 수줍거나 무능력하여, 혹은 체면이나 앞으로 닥칠 위협이 두려워서 상대편의 기분에 맞추어 자신의 감정과 생각을 소극적으로 표현한다. 반면에 남의 감정은 아랑곳하지 않고 지나치게 충동적이고 공격적으로 자신의 감정이나 생각을 표현해서 남에게 상처를 주는 사람도 있다. 이러한 경우를 공격적 표현이라고 한다. 소극적과 공격적 표현과는 달리 상대방의 인격과 권리를 존중하면서도 자신의 감정과 생각을 정확하게 전달하는 표현이 필요한데 이를 자기 주장적 표현이라고 한다.

인간관계에서 우리는 자신을 적절하게 표현하지 못하는 경우가 있다. 성장과정에서 자신을 표현하는 방법을 제대로 배울 기회를 갖지 못했거나 자신을 억제하고 표현하지 않은 것이 강화되는 경우 표현하지 못한다. 또는 대화기술의 완벽성에 집착해서 실수할까봐 자신을 제대로 표현하지 못하기도 하고, 소신을 버리면서까지 남에게 수용받고자 하는 비합리적인 신념에서 비롯되기도 한다. 그러나 이러한 부적절한 자기표현은 타인들에게 상처를 주거나 솔직하지 못하고 진실하지 못하다는 인상을 준다. 또한 자기 자신에게는 좌절과 분노, 혼란과 갈등을 불러일으키며 자신의 무능에 대해 만성적인 불안을 느끼게 되어 심신의 건강을 악화시키게 된다. 이와 같이 자기를 표현하는 방법이 선천적인 특징이라기보다는 성장과정에서 후천적으로 학습된 것이라고 볼 때, 우리는 자신을 표현하는 방법을 재학습과 훈련을 통해서 변화시켜야 한다.

효율적 대화법

1 나-전달법과 너-전달법

나 – 전달법	너 – 전달법
나 – 전달법(I-Message)은 '나'를 주어로 하여 상대방에 대한 나 자신의 감정, 생각, 신체적 상태 등을 표현하는 대화법이다. 예를 들면, "네가 수업시간에 자꾸 장난을 치니까 선생님은 짜증이 나는구나!"라고 말하는 경우이다. 즉 "네가……(행동)……하니까, 나는…….(감정)……게 느낀다"라는 방식의 표현이다. 이러한 표현에 대해서 학생은 반발심을 별로 안 느끼며 오히려 교사가 곤란을 겪는다는 것을 전달받음으로써 시끄럽게 하지 말아야겠다는 생각을 자발적으로 할 수 있게 된다. 일상생활에서도 이러한 방식의 표현을 하게 되면 상대방에게 개방적이고 솔직하다는 인상을 줄 뿐만 아니라 상대방에게 나의 생각과 감정을 솔직하게 전달하기 때문에 상호간의 이해를 증진시킨다.	너 – 전달법(You-Message)은 '너'를 주어로 하여 상대방의 행동에 대한 평가나 비평을 하는 대화방식이다. 예를 들면, "너는 도대체 수업시간마다 왜 그렇게 시끄럽니 ? "라고 말하는 경우다. 즉, "너는……하다"의 표현방식이다. 이러한 표현은 학생이 자발적으로 행동을 변화시키려는 의도를 약화시킬 뿐만 아니라 교사 · 학생간의 관계형성에도 해를 주게 된다. 즉 이러한 표현방식은 상대방의 마음에 상처를 주어 인간관계를 파괴시킬 뿐만 아니라 상대방에게 일방적으로 강요하거나 공격하는 느낌을 준다. 따라서 상대방은 반감을 갖고 방어적으로 대처하거나 저항을 하게 된다.

2 Do 언어와 Be언어

Do 언어	Be언어
Do언어는 상대방의 문제가 되는 행동을 구체적으로 가리켜 표현하는 말이다. 예를 들면, 자주 지각하는 친구에게 "너 자주 늦는구나"하는 식의 표현이다. 이러한 표현방식은 상대방의 문제행동을 평가나 비판이 없이 구체적으로 지적해 주기 때문에 상대방이 자신의 어떤 행동이 잘못된 것인지를 인식하고 태도나 행동을 변화시킬 수가 있다.	Be언어는 상대방의 문제행동을 지적해 준다기 보다는 그 행동을 전반적인 성격특성이나 인격으로 확대시켜서 표현하는 말이다. 예를 들면, 자주 지각하는 친구에게 "넌 왜 그렇게 게으르니?"하고 말하는 경우다. 이럴 경우 그 친구는 무엇 때문에 자기보고 게으르다고 그러는지 확실히 영문도 모르면서 기분이 몹시 불쾌해질 것이다. 이러한 표현방식은 구체적인 문제행동이 무엇인지 명백하게 전달되지 않고 하나의 행동을 전반적인 특성으로 일반화해 버리는 경향이 있다.

청소년들이 인간관계의 부적응으로 인해 극심한 고통을 겪고, 일상생활과 학교생활의 적응에도 큰 지장을 가져오는 경우라면 개인적인 노력에 의해 극복하기가 어려울 수도 있다. 이 때는 전문상담가의 도움을 받는 것이 필요하다. 예컨대 한국청소년상담원, 시 · 도 청소년상담실, 그리고 각급 학교에 설치된 학생생활상담소 등에 배치된 상담전문가는 개인이 처한 인간관계의 어려움을 좀 더 객관적이고 심층적으로 파악할 수 있는 능력을 지니고 있다. 뿐만 아니라 그 개선방법에 대해서도 보다 전문적이고 체계적이며 구체적인 방법을 제시하여 실질적인 도움을 줄 수 있다.

4 부적응 행동과 생활지도

1) 적응과 부적응의 이해

(1) 적응과 부적응의 개념

청소년기는 흔히 심리적 격동기라고 한다. 인간의 성장과정에서 영 · 유아기를 제외하고는 신체발달이나 인지 · 정서 발달 등 여러 가지 영역에서 청소년기 만큼 큰 변화를 가져오는 시기는 없을 것이다. 또한 가정이나 사회에서 기대하는 역할에 있어서도 청소년기는 부모에게 돌봄을 받고 의존하는 어린아이의 위치에서 한 몫을 하는 성인의 위치로 전화되는 시기가 된다. 이와 같이 중요한 신체적, 심리적, 사회적인 변화가 큰 폭으로 한꺼번에 일어나게 됨으로 해서 청소년기에는 이러한 변화들에 적응하는 능력이 크게 요구되며, 정신적 스트레스 또한 높아지게 된다. 따라서 청소년기에는 정서적 불안정이나 기타 적응문제가 나타날 가능성이 높으리라는 것은 쉽게 예측될 수 있겠다.

청소년기에 심리적 부적응 증상이 나타날 때, 이것이 일시적인 부적응 현상인가 아니면 좀 더 근본적인 심리장애의 시작으로 보아야 할 것인가를 판정하는 것은 쉽지 않은 일이다. 대체로 심각한 심리장애의 표징으로 해석되는 증상들도 소위 '정상'적이라고 볼 수 있는 청소년들에게서 나타나는 경우도 있고, 반면에 별로 우려할 만한 심각한 증상을 보이지 않았던 청소년이 점차적으로 중한 심리장애를 나타내는 경우도 있다. 따라서 청소년기의 부적응 증상들은 그 자체가 반드시 심각한 심리장애의 시작을 의미한다고 볼 필요는 없겠으나, 동시에 이를 무조건 청소년기에 의례 있을 수 있는 일시적인 현상으로 가볍게 보아 넘기는 것 또한 피해야 할 것이다. 특히, 고도로 발달된 과학기술, 복잡한 사회제도, 그리고 급변하는 현대를 살아가고 있는 우리 청소년들에게 있어서 가정이나 학교 및 사회에서 자기 자신의 욕구를 어떻게 조정하여 행복한 삶을 영위해 나갈 것인가 하는 적응의 문제가 심각하게 대두되고 있는 실정이다.

적응이란 개인이 심리적, 사회적 장애를 극복하고 자신의 욕구를 충족시키기 위해 개인적으로나 사회적으로 수용될 수 있는 행동을 하는 것을 의미한다. 생물학적, 심리학적 두 입장을 종합한 적응의 개념을 정의하면, "적응은 인간이 자발적으로 행동하고, 보다 적극적으로 환경을 이용하며, 사회적 변화에 능동적으로 참여하는 개인과 환경과의 능동적 상호작용"(여광응 등, 1995)이라고 요약할 수 있다. 그러므로 환경에의 적응뿐만이 아니라 개개인의 생물학적, 심리학적 상태에 대한 적응도 의미한다. 개인의 마음 편안함의 성취, 잠재능력의 개발, 환경의 극복을 통해서 적응할 수 있는 능력이 중시된다. 또한 건전한 적응은 개인의 성장에도 긍정적이어야 한다. 성장을 잠재력 개발이나 자기실현으로도 볼 때 잠재력의 최대 개발 혹은 자아실현의 육성이라고 할 수 있다.

적응에 반대되는 개념은 부적응이다. 부적응이란 주어진 환경 조건에 적절하게 적응하지 못하는 비정상 상태를 의미한다. 개인이 주위 환경이나 사회규범 및 요구에 적응하지 못하든가 타인에게 인정을 받지 못하고 갈등과 불만이 쌓여 마음이 편하지 못한 상태에 있는 경우에 우리는 그를 부적응행동을 가진 사람이라고 말할 수 있다(이성진, 1997). 따라서 적응은 부적응 요인을 제거하고 사람으로 하여금 자기 일을 성공적으로 수행하는 습관을 길러 주어 바람직한 성격을 형성하고 유지시키기 위해 필요하다.

적응 또는 부적응의 의미는 개인의 욕구나 개인이 처한 사회적 · 환경적 요인에 따라 달라질 수 있다. 예를 들어, 우리 나라에서 잘 적응하여 생활하던 사람이 생소한 외국에 나가게 되면 그 사회가 가지는 독특한 문화나 언어생활에 제대로 적응하지 못하는 부적응 현상을 경험할 수 있다. 따라서 적응과 부적응의 개념은 고정된 것이 아니라 상대적인 것으로 가능성의 차이다. 인간은 욕구와 환경에 따라 평소 적응적인 행동을 보이던 사람도 부적응행동을 보일 수 있으며, 부적응적이라고 보여지던 사람도 적응행동을 할 수 있는 것이다. 부적응을 지도하기 위해서는 내적 요인 욕구와 외적 요인, 즉 환경적 요인이 무엇인지를 살펴서 그 저해요인을 제거해 주어야 한다. 적응행동 문제는 어릴 때부터 올바른 습관형성이 중요하고 장면에 따라 바람직한 행동을 강화해 주어야 한다.

(2) 기본적 욕구

유기체의 유지와 보존을 위해서는 다양한 욕구가 필요하다. 인간이 반드시 충족되어야 할 최소한의 욕구를 우리는 기본적 욕구라고 하는데, 이 기본적 욕구에는 생리적 욕구와 심리적 또는 사회적 욕구가 있다.

생리적 욕구(physiological needs)는 주로 유기체의 기본적 욕구와 관련된 것으로 이것을 유기체 욕구라고도 하며, 인간의 생명유지와 종족보존을 위한 욕구로써 일차적 욕구라고도 한다. 생리적 욕구로써는 기갈, 배설, 활동과 휴식, 보온, 수면, 성욕, 고통 및 불쾌에서의 회피 등을 들 수 있다. 이것들은 생리적인 것이기 때문에 욕구라기보다는 본능이라고 할 수 있다. 따라서 생리적 욕구가 충족되지 않고 저지된다면 신체적 발달에 장애가 될 뿐만 아니라 심리적 · 정서적 부적응을 초래하게 된다. 일차적 욕구가 충족되지 않으면 활동력이 저하되고 의욕과 흥미, 동기가 상실될 뿐만 아니라 정서적 불안정으로 성격에도 크게 영향을 미치게 된다. 성욕 또한 식욕 못지않게 정서적으로 강한 자극과 종족보존을 위해 필요불가결한 욕구라고 할 수 있다. 수면과 피로의 회복은 정신적, 육체적 활동이나 작업에 의하여 개체의 심적 기능이나 동작 등에 관한 변조의 현상을 재조정하기 위한 욕구이다. 이러한 현상은 신체적 또는 심리적으로 불균형의 상태에서 균형화하려는 동질정체의 현상으로 이해하면 될 것이다.

사회적 욕구는 심리적 욕구 또는 인격적 욕구라고도 하는데, 이 욕구는 성장과정에서 환경과 경험에 의하여 변화되고 규제되기 때문에 생득적 욕구에 비해 매우 다양하고 복잡하다. 사회적 욕구는 사회적 관계에서 학습경험으로 획득된 요구의 결과이기 때문에 획득적 욕구, 성격적 욕구라고 하는 사람도 있다. 사회적 욕구를 이차적 욕구라고도 부른다. 사회적 욕구는 그 원인이나 동기가 고정적, 불변적인 것이 아니라 사회생활을 하는 과정에서 학습된 것이며, 또 학습에 의해서 변용되어 간다. 이러한 과정에서 획득되는 목표의 대부분은 사회적 가치를 갖게 된다. 사회적 가치는 사회의 승인, 제도, 금기 등에 의하여 형성되어 간다. 사회적 가치가 습득된다는 것은 사회적 욕구도 습득된다는 것을 뜻한다. 인격적 욕구는 다시 자아적 욕구와 사회적 욕구로 구분해 볼 수 있으며, 자아적 욕구는 자기의 발견, 완성을 지향하는 것으로 탐구의 욕구, 성취의 욕구, 독립의 욕구 등으로, 사회적 욕구는 사회생활의 안정과 충실을 지향하는 것으로써 애정의 욕구, 집단소속에 대한 욕구, 사회적 승인의 욕구 등으로 구분해 볼 수 있다.

❖ 자아적 욕구 ❖

- 탐구의 욕구 – 미지의 세계에 접촉하고 새로운 경험을 얻고 싶은 욕구
- 성취의 욕구 – 가치있는 일에 종사하여 남보다 뛰어나게 그 일에 성공하고 싶은 욕구
- 독립의 욕구 – 타인에게 재약되지 않고 자기의 책임하에서 결정하며 행동하는 자유를 확보하고 싶은 욕구

❖ 사회적 욕구 ❖

- 애정의 욕구 – 사랑을 주고받고 싶은 욕구, 남과 더불어 서로 애정이나 호의를 나누어 가지면서 살아가고 싶은 욕구
- 집단소속에 대한 욕구 – 집단에 가입하고 집단 안에서 가치있는 성원으로 인정을 받으며, 협동생활을 하고 싶은 욕구
- 사회적 승인의 욕구 – 자기의 행위와 인격이 타인으로부터 승인되고 칭찬과 존경을 받고 싶은 욕구

(3) 욕구불만과 갈등

생활체는 어떠한 방해에 의하여 욕구가 좌절되거나 거부당했을 때 일어나는 정서적 긴장상태를 욕구불만 혹은 욕구좌절이라고 한다. 욕구불만은 환경의 물리적 요인, 사회적 요인, 경제적 요인, 개인적 요인, 높은 목표설정에서 오는 요인, 도덕적 규준에서 오는 요인 등이 있다. 욕구불만은 요인에 따라 적당한 포부수준을 갖도록 지도하거나 자기이해와 자기수용을 통해 적당하고 달성가능한 포부수준을 정하여 예방하거나 지도를 해야 한다.

갈등이란 둘 혹은 그 이상의 상반된 욕구 중에서 양자택일해야 할 때 일어나는 일종의 심리적 불안상태를 말한다. 간단히 말해서 서로 대립되는 두 개 이상의 욕구가 만족될 수 없는 경우다. 갈등상황은 욕구에 대한 거의 비슷한 두 개의 장의 힘이 대립된 것이라고 할 수 있는데, 이것은 좌절의 중요한 요인이 된다. Lewin은 개인의 행동의 장을 적극적 또는 정적 유의성과 소극적 또는 부적 유의성과의 역학적 관계 측면에서 세 가지 기본형으로 구분하였다.

첫째, 접근 대 접근 갈등(approach vs. approach conflict)이 있다. 정적 유인가를 지닌 두 개의 목표가 동시에 있는 경우를 말한다. 예를 들어, 두 개의 대학에 입학하는 것이 가능한 성적을 가지고 A 대학과 B 대학의 C학과 중 어느 것을 선택할 것인가 하는 경우에 생기는 갈등, 이 형의 갈등상태에 있어서는 물리적 또는 심리적으로 어느 한편으로 기울어지면 그 방향에로의 힘이 강화하기 때문에 행동의 방향과 힘의 균형이 깨어져 그 쪽을 선택하게 된다.

둘째, 접근 대 회피 갈등(approach vs. avoidance conflict)이 있다. 정적 유인가를

지닌 목표와 부적 유인가를 지닌 목표가 같은 힘을 지니고 동시에 존재하는 경우다. 즉 신포라는 말과 같이 먹고는 싶으나 따먹을 수 없어 신포도라고 말하는 심리현상이다. 또한 좋은 학교에 진학해야겠고, 공부는 하기 싫은 심적 상태다.

셋째, 회피 대 회피 갈등(avoidance vs. avoidance conflict)이 있다. 부적 유인가를 지닌 목표가 동시에 존재하는 경우다. 예를 들면 학교에 가기는 해야겠는데 일단 가면 숙제를 안해 왔다고 호통을 칠 선생님이 무섭기도 하고, 학교에 가지 않고 집에 있으면 학교에 가지 않는다고 성화를 낼 부모가 두렵기도 한 경우다. 즉 둘 다 싫은 일이기는 하지만 어느 한쪽을 꼭 선택해야 할 경우를 말한다.

이렇게 갈등의 유형을 세 가지로 나누어 살펴보면, 첫 번째 유형은 비교적 해소하기 쉬운 갈등의 형태이고, 두 번째 유형은 어느 한편을 강하게 부정함으로써 한쪽을 해소할 수 있는데 첫 번째보다는 해소가 어렵다. 세 번째 갈등유형은 비교적 해소하기가 어려운 편으로 생활주변에 가장 흔한 형태이며 다음과 같은 경우가 있다(Atkinson, 1983).

① **독립 대 의존**(independence vs. dependence) : 어린 시절과 같이 보호 밑에 있을 때가 마음 편했던 것 같다. 의존하고 싶지만 이제 다 컸으므로 스스로 문제를 해결해 나가야 하는 실정임을 느낄 때다.

② **친근 대 고립**(intimacy vs. isolation) : 자신의 마음을 탁 터놓고 누군가를 사귀고는 싶지만, 잘못되면 자신에게 돌아올 자존심의 손상이 두려운 것 같은 경우다.

③ **협력 대 경쟁**(cooperation vs. competition) : 어릴 때부터 우리는 경쟁에서 이겨야 성공할 수 있다는 사실을 알고 있지만 사회적 규범으로 볼 때 타인과의 협동이 필수적이기 때문에 발생하는 유형이다.

④ **충동표현 대 도덕규범**(inpulse expression vs. moral standards) : 사회적 규범이 개인의 제반 충동을 억압하는 경우다. 성적 욕망에 대한 잠재적 충동이 개인에게 있는 것은 사실이지만, 이 모든 것은 사회적 규범에 의해 억제되는 것과 같은 경우다(곽기상, 1990).

2) 정상과 비정상

청소년기에 흔히들 고민하는 문제 중의 하나는 '내가 정상인가?'하는 의문이다. 신체적으로 정신적으로 급격한 변화를 경험하게 되므로 이러한 변화가 남들에게도 일어나는지, 아니면 자기 자신에게만 일어나는 비정상적인 현상인지에 대해 의문을 갖게 되고 불안감을 느끼게 되는 것이다. 특히 장래 진로문제, 가족관의 문제, 이성문제 등에 대한 내면적인 갈등과 불안감 등은 대부분의 청소년들에게 새로운 경험으로, '과연 내가 정상인가?'하는 의문을 품게 되는 경우가 많다.

그렇다면 정신건강이나 심리적 적응상태에 대하여 정상·비정상은 어떠한 기준에 근거하여 판정될 수 있는가? 정상·비정상의 판별기준으로 쓰일 수 있는 것으로는 우선 통계적 기준을 들 수 있다. 간단히 이야기해서, 다른 사람들과 비교해 볼 때 특별히 높거나 낮은 수치를 보이면 이를 정상에서 벗어난다고 보아 비정상으로 간주하는 것이다. 예를 들어 한국 여자 고등학생의 평균신장이 165cm라고 가정할 때 200cm의 신장이나 130cm의 신장은 모두 평균치에서 많이 이탈되어 있다는 점에서 비정상으로 볼 수 있다. 같은 또래에 비하여 유난히 소극적이고 걱정이 많다던지, 두드러지게 행동이 거칠고 불손한 경우도 같은 맥락에서 비정상으로 간주될 수 있다. 흔히 문제가 되는 행동이나 정서상태는 누구나가 조금씩 집단에 비하여 볼 때 평균치에서 크게 벗어날 때 비정상으로 간주하게 되는 것이다.

둘째, 정상·비정상을 판단하는 데 쓰이는 또 하나의 중요한 기준은 본인이 느끼는 정신적인 고통이다. 즉 당사자가 심리적으로 고통스럽게 느껴 학업 등 일상생활을 영위하는데 지장이 있다면 이를 비정상으로 간주할 수 있다는 것이다. 사람 앞에 나서는 것이 두려워 여러 사람이 모이는 장소에 가는 것이 특히 괴롭다던지, 모든 일이 비관스럽게만 보여 심한 우울증에 빠진다던가 한다면, 본인이 느끼는 정신적 고통 자체가 비정상으로 간주하게 되는 근거가 된다.

셋째, 행동이나 심리상태의 정상여부를 판정하는 데는 이의 부적응성, 즉 본인이나 사회에 해로운 결과를 가져오는지 여부가 빼어 놓을 수 없는 기준이 된다. 예를 들어 학교에 가기를 거부하고 자기방에 들어 박혀 혼자 지내는 경우, 설혹 본인은 그렇게 지낼 수 있는 한 별 정신적 고통을 느끼지 않는다 하더라도 이러한 행동으로 하여 사회에 적응하는 데 필요한 경험과 기술을 습득하는데 지장이 있으므로 심각한 문제가 된다. 또한 남의 재산이나 신체에 해를 끼치는 폭력적인 행동을 두고 생각해 볼 때, 본인은 정신적 고통을 느끼지 않더라도 사회에 해로운 결과를 가져오므로 이를 부적응적으로 규정할 수 있다.

이상 살펴본 바와 같이 어느 한 사람의 심리상태나 행동의 정상 · 비정상을 판단하는 데는 여러 가지 측면이 고려되어야 한다. 특히 기억하여야 할 점은 누구든지 어느 정도의 정신적 고통이나 부적응적인 행동들을 보일 때가 있다는 점이다. 다만 이러한 문제들이 그 빈도나 정도에 있어서 학업이나 대인관계 기타 주요한 심리적 기능에 지장을 가져오게 될 때 문제시되는 것이다. 다시 말해서 어떠한 심리상태나 행동이 그 자체만 보고 정상이냐 비정상이냐를 판단하는 것보다는 그러한 상태가 본인이 생활을 하고 자신의 목표를 추구하는데 있어서 저해요인이 되고 있느냐가 궁극적 판단기준이 되는 것이다. 특히 성장기에 있는 청소년이나 아동들의 적응문제를 판단할 때는 그 문제가 현재의 심리기능에 얼마나 저해요인이 되는가 뿐만 아니라, 장차 그들이 신체적으로나 정신적으로 타고난 잠재력을 충분히 발휘하는 데 어떠한 영향을 미칠 것인가를 고려하여야 할 것이다.

3) 부적응의 원인과 증상

(1) 부적응의 원인

부적응의 원인을 밝히기란 그렇게 쉽지 않은 일이다. 그것은 단순한 원인만이 아니라 여러 가지 복합적 원인일 수도 있고 현상적으로 파악되는 원인은 촉진원인은 될 수 있으나 소인적 원인이 따로 있다는 것이어서 부적응의 원인을 밝히는 데 어려움을 더하게 된다. 그러나 여기서는 여러 가지 연구들을 통하여 밝혀진 바 있는 것을 범주화하여 알아보기로 한다.

첫째, 생물학적 원인이 있다.

부모로부터의 전수받은 생물학적 특성이나 질병 및 생리적 조건 등이 원인이 되어 부적응을 일으키는 경우는 허다하다. 그러함에도 그러한 원인들은 경시되거나 무시되어 오기도 한다.

둘째, 욕구의 좌절이나 갈등이 그 원인이 된다.

사실 인생사는 욕구의 충족과정이라고 할 만치 모든 행동이 욕구와 관련되어 있음을 앞에서 살펴보았다. 그래서 욕구를 인간행동의 동인으로 간주하기도 한다. 이러한 욕구는 때로는 만족스럽거나 약간 불만족스럽더라도 얼마간은 충족되는 경우가 있는가 하면 여러 가지 조건에 따라서 물리적, 사회적 혹은 그 자신의 심신의 조건에 따라 좌절되는 경우가 많다. 그러나 욕구의 충족은 또 다른 욕구의 추구로 옮겨가지만 욕구의 좌절은 부적응을 낳는다. 때문에 부적응의 원인으로 충동이나 욕구의 좌절, 혹은 두 개 이상의 욕구의 공존으로 빚어지는 좌절들을 부적응의 원인으로 간주한다. 그러나 이러한 좌절이 모두 부적응의 원인이 되지는 않는다. 그것은 그 개인의 욕구좌절내성(frustration tolerance)이나 적응능력에 따라 달라지는 것이다.

셋째, 불건전한 정서적 경험이 그 원인이 된다.

인간에게 정서나 감정이 결여되면 어떨까? 정서나 감정은 없고 이성에만 지배된다면 아무 멋도 없을 것이다. 그것은 로봇에 지나지 않는다. 이 정서란 내외적 자극에 따라서 신체적인 표현과 함께 일어나는 폭발적인 감정들을 지칭하는 말이며 그것은 생활의 일부이며 자연스러운 현상이다. 그러나 우리의 경험들 가운데는 계속적인 긴장이나 과도한 불안, 불필요한 공포를 야기하거나 적대감이나 죄책감을 낳게 하고 있어 이러한 정서적 경험이 부적응의 원인으로 간주되고 있다.

넷째, 가정조건이 그 원인이 된다.

가정은 어린이가 태어나서 양육되고 보호받는 피난처이기도 하고 생활터전이다. 그래서 가정은 심신의 안정도 보장해 주며 사회적으로 종족보존과 사회화가 이루어지는 곳이다. 그러나 이러한 가정의 조건이 만족한 것이 못되어 부적응이

야기되는 경우는 허다하다. 친자간의 갈등, 형제간의 불화를 비롯하여 부부간에, 고부간에 불화 따위가 있는가 하면 부모의 양육태도나 그것의 질, 가정에서의 지도방법은 모두가 문제로 지적되는 것들이며 특히 최근에는 적절한 심리적 양육이나 지도가 중시되는 것도 그러한 면에서의 고려이다. 물론 그러한 조건이 모든 어린이에게 똑같이 작용하는 것은 아니다. 그것은 그러한 조건이나 자극을 수용하는 사람에 따라 달리 나타나고 있다는 것도 이해해야 할 문제이다.

(2) 부적응의 증상

부적응 행동의 증상은 그 유형이나 경증에 따라서 다양하며 그것을 명시적으로 제시할 수는 없을지 모른다. 그러나 일반적으로 나타나는 신호나 증상은 다음과 같은 네 가지의 형태로 제시되고 있다.

첫째, 근심이나 걱정이 평상시보다 많아진다.

적응에 실패로 나타나는 신호의 하나는 근심, 걱정이 많아지는 것이 신호로 간주된다. 이것이 좀더 발전하면 불안, 공포, 우울, 죄책감 따위로 확대되기도 하나 걱정과 근심이 생겨 생활에 위축과 문제에 효과적 대처가 세대로 안 되는 것으로 설명된다.

둘째, 신체적 질병의 호소가 많다.

학교에서의 적응에 실패한 어린이가 배가 아프다, 골치가 아프다 하며 학교에 가기를 피할 때 흔히 이를 꾀병으로 간주한다. 그러나 최근의 임상적 연구결과는 신체적 질병이 심리적 원인에 영향을 받아 일어나고 있음을 발견하여 이러한 질병을 심인성 신체질환(psychosomatic disorder)으로 이름하여 일반적인 신체적 질병과 구분한다. 이는 꾀병이 아니라 심리적으로 적응하지 못하여 나타난 증상으로 이해되어야 하는 것이다. 실제로 나타나는 전형적인 것은 편두통, 기관지천식, 소화불량, 구토, 불면증, 심장병, 고혈압 등이 대표적인 것으로 물론 그러한 증상이 모두 부적응의 신호로 간주될 수는 없더라도 때로는 부적응의 신호나 증상으로 나타나기도 한다.

셋째, 사회적 준거나 규범에서 일탈된 행동의 출현이다.

인간은 사회적으로 수용되고 안정된 행동규범 속에서 행동하고 생활하는 것이 특히 잘 적응하고 있는 사람들의 전형이다. 그래서 그는 그가 속한 사회와 조화를 유지하게 된다. 그러나 적응에 실패한 사람들은 사회적 규범을 무시하고 일탈된 행동을 보이거나, 혹은 사회적으로 위협적인 행동을 보이면서 행동의 조화와 조절을 하지 못하는 것이다. 우리는 적응에 실패한 사람들, 혹은 사회적으로 적응하지 못한 사람들이 일으키는 끔찍한 이야기들을 날마다 지상을 통하여 듣고 보는 것이다. 그러한 행동은 모두가 이러한 증상의 대표적인 예이다.

넷째, 기능상에 비효율성이 나타난다.

우리는 새로 전학을 하여 잘 적응하지 못해 학업상의 문제를 호소하는 어린이의 경우, 혹은 당면문제에 적절히 대처하지 못하여 안절부절 못하면서 주어진 일을 처리해 내지 못하는 사람들에 대한 이야기들을 익히 접하고 있다. 이는 부적응 상태에서 그의 기능상에 변화가 있어 비효율성이 나타나고 있음을 말하는 것이다. 그것은 보다 심하게는 인격의 붕괴, 혹은 현실검증의 상실이나 괴기한 언어 · 사고 또는 망상이나 환각으로까지 진전될 수 있는 것이다. 미국정신의학회에서 발행한 정신장애의 진단 및 통계요강(DSM-Ⅳ)에 의하면 정신신경증(psychoneurosis)이나 정신병(psychoses)까지도 부적응의 형태로 설명하고 있다.

이상이 일반적으로 나타내는 신호나 증상으로 고려할 수 있는 것이라면 사실 누구나 쉽게 부적응아를 가려낼 수 있는 것이다. 특히 학습자와 매일 여러 시간을 함께 하는 노련한 교사들에게는 결코 어려운 작업은 아니다. 그들은 어떤 학습 집단에서나 충족되어야 할 기본적인 심리적 욕구조차 충족하지 못한 이른바 심리적 기아상태에 빠져 있고 사회적 인정이나 성공과 만족에 굶주려 있으며 인간적 가치를 인정받고 싶어하는 학생이 있음을 안다. 그들 나름대로 적응을 시도하나 곤란에 봉착하여 쉽게 당황해 하며, 실패하며, 부적응의 증상을 보이며, 점차 그 증상이 악화되어 가는 경우도 흔히 보아 왔다. 물론 노련한 교사만이 아니라 그렇지 못한 교사들도 세심한 주의와 관심만 있으면 그러한 학생들을 쉽게 발견할 수 있을 것이다. 특히 일상의 학습활동과 관련하여 그러한 부적응 학생을 발견할 수 있는 장면과 함께 나타날 수 있는 부적응의 증상들을 가상해 볼 수 있다.

❖ 학습활동과 관련된 부적응의 증상 ❖

◆ 토의과정

학교생활에서는 어떤 문제에 대해 집단적으로 토의과정을 거쳐 해결하게 되는 경우가 있다. 이러한 경우 흔히 나타나는 것이 아집, 자기상실, 반대 의견의 배척, 혐오감, 공격적 행동, 또는 참여의 기피나 도피적 경향 따위이다. 그러나 그러한 것의 정도가 심하다면 그것은 부적응의 증상으로 간주할 수 있을 것이다.

◆ 학습활동

학습활동에서는 학생들의 행동을 관찰할 기회가 특히 많다. 그 과정에서 발견할 수 있는 것은 과도한 의존성, 주의집중 결여, 변덕스러움, 괴기한 행동, 때로는 학생활동에 대한 부정적인 태도나 인간가치에 대한 회의적 태도가 나타날 수 있다. 이들은 어떤 문제가 있고 부적응 상태에 있음은 분명하다.

◆ 집단활동

학교에서 행해지는 집단활동은 학습자의 공동의 노력과 협동하에서 이루어질 때 가치로운 것이다. 그러나 때로 이러한 집단활동에서 독단적이고 지배적 경향, 협동에서 배제되는 현상이 따로 발생한다. 이들은 부적응의 경향이 있음이 분명하다.

◆ 역할수행활동

인간은 누구나 자기의 특성이나 경향성을 외부로 노출하고 행동으로 투사하고 있다. 따라서 연습이나 각본이 없고 어떤 역할이 주어질 때는 부적응 증상이 그대로 행동에 투사되는 경우가 흔하다. 즉 적개심, 공격성 혹은 억압된 내적 욕구는 쉽게 표출될 수 있어 교사는 학생들에게 어떤 역할을 수행하게 함으로써 부적응아를 쉽게 발견할 수 있다.

◆ 과외활동

이제 학교생활도 학습활동과 함께 과외활동에도 많은 관심과 비중을 두고 있다. 그러한 활동 중에서는 참여의 기피, 잦은 이탈, 문제아기, 규범파괴 등의 현상이 나타나는 것은 분명 부적응의 신호다.

◆ 일상적 관찰

교사에게는 학생을 관찰할 수 있는 다양한 기회가 주어져 있다. 그러한 관찰은 많은 정보를 제공해 줄 수 있다. 잦은 결석, 파괴적 성향, 이상한 몸짓이나 행동, 고립이나 비활동성 등은 쉽게 관찰될 수 있고 이는 부적응의 증상이다.

4) 부적응의 유형과 지도

복잡하고 급변하는 현대사회를 살아가는 우리의 생활은 스트레스의 연속이다. Freud(1901)가 주장한 바와 같이 수많은 적응요구에 직면한 우리 인간의 어느 정도는 모두 비합리적이며 부적응 행동을 할 수밖에 없는 다양한 성격질환을 지니고 있어 보인다. 무한경쟁이니 적자생존이니 하는 냉혹한 삶의 환경에서 그 어느 때보다도 유동적이고 복잡하여 예측하기 어려운 미래사회에서 자신의 위상을 선택하고 결정하는 과정은 학생들에게 스트레스의 원천이다. 특히, 오늘날의 현대사회는 위기에 처한 가정도 많고, 친구들과의 친밀한 인간관계를 맺고 유지하는데 어려움을 겪고 학생들도 적지 않다. 스트레스를 유발시키는 학교와 가정과 사회 환경에서 학생들은 만성적인 긴장과 불안을 항상 느끼며 학업에 지쳐 감기, 두통, 식욕부진, 위통 등의 질병에 시달리기 쉽다.

학교는 학생들에게 작지만 하나의 온전한 세계다. 각종의 적응요구와 과제에 직면한다. 그러나 어떤 면에선 학생들이 직면하는 많은 적응에의 요구를 줄이거나 없애는 것은 가능한 일이 아니며 바람직하지도 않다. 오히려 적응과정에서 겪는 가벼운 심리적 부담은 그들의 성장과 발달에 해롭지 않으며 오히려 필요하기까지 하다. 그러므로 학생들을 지도하는 교사는 학생들이 직면하는 각종의 적응요구를 올바로 이해하고 어떻게 받아들이고 대처할 것인지, 인지적이며 정서적 행동상의 방법들을 올바로 이해하고 활용하도록 도와야 한다.

Baker(2000)는 학교에서 학생들을 도와야 하는 학생들의 부적응 문제들의 유형을 첫째, 학습분위기를 해치는 공격적인 행동, 둘째, 학력부진, 가족구성원의 사망으로 인한 슬픔, 우울증과 자살 충동, 약물 설정의 어려움 등으로 구분하고 가능한 한 신속하게 부적응의 원인을 찾아내어 지도해야 한다고 주장한다. 특히, 많은 학생들이 부모의 이혼 등 가정의 파탄에서 오는 고통을 겪고 있는 점을 고려하여 학교활동에 잘 적응할 수 있도록 지도하고 돕는 일이 중요하다고 강조한다.

성격에 의한 반응양식이 상황에 적절한가의 여부에 따라 적응과 부적응이 가려질 수 있다. 따라서 부적응을 일으키는 요인들을 성격의 요소에서 찾고 해소시킬 수 있다. 일상생활의 적응에 어려움을 겪는 학생들을 어떤 상황에서 학생들이 드러내 보이는 생각, 느낌과 감정, 행동의 세 요소로 구분해 살펴보자.

(1) 그릇된 사고 : 사실왜곡, 자기비하, 자기부정

생각과 행동은 불가분의 관계에 있다. 학생들이 드러내 보이는 많은 부적응의 행동들은 그들의 그릇된 사고방식에 기인한다. 중학교 수학선생님에게 매맞은 학생은 고등학교 수학선생님을 싫어하거나 무서워할 수 있다. 수학선생님은 매를 사용하는 것으로 잘못 생각할 수 있기 때문이다. 학생들은 지적 성숙과 발달의 과정에 있으므로 잘못 생각할 수 있는 여지가 많다. 논리적이며 합리적인 사고를 할 수 있는 단계까지 도달한 학생들도 단 한번의 부끄럽고, 상처받는 경험으로 현실을 왜곡시키며 그릇된 사고방식으로 빠져들기 쉽다. 낮은 시험점수로 자신은 지능이 남보다 열등하다거나, 남보다 잘하는 것이 아무것도 없다고 생각하여 자기비하와 부정적인 자아개념으로 무력감에 빠진다. 친구가 자기에게 관심을 보이지 않은 것을 배신했다고 생각하고 친구를 멀리할 수 있다. 느낌과 감정이나 행동으로 드러나는 학생들의 많은 문제도 그릇된 사고에 기인할 수 있다. 그릇된 사고에 직접적인 영향을 미치는 것은 과거의 경험이며, 그것으로 인한 현재의 관점이다.

그릇된 사고의 지도방안에 대한 정신분석학적 관점은 과거 유아기와 아동기 동안 심리적 충격을 입었던 경험이나 그와 유사한 상황으로부터 자신을 보호하기 위해 사용했던 적응기제와 습관들이, 청소년기의 유사한 상황에 무심코 재연되거나 전이되는 것으로 본다. 청소년들이 문제를 의식하거나 일으키는 상황은 그 언젠가의 경험에서 비롯된 자아방어기제의 형태이지만 학생들은 그것을 올바로 인식하지 못한다. 따라서 교사는 학생들로 하여금 그 경험과 그에 따라 형성된 습관이 어떤 것이었는지 인식하도록 도와줄 수 있다. 기억되는 인생초기의 경험은 무엇인가? 부모님은 어떤 분이며 형제자매와의 관계는 어떠했는가? 무의식적으로 또는 충동적으로 행해지는 자아방어기제로서의 습관은 어떤 것이 있으며 언제부터 나타났는가? 교사는 학생과 대화를 통하여 이러한 것들을 보다 낮게 인식시키고 사고할 수 있도록 함으로써 현재 당면하는 문제 상황에 새롭게 대응하도록 도울 수 있다. 그리고 학생이 지속적으로 나타내 보이는 일관된 생각이나 행동들을 민감하게 파악하여 그 근원을 탐색하여 학생 스스로 해석하고 새로운 방식으로 생각해 보도록 도와줄 수 있다.

Ross(1996)는 좌절과 절망상태로 생각하고 인식하는 사건과 직면하는 학생들을 돕는 가장 좋은 방법은 그 학생들은 교사들의 인식과 사고를 수용하는 것이라고 말한다. 이와 같은 방법은 교사들에겐 불합리해 보일 수 있다. 학생들은 위협적인 상황으로 생각하는 일을 교사의 입장에서는 그와 같이 인식하기도 어렵고 학생들의 관점과 생각을 수용하기도 어려운 일이다. 그러나 교사가 학생들의 입장을 이해하고 수용한다고 하여 해로울 것은 아무것도 없다. 그럼에도 불구하고 교사들은 그들이 학생들보다 사태파악에 훨씬 나은 판단력을 갖고 있기 때문에 그들이 어떻게 그 상황에 대처해 나가야 할지 결정해 주어야 한다고 잘못된 생각을 하는 경향이 있다. 그러한 결과는 학생들과 진지한 대화를 할 수 있는 기회를 잃는 것이다.

학생들은 화가 나면, 생각은 매우 과장되고 극단적이 된다. 이러한 생각들을 보다 합리적인 것들로 대치하도록 도울 수 있다. 예를 들어, '아, 끔찍해, 모든 게 엉망이야'라고 생각하는 대신 '너무 실망되어 화가 나는 건 사실이지만, 이게 세상의 끝은 아니며, 화를 낸다고 문제가 해결되는 것도 아니다.'라고 스스로에게 말할 수 있도록 도울 수 있다.

(2) 느낌과 감정의 통제문제

학생들이 일상생활에서 겪는 심한 심리적 부담은 슬픔, 불안, 분노, 죄의식, 무력감, 절망감 우울 등 정서적 증상을 일으킨다. 이와 같은 느낌과 감정은 폭력으로 발산되어 자신은 물론 다른 학생들에게 피해를 줄 수 있다.

① 우울증

우울증은 일상생활의 기능을 방해하는 부정적인 감정이다. 무가치한 느낌이 들고, 지나친 죄의식과 외로움, 슬픔, 희망이 없는 느낌이다. 자살하고 싶은 생각이 들 수도 있다. 정상적으로 매일 느끼는 우울함은 몇 분에서부터 며칠동안 지속될 수 있다. 우리는 누구나 이러한 감정상태를 느껴본 적이 있다. 이러한 감정은 인간의 정상적인 부분이다. 그러나 일정기간 이상 강하게 지속되는 우울증은 심리치료를 받아야 한다.

무엇이 사람들을 우울하게 하는가? 첫째, 환경에 대한 통제력 상실감을 들 수 있다. 이때 사람들은 삶에서 일어나는 불운한 사건들에 대해 아무것도 변화시킬 수 없다고 느낀다. 비현실적인 기대나 그에 따른 실망은 우울증으로 이어질 수 있다. 혹은 실패했다고 생각하며 자신을 지나치게 비판하거나 비하하면 우울증을 느끼게 된다.

우울증의 정서적 증상은 슬픔, 불안, 죄의식, 노여움, 감정 동요, 무력함, 절망감이며, 신체적으로는 수면과 음식을 지나치게 많이 혹은 적게 취하거나, 변비, 체중의 증가 혹은 감소, 비정기적인 생리주기, 점진적인 성적 욕구 감퇴 등의 문제를 경험한다. 정서적으로 신체적으로 이와 같은 경험을 하는 사람들은 특별한 이유 없이 울거나, 다른 사람들과의 만남을 회피하며, 쉽게 화를 내거나, 어떤 목표를 세우거나 달성하는 데 동기유발이 되지 않으며, 외모에 대해 관심을 두지 않으며, 한때는 흥미 있었던 활동들에 대해서도 흥미를 상실하여 약물이나 과도한 음주를 하게 된다. Schmitt(1999)는 우울증이 있는 학생들이 우울한 기분에서 벗어나기 위해 코카인에 연루되므로, 상담교사의 정기적인 점검과 관심이 필요하다고 주장한다.

그러면 이러한 우울증을 학생들이 극복할 수 있도록 어떻게 도울 수 있는가? 사회 문화적인 관점에서 보면, 학생들은 자신이 소속된 사회의 한 구성원으로서 다른 사람들과 상호 인간관계를 기초로 자신의 삶의 목표를 추구하며 자아정체감을 형성해 가는 존재이다. 학생들은 부모, 교사, 친구들과의 신뢰와 친밀한 인간관계를 형성하지 못할 때 우울증과 같은 정서문제를 일으킬 수 있다. 뿐만 아니라 삶의 목적의식도, 성취해야 할 목표도 없으면 삶에 의미가 없어 우울증에 빠질 수 있다. Erikson(1968)이 설명한 바와 같이 청소년기의 학생들은 자아정체감을 혼동, 폐쇄, 유예, 성취의 4단계에 걸쳐 차례로 발달시켜야 할 발달과업을 완수할 수 있어야 건강한 사람으로 성장할 수 있다. 교사들은 이와 같이 자아정체감을 발달단계와 과정에 따라 발달시킬 수 있도록 돕는 한편, 학생들의 사회적 관심을 증진시킴으로써 과거의 경험에 의한 자신의 잘못된 관점을 재검토하고 새로운 관점을 형성하도록 격려하고 도전시킬 수 있어야 한다.

Meyer(2000)는 상담교사들을 대상으로 학생들의 우울증에 의한 자살예방에 관해 실시한 설문조사에서 약 200명의 조사대상자 중에서 38%의 교사들이 학생들의 자살을 예방할 수 있다고 믿는 반면 나머지 대부분의 교사들은 예방할 수 있는 방안이 거의 없는 실정이라고 느끼고 있다고 보고하며, 다른 교사들이나 학부모들과 함께 팀에 의한 지도가 가장 바람직하다고 주장한다. 그는 우울증에 의한 자살시도의 징후로 급격한 식용감퇴나 체중의 변화, 적대감의 노출, 무관심과 무력감, 외모에 무관심, 가까운 가족이나 친구와의 사별이나 결별의 경험, 부모로부터 학대, 자존심의 손상, 약물사용 등을 소개하며, 교사들이 학생들과 신뢰하며 친밀한 인간관계를 형성하고 유지하는 가운데 다음과 같이 함으로써 학생들이 우울증을 극복하도록 도울 수 있다고 주장한다. 첫째, 우울증의 원인을 인식하고 미래에 대해 긍정적인 사고를 하도록 돕는다. 둘째, 부정적인 생각을 긍정적인 생각으로 바꾸도록 노력한다. 셋째, 긍정적인 경험에 초점을 두며, 사회적 활동을 증진시킨다. 넷째, 일상생활의 계획표를 작성하고, 취미생활을 한다. 다섯째, 현실적인 목표를 세우고, 슬프거나 화날 땐 긴장이완이나 근육이완으로 마음의 평정을 찾으며, 우울한 느낌을 표현하도록 한다.

2 분노

우리는 모두 분노가 무엇인지 알고 있으며, 느껴본 적이 있다. 그것은 불쾌하며, 괴로운 것이며, 폭발할 것 같은 강한 감정이다. 분노는 아주 정상적이며, 건강한 인간의 정서이다. 그러나 우리가 분노를 통제하지 못하여 파괴적이 되면, 인간관계 등 전반적인 삶이 과정에서 심각한 문제를 야기할 수 있다.

분노는 다른 정서와 마찬가지로, 심리적 · 생리적 변화를 수반한다. 화가 나면 심장박동수와 혈압이 올라가고 그에 따라 에너지 호르몬, 아드레날린 및 비아드레날린 수준도 올라간다. 분노는 내 · 외적 사건들에 의해 야기될 수 있다. 부모나 국어선생님 같은 특정한 사람이나 상황에서 야기될 수도 있고, 혹은 개인문제에 관해 곰곰이 생각하거나 걱정을 하다가 야기될 수도 있다.

분노 감정은 강렬하며 흔히 공격적인 형태로 표출되는데, 우리가 공격받았을 때 우리 자신을 방어하고 그에 대항해 싸우도록 만들므로, 어느 정도의 분노는 생존에 필수적이다. 반면에, 우리는 우리를 불쾌하게 만드는 모든 것들이나 사람들에게 물리적으로 욕설을 퍼부을 수는 없다. 법과 사회규범 및 일반 상식이 우리가 어느 정도로 화를 낼 수 있는지를 제한한다. 그러므로 우리는 분노를 우리의 의지대로 통제할 수 있어야 한다.

그러면 학생들이 이와 같은 분노 감정을 어떻게 조절하고 통제할 수 있도록 지도할 수 있는가? Rogers, Maslow, Frankl, Perls와 같은 현상학적 인본주의 학자들은 인간은 각 개인의 지각과 경험이 사물을 보는 관점을 형성하며 행동의 기초를 형성한다고 주장한다. 그러므로 학생들의 정서와 감정 상태를 올바로 이해하고 지도하기 위해서는 학생들 각자 사물을 어떻게 지각하고 해석하는지를 알아야 한다. 학생들은 자신의 독특한 방식으로 사물을 보며 분노와 같은 감정이 유발될 수 있기 때문에 이러한 경우, 다른 관점에서 사물을 보고 해석할 수 있도록 도울 수 있다. 그리고 많은 학생들이 일상의 반복되는 생활에서 존재의 의미를 상실한 상태로 살아갈 가능성이 있으므로, 교사들은 학생들 각자 자기경험을 주관적으로 소유하고 삶의 모든 순간에 선택의 자유를 가지며, 자신의 선택에 책임을 지도록 지도할 수 있다.

우리는 화날 때, 표현하거나 누그러뜨리거나 혹은 억제한다. 화나게 만든 대상을 향하여 공격적이 아닌 정중한 자세로 화난 감정을 해소하려 한다. 이렇게 하기 위하여 우리는 우리의 자신과 다른 사람들을 존중해야 한다.

분노에 대응하는 또 다른 방법으로 우리는 분노를 유발시킨 요인에 대한 생각을 중단하고 다른 긍정적인 것들에 관심을 돌리면서 화난 감정을 누그러뜨린다. 이와 같은 방법은 우리의 분노와 관련된 외적 행동뿐만 아니라 내적인 반응도 통제함으로써 심장박동도 진정시키며 격한 감정을 통제하게 된다.

우리는 또, 화난 감정을 억압할 수 있다. 이처럼 표현되지 못한 분노는 다른 문제를 일으킬 수 있는데, 직접 화난 감정이나 원인에 대하여 이야기하지 않으면, 우리는 간접적으로 사람들에게 공격적인 언행을 하거나, 냉소적이면서 적개심 같은 태도를 병적으로 남에게 드러내게 된다. 끊임없이 다른 사람들을 비하하고,

모든 것을 비판하며 냉소적인 언급을 하는 사람들은 그들의 분노를 올바로 표현하는 방법을 배우지 못한 탓이다. 그리고 화난 감정이 밖으로 표현되지 못하고 자신의 내부로 향하게 되어 긴장, 우울증, 고혈압 등 각종 질병을 일으킬 수 있다. 그러므로 분노와 같은 감정의 통제는 우리가 일상생활에 적응하며 건강을 유지하기 위하여 매우 중요하다. 분노를 통제하기 위하여 우선 분노가 왜 유발되는지 알아보자.

왜 어떤 사람들은 다른 사람들보다 화를 더 내는가? 어떤 사람들은 다른 사람들 보다 더 쉽게 더 심하게 화를 낸다. 요란하게 분노를 표출하지는 않지만 만성적으로 화를 내는 까다로운 사람들도 있다. 이처럼 쉽게 화를 내는 사람들은 좌절을 경험할 때 참을성이 적다. 즉 이들은 좌절이나 불편함 혹은 성가신 일을 경험해서는 안 된다고 느낀다. 무엇이 이들을 이렇게 만드는가? 그 한 원인은 어떤 아이들은 성 마르고, 신경이 날카로워 쉽게 화를 내게 타고나며 이들 증상은 아주 어린 나이게 나타나므로 선천적이라는 것이다. 또 다른 요인은 사회문화적인 것이다. 분노는 종종 부정적인 것으로 언급된다. 우리는 우울한 마음이라 근심걱정 같은 다른 정서는 표현해도 괜찮지만 분노는 나타내서는 안 된다고 인식해 왔다. 그러므로 우리는 화난 감정을 어떻게 처리해야 하는지를 배우지 않았다. 또 다른 요인은 가족 배경이라는 것이다. 일반적으로, 쉽게 화를 내는 사람들은 감정교류 방법이 부족한 가정에서 양육되었을 가능성이 많다.

그러면, 화난 감정을 모두 표현해야 하는가? 물론 아니다. 화난 감정을 해소하기 위하여 분노를 표출하는 것은 분노상황을 해결하는 데 전혀 도움이 되지 않는다. 그보다는 분노를 유발하는 요인들을 찾아내어 근본적으로 분노를 가라앉히는 전략을 개발하는 것이 최상의 방책이다.

분노가 유발되지 않도록 하기 위해서 우선 다음과 같은 심호흡 및 이완 심상법과 같은 간단한 방법들을 사용해 볼 수 있다.

- 깊이 숨을 들이쉰다.
- '진정해', '천천히' 등과 같은 말을 심호흡을 하는 동안 반복한다.
- 심상법으로 과거의 즐거운 기억이나 상상을 시각화한다.

둘째, 자신이나 다른 사람에 관해 이야기할 때 '절대로'나 '언제나'와 같은 말은 분노를 정당화하고 속수무책으로 느끼게 할 수 있으므로 삼가도록 노력한다.

셋째, 논리적 사고는 분노를 누그러뜨릴 수 있다. 우리는 흔히 자신의 방식으로 일을 처리하려다 뜻대로 되지 않으면 실망하고 상처를 입는다. 그 실망과 상처는 분노가 된다. 화가 나면 자신의 본능적 욕구를 인식하고 그 기대를 욕망으로 바꿀 필요가 있다. 즉, '나는 어떤 것을 원해'라고 말하는 것이 '나는 어떤 것을 가져야 해'라고 말하는 것보다 낫다. 원하는 것을 얻을 수 없을 때, 좌절이나 실망, 혹은 상처를 입을지언정 분노는 아니다.

넷째, 유머는 분노와 같은 감정을 누그러뜨리는데 도움이 된다. 그 이유는 유머를 통하여 다른 관점을 가짐으로써 감정의 조화를 찾을 수 있다.

3 공포

두려움은 사람의 정상적인 정서반응의 하나로 누구든지 공통적으로 두려움을 느끼는 대상을 여럿 생각할 수 있다. 예를 들어 죽음, 고통, 질병 등에 대해서는 그 정도에 약간의 차이는 있을지는 몰라도 대부분의 사람들이 공포감을 갖게 된다. 다만 그 공포감의 정도가 상식적으로 볼 때 지나치다든지, 현실적으로 전혀 공포감을 느낄 근거가 없는 대상에 심한 공포감을 느껴서 이를 회피함으로써 생활하는 데 지장을 가져올 때 이를 문제시하게 된다.

공포는 본인이 스스로 현실성이 없음을 자인하는 데도 불구하고 어느 특정한 상황이나 대상에 대하여 강한 두려움증을 느껴서 이를 회피하게 되는 것을 주증상으로 한다. 공포의 대상을 피하지 못하여 마주 대하게 되면 강한 불안감을 느끼며, 현기증, 구토증이 나고 식은땀이 나고 덜덜 떨리는 등의 신체적 증상까지도 나타난다. 공포의 대상은 뱀, 쥐 등의 동물로부터 좁은 공간, 높은 장소, 사람들이 많이 모이는 곳 등 다양한 대상을 들 수 있다.

성장기에 흔히 나타나는 이와 같은 두려움증은 대부분 일시적인 현상으로 시간이 감에 따라 저절로 해소되는 경우가 많다. 예를 들어 청소년기에 성문제나 대인관계에 불안감을 느끼는 것은 흔한 현상으로 그 자체가 크게 문제시되지는 않는다. 다만 이렇게 흔히 경험되는 불안감일지라도 그 정도가 심하여 그 상황 자체를 계속 회피하게 되어 이를 극복하지 못한다면 이에 대한 적절한 처치가 필요하게 된다.

정신분석적 견해서 볼 때 공포증은 불안의 대상이 치환되어 나타난 것이다. 다시 말해서 원래의 불안의 대상은 너무 자아에게 큰 위협이 되므로 이를 좀 더 쉽게 용납될 수 있는 대상으로 바꾸는 자아의 방어기제의 결과로 엉뚱한 대상에 큰 두려움을 느끼게 된다는 것이다. 반면, 행동주의적 관점에서 공포증은 단순히 직접 · 간접적인 경험을 통하여 학습된 것으로 본다. 즉 공포증의 대상과 관계된 불유쾌한 경험으로 인하여 그 대상을 두려워하게 되고 회피한다는 것이다.

❖ 학교공포증(school phobia) ❖

학교공포증은 간혹 등교거부증으로도 불리워지는데, 집을 떠나 등교하는 것에 대해 심한 불안감을 느껴 등교를 기피하는 것을 주증상으로 하고 있다. 두통, 복통, 설사, 구토 등의 신체적 증상도 흔히 동반되는 경향이 있다. 학교공포증은 주로 학교교육이 시작되는 초기 아동기에 많이 나타나는 것으로 알려져 있지만 실제로는 학령기 초부터 청소년기에 이르기까지 어느 연령층에서도 나타날 수 있다.

학교공포증은 비행청소년들에게서 흔히 볼 수 있는 무단결석과는 구별이 되어야 한다. 무단결석의 경우에는 학교나 학업자체에 흥미를 느끼지 못하여 부모 모르게 학교를 결석하고 유흥, 오락장소 등에서 시간을 보내는 데 비하여, 학교공포증의 경우는 학업에 흥미가 없는 것이 아니고 학업성적도 수준 이상인 경우가 많으며, 학교를 결석한다 해도 대부분 집에서 시간을 보내게 된다. 또한 학교에 가지 않으려는 이유에 현실적인 근거가 있을 때 – 예를 들어 교사가 지나치게 가혹적인 체벌을 준다든지, 동료 학생들에게 신체적으로 위협을 당한다든지 하는 경우에 등교를 꺼리는 것은 특별한 현실적 위험이 없는데도 불구하고 등교하기를 두려워하는 학교공포증과는 구별이 되어야 겠다.

학교공포증에서 나타나는 등교에 대한 강한 불안감은 여러 가지 원인에서 발생할 수 있다. 이는 학교생활의 어떤 측면에 대한 두려움이 원인이 될 수도 있고, 일시나마 집을 떠나는데 대한 불안이 원인일 수도 있다.

등교거부를 하게 된 주 원인이 격리 불안이었던, 학교에서 어려운 상황을 당했던 것이 연구가 되었던간에 학교공포증을 치료하는데 가장 중요한 것은 가능한 한 속히 학교로 돌아가게끔 하는 것이다. 학교생활의 궤도에서 벗어난 기간이 길어지면 길어질수록 학업, 또래관계 등 여러 가지 측면에서 정상적인 발달과정에 지장이 있게 된다. 따라서 원래 등교 회피의 원인이 된 문제 이외에도 이차적인 적응문제가 생기게 되어 문제의 해결이 더욱 어렵게 된다.

학교공포증은 비교적 쉽게 치료가 되고 있다. 특히 10세 미만의 아동의 경우, 그리고 좋은 적응상태를 유지하다가 어떤 사건을 계기로 돌연히 등교거부 현상을 보이기 시작한 경우 주로 행동치료 방법을 사용하여 단 시간 내에 치료하게 되면 그 치료의 예후가 좋은 것으로 알려져 있다(Kennedy, 1965).

공포의 원인을 밝히는 것은 이론적인 관점에서 뿐 아니라 실제로 공포장애의 치료에 지침을 제시해 줄 수 있다는 점에서 중요하다. 만약 공포증이 정신분석적 견해에서 제시된 것같이 전위된 불안감이라면 불안의 근본 원인을 밝혀서 이를 해결하는 것이 중요할 것이다. 반면에 공포장애를 단순히 학습된 반응으로 볼 수 있다면, 학습의 원리를 이용한 행동치료가 효과적일 것이다. 근래의 공포증의 치료에 대한 연구결과를 보면, 적어도 구체적인 대상에 대한 단순공포증의 경우에는 학습의 원리를 이용한 체계적 둔감법 등의 행동치료 기법이 효과적인 것으로 나타나고 있다.

4 불안

불안감은 청소년기뿐만 아니라 일반적으로 가장 흔하게 경험되는 심리장애의 증상이라고 할 수 있다. 불안증상은 무슨 나쁜 일이 곧 일어날 듯한 막연한 두려움, 긴장감을 그 주요 특징이라고 할 수 있는데 흔히 숨이 가쁘고 식은땀이 나는 등의 신체적 증상도 함께 경험되기도 한다. 불안감은 소위 정상적인 사람들도 드물지 않게 경험하는 것으로 그 자체가 적응문제나 심리장애를 의미하는 것은 아니다. 그러나 그 정도가 유난히 심하다거나, 혹은 이것이 구체적인 스트레스에 대한 반응이라기 보다는 만성적인 상태로 지속될 때, 이는 임상적으로 의미있는 것으로 받아들여지게 된다.

특히, 청소년기에 가장 많이 나타나는 불안은 시험불안이 있다. 시험이나 평가를 앞두고 불안해지는 것은 어느 정도 당연한 반응이겠으나, 불안 정도가 심하여서 과제를 수행하는데 지장을 가져오는 것은 큰 문제가 된다. 시험을 앞두고 심한 불안감을 느끼고 무기력해지며, 주의집중이 전혀 안 된다든지, 두통, 복통 등의 신체적 증상이 나타나는 것은 흔히 볼 수 있는 시험불안의 증상이다. 이러한 증상들은 시험이 가까워 올수록 더 심해져서, 시험지를 받고는 당황하여 눈앞이 캄캄해지고, 전혀 생각을 할 수 없는 상태가 되기고 한다.

우리 사회에서와 같이 학업성적이 절대적인 중요성을 부여하는 사회에서는 이에 대한 심리적 부담감이 시험불안의 직접적인 원인이 된다. 특히 스트레스 상황에 대처능력이 약한 경우, 주위 환경에서 비현실적으로 높은 기대를 하여 이에 대한 부담감이 심할 때 이러한 문제가 발생하기 쉽다.

시험불안은 일반적인 불안상태와는 달리 구체적인 특정상황에 국한된 문제이므로 체계적 둔감법의 방법을 통하여 많은 도움을 받을 수 있다. 즉 불안감을 주는 시험상황들을 그 불안감의 강도에 따라 차례로 배열해 놓고, 긴장이 완전히 완화된 상태에서 그 상황들을 약한 것부터 차례로 상상하게끔 한다. 긴장이 완화된 상태에서 불안상황을 상상하게 함으로써 차츰 불안상황에서도 마음의 긴장을 풀 수 있도록 훈련이 되게 된다. 또한 불안을 가라앉힐 수 있는 장면이나 심상을 임의로 떠올릴 수 있도록 반복 연습을 한 후 불안상황에서 그 심상을 이용하여 불안을 진정시키고 차분한 마음을 회복하는 방법도 이용되고 있다.

(3) 행동의 문제

학생들의 그릇된 사고나 느낌과 감정의 통제 불능은 행동문제로 나타난다. 편의상 구분하여 다루었지만 사고와 느낌과 행동은 한 덩어리로 서로 관련지어 보는 것이 타당하다. 자신에 대한 잘못된 사고나 분노의 감정이나 우울증도 어느 정도는 행동의 문제로 인식할 수 있다. 그러나 학생들이 드러내 보이는 행동의 문제는 사고나 느낌이나 감정과는 달리 다른 사람들에게 피해를 주는 등 직접적인 영향을 미치므로, 학생들의 발달과정에 따라 많이 드러나는 문제행동들을 지도하는 방안을 모색하는 측면에서 살펴보자.

첫째, 발달단계별로 나타나는 행동문제를 살펴보면 초등학교의 학생들은 집중하는데 어려움을 느끼며, 교실에서 학습활동을 자주 방해하는가 하면, 학교규칙을 잘 지키지 않으며, 다른 아이들과 자주 싸운다. 실망, 비난, 놀림에 대해 지나친 분노와 복수로 반응하며, 공격적이고 폭력적인 TV프로, 영화, 비디오게임을 좋아한다. 통제하기 힘들거나 공격적이라고 알려진 아이들과 어울리기를 좋아하고, 어른들의 말을 듣지 않는다. 다른 사람들의 기분에 관해서 별로 신경을 쓰지 않으며, 애완동물이나 다른 동물들에게 잔인하거나 공격적이고, 쉽게 짜증을 낸다.

Morrissey(1998)는 초등학교나 고등학교 학생들에 비하여 중학교 학생들을 비교적 쾌활하고 활동적이고 도전적이며, 그들이 누구이며 어떤 인생을 살 것인지 생각하고 결정하는 삶의 과정에 있으며 독립적이고 천진스럽고 동기화되기 쉬운 특성이 있다고 주장한다. 그러나 그들은 감정통제가 잘 되지 않으며 신체와 성의 급격한 성장과 발달로 인하여 정서의 혼란을 겪기 쉽다. 친구관계, 자아 존중감 형성, 슬픔과 분노의 통제능력을 위한 집단상담과 개인상담이 필요하다. 그들의 발달단계상 친구문제나 가족문제가 상담의 주요관심이지만 성 문제, 성 학대, 이성 관계, 자살, 약물중독, 신체나 정서의 학대, 권위 있는 사람들에게 반항, 다른 사람의 감정이나 권리에 대해서 신경을 쓰지 않으며, 세상이 자신에게 공정하지 못하고 불공평하다고 느끼며, 학교생활에 잘 적응하지 못하고 수업에 자주 빠지며, 별다른 이유 없이 결석하며, 규칙을 어김으로써 처벌을 받거나 자퇴한다. 갱단에 들거나, 폭행, 절도, 또는 환경 파괴 등의 행동을 하거나, 술이나 담배와 마약도 한다. 이와 같은 중등학생들의 행동문제는 폭행이나 범죄행위와 같은 반사회적인 성격을 띠므로 개인과 사회를 위하여 올바른 지도가 요구된다.

둘째, 이러한 행동문제를 지도하는 방법으로 Daniels, Arredondo 및 D'Andrea (1999)는 학교폭력, 학생치사와 같은 신변을 해치는 폭력행위, 여자들을 대상으로 한 성폭력 행위, 따돌림이나 집단 괴롭힘 등의 문제가 학교 안에서 일어나고 있는 것과 관련하여 학교 상담교사는 학교에서 발생하고 있는 이와 같은 범죄행위를 민감하게 인식하고 대처할 수 있도록 해야 한다고 다음과 같이 주장한다. 즉, 상담교사는 학교에서 분노가 고조된 학생들과 과도한 공격성의 성향이 있는 학생들을 직접 지도해야 한다. 이러한 분노와 공격성의 폭발은 학교폭력 사태로 이끌기 때문이다. 이와 같은 폭력을 예방하기 위하여 상담교사는 우선 폭력성향이 있는 학생들을 찾아내고, 다음으로 이들 학생들이 그들의 분노와 공격성향을 건전한 방법으로 발산할 수 있도록 개인상담과 집단상담을 통하여 지도해야 한다. 상담교사들은 학생들에게 분노조절 방법, 대인관계 향상기법, 문제해결 능력과 갈등해소 능력, 각종 스트레스에 대응하는 방법, 인간의 존엄성에 대한 인식능력 등을 지도해야 한다. 특히 다수의 권익에 희생된 소수의 불공정한 생활환경에서 분노와 공격성향의 가능성을 조기에 인식하고 이에 관련된 학생들의 지도에 힘써야 한다.

학생들을 간접적으로 지원하기 위한 노력으로 상담교사는 학교장, 교사, 부모, 지역사회의 인사들과 협력하여야 한다. 상담교사 이외의 지역인사들의 간접적인 지원은 학생들의 생활에 보다 큰 영향을 미칠 수 있음이 연구결과 보고되고 있다. 상담교사는 때로는 이들 인사들을 도와 이들 학생들의 조기발견, 지도방법과 중요성을 인식하도록 해야 한다. 분노와 적개심으로 폭력성향이 높은 학생들을 지도하기 위해서는 상담교사는 물론 다른 인사들도 다문화주의 관점과 상담기법을 익힐 필요가 있다. 인간의 모든 행동은 학습된 것이라고 보는 행동주의 관점에서 보면, 학생들이 드러내 보이는 모든 문제는 환경과의 상호작용을 통해서 배운 것이다. 그러므로 교사들은 학생들 각자의 생활환경을 점검하고 그 환경을 바꾸도록 돕는 한편 체계적이고 점진적인 보상을 제공하여 학생들의 행동이 변화할 수 있도록 도와야 할 것이다. 다음은 학생들의 심각한 행동문제인 학교폭력에 대해 최근 미국심리학회에서 제안한 지도방안이다.

폭행은 다른 사람을 신체적으로 괴롭히는 가장 격렬하고 공격적인 행동이다. 폭행은 어릴 때 배우는 것으로 알려져 있다. 즉 폭행은 배우는 것이다. 그러므로 부모나 교사는 아이들이 폭력을 사용하지 않고도 감정을 조절하도록 다시 배우도록 도와줄 수 있다. 가정, 학교, 지역사회는 자녀와 학생들과 지역 내의 청소년들이 폭력을 예방하고 줄이도록 다양한 노력을 할 수 있다.

부모와 교사들이 할 수 있는 몇 가지 방법은 첫째, 부모들은 아이들을 애정이 있는 가정에서 키움으로써 폭력을 줄이는 데 중요한 역할을 할 수 있다. 끊임없이 신경을 써 주는 부모와의 관계가 지속되지 않으면 아이는 적대감을 가지게 되어 행동을 통제하기 어렵게 된다. 부모들도 아이에게 항상 사랑을 보여주기는 쉽지 않다. 특히 젊은 부모나, 아이를 키워본 경험이 없거나, 편부나 편모일 때, 혹은 아이가 아프거나 특별한 도움을 필요로 할 때 더 어려워진다. 집안에서의 폭력은 아이에게 위험하고 무서운 일일 수가 있다. 아이들은 두려움 없이 자랄 수 있는 안전하고 애정이 있는 가정을 필요로 한다. 집안에서 폭력을 보고 자랐다고 하여 아이들이 모두 폭력적이 되는 것은 아니지만, 문제를 폭력으로 해결하려 할 수 있다.

둘째, 아이들에게도 그들 나름의 생각이 있다는 것을 알아야 한다. 아이들이 성장하여 독립심이 길러지면 어떤 부모들은 실망하거나, 화나게 되어 짜증을 내기도 한다. 자녀에게 어떤 말이나 행동으로 반응하기 전에 먼저 참고, 그 상황을 아이들의 눈을 통해 보려고 하는 마음이 감정을 조절하는 데 도움이 될 수 있다.

셋째, 방과 후 아이들을 혼자 내버려 두기보다는 특별활동으로 교사에 의하여 지도되는 행사에 참가하도록 권유하는 것이 좋다, 지역사회의 프로그램에 참여시키는 것도 바람직하다. 그리고 가능하면 아이들이 참가하는 활동에 부모도 같이 참가하여 아이들을 관찰하며 지도할 수 있는 기회를 갖도록 하는 것이 바람직하다.

넷째, 아이들은 주로 보고 배우는 부분이 많다. 부부간의 싸움 역시 아이들을 두렵게 만들고 그들에게 좋지 못한 모범이 된다. 부모와 형제자매들의 행동, 가치관, 태도가 아이들에게 상당한 영향을 미친다. 부모나 교사에 대한 존경, 믿음, 긍지는 아이들에게 삶의 활력소가 된다. 특히 친구와의 문제가 있거나, 위험한 동네에 살거나, 또는 폭행이 난무한 학교에 다닌 때에, 대부분의 아이들은 때때로 공격적으로 행동하고 사람을 폭행하게 된다. 아이들에게 폭력적인 행동이 어떠한 결과들을 가져올 수 있는지 단호하게 얘기하고, 폭력문제를 단계적으로 해소하도록 도와야 한다.

다섯째, 비폭력적인 문제해결 방법들을 가르치는 것이 바람직하다. 아이들과 그들의 문제에 대해 얘기하기, 폭력으로 문제를 해결하려 했을 때 어떻게 될 것인지에 대해 생각해 보기, 폭력 없이 문제를 해결했을 때 어떻게 될 것인지에 대해 얘기하기, 각자의 생각을 소리내어 얘기하기 등과 같은 방법은 아이들에게 폭력을 줄이도록 도울 것이다. 부모나 교사들은 때때로 무의식적으로 아이들의 공격적인 행동을 북돋우기도 한다. 예를 들면, 어떤 부모들은 남자애들은 싸우면서 크는 것이 바람직하다고 생각하거나, 아이들에게 주먹, 협박, 또는 매를 통해서 교육시키는 것이 낫다고 잘못 생각하기도 한다.

여섯째, 아이들을 때리지 말아야 한다. 벌로 때리거나 따귀나 엉덩이를 때리는 것은 때로는 문제를 해결할 때 남을 때리는 것이 괜찮다는 것을 보여주며, 그들이 당한 것처럼 남을 똑같이 혼내게 만들기도 한다. 신체적인 벌은 아주 짧은 시간 동안만 효과가 있다. 아주 심한 벌도 아이들은 쉽게 적응해서 효과가 아주 적거나 전혀 없을 수도 있다. 전보다 더 심한 벌을 사용하는 것도 똑같이 효과가 없다. 신체적 체벌을 가하지 않는 규율 방법은 아이들에게 그들의 가정을 조절하는 방법과 비폭력적 문제해결 방법을 가르쳐 준다.

일곱째, 규칙을 한번 정하면 그것을 꼭 지키도록 해야 한다. 규칙을 정하기만 하고 지키지 않는 것은 아이들을 혼란스럽게 만들고 '어떻게 무사히 그냥 넘어갈 수 있을까'하는 생각을 하게 만든다. 규칙을 정할 때에는 아이들과 함께 정하도록 해야 한다. 아이들에게 무엇을 바라는지 설명해 주고, 규칙을 지키지 않았을 때 어떤 벌을 받게 될지에 대해 얘기한다. 이렇게 하면 아이들이 그 주위 사람들에게 좋게 행동하는 방법을 쉽게 배우게 된다. 아이들이 길거리, 학교 또는 집에서 어쩔 수 없이 폭력을 당할 수도 있다. 그리고 그들이 그러한 무서운 경험을 극복하는데 도움이 필요할 수도 있다. 학교 상담교사는 상담과 심리치료를 통하여 무서운 경험을 극복하도록 돕는 한편, 아이들이 폭력의 피해자가 되지 않도록 범죄나 불길한 행동을 목격했을 때에는 부모나 선생님, 믿을 만한 어른, 또는 경찰에게 알리며 예방하는 방법과, 침착하고 단호하게 잘못된 점을 얘기하는 것과 같은 대응방법을 가르치는 것이 중요하다.

5 봉사와 생활지도

1) 봉사의 의미와 봉사학습

봉사는 인간에 대한 깊은 신뢰와 애정을 갖고 민주주의 철학을 기반으로 봉사활동을 통하여 무보수로 이웃과 더불어 함께 사는 사랑의 복지활동이다. 또한 사회적으로 빈곤한 계층에게 미래의 올바른 삶을 개척할 수 있도록 도와 주며 인간의 존엄성을 생각하고 각 가정과 지역사회의 발전을 위한 순수한 활동이기도 하다. 이런 봉사활동은 봉사정신이 투철한 사람에게만 이루어지는 활동이 아니라 더불어 살아가는 모든 이들에게 필요한 정신이다. 그러므로 교육과정을 통하여 봉사정신을 가질 수 있도록 그리고 실제적 봉사활동을 하도록 교육되어져야 하는 것이다.

청소년기에 봉사활동에 참여해 보는 것은 의도적 교육과정을 통해 교육시키는 것보다 훨씬 더 큰 교육적 의미를 함축하고 있다. 우선, 봉사활동을 통해 청소년은 자신의 존재의미와 자기존중의 정신을 깨달을 수 있고, 인간의 존엄성과 가치를 인식하여 건전한 인격형성의 바탕을 마련할 수 있다. 둘째, 봉사활동은 다른 사람과 협력하고 원만한 인간관계를 유지시킬 수 있는 사회성을 길러 준다. 다른 삶이나 낯선 집단과의 접촉기회를 제공함으로써 다른 사람들을 좀 더 잘 이해하고, 그들과 원만한 생활을 유지할 수 있는 능력을 길러 준다. 셋째, 봉사활동을 통해 자신감과 리더십을 발휘할 수 있다. 청소년은 봉사활동 과정에서 집단활동을 통해 자기를 표현할 기회를 가짐으로써 자신감을 갖게 되고, 다른 삶과 협동하고 돕는 과정에서 잠재적인 리더십을 개발하게 된다. 넷째, 청소년은 봉사활동을 통해 어려운 사람을 도와 함께 살아가는 공동체의식을 기를 수 있다. 요즘 우리사회가 도시화, 산업화되면서 점차 자기중심적이고 가족 이기주의적인 경향이 나타나고 있다. 봉사활동은 이러한 이기주의적인 태도를 극복하고, 구성원들이 서로 돕고 살아가는 사회를 이룩하려는 공동체의식을 길러 준다. 다섯째, 봉사는 청소년들에게 바람직한 민주시민의 자질을 함양시켜 준다. 봉사에 적극적으로 참여함으로써 청소년은 자발성, 협동정신, 책임감과 같은 민주시민의 자질을 함양하게 된다. 여섯째, 봉사화동은 학생들이 자신의 적성을 발견할 수 있는 기회를 제공하며, 새로운 기술을 학습할 수 있게 하고, 이미 가진 기술을 더욱 발전시킬 수 있도록 해 주기 때문에 학생들의 장래 진로선택에 도움을 준다. 일곱째, 봉사활동을 통해 학생들은 지역사회에 대한 이해를 넓힐 수 있다. 지역사회에서의 다양한 봉사활동은 학생들이 학교에서 배운 것을 보충하고 심화시킬 수 있게 해 준다. 곧 봉사활동을 통해 교육의 장을 학교뿐만 아니라 지역사회에 까지 확대하는 효과를 얻을 수 있다. 여덟째, 봉사활동을 통해 학교에서는 제한적으로 제시할 수밖에 없는 체험을 통한 교육의 기회를 풍부하게 제공할 수 있다. 학생들은 체험교육의 기회를 통해 성인생활을 준비하는 데 도움을 얻을 수 있다. 그리고 마지막으로 봉사활동을 통해 학교와 지역사회와의 관계를 증진시킬 수 있다. 학교가 지역사회로부터 고립되지 않고 서로 협력하고 교류할 수 있는 관계를 형성할 수 있다.

이러한 의미에서 청소년들이 스스로 자신의 역량하에서 학교 내외 영역에서 교육적인 경험이라는 측면에서 봉사는 청소년들에게 필수적이라고 할 수 있다. 청소년기의 봉사활동은 인간이 되기 위한 교육적 차원에서 중요한 의미를 가지기 때문에 봉사 또한 학습시켜야 하는 것이다.

학생들이 봉사정신을 가지고 봉사활동을 수행할 수 있도록 교사는 지도하고 교육해야 하는데 이를 봉사학습이라고 할 수 있다. 봉사학습이란 학생들이 타인을 돕는데 있어 하나의 구조화된 학습경험이라고 할 수 있다. 하나의 봉사학습 경험에는 준비와 반성이라는 시간을 갖는다. 예컨대 학생들은 쟁점이 되는 이슈에 대해 배우기를 기대하고, 그들의 행위가 시민으로서의 의무로 연결되도록 하고, 학생들이 행한 것에 대해 반성하기를 기대하는 것이다. 동시에 이들 경험들로부터 학습하고 지적으로나 개인적, 사회적으로 성장하기를 기대하는 것이며 봉사학습 경험은 미래의 자원봉사 경험의 바탕을 이룬다고 할 수 있다. 즉, 교육을 통하여 봉사를 제대로 학습시키게 되면 결국 모든 학생들이 스스로 자발적으로 봉사하고자 하는 자원봉사가 되는 것이다.

봉사학습은 크게 세 가지의 유형으로 구분되어 실시될 수 있다. 첫째, 학생들이 욕구를 가지고 있는 사람들에 대한 면대면 접촉을 통해서 직접적으로 무엇이 문제인가를 이해하고, 어떠한 도움이 필요한지를 파악하여 봉사하는 것을 말하는데, 예를 들면 노인들을 방문하거나 아동학습지도를 하는 것 등을 의미한다. 둘째, 약물남용이나 헌혈과 관계되는 전시물을 설치하는 등의 간접적인 봉사가 있다. 대체로 많은 서비스 프로그램은 생활이 어려운 사람들을 위해 의류를 수집하거나 불우노인들이나 노숙자들을 위한 무료 급식소에 보급하기 위한 음식 및 봉사기부금 등의 간접적 행위도 있다. 마지막으로 욕구에 대한 이해와 사고를 갖게 됨으로써 이들에 대한 옹호활동에 참여할 수 있다. 이러한 활동은 신문에 기고를 한다든지, 특정 집단의 복지를 위한 로비활동, 각종 캠페인활동 등이 있다.

학교중심의 봉사 프로그램은 학생들이 유용한 봉사활동을 수행하고 봉사하는 경험으로부터 학습하는 것을 중요한 목적으로 삼고 있기 때문에 이러한 목적을 수행하기 위한 프로그램들은 봉사와 학습이 상호 분명하게 연결되도록 고안되어야 한다.

2) 봉사학습의 기초

봉사활동을 효과적으로 수행하기 위해서는 대체로 4가지의 요소를 필요로 하게 되는데, 준비, 실천, 평가 그리고 축하와 인정이다.

(1) 준비

준비는 봉사학습에 필요한 4가지의 과정, 문제의 인식과 분석, 봉사 프로젝트의 선택, 프로젝트 수행에 필요한 기능의 학습, 프로젝트의 수행 계획 등의 과정을 거치게 된다.

우선 쟁점이 되는 문제를 인식하고 분석하기 위해서는 학생이나 교사는 신문을 살펴본다든지, 지역사회 구성원들에 대해 조사 등을 수행할 수 있으며, 그러한 과정에서 토론을 할 수 있다. 공통적으로 논의될 수 있는 문제들로는 노인문제, 빈곤문제, 범죄, 약물, 하급생에 대한 지도, 10대의 임신이나 미혼모의 실제, 환경문제 등이 대부분이라고 할 수 있다. 또한 이러한 문제들은 분석하기 위해서는 학생들은 관련 분야 전문가들, 예컨대 사회사업가나 경찰관, 병원 관계자, 사서, 위생사 등을 찾아 전문가들이 문제들을 어떻게 다루고 있는지에 대해 인터뷰를 할 수도 있을 것이다. 학생들은 전문가들로부터 프로젝트를 수행하기 위한 방법이나 방향을 이끌어 낼 수도 있을 것이다.

문제를 인식하고 분석하는 일은 학생들이 봉사 프로젝트를 선택하는 데 있어 도움을 주기 위해 실시하는 것이다. 학생들은 노인센터나 유아동보호센터, 무료급식소 등과 같은 기존의 서비스기관에서 봉사하겠다고 결정할 수도 있고, 새로운 프로젝트를 고안할 수도 있다. 예컨대 환경보호나 자원재활용센터를 선택할 수도 있고, 그들의 학교나 공공도서관 또는 초등학교에서 하급생 지도봉사를 조직할 수도 있다. 다시 말하면 학생들은 학교에서나 지역사회에서 봉사를 선택할 수 있다는 것이다. 프로젝트를 선택하는 데 있어서 또 다른 하나는 어떤 종류의 봉사활동을 택할 것인가 하는 것이다. 여기에는 앞에서 간단하게 살펴본 직접봉사, 간접봉사 및 옹호와 시민행동 등으로 나누어 볼 수 있다.

봉사활동의 유형

① 직접봉사

어려움에 처해있는 사람들을 돕기 위해 무료급식소에서 음식을 직접 서비스 한다든지, 읽기 지도를 한다든지, 독거노인을 방문하는 등의 봉사를 말한다. 이러한 종류의 봉사는 이전의 봉사경험이 부족한 비교적 어린 학생들에게 적합한 봉사활동이 된다. 왜냐하면 봉사활동을 수행한 후 학생들에게 있어 반응이 직접적으로 경험되기 때문이다. 또한 직접적으로 경험하고 느껴야 하는 학생들에게 있어서 유용하다. 직접봉사는 제한된 관념적 사고 기술을 가진 학생들에게 봉사활동을 이해시키고 내면화시키는 데 가장 쉬운 방법이다.

② 간접봉사

문제에 대한 자원을 이끌어 내는 활동까지를 포함하는데, 예컨대 재해를 당한 일시 피난민을 위해 음식을 모으는 일, 아동들을 위한 지도교사를 모집하는 일 등으로 학교에서 학생들을 조직화하기 쉬운 이유로 해서 대체로 학교에서 선호하는 경우가 많다. 하지만 학생들의 노력에 대한 결과를 보지 못하고, 봉사대상의 요구와는 너무 멀리 떨어져 있기 때문에 봉사가치가 최소이다.

③ 옹호 및 시민행동

문제의 원인을 제거하는 활동이나 사회적 이슈에 대하여 공중에게 알리는 활동을 의미한다. 학생들은 사회적 문제로 대두되는 사안에 대해서 다른 사람들에게 교육을 시킬 수도 있으며, 법률의 개정을 위한 로비를 할 수도 있다. 학생들에게는 이러한 종류의 시민활동이 효과적일 수 있다.

봉사학습 준비의 세 번째 활동은 학생들이 선택한 서비스 프로젝트를 수행하기 위해 필요한 기술을 습득하는 것이다. 여기에는 하나의 학급이 함께 실천할 수 있는 팀을 구성하고, 의사소통 전략들이나 문제해결 기법 등과 같은 일반적인 기술들이 있다. 예를 들면, 주의깊게 경청하는 것을 배운다든지, 개방형 질문으로 묻는 방법이나 지역사회의 욕구 사정을 처리한다든지 하는 등의 유용한 기술

등을 의미한다. 감수성 훈련 또한 학생들 자신에게도 도움일 될 뿐만 아니라 봉사를 보다 고양시킬 수 있는 효과도 있다.

준비의 마지막 요소는 봉사활동을 계획하는 일이다. 기존의 지역사회 기관에서 봉사하는 학생들은 기관의 일상적인 업무를 알아보기 위해 오리엔테이션에 참여할 수 있고 그들이 어떠한 업무에 참여할 것인가에 대해 알 수 있다. 학생들과 기관의 지도자는 그들의 기대에 대해서 토론할 수 있고, 특정 활동을 계획할 수도 있다. 그들 자신의 프로젝트를 시작하는 학생들은 업무할당, 계획과 일정수립, 참가자 모집 등 세부사항에까지 시간을 할애하게 된다.

(2) 실천

계획된 봉사를 수행하는 것이다. 새로이 얻어진 정보나 새로운 상황에 부딪치게 됨에 따라 초기 계획을 조정한다.

(3) 평가

효과적인 봉사 프로그램의 세 번째 요소는 평가다. 평가는 학생들로 하여금 그들의 봉사경험으로부터 학습하게 할 수 있다. 평가는 봉사 프로젝트 수행과정이 규칙적이었을 때 효과가 가장 크다. 학생들은 평가를 위해 프로젝트가 끝날 때까지 기다릴 필요가 없다. 프로젝트를 통한 평가는 학생들에게 그들이 봉사한 활동과 그들의 의사결정에 관하여 생각하도록 하는 동기를 부여한다. 그것이 활동을 통하여 학습하게 된 내용을 유지해 나가기 위해서는 끊임없이 평가하는 것이 좋은 방법이 된다.

봉사활동의 평가는 봉사활동에 대한 인정을 위해서, 봉사활동의 습관화와 내면화를 위해서, 봉사활동의 효과를 파악하기 위해서, 봉사활동의 개선을 위해서 필요하다. 봉사활동 평가의 내용은 봉사활동 목표의 설정, 봉사활동의 실천계획, 봉사활동의 실천, 봉사활동의 목표달성 확인, 봉사활동 평가의 제과정 등이다.

봉사활동 목표 설정의 평가는 교육부 및 시 · 도 교육청의 봉사활동 관련 지침, 봉사활동 계획서 등의 검토, 교장 및 봉사활동위원회 회원 또는 봉사활동 담당교사의 면담 등을 통해서 실시할 수 있다. 평가는 1년에 두 차례 학기 초에 체크리스트를 작성하여 평가를 실시하도록 한다. 체크리스트의 예는 다음과 같다(①-⑥).

① **교육목표 및 구성원들의 요구 반영도** : 교육과정상의 교육의 목표, 정부 수준의 지침, 학생들의 요구, 학생들의 심신 발달의 특성, 학부모, 교사, 지역사회의 요구, 교장의 교육철학, 학교의 전통 및 교풍을 반영하고 있는가?

② **목표의 논리성** : 목표진술이 명확한가, 그리고 목표들 간에 상충되는 부분은 없는가?

③ **실천가능성** : 교직원들이 봉사활동 목표를 내면화하고 있는가, 학교의 규모 및 교직원의 특성, 학교의 시설 등을 반영하고 있는가, 학교 및 학급 경영활동에 반영하고 있는가? 봉사활동 목표 설정의 평가 결과는 봉사활동의 목표수정 및 보완을 위한 근거자료, 학교 또는 학급경영을 위한 보조 자료, 관련집단 간의 의사소통 통로, 학교 봉사활동의 지도 자료로 활용할 수 있다. 봉사활동 실천 계획의 평가는 봉사활동의 학교 수준의 개인별, 그룹별, 학급별, 학년별 계획서 및 학교 계획서 검토, 봉사활동의 지도교사 및 담임교사 면담 또는 질문지를 통해 실시할 수 있다.

④ **봉사활동 계획의 수립 여부** : 봉사활동기관이 조사되어 있는가, 봉사활동의 운영 및 지원 계획이 수립되어 있는가, 봉사활동의 평가 계획이 수립되어 있는가?

⑤ **봉사활동 계획의 적합성** : 봉사활동 계획 내용이 적절한가, 봉사활동 계획이 구체적인가, 봉사활동 계획이 학교 내외의 봉사활동 조건을 고려하고 있는가, 전체 교사들이 합의하는 봉사활동 계획인가, 전년도의 봉사활동 결과를 반영하고 있는가, 계획이 균형되며 실천 가능한가, 학교 특성과 지역의 특성을 고려하고 있는가?

⑥ **봉사활동 계획의 활용성** : 봉사활동 계획을 활용하였는가, 봉사활동에 있어서 공헌하였는가, 봉사활동 계획을 계속적으로 수정 · 보완하였는가?

봉사활동 실천 평가 중 행정 조직 및 운영활동에 대해서는 봉사활동 지도방침, 지도 내용 기록물의 검토, 학교의 교장 · 교감 또는 봉사활동 담당 지도교사 또는 각 담임교사를 대상으로 한 면담을 통하여 이루어진다. 그러나 봉사활동의 지도 과정은 학생과의 면담 또는 학생용 질문지를 통해서 수시로 평가할 수 있다. 봉사활동 실천 과정에 대한 체크리스트의 예는 다음과 같다(⑦-⑧).

⑦ **봉사활동 실천을 위한 조직 및 행정평가** : 봉사활동을 위한 조직 및 담당 교사를 운영하고 있는가, 봉사활동 지도에 대한 교장 · 교감의 행정적 및 재정적 지원은 있는가, 봉사활동 지도가 학교교육의 일부로 인식되어 있는가, 봉사활동 지도자료 및 연수 제공이 있는가, 봉사활동 지도를 위한 시간을 확보하고 있는가, 봉사활동 지도에 대한 보상 체제가 있는가, 봉사활동 지도의 기본 목적을 달성하기 위한 봉사활동 담당교사와 일반 교사의 협력 기반이 마련되어 있는가, 훌륭한 봉사자에 대한 보상 체제가 개발되어 있는가, 봉사활동 지도교사의 관리는 적절한가, 개인 또는 그룹 봉사활동 경우 학급 담임과 사전 협의 및 지도를 받는가?

⑧ **봉사활동 실천 중 지도과정 평가** : 안전사고를 예방지도 하였는가, 효율적인 봉사활동을 전개하였는가, 봉사활동 지도가 체계적인가, 봉사활동에 대한 오리엔테이션이 있는가, 사전에 봉사활동 내용이 제공되었는가, 지도 교사의 관리는 적절하였는가, 봉사활동반에 지도교사가 배정되어 있는가, 봉사활동반의 지도교사가 개개인의 학생을 존중하였는가, 학생을 효율적으로 활용하는가, 봉사활동 내용이 학생에게 적합한가?

봉사활동의 목표 달성 정도를 평가하기 위해서는 봉사활동 후의 학생 질문지 및 봉사대상 기관 질문지 또는 봉사 대상자 면담 등을 통해서 수행할 수 있다. 봉사 대상기관의 질문지는 그 평가 결과를 학생에게 확인하게 함으로써 학생 스스로 자신의 봉사활동을 반성해 보는 기회로 활용할 수 있다. 평가 결과는 학생의 봉사활동 파악 자료, 학교의 봉사활동 계획을 위한 기본 자료, 봉사활동 프로그램의 효과 이해를 위한 기본 자료로 활용될 수 있다.

봉사활동에 대한 평가 활동의 평가는 봉사활동에 대한 기록물들의 검토 또는 봉사활동 담임교사와의 면담을 통해서 실시할 수 있다. 결과를 수량화 또는 문장식으로 기록하며, 그 예는 다음과 같다(⑨).

⑨ **봉사활동에 대한 평가활동의 평가** : 학생들의 봉사활동에 대해 기록을 하고 있는가, 학생들의 봉사활동 개인기록이 정확한가, 봉사활동 지도를 계속적으로 평가하게 하는 프로그램이 있는가, 학생들 자신이 평가하는 과정이 있는가, 봉사활동에 대한 사후 토론을 통해 봉사활동을 조정하고 개선토록 하는가?

이렇게 봉사활동의 평가 영역을 세부적으로 나누고 구체적으로 평가할 때만이 봉사학습의 효과를 확인할 수 있으며, 보다 나은 봉사활동 프로그램 개발에 기초 자료로도 활용될 수가 있다.

(4) 축하와 인정

효과적인 봉사학습 프로그램의 마지막 요소는 축하와 인정이다. 학생들은 그들의 지역사회가 자신들을 칭찬하고 인정해 주기를 원할 것이다. 학생들은 그들이 하나의 변화를 만들었던 노력들을 이해해 주기를 원한다.

축하는 마지막의 반성과도 연결된다. 학생들 서로 서로가 어떻게 봉사를 수행했는지를 생각하게 하고, 그들이 성취한 결과에 대해 서로서로 칭찬하는 것은 학생들에게는 즐거운 일인 것이다. 축하와 인정은 봉사 현장의 지도자, 프로젝트 조정자, 봉사를 받은 사람이나 또는 동료들로부터의 감사에서부터 야유회나 축하파티 등의 다양한 형태로 나타날 수 있다. 학생들의 성취결과를 지역사회와 함께 공유하고, 프로젝트를 보도하기 위해 언론에 초대될 수도 있다.

3) 봉사활동 프로그램의 실제

(1) 봉사활동 프로그램의 개념과 구성요소

프로그램이란 특정 목표를 성취하기 위한 활동의 집합체이며 일정의 활동이 이루어지는 총체적인 환경이다. 따라서 활동의 목표, 내용, 대상자, 과정, 방법, 장소, 시기, 조직 등을 포함하는 활동을 의미하게 된다. 프로그램 가운데 특히 봉사활동 프로그램은 의도된 계획에 따라 구체적인 목표를 달성함으로써 사람과 지역사회, 더 나아가서는 인류와 자연을 변화시키고자 하는 것이다. 따라서 봉사활동 프로그램은 참여자의 잠재력과 성장에 따른 변화와 각자의 가치와 존엄성에 입각하여 다른 사람과의 관계 속에서 학습되고 개발될 수 있는 능력이 있음을 기본 전제로 하게 된다.

봉사활동 프로그램의 경우 프로그램 참여자에 대한 자세한 정보를 알 필요가 있다. 참여자의 욕구, 관심, 장점을 프로그램에 어떻게 연결시킬 것인가에 대한 구체적인 계획이 있어야 하고 프로그램 참여자와 사회복지사와의 우애 관계를 유지할 수 있는 방법을 모색해야 하므로 프로그램을 개발할 때 4가지 사항을 고려해야 한다.

첫째, 프로그램 대상자의 포괄성이다. 프로그램의 대상자는 모든 봉사 대상자 및 그 가족들을 포함하여 가능하면 함께 프로그램이 이루어지는 것이 바람직하다.

둘째, 프로그램의 통합성이다. 단순히 개인의 신체적 원조나 일손 돕기, 경제적 원조 서비스에만 그치는 것이 아니라 이와 함께 대상자와 그 가족의 사회적 관계망을 유지시켜 주고 정서적인 안정회복과 인간의 경제적, 사회적, 심리적, 문화적 제반 측면들을 통합적으로 고려하는 프로그램을 제공하도록 한다.

셋째, 프로그램의 계속성이다. 프로그램은 일시적이고 일회적인 접근이 아니라 계속적이며 제도적인 안정성으로 장기적이고 체계화된 일정 계획 아래 정보의 공유와 지속적인 프로그램이 되도록 해야 한다.

넷째, 프로그램의 네트워크화이다. 공공시설, 기업, 민간단체, 종교계, 사회복지기관 및 시설 등 다양한 인적, 물적 자원을 연결하여 봉사자에게 체계적인 서비스가 지원될 수 있는 시스템을 구축하여 프로그램을 제공한다.

그러므로 청소년 봉사활동 프로그램은 청소년의 욕구, 흥미, 발달단계를 고려하여 지역사회 안에서의 봉사활동 경험을 통해 만족감을 얻고 지속적으로 활동할 수 있도록 교육적, 체험적, 훈습적 요소를 기초로 개발되어져야 하며, 지지해줄 수 있어야 한다.

청소년기는 성인이 되기 위한 학습시기로서 신체적, 심리적, 사회적으로 중요한 변화와 성장과정을 통해 사회 환경으로부터 많은 영향을 받게 된다. 이 시기에는 인성발달과 인간으로서의 행동기준 및 가치관을 확립해 나간다. 특히 자아정체성과 도덕성을 통합시킬 수 있는 시기로서 청소년기의 봉사활동은 중요한 사회참여의 기회와 건전한 성장의 기회를 얻을 수 있으므로 필요한 학습의 내용이다.

표 4-13 봉사활동의 기대효과

기대효과	내 용
개인적 성장과 발달	자아존중감, 개인적 유능감, 자아와 도덕발달, 새로운 역할과 관심의 탐색, 새로운 도전의 수용과 위험의 감수, 가치와 신념의 수정과 강화, 책임감의 향상, 자기행동의 결과에 대한 수용
지적 성장과 발달	기본적인 학업기술, 높은 수준의 사고기술, 봉사경험과 직접적으로 관련된 내용과 기술, 경험으로부터 습득한 기술, 지식의 습득과 보유에 대한 동기, 책이나 강의를 통해서 설명할 수 없지만 꼭 알아야 할 통찰력, 판단 및 이해
사회적 성장과 발달	다른 사람의 복지에 대한 관심과 사회적 책임성, 정치적 유능성, 민주시민의 참여정신 함양, 봉사와 관련된 직업에 대한 지식과 탐색, 다양한 배경과 삶의 상황에 처해 있는 사람들에 대한 폭넓은 이해와 평가

(2) 봉사활동 프로그램의 내용

청소년 봉사활동의 영역은 크게 학교 내에서의 봉사활동과 지역사회에서의 봉사활동으로 나누어 볼 수 있다. 학교에서 이루어지는 봉사활동은 봉사형태에 따라 개인과 집단 활동, 봉사 장소에 따라 학교 내 활동과 학교주변 활동으로 나눌 수 있다. 봉사영역에 따라서는 조기청소 활동, 방학 중 교내 봉사활동, 자원재활용 봉사활동과 같은 깨끗한 학교 만들기 활동과 지체부자유자, 병약자 돕기, 소년 및 소녀 가장 돕기, 학습 보조 활동과 같은 즐거운 학교 만들기 활동으로 나눌 수 있다.

표 4-14 학교 내에서의 봉사활동 내용

봉사영역	봉사활동 세부내용	봉사 형태	장소	준비물
깨끗한 학교 만들기 활동	조기청소 - 교내 청소 - 학교 주변 청소	집단	학교 내 학교주변	빗자루, 쓰레받기
	방학 중 교내 봉사활동 - 교실 및 복도 청소 - 복도 바닥 껌떼기 - 운동장 잡초 제거 - 화단 및 수목 정리	집단	학교 내 학교주변	빗자루, 쓰레받기, 껌떼기칼, 호미 등
	자원 재활용 봉사활동 - 쓰레기 분리수거 - 재활용 수거 및 정리	개인	각 학급	쓰레기봉투, 재활용함
즐거운 학교 만들기 활동	지체부자유자, 병약자 돕기 - 등·하교길 돕기 - 학교 안에서의 불편한 점 돕기	개인	각 학급	
	소년·소녀 가장 돕기	개인 및 집단	각 학급	금품 및 물품
	학습 보조 활동 - 학습부진 학생 돕기 - 하급생 보살펴 주기 - 교과서 학습 보조 활동	개인	각 학급 특별실	교과서, 참고서, 각종 도구

또한 지역사회에서 이루어지는 봉사활동은 봉사형태에 따라 개인과 집단활동으로, 장소에 따라 산, 공원, 하천, 도로, 동네, 가정, 이웃가정, 수용시설, 이용시설, 병원 등과 같은 활동이 다양하게 펼칠 수 있다. 봉사활동 영역으로는 크게 계몽활동, 이웃돕기활동, 사회복지기관 봉사활동, 병원 일손 돕기 등으로 나누어 볼 수 있다.

표 4-15 지역사회에서의 봉사활동 내용

봉사영역	봉사활동 세부내용	봉사형태	장소	준비물
자연 및 환경 보호 봉사활동	자연보호 및 샛강 살리기 활동 - 산 및 강의 쓰레기 줍기 - 새집 달아주기 - 나무심고 가꾸기	집단	산, 강, 공원, 하천, 도로	장갑, 집게, 쓰레기봉투
	깨끗한 내 고장 가꾸기 활동 - 동네 청소 - 도랑치기 - 눈쓸기 - 꽃길 및 화단 만들기 - 공공시설물 및 관리	집단 및 개인	공원동네	빗자루, 삽, 호미
계몽활동	각종 캠페인 활동 - 교통질서, 범죄, 마약추방, 자연보호, 환경보전 등	집단	도로	캠페인 용구
복지기관 봉사	복지 봉사 - 정신적 봉사 : 말벗, 신문, 책 읽어드리기, 외출, 산책 보조 - 가사봉사 : 안마, 청소, 취사, 세탁, 반찬 만들어 드리기 - 사회적 봉사 : 행정업무 보조, 나들이 보조 - 병간호 봉사 : 목욕 - 노인정, 무료탁아소 방문봉사 : 청소, 놀이, 침구 소독, 학습지도, 식사 보조	집단 및 개인	가정, 이웃	신문, 책, 간단한 간식, 과자류, 사탕, 필요한 도구

	- 재난 복구 봉사 : 이재민 일손 돕기, 시설 복구 - 장애인 수용 시설 : 장애인을 위한 각종 봉사, 놀아주기, 인사하기 - 사회복지관 봉사활동 : 어린이방 봉사			
병원 일손돕기 봉사	무의탁 장기 입원 환자 위문 - 산책보조, 말벗, 시중들기 - 편지대필, 물리치료보조, 군병원 위문, 병원민원신 안내 - 대기실 정리, 환자안내	개인	이용시설	도서, 필기구
공공기관 일손돕기	구청, 동사무소, 파출소, 전철역 - 청소, 민원안내, 사무보조 - 도서정리, 우편물 발소 - 불법 부착물 제거 - 재활용품 분리	개인 및 집단	공공기관	필기도구, 장갑
농어촌 일손 돕기	농촌 및 어촌 일손 돕기 - 모내기, 벼 베기 봉사 - 밭작물 재배 일손 돕기 - 한해 극복 및 수해복구 지원	개인 및 집단	농어촌	간소복, 장갑, 모자
금품 및 장기기증	불우이웃 돕기 성금 모금 장기기증 참여운동 전개 - 신장, 골수, 뼈, 각막, 장기 등 헌혈 운동 전개 국제협력, 난민지원, 활동 참여 - 금품 및 물품 지원	개인	각 기관	계몽활동 참여, 후원금

(3) 봉사활동 프로그램 운영을 위한 논의

봉사활동 프로그램 운영을 원활히 진행하기 위해서는 몇 가지의 고려해야 할 사항들이 있다.

첫째, 봉사활동 프로그램의 단위를 청소년의 인지적, 사회적, 심리적 발달수준을 고려하여 성장과 발달에 도움이 될 수 있도록 적합한 프로그램을 편성해야 한다.

둘째, 편성한 프로그램의 목적을 분명하게 해야 한다. 예를 들어, '노인시설의 위문활동이라고 한다면 노인들과 함께 즐거운 시간을 갖도록 하고 활동과정에서 노인들의 요구와 어려움을 이해하도록 한다.' 혹은 '노인들과의 대화를 통해 전통에 대한 이해를 높이면서 웃어른에 대한 예절과 대화의 기술을 익힌다.' 등과 같이 명료하게 제시하도록 한다.

셋째, 봉사활동을 수행하는 과정에서 나타날 수 있는 문제점을 파악하여 사전에 예방조치를 강구한다. 노인과의 대면을 통해 실망감을 갖게 될 경우를 대비해 노인이 된다는 것이 누구에게나 있는 정상적인 성장과정이라는 점을 주의시켜줘야 한다.

넷째, 주변 학교와의 협력을 통해 고등학생과 중학생 그리고 초등학생이 한조를 이루어 활동할 수 있도록 학교급 간, 학년 간의 연계방안을 모색한다.

다섯째, 봉사활동 프로그램별로 봉사활동반을 조직하고, 운영목적, 운영방침, 지도교사, 운영과정, 활동반원 교육(봉사활동을 위한 오리엔테이션) 등을 기획한다.

봉사활동반의 조직 및 운영 방안의 실례

① 상설 조직이 필요한 봉사활동을 학교 수준에서 결정한다.
- 결정시 고려해야 할 사항으로는 활동반의 목적, 학교의 여건, 지역사회의 여건, 교사와 학부모의 태도 및 입장 등

② 봉사활동반 지도교사를 설정한다.

③ 봉사활동반에 참여할 학생을 모집한다.

④ 지도교사와 학생들이 협력해서 연간활동계획을 수립한다.
- 기획단계에서 다른 봉사활동반의 활동 목표와 내용 등을 고려한다.

⑤ 수립된 계획에 따라 활동하게 될 내용과 관련된 정보와 자료를 수집한다.
- 활동내용과 관련된 유관기관에 대한 정보
- 활동내용에 대한 지역사회의 요구
- 봉사활동반에 공공 서비스를 제공할 수 있는 자원 발굴

⑥ 봉사활동의 경험과 결과를 평가하고 토론하는 모임을 갖는다.
- 모임의 결과를 정리하여 후속 활동에 반영한다.
- 관련 교과 시간에 교과 지도교사는 학생들의 활동 내용이나 경험 등을 학습자료 또는 소재로 활용할 수 있도록 한다.

⑦ 봉사활동에 대한 인정 방안을 마련한다.
- 활동반 셔츠, 배지, 인정서, 관련기관의 감사장, 봉사상 등

여섯째, 학교 수준의 봉사활동 운영을 위한 조직을 구성한다. 조직 구성에 있어서 위원장 및 부위원장, 지도 및 자문기구, 협력기구, 주무부서 등으로 운영 구성한다. 위원장 및 부위원장으로는 교장, 교감, 학교운영위원회 위원장 등으로, 지도 및 자문기구는 지역사회 봉사단체, 교육청, 봉사활동을 위한 유관기관, 봉사교육관련연구소, 봉사활동전문가 등이 있다. 협력기구로는 학교운영위원회, 봉사활동 유관기관, 기업, 학부모, 지방행정기관, 지역 내 대학교 등이 있고, 주무부서에는 환경부나 상담부를 중심으로 그 하위 실무 조직으로 기획, 집행, 홍보, 평가, 정보수집 및 섭외 등을 선택적으로 편성할 수 있다.

일곱째, 지역사회 내에 있는 관련 집단 및 기업과의 협의를 통해 협조를 최대한 이용할 수 있도록 해야 한다.

4) 봉사학습을 위한 과제

봉사활동을 봉사학습 개념으로 전환하기 위해서는 먼저 학교교사, 대학의 교수, 연구기관의 전문가 등으로 구성된 봉사학습 프로그램의 개발이 우선적으로 선행되어야 한다. 봉사학습은 기존 교과과목 중 지역사회와 연계되어 추진될 수 있는 몇몇 교과목을 선정하여 단계적으로 추진하되 학습자의 요구와 수준에 맞도록 고안되어야 한다. 동시에 학습 프로그램은 학기 중에 학습되어지는 수업내용을 강화하는 방식의 일환으로 개발하되 지역사회 요구에 부응하는 프로그램이 개발되어야 하며, 이를 위해 학생과 교사, 교육기관, 지역사회 협력자들로부터의 지원을 받는 공동의 접근이 필요하다.

학교는 봉사활동이 어떻게 봉사학습으로 운영되느냐, 어떠한 교과목과 어떻게 연계시킬 것인가, 전담교사를 지정할 것인가 아니면 모든 교사들을 봉사학습의 지도교사로 할 것인가 등의 문제에 초점을 맞추어야 할 것이다. 동시에 지역사회에서의 봉사학습 자원은 어떻게 확보할 것인가 등에 일차적인 관심을 기울여야 한다. 이를 위해서는 학교 내에서의 학교장을 비롯한 간부교사들의 의식변화가 필요하며, 그리고 학부모 대표들이 영향력이 크게 작용하는 것이 현실이다. 따라서 무엇보다도 교육청의 담당 장학사나 학교장이 우선적으로 학교 내에서부터 봉사학습이 운영될 수 있는 여건 조성에 앞장서야 한다.

또한 학교에서 그 어느 누구가 봉사학습을 담당하든지 봉사활동을 담당하는 교사는 현행의 교과과목과 연계되어 추진될 수 있도록 사전에 교과담당교사와 해당 과목 내에서 봉사단원과 학습목표를 설정하고 이와 관련된 지역사회 요구나 문제들을 찾아서 해당 교과과목의 봉사단원 수업시 연계되어 수업이 이루어질 수 있도록 해야 한다. 이와 병행하여 각 봉사단원에서의 학습지도안을 교과목 담당교사로 하여금 작성하게 하여 이를 토대로 학생들이 봉사활동을 계획할 수 있도록 안내하는 것이 필요하다.

학생들의 참여방법으로는 개인이나 학습단위보다는 가급적 모둠이나 클럽을 조직하도록 하여 소집단 형태로 해당 활동에 참여케 함으로서 문제의 파악, 해결 방안을 모색하는 과정에서 민주적 절차에 의한 의사소통 방법을 체득할 수 있도록 한다. 아울러 문제해결이나 실천에 있어서 상호간의 역할 분담 속에서 협력을 통한 실천과 반성, 공동의 보고서를 작성하여 발표할 수 있도록 지도하고, 이의 결과를 학습의 양과 질로서 평가하는 것이 중요하다. 그러나 현실적으로 각급 학교에서의 해당 교과목의 탄력적 운영에 대한 재량권을 가질 수 있는지의 여부, 봉사학습의 운영에 있어서 교사들의 과다한 업무량이나 봉사학습으로서의 지도 기법, 평가능력 정도 등을 고려할 때 교과과정에 대한 탄력 운영에 대한 교육과학기술부나 교육청에서의 수용과 봉사학습 전담교사의 배치 및 봉사학습 연수 등이 선행되어야 한다고 본다.

한편 지역사회는 그 자체로서는 공간적 개념이지만 봉사활동이 이루어지는 주요한 학습의 장이 된다는 점에서 중요한 의미를 갖는다. 예컨대 봉사활동 거리를 제공하는 다양한 기관이나 시설, 단체들을 포함하고 있을 뿐만 아니라 지역사회 그 자체로서 프로그램을 제공하고 인적자원까지를 제공하는 봉사학습 자원의 원천이 된다. 그러나 이러한 잠재적인 자원들이 효과적으로 확보되고 봉사활동과 연결되도록 하기 위해서는 일차적으로 지역사회 내 봉사활동 프로그램을 제공할 수 있는 기관이나 시설, 단체들이 학생들의 봉사활동 참여를 위해 개방되어야 한다. 아울러 이들 기관이나 시설, 단체에게 제공하고자 하는 봉사활동 프로그램들은 봉사학습으로서 제공되어질 수 있도록 의도적인 프로그램 고안이 필요하다. 지역사회에 기초한 봉사학습은 일차적으로 지역사회가 안고 있는 문제와 관계되거나 지역사회 내 봉사를 필요로 하는 기관 및 시설을 중심으로 이루어져야 한다.

6 여가와 생활지도

1) 여가의 개념과 기능

여가는 일에서 해방된 시간, 자유 시간, 나 자신의 시간, 자기의 취미를 즐길 수 있는 시간, 휴양 등의 의미를 지니고 있어 사회문화적 상황에 따라 다양하게 정의 내릴 수 있다. 여가의 의미가 무엇이든지간에 최근 여가는 일하고 남은 휴식의 개념에서 재생산, 생존을 위한 필수불가결한 시간, 자아실현을 위한 또 하나의 수단 등의 의미로 변화하고 있다. 즉 여가의 의미가 개인의 자립적인 사회참여를 확장시키거나 창의력을 자유롭게 발휘하기 위한 개인의 의지에 따라 행동하는 활동인 것이다.

오늘날 사람들은 생활만족을 얻고 개인의 안녕을 증진시키기 위하여 여가를 활용하고 있다. 현대사회는 생산방식의 발달과 함께 물질적으로 풍요해지고 여가시간도 전반적으로 늘어나고 있으며, 이로 인해 생활방식이 달라지고 있다. 그리하여 여가활동의 증가는 여가 추구에 대한 태도의 변화를 가져왔다. 이전에는 일주일에 6일 동안, 하루에 14~16시간 동안 쉴새없이 일하였지만, 이제는 일주일에 5일 동안 40~44시간 이하로 일하는 노동윤리가 정착하고 있다. 따라서 여가가 이전에는 놀이나 여가를 하찮고 비핵심적인 활동, 위안이나 기분전환과 같은 것으로 생각하였으나, 이제는 개인들이 자신의 자아개념을 규정하는 데 도움이 되는 삶의 중심으로 파악하고 있다.

여가의 본질이 인간성, 자발성, 자율성에 있다면, 여가의 기능은 휴식과 기분전환, 그리고 자기개발에 있다고 볼 수 있다. 청소년의 경우 여가의 기능으로 첫째, 휴식기능으로 육체적 피로의 회복을 들 수 있고, 둘째, 기분전환의 기능으로 보충적 경험이나 일상과 관련된 세계로의 도피를 통해 정신적 스트레스나 권태로부터 벗어나게 하는 것이며, 셋째, 자기개발의 기능으로 기계적으로 일상의 사고나 행동으로부터 해방시키고 보다 폭넓고 자유로운 사회적 생활에의 참가를 가능하게 한다.

또한 김광득(1990)은 여가의 기능을 신체적, 심리적, 교육적, 사회적, 문화적, 자기실현적 기능으로 나누어 설명하였다.

첫째, 여가는 신체적 기능을 수행한다. 여가는 일상생활에서 축적되는 육체적 피로를 회복시켜 준다. 여가는 미래의 예방책으로 신체의 균형적 건강유지에 적극적인 효험이 있기 때문에 여러 가지 질병요인을 사전에 예방하는 역할을 담당한다.

둘째, 여가는 심리적 기능을 수행한다. 여가는 사회적 책임에서 오는 일상의 압력을 기분전환을 통하여 해방시켜 주고 개인에게 상상의 세계를 열어 주며 전문화되고 반복적인 노동에서 오는 지루함을 해소시켜 주면서 집단과 대인관계 속에서 쌓인 욕구불만, 갈등, 좌절감, 정서적 불안 현상을 해소하고 정서적 안정을 구하는 역할을 담당한다.

셋째, 여가는 교육적 기능을 수행한다. 여가는 개인의 지적 능력을 향상시키는 것으로 여가의 목표와 교육의 목표는 일맥상통하는 점이 있다. 따라서 여가는 노동이나 학습과 상반되는 것이 아니라 오히려 그것들이 자연스럽게 이루어지도록 돕는 기능을 가지고 있다.

넷째, 여가는 사회적 기능을 수행한다. 여가는 자연스러운 사회관계 속에서 각자의 위치를 자각하게 하고 사회적 역할을 배우게 하며, 인간관계의 조화적 태도와 기술을 익히는 사회적 기능을 갖는다. 즉 사회적 가치나 유형의 인식, 타인의 권리와 즐거움에 대한 이해를 향상시키며 사회생활 속에서 자신의 위치를 정립하여 나가는 가운데 사회 내에서의 자신의 역할을 자각하게 해 준다.

다섯째, 여가는 문화적 기능을 수행한다. 여가는 개인의 시간적 · 정신적으로 자유로운 상태에서 재창조와 자아발견을 위한 것이라고 전제할 때 여가시간에 이루어지는 음악, 미술, 연극, 영화 등과 같은 예술 활동은 문화를 건전하게 발전시키며 창조의 기쁨을 개인적으로 충족시켜 가는 과정에서 문화적 진보가 달성된다.

여섯째, 여가는 자기실현적 기능을 수행한다. 여가는 인간의 부단한 자기개발과 새로운 창조적 태도를 형성하면서 의무적 행동의 영역에서 벗어나 스스로 택한 활동을 통해 자아정체성을 확립해 나가면서 자신의 잠재력을 탐색하고 발휘할 수 있는 기회를 제공하여 보다 생산적인 삶으로서 살아갈 수 있도록 계기를 제공한다.

이렇듯 여가는 개인적 측면에서 건강증진과 체력 향상에 도움을 주며 심리적 및 정서적 안정을 가져다 주어 원활한 인간관계를 유지하고 촉진하는 데 도움을 주고 새로운 생활양식에 접하게 하고 삶의 내용을 풍부하게 만든다. 또한 사회전체의 질적 향상에도 적극적인 기여를 하여 사회학습의 기능, 재생산의 기능, 사회적 통합의 기능, 문화적 기능, 사회문제 해결의 기능을 한다.

그러나 여가는 이러한 순기능적 역할만이 존재하는 것은 아니다. 여가의 역기능적 측면, 즉 갈등적 기능을 간과할 수는 없다. 현대 산업사회의 생산시설의 첨단화와 기계화가 만들어 낸 사회적 여유 시간과 자유영역이 인간의 발전을 위한 것이 아니라 소비중심의 행동영역으로 바뀌게 되는 경향도 나타나고 있다. 남아도는 시간이 과소비를 부추기고 탈선적 행동으로 연결되는 것이다. 그래서 그것은 결국 가진 사람과 빈곤한 사람간의 계층적 불균등을 심화시키고, 사회적 위화감을 조성하며, 불건전한 놀이문화 형태로 이어져 사회의 타락과 계층간의 갈등을 조장하는 결과를 낳았으며, 사회 어느 구성원보다도 청소년들에게 끼칠 수 있는 부정적 측면을 무시할 수는 없게 되었다.

한편 사람들이 주로 참여하는 여가활동의 유형에는 어떤 것들이 있는지 살펴보면, 학자마다 다양하게 분류하여 제시하고 있다. Szali(1972)는 신체회복활동, 학습, 종교활동, 조직활동 등과 같은 준여가(semi-leisure), 음악감상, TV 시청, 독서, 신문구독, 영화감상 등과 같은 수동적 여가(passive-leisure), 그리고 관람, 오락, 사교활동, 스포츠, 휴양 등과 같은 완전여가(total-leisure)로 분류하였다. Lutzin(1973)은 신체적 활동(스포츠, 게임, 댄스 등), 사교적 활동(피크닉, 파티, 클럽 등), 문화적 활동(미술, 음악, 연극, 민속 등), 자연적 활동(낚시, 사냥, 캠핑, 하이킹, 자연학습 등), 정신적 활동(독서,

창작, 체스 등)으로 분류하였다. McKenhnie(1974)는 조작적 활동(자동차 수리, 당구, 사냥 등), 공작적 활동(요리, 의상디자인, 뜨개질 등), 지적 활동(영화구경, 음악감상, 독서 등), 일상적 활동(정원가꾸기, 일광욕, 친구방문 등), 스포츠 활동(배드민턴, 야구, 축구, 조깅 등), 매혹적 스포츠 활동(양궁, 등산, 요트, 스키 등)으로 분류하였으며, Gordon, Gaitz & Scott(1976)는 감각적 쾌락추구 활동(무아지경의 종교적 체험, 경쟁이 심한 게임, 운동경기, 격정적 춤 등), 창의적 활동(창작활동, 양육활동, 심각한 토의, 악기연주 등), 발전적 활동(체조, 개인적 스포츠, 인지적 획득, 심미적 활동, 단체활동 참여, 관광 및 여행, 학습을 위한 게임 등), 기분전환 활동(사교활동, 경기관람, 게임놀이, 가벼운 대화, 취미활동, 독서, 대중매체 이용), 긴장해소 활동(혼자있음, 조용한 휴식, 수면 등)으로 분류하였다. 그리고 Othner(1976)는 명상과 같은 개인적 활동, TV 시청, 수집, 음악감상, 요리 등과 같은 병행활동, 축구, 골프, 캠핑, 카누 등의 스포츠와 같은 협동활동으로 나누어 설명하였다.

2) 청소년과 여가교육

(1) 청소년과 여가

청소년기는 아동기에서 성인기로 가는 과정에서의 과도기 단계로서 신체적, 정신적, 정서적, 그리고 사회적 능력에 많은 변화를 경험하게 된다. 그 변화의 내용과 질 또한 다양하고 그에 따른 영향으로 다양한 발달상의 어려움을 경험하기도 한다. 또한 청소년들이 경험하는 가정, 가족, 학교, 지역사회에서 자유 시간을 중심으로 갖게 되는 여가활동 또한 발달에 있어 중요한 의미를 지니게 된다. 이 시기의 청소년의 경험은 성장 후 성인기의 여가활동과 발달에도 지속적인 영향을 미치기 때문에 청소년기의 여가활동은 개인의 성장과 발달에 있어서 중요하다. 청소년들이 깨어 있는 시간의 대략 1/3을 자유재량의 시간으로 보내고 있기 때문에 청소년의 생활에 있어서 자유시간과 여가의 중요성은 크다고 할 수 있다. 일반적으로 청소년의 여가는 자유로운 선택, 즐거움, 자유 시간, 이완, 그리고 특정한 활동의 참여 등으로 특징지울 수 있다.

청소년들의 여가활동에 영향을 미치는 요소에는 부모, 또래집단, 대중매체 그리고 개인의 선택 등이 있다. 이 시기에는 청소년이 성장하는 동안 지냈던 가족과 대중매체 중심의 소극적이고 피동적인 여가생활 패턴에서 벗어나 또래 집단과 지역사회를 중심으로 하는 새로운 경험들을 적극적으로 자신의 여가생활 패턴으로 만들어 간다. 친구들이 바뀌는 것처럼 여가활동의 특징 또한 십대 동안 지속적으로 바뀐다. 또래와 함께 한 여가시간은 그들이 성인이 되었을 때 필요한 독자적인 생활에 필요한 기술을 개발할 수 있는 기회를 제공해 준다. 여가활동을 통해 청소년들은 자아존중감, 사회적 능력, 그리고 자아상을 개발하게 된다.

청소년 초기에는 여가형태도 가족 중심이고 동성을 중심으로 하는 활동에서 더 나아가 점차적으로 혼성집단을 통한 짝을 형성해 가기도 한다. 십대 초기에서 중기까지는 스카우트, 청소년 연맹처럼 어른들이 조직하고 지도하는 준거집단 활동에 참여한다. 이 같은 활동은 주로 학교교육의 연장선에서 바라볼 수 있다. 그러나 십대 후반에는 카페, 노래방, 그리고 또래를 중심으로 한 클럽활동 등으로 점차적으로 독자적이고 또래집단과 지역사회 중심적인 활동으로 대체되어 가는 경향성을 지니게 된다.

청소년들의 여가 실태와 문제점을 지적한 연구결과에 의하면, 우리 나라 청소년들은 여가개념을 기성세대에 비해 스트레스 해소의 수단이나 잔여 시간으로 간주하는 경향이 강하며, 상당수의 청소년들이 여가를 어떻게 활용해야 할지에 대해 잘 모르고 있다고 하였다. 또한 청소년들이 여가를 단순히 남은 시간을 계획성 없이 보내거나 TV 시청 또는 휴식을 취하는 잔여 시간의 개념을 지니고 있어 여가에 대한 개념이 미성숙하다고 볼 수 있다. 또한 청소년들은 친구들과 모여 친교를 다지거나 물건을 사기 위해서 거리로 나서는 경우가 많은데 이러한 활동은 특정한 장소를 중심으로 이루어지는 경우가 많다. 대체로 청소년이 많이 찾는 장소는 차나 음식을 먹을 수 있는 곳, 함께 노래를 부르거나 게임을 할 수 있는 상업적인 오락시설에 집중되어 있고, 문화예술을 전문적으로 수행하는 사람들이 만든 작품이나 아마추어의 활동을 관람하기 위해서 문화 예술 공간을 찾는 경우는 매우 드물다. 청소년의 여가공간이 주로 집이고, 집을 벗어나더라도 상업적인 업소나 길거리에 한정되어 있어, 청소년들만의 문화공간이 부족하다.

이런 문제점을 개선하기 위해서는 청소년의 성장과 발달에 부합하는 적절한 여가개념의 형성과 인식의 변화를 유도하는 것이 필요하며, 청소년 문화를 위한 공간 확보, 다양한 청소년 문화 프로그램 등이 개발되어 보급되어져야 한다. 또한 이 같은 문제를 근본적으로 해결하기 위해서는 여가와 관련된 교육적 경험이 필요하다고 할 수 있다.

(2) 여가교육의 개념과 의의

최근 청소년을 위한 단체들의 활동이 증가하고 있고, 청소년들이 주체적으로 참여하는 문화 활동도 증가하고 있는 추세이다. 특히 여가의 자유롭고 구체적인 다양한 생활능력을 함양하기 위해서 여가교육을 제창하고 있는데, 여가교육은 단순히 여가에 관한 정보를 제공하는 서비스로 그치는 것이 아니라 여가생활 능력의 함양을 강조해야 함을 함축하고 있다.

여가교육은 개개인들이 자아, 여가, 그리고 각자 삶에 대한 생활유형과 사회구조와 여가와의 관계에 대한 이해를 통한 전체적인 발달과정을 의미한다. 즉 여가 속에서 삶의 질을 높이려는 개인이 할 수 있는 총체적 활동이다. 여가교육을 통하여 개인적인 만족과 풍요로움에 다다르는 길로 알고, 여가기회가 주어지는 것에 익숙하게 되고 여가가 사회에 미치는 영향을 이해하고 그리고 자신의 여가 행동에 관한 의사결정을 내리도록 도와 주는 학교기관에서 행하여지는 교육의 한 분야라고 할 수 있다. 좀 더 미래지향적 관점에서 여가교육은 학교교육의 정규 교육과정 속에 여가교육 항목을 신설하여 다양한 경험과 여가활용 기술을 습득할 기회를 제공하여 건전한 여가관을 형성할 수 있도록 유도해야 할 것이다.

교육과 여가활동이 관계가 있다는 점은 학교교육을 통하여 여가를 위한 기술적 습득을 형성할 수 있기 때문이다. 학교교육을 통한 여가생활 지도는 평생의 여가활동을 위한 기술습득이라는 면과 그에 대한 가치, 여가의 올바른 인식을 갖게 할 수 있다는 점에서 중요하다. 여가교육의 중요성은 인간의 여가에 대한 이해를 강조하는 데 있다. 청소년기의 여가는 우선 그들을 잘 이해하는 것부터 시작해야 하며, 청소년과 그들의 문제에 대한 특징을 보다 잘 파악하기 위해서는 청소년의 욕구에 대한 이해가 필요하다.

매슬로우는 인간본성에 대하여 낙관적이고 인본주의적 견해를 갖고 인간의 욕구를 다섯 가지로 분류하고 있는데, 1단계는 신체적 · 생리적 욕구로서의 의 · 식 · 주 · 성 등의 기본적 욕구이며, 2단계는 안전에 대한 욕구로서 생명, 생활, 외부로부터의 자기보호 욕구, 3단계는 사회적 욕구로서 소속과 애정에 대한 욕구이며, 4단계는 존경에 대한 욕구로서 존경, 자존심, 승인 등의 욕구이며, 5단계는 자기실현의 욕구이다. 레크리에이션은 생리적 욕구나 안전에 대한 욕구와는 직접적인 관계가 없으며 소속 및 애정의 욕구나 존경의 욕구, 자기실현의 욕구에 적지 않은 공헌을 한다고 한다. 왜냐하면 레크리에이션은 본래의 자기표현, 자기개방, 그리고 자기확장의 계기를 제공하는 것이기 때문에 자아실현을 위한 좋은 계기가 된다고 볼 수 있기 때문이다.

청소년기에 발생하는 욕구는 충족되어져야 할 필요가 있다. 청소년기의 욕구충족은 성장과 발달에 도움을 주기도 하면서 잠재력의 실현이 가능해지게 한다. 반면 욕구가 충족되지 않았을 때는 심리적으로나 정서적으로 풍부한 삶을 영위하기는 불가능해지며 나아가 파행행위를 통해서 욕구불만의 돌파구를 찾아보면 비행과 일탈 등의 청소년 문제로 연결되어질 수도 있다. 따라서 청소년기의 발생하는 욕구는 적절하게 충족되어져야 하는데, 이 욕구를 충족시켜 줄 수 있는 방법이 바로 여가다. 하지만 여가는 청소년들이 자유롭게 사용할 수 있는 시간이면서도 올바르게 활용하지 못하면 태만, 낭비, 도둑질 등의 문제행동을 유발시키기도 하고, 바람직하지 못한 결과를 초래할 수 있다. 특히 여가시간이 많을수록 청소년의 비행이 많이 발생한다는 연구결과를 보면, 청소년기의 여가시간 활용에 대한 교육이 필요함을 알 수 있다.

여가교육은 청소년으로 하여금 각자 적합한 여가를 선택하도록 도움을 주고자 함을 목적으로 한다. 청소년은 각자의 개인적 욕구를 충족시킬 수 있는 가장 적합한 여가형태를 찾아서 그것을 이용하는데 미숙하기 때문에 여가교육을 통하여 각 개인에게 보다 적합하고 효과적이며 만족을 주는 여가를 발견하는 것이므로 필요하다. Mundy와 Odum(1979)은 여가교육이 여가와 생애주기 및 사회와의 관계를 이해하는 인간 성장의 과정으로 보면서 여가교육의 중요성을 강조하고 있다. 그들이 주장하는 여가교육은 다음의 내용들을 포함한다. 첫째, 여가교육은 여가의 가치 · 태도 · 목적 등을 동일시하고 분명하게 하도록 돕는 과정이다. 둘째, 여가교육은 여가 경험을 통해 만족감을 갖도록 선택 사항을 늘려 주는 과정이다. 셋째, 여가교육은 여가의 활동 과정과 결과를 분석하도록 돕는 과정이다. 넷째, 여가교육은 인생의 각 주기, 즉 유아기, 아동기, 청소년기, 성인기, 노년기 등의 전 생애과정을 포함하는 과정이다. 여가교육은 발달단계상 아동기 교육으로부터 노년기 교육까지 볼 수 있다. 이 중 특히 청소년기 여가교육은 어느 시기보다도 중요한 의미를 갖는다.

청소년기의 여가교육은 청소년 스스로 하여금 여가능력을 함양하고 미래사회에 대비하면서 각자에게 적합한 여가활동을 준비시켜 건전한 성인기의 여가생활과 여가문화로 연결되어질 수 있다. 청소년 여가교육은 학교의 교과중심 교육과정에서 발생할 수 있는 문제와 부작용을 최소화하면서, 청소년 각자의 잠재력을 탐색하고 그 능력을 발휘할 수 있는 기회를 제공할 수 있게 된다. 이처럼 청소년들에게 여가활동은 매우 중요한 과제로, 청소년들에게 있어서 여가의 필요성은 강조해도 지나치지 않는다. 그러나 청소년들의 여가에 대한 욕구를 충족시킬 만한 사회적 여건은 현실적으로 미흡하며 또한 여가는 그 이용 방법에 따라 극단의 결과를 초래하므로 청소년들이 건전한 여가문화를 향유하기 위해서는 청소년에 대한 여가교육 또한 절실히 필요하다.

권이종(1996)은 청소년 여가활동의 교육적 의의를 다음과 같이 제시하고 있다. 첫째, 청소년의 여가활동은 사회교육을 통하여 우리 청소년들에게 학교공부에서 오는 입시, 평가, 경쟁의 강박관념과 그에 따르는 메마른 정서생활의 균형을 잡게 하고 건전한 여가생활을 할 수 있는 능력과 협동, 양보하는 정신으로 대화할 수 있는 능력을 길러 준다. 둘째, 레크리에이션이나 스포츠 활동은 사회활동을 원활하게 하며, 좋은 인간관계를 형성하게 한다. 셋째, 여가활동을 통해 사회의 불만, 기성세대에 대한 불신, 욕구불만, 심리적 압박감에서 벗어나고 그들의 욕구를 충족할 수 있는 기회와 신체적 발달, 인간관계, 학교공부에서 오는 긴장과 스트레스를 해소시켜 준다. 넷째, 여가활동은 자연스러운 활동 중에 협동과 공동체 의식을 길러 사람의 마음을 즐겁게 하고 정신적 긴장을 풀게 하여 마음의 문을 열게 한다. 다섯째, 여가활동에 자발적, 능동적으로 참여하기 때문에 각 개인의 잠재능력을 최대한 발휘할 수 있으므로 창의성을 계발할 수 있는 가장 좋은 방법 중의 하나다. 여섯째, 여가활동을 통하여 지도자로서의 통찰력과 조직력, 추진력, 통솔력, 창의력 등의 리더십을 기를 수 있는 기회를 접하게 된다. 일곱째, 다양한 여가활동 프로그램을 통해서 인격형성과 인간애뿐만 아니라 신체적 성장, 지적 성장, 정서적 성장, 사회성의 발달을 조화롭게 이룩하여 균형잡힌 인간을 육성하는 데 도움을 준다. 여덟째, 여가활동을 통해 서로 대화하고 활동하는 가운데 자연스럽게 이성교제 방법을 배우게 되어 건전한 이성관을 갖게 한다. 아홉째, 가족과 함께 건전한 여가활동을 보내다 보면 대화나 놀이를 통해 세대간의 갈등을 이해하고 해결할 수 있는 능력을 기르게 한다. 열번째, 각종 취미활동으로 여가시간을 보내다 보면 범죄와 비행을 예방할 수 있으므로 여가선용을 위한 활동들을 단순히 놀이나 오락으로 생각해야 할 것이 아니라 청소년의 생활에 필수적인 목표로 진지하게 취급되어야 한다. 열한 번째, 청소년들이 여가를 올바르게 선용하여 학교공부와 여가활동을 양립시킬 줄 아는 훈련을 쌓을 때에 명랑하고 개방적인 성격이 형성될 수 있고, 청소년 문화의 발달에 기여할 수 있으며 사회생활에의 적응능력을 함양시킬 수 있다. 열두 번째, 여가활동은 학교교육의 제한된 배움의 기회를 보충하는 기능도 가지고 있으며 청소년들이 계속적인 자기성장을 할 수 있도록 도와 주며, 국가와 사회가 필요로 하는 인력의 확충으로 국민의 자질을 신장시키므로 학교교육의 형식적 교육과정 못지않게 중요하다.

이렇게 보면 여가는 교육을 통해 인간이 현재 또는 미래의 여가활동의 다양한 체험을 의미있게 즐길 수 있도록 도와 주며, 여가시간의 증대와 함께 도래한 여가사회를 대비하는 교육이다. 결국 여가교육은 사람들로 하여금 여가시간에 대한 인식을 높이고 이를 활용하기 위한 기술을 개발하는데 도움이 되는 체험학습을 가정, 학교, 지역사회에 지속적으로 수행하도록 하는데 그 의의가 있다.

(3) 여가교육의 내용

여가교육의 내용으로 무엇을 학습시킬 것인지에 대한 논의는 지속되고 있으므로 쉽게 제시할 수 있는 문제는 아니다. 하지만 인간의 각 발달단계에 부합하는 것으로서, 어떤 내용을 구성하든지간에 여가교육의 목적에 맞아야 한다. 무엇보다도 여가교육을 받은 학습자에게는 다음과 같은 변화가 일어나야 한다.

첫째, 학생들이 대부분의 생애과정에서 경험하게 되는 모든 것은 여가경험이 될 수 있다는 것을 이해하게 된다. 학생들은 적극적이거나 소극적이고, 혼자이거나 여럿이 함께 하기도 하고, 신체적이거나 정신적, 계획적이거나 즉흥적, 예견적이거나 번성적일 수 있다.

둘째, 학생은 여가뿐만 아니라 노동을 반드시 가장 중요한 자기 가치와 존엄성의 출처라고 여겨야 한다는 것을 이해하게 된다. 또한 여가는 삶의 질, 심지어 실제적인 생존에도 영향을 미친다.

셋째, 학생은 자연과 신체적인 환경, 사회제도의 역동적인 상호작용과 개인의 생활양식이 여가기회, 선택, 그리고 행동에 대한 영향을 이해하게 된다.

넷째, 학생은 지역사회, 즉 국가에서 활용할 수 있는 여가자원을 파악하고, 이해하고, 평가할 수 있게 된다.

다섯째, 학생은 여가경험이 좋거나 나쁜 것이 아니라 주어지는 가치가 개인적, 사회적 판단의 문제라는 것을 이해하게 된다. 학생들은 여가경험이 개인에게 적절한 것으로 느끼는 것을 선택하거나 사회가 제한하고 있다는 것을 인식한다.

여섯째, 학생은 개인의 신체적 여건을 초월하지만 정서와 영적인 수준을 바탕으로 경험하게 되는 여가경험의 무형의 특질을 이해하게 된다.

일곱째, 학생들은 각 개인의 여가활용이 인간, 사회, 건축, 그리고 자연환경의 결과라는 것을 이해하고 평가한다. 학생은 각 개인이 궁극적으로 자기 자신의 여가뿐만 아니라 여가기회를 제시하는 지역사회에 영향을 미치는 것에 대한 책임이 있다는 것을 인식하게 된다.

여덟째, 학생은 여가뿐만 아니라 노동, 가족, 그리고 다른 사회적 역할이 개인의 성장과 만족을 보장하기 위한 생애 계획을 개발하는 데 도움이 될 수 있다는 것을 알게 된다.

이러한 변화를 일으키기 위해서 여가교육의 내용으로 〈표 4-16〉과 같이 학자마다 다양하게 제안하고 있다.

표 4-16 학자에 따른 여가교육의 내용

학 자	내 용
Mundy & Odum(1979)	자기각성, 여가각성, 여가기술, 의사결정하기, 사회적 상호작용
McDowell(1983)	leisure wellness, wellness와 관련된 개념과 원칙, 사회적 상호관계, 자아정체성과 사회적 역할, fitness를 위한 전략, 여가생활양식과 전략구성, 스트레스 극복과 전략, 태도와 확신의 강화, 경제적·시간적·문화적 문제해결, 여가에 대한 새로운 모델 개발
Paterson & Gunn(1984)	여가각성, 사회적 상호작용, 여가자원, 여가활동 기술
Chinn & Joswiak(1981)	여가태도와 각성, 사회적 상호작용 기술, 여가활동 기술, 자기각성, 여가자원에 대한 지식, 의사결정 과정
Howe-Murphy & Charboneau(1987)	자아각성, 결정능력, 여가기술 발달, 자원각성과 활용, 사회적 기술
Dattilo & Murphy(1991)	여가에서 자기인식, 여가인식, 여가에서 자기결정, 여가 의사결정, 여가자원의 활용 지식, 사회적 상호작용, 레크리에이션 활동 기술
Mundy(1998)	여가각성, 자기각성, 여가기술, 여가자원
Dattilo(1999)	여가이해, 여가에 있어 자기각성, 여가에 있어 자기기능, 여가동안 사회적으로 상호작용하기, 여가를 촉진할 수 있는 자원 활용하기, 여가에 관한 의사결정하기, 레크리에이션 활동 기술 습득
노용구(1999)	자아각성, 여가각성, 사회적 상호작용, 여가자원의 활용, 여가행동력의 향상, 여가기술의 습득

여가교육 내용에 대한 여러 학자들의 설명을 정리하여 여기에서는 여가와 자신에 대한 각성, 여가기술 개발, 여가자원, 그리고 사회적 상호작용 기술 4가지를 제시하고자 한다.

여가각성	**사회적 상호작용 기술**
여가의 지식 자아각성 여가와 놀이 태도 관련 참여와 의사결정 기술	의사소통 기술 관계형성 기술 자기표현 기술
여가자원	**여가활동 기술**
활동기회 개인적 자원 가족과 가정 자원 지역사회 자원 지방과 전국 자원	전통적 비전통적

[그림 4-6] **여가교육의 내용**

여가각성이란 다양한 여가 관련 경험과 편익에 필수조건인 여가성은 인지적 각성과 여가의 가치 매기기 그리고 계속적인 여가참여를 위한 수단이다. 여가각성 부분은 여가의 편익과 가치에 대한 인정, 여가와 관련된 자아의 각성, 의사결정, 문제해결 기술 등에 주안점을 둔다. 이 부분은 개인적인 의미와 여가참여에 대한 책임에 초점을 둔다.

사회적 상호작용은 의사소통 기술, 관계형성 기술, 그리고 자기표현 기술 세 부분에 초점을 둔다. 의사소통 기술은 다른 사람과 의사소통을 할 수 있는데 필요한 기술을 말하며, 관계형성 기술은 개인들이 다른 사람과의 관계와 우정을 찾고, 유지하고, 시작하는 데 도움이 되는 기술을 중점적으로 다룬다. 그리고 자기표현기술은 위 두 가지 내용을 활용하기 위하여 개인들은 또한 약간의 기본적인 사회적 에티켓을 지녀야 한다. 사회적 상호작용은 성공적인 여가참여와 생활양식을 위해 필수적인 요소다.

여가활동 기술은 개념적으로 전통적인 그리고 비전통적인 범주로 개념적 틀을 형성하고 있다. 전통적인 범주로는 스포츠, 드라마, 춤, 취미와 같은 활동들을 포함하며, 비전통적인 범주로는 쇼핑, 집안정리, 셀프케어, 이완, 그리고 명상과 같은 것을 의미한다. 전통적 범주가 되었든 비전통적 범주가 되었든 여가활동에 참여하기 위하여 필요한 기술을 개발해야 한다.

여가자원은 여가참여에 있어서 중요한 요소다. 다양하고 만족할 수 있는 그리고 독자적인 여가 기능화에 중요하다고 생각되는 활동기회, 개인적 자원, 가족과 재정적 자원, 지역사회 자원, 국가적 자원의 영역이 될 수 있다. 최소한 개인적 자원으로 독서, 음악 듣기 등의 개인적 능력뿐만 아니라 개인적인 재산, 재정, 교육적 수준 등과 개인적 특성을 고려하여 개발해야 한다.

(4) 여가교육의 방법

여가교육의 방법은 여가교육을 받은 교사를 만나는 것에서부터 시작한다. 여가교육의 방법은 여가에 대한 지식, 태도, 기술의 습득을 포함하고 있으며 일반적인 교육의 방법과는 크게 다르지 않다. 다만 여가교육이 어디에서 실시되느냐에 따라 방법의 선택이 다를 수 있을 것이다. 학교와 같은 형식교육과 가정, 교회, 지역사회, 공립 및 사립 센터, 사회시설 등과 같은 비형식을 통해서도 여가교육은 행하여 질 수 있다. 일반적으로 여가교육은 다양한 인지적 및 정의적 촉진 기법을 활용한 교수와 훈련의 방법을 통하여 교육될 수 있다. 여가교육은 직접적이며 간접적인 경험 학습을 통하여서도 이루어질 수 있다.

여가교육은 기술의 개발과 활동 속의 경험뿐만 아니라 여가흥미와 활용 가능한 자원에 대한 인식을 포함하면서 새로워지는 경험 속에서의 각성과 학습, 참여의 내용으로 하고 주로 전통적인 방법의 교육에 관심을 둔다. 여가지식과 태도를 학습하기 위해서는 집단토의, 생각하고 적어 보고 표현하는 활동, 개인과 집단 언어적 활동, 여가정보의 발견이나 탐구를 위한 게임, 소형 강의, 시연과 다양한 시청각 보조 도구의 활용은 여가의 내용에 대한 이해와 숙지를 촉진시키기 위해 활용되는 가장 일반적인 방법이다.

여가활동을 가르치는 방법은 여타 교과목을 가르치는 데 활용하는 방법과는 다소 차이가 있다. 개인과 집단 틀 속에서 다양한 표현 방법으로 개인들의 자유로운 선택을 우선적 바탕으로 한 경험적 그리고 창의적 학습, 개인적인 실험이 가장 우선적으로 제안되는 방법들이다. 여가교육은 역할연기, 토론, 그리고 가치

명료화 활동을 포함한 다양한 프로그램 접근법을 통하여 성취되어져야 한다.

한편, 다양한 교과목에 여가를 섞어서 통합하는 방법이 있다. 모든 교과목과 개인의 여가 생활을 풍요롭게 할 수 있는 교과 외 활동 속에 내재한 잠재력을 파악하여, 여가에 대한 교과목과 관련이 있고 적절한 학습 단위뿐만 아니라 여가 활동을 촉진할 수 있는 각각 그리고 모든 교과영역의 구체적인 내용을 포함시킬 수도 있다. 학교에서 일어나는 모든 교육적, 문화적 활동을 여가교육 프로그램에 통합을 촉진시키는 것이다.

Ruskin과 Siran(1995)은 여가교육을 위한 다양한 방법으로 총체적 교과과정, 구체적인 교과목, 교과 단위, 공동 교과 활동과 비형식 교육, 상담과 지도활동, 학교－지역사회 레크리에이션 프로그램의 참여 방법의 채널을 제안하였다.

첫째, 총체적 교과과정을 통하여 여가교육은 실시될 수 있다. 사회와 자연과학, 인문학, 예술, 음악, 신체와 건강 교육뿐만 아니라 정신과 사회생활 등의 광범위한 내용을 아우르는 학술적이고 시계열적이고 박식한 교양교육은 다양하고 균형잡힌 여가에 대해 시간을 자유롭게 활용할 수 있는 교육받은 사람을 기를 수 있다.

둘째, 구체적인 교과를 통하여 여가교육은 실시될 수 있다. 체육, 음악, 야외교육, 순수와 산업예술, 레크리에이션적 독서와 창의적 글짓기와 관련된 언어와 같은 일련의 교과는 레크리에이션 참여에 도움이 된다.

셋째, 교과 단원을 통해서도 여가교육은 실시될 수 있다. 다양한 교과영역의 주제와 교과 단원에서 여가활동과 관련한 우호적인 태도, 지식, 그리고 기술을 개발하는 목적으로 사용될 수 있다.

넷째, 공통교과 활동과 비형식 교육을 통해서도 여가교육은 실시될 수 있다. 공통교과 과정활동에는 두 가지 기본적인 범주가 포함되는 데 하나는 교과영역과 관련이 있는 활동이고 다른 하나는 특정교과 과정과 관련이 없는 클럽 활동이나 이벤트에 해당하는 사회적 활동 등이다.

다섯째, 학생들이 자기 지시와 자아실현으로 나아갈 수 있게 하는 상담과 지도를 통한 방법도 있다. 상담과 지도 활동을 통하여 학생들이 자신들에게 적합하고 구체적인 흥밋거리를 개발하는 데 도움이 되는 여가활동을 학습하는 것을 가능하게 한다.

여섯째, 학교와 지역사회 레크리에이션 프로그램에 참여함으로써 여가교육이 가능하다. 학교는 여가와 학생 그리고 성인들의 레크리에이션 프로그램을 포함하는 지역사회의 광범위한 생활에 직접적으로 관심을 갖게 할 수 있다.

한편 여가교육은 평생받아야 하는 과제다. 여가교육은 평생교육의 관점에서 바라보는 것이 필요하다. 왜냐하면 여가는 인생에 있어 항상 생활의 일부로 자리하기 때문이다. 여가교육을 통해 우리는 여가를 올바르게 사용할 수 있는 능력을 가진 교육받은 사람의 지위를 향유할 수 있으며, 여가교육의 성공 여부는 삶의 질을 지속시킬 수 있느냐에 달려 있다고 볼 수 있을 것이다.

참고 문헌

건국대학교 학생생활연구소(1991). 학생생활연구 - 2천년대를 향한 진로교육의 방한 방향, 건국대학교학생생활연구소.
권석만(1997). 인간관계 심리학. 서울 : 학지사.
권이종(1996). 청소년학개론, 서울 : 교육과학사.
권이종 · 남정걸(1994). 청소년 교육. 서울 : 양서원.
김계현 외(2000). 학교상담과 생활지도. 서울 : 학지사.
김광득(1990). 한국의 여가시설 개발에 관한 연구. 한양대학교 박사학위논문.
김동배 · 권중돈(1999). 인간행동과 사회복지실천. 서울 : 학지사.
김두현(1997). 청소년법과 행정. 서울 : 삼영사.
김두현(2002). 일본의 학교폭력 실태와 그 예방대책. 청소년지도학연구 제2권 제2호. 한국청소년지도학회.
김미정(2002). 청소년의 여가활동과 여가만족도에 관한 연구. 선천대학교 석사학위논문.
김봉환 · 김병석, 정철영(2000). 학교진로상담. 서울 : 학지사.
김성이(1997). 봉사학습체계에 대한 연구. 한국대학사회봉사협의회.
김성이 · 강지원 · 구본용 · 황순길(1996). 청소년비행상담. 서울 : 청소년대화의 광장.
김아영 외 5인(1997). 교육심리학. 서울 : 학문사.
김애순 · 윤진(1999). 청년기 갈등과 자기이해. 서울 : 중앙적성출판사.
김은숙(2004). 청소년 자원봉사활동 프로그램의 효과분석에 관한 연구. 경기대학교 석사학위논문.
김일(1999). 직업정보론, 서울 : 형설출판사.
김장원(1995). 적응심리에서의 동기와 학습. 서울 : 교육과학사.
김재영 외 역(1999). 학습혁명. 서울 : 해냄.
김재은 (1974). 한국가족의 심리 : 가족관계 및 집단성격. 서울 : 이화여자대학교 출판부.
김정택 (1978). 특성불안과 사회성과의 관계. 고려대학교 대학원 석사학위논문.
김정희 · 이장호(1985). 스트레스 대처방식의 구성요인 및 우울과의 관계. 행동과학연구, 7, 127-138. 고려대학교 행동과학연구소.
김종기(1996). 폭력은 싫어요- 학교폭력예방과 지도-. 청소년폭력예방재단.

김준호(1993). 친구와 비행 간의 관계에 관한 연구. 형사정책연구, 15, 5-43.

김준호 · 노성호 · 고양임 · 최원기(1991). 청소년 비행의 원인에 관한 연구 : 공부 압력을 중심으로. 서울 : 형사정책연구원.

김준호 · 노성호 · 곽대경(1992). 한국 청소년 비행 집단에 관한 연구. 서울 : 형사정책연구원.

김준호 · 박미성(1993). 친구와 비행간의 관계에 관한 연구. 서울 : 형사정책연구원.

김창대 외 4인(1994). 성적이 떨어지는 아이들. 청소년상담문제연구보고서, 9. 서울 : 청소년대화의 광장.

김충기(1983). 진로교육의 본질. 서울 : 평민사.

김충기(1986). 진로교육과 진로지도. 서울 : 배영사.

김충기(1987). 직업교육과 진로교육. 서울 : 교육과학사.

김충기(1989). 진로상담의 이론과 실제. 성원사.

김충기(1993). 새로운 혁신과 진로. 서울 : 양서원.

김충기(1993). 진로상담의 이론과 실제. 서울 : 양서원.

김충기(1995). 미래를 위한 진로교육. 서울 : 양서원.

김충기(1997). 생활지도와 상담. 서울 : 교육과학사.

김충기(2000). 진로교육과 진로상담. 서울 : 동문사.

김충기 · 김병숙 공역(1995). 진로상담 – 기술과 기법, (주)현민시스템.

김태련(1992). 청소년기의 발달과 발달과정, 청소년심리학. 서울 : 한국청소년연구원.

김한구 외(1997). 자원봉사론. 서울 : 백산출판사.

김현숙 · 김화중 (1998). 청소년의 건강행위와 비행의 영향 요인에 관한 모형 구축. 한국학교보건학회지, 11(2), 171-187.

김형태(1998). 상담이론과 실제. 서울 : 동문사.

김혜숙 (1993). 부모자녀관계에 대한 한국가족의 신념과 심리적 적응. 청소년상담연구, 1(1). 113-129.

노용구(1999). 노인 여가교육 프로그램 개발에 관한 연구. 고려대학교 미간행 박사학위논문.

류기형 외(2001). 자원봉사론. 서울 : 양서원.

박미경(2001). 청소년 자원봉사활동 프로그램의 효과성에 관한 연구. 대구대학교 석사학위논문.

박성수(1986). 생활지도. 서울 : 정민사.

박성익(1999). 교수-학습방법 이론과 실제. 서울 : 교육과학사.

박아청(1995). 성격심리학. 서울 : 교육과학사.

박용헌(1975). 성취동기육성의 교수방안. 서울 : 교육출판사.

박현수(1998). PC통신과 인터넷으로 취업하기, 서울 : 영진출판사.

부산광역시교육과학연구원(1999). 중 · 고등학교 진로상담교사 연수자료, 부산광역시교육과학연구원.

서울특별시교육연구원(1992). 중 · 고등학교 진로지도의 계획과 실천.

서울특별시교육연구원(1993). 진로지도의 이론과 실제.

서울특별시교육연구원(1997). 진로교육 이대로 좋은가?

서울특별시교육연구원(2000), 중학생용 진로지도 프로그램, 서울특별시교육연구원.

성인숙 (1999). 비행여자 청소년의 부모자녀관계와 친구관계에 관한 연구. 고려대학교 대학원 석사학위논문.

손정락 역(1995). 성격심리학. 서울 : 교육과학사.

송인섭 외(2000). 교육심리학, 양서원.

양선정(2001). 청소년의 여가활동분석을 통한 여가활용에 관한 연구. 한남대학교 석사학위논문.

오경자 외 2명(2001). 청소년 폭력실태조사 .청소년보호위원회.

오경자(1992). 청소년의 정신건강-청소년심리학. 서울 : 한국청소년연구원.

유기섭 · 김태호(2001). 교육심리학, 서울 : 동문사.

윤운성(1995). 학습과 동기전략. 서울 : 문음사.

윤철경 외(1998). 중고등학교 봉사활동 운영실태 및 활성화 방안, 한국청소년개발원.

윤철경 외 2명(1999). 학교붕괴 실태 및 대책연구. 한국청소년개발원.

이달석(2001). 교육심리학, 서울 : 학지사.

이민희 외 3명(1998). 청소년폭력예방대책 모델 개발 - 청소년 지역사회 네트워크 개발을 중심으로- . 한국청소년개발원.

이상우 · 정동진 역(1992). 인간 성격의 이해. 서울 : 중앙적성출판사.

이성록(1996). 자원봉사활동. 서울 : 학문사.

이성진(1998). 교육심리학서설. 서울 : 교육과학사.

이소우 · 김용태 · 김진숙 · 반신환 · 조성호(1997). 청소년 위기상담. 서울 : 청소년대화의 광장.

이숙영 · 이재규 · 박승민 · 최은영(1996). 비행청소년 상담프로그램 개발연구. 서울 : 청소년대화의 광장.

이시형(1993). 대인공포증. 서울 : 일조각.

이영대(1999). 새천년을 맞이한 직업여건 변화와 여고생들의 진로지도 방향, 한국여성인력개발원, 직업 환경의 변화와 여고생의 진로지도 세미나 발표자료.

이영대 · 김기홍(1999). 주요 선진국의 직업연구동향, 한국직업능력개발원 기본연구 99-33

이영덕 · 정원식(1991). 생활지도의 원리와 실제. 서울 : 교육과학사.

이영자(1996). 스트레스, 사회적 지지, 자아존중감과 우울 및 불안과의 관계. 서울여자대학교 대학원 박사학위논문.

이영호(1993). 귀인양식, 생활사건, 사건귀인 및 무력감과 우울의 관계 : 공변량 구조모형을 통한 분석. 서울대학교 대학원 박사학위논문.

이용교(1995). 나눔 그 기쁨. 서울 : 불광출판부.

이용남 외 7인(2001). 신교육심리학. 서울 : 학지사.

이인정, 최혜정(1997). 인간행동과 사회환경. 서울 : 나남.

이재창(1988). 생활지도. 서울 : 문음사.
이정근(1988). 진로지도의 실제. 서울 : 성원사.
이종각(1990). 현대사회와 레크리에이션, 서울 : 보경문화사.
이창준(2002). 청소년 자원봉사활동. 서울 : 천주교 서울대교구 교육국.
이해명(2001). 학업성적결정이론. 단국대학교출판부.
이형득(1999). 인간관계훈련의 실제. 서울 : 중앙적성출판사.
인하대학교 학생생활연구소(1996), 학생생활연구, 인하대학교 학생생활연구소.
임규혁(2001). 학교학습 효과를 위한 교육심리학, 서울 : 학지사.
임두순(2000). 진로상담과 진로교육. 서울 : 원미사.
장현(1997). 청소년 자원봉사 활성화 방안에 관한 연구. 호남대학교 인문사회과학연구소 인문사회과학연구. 565-583.
전라남도청소년자원봉사센터(1999). 학생 봉사활동 지도교사 일반연수. 전라남도 청소년 자원봉사센터.
전성연 외(2005). 학습동기. 서울 : 학지사.
정규석 · 조정자 · 유순화(2003). 청소년 성매매에 관한 다체계 모델 검증. 청소년학연구, 10(3), 239-260.
정범모(1990). 학업성취의 요인. 서울 : 교육출판사.
정범모 · 박용현(1972). 성취동기 : 그 육성과정의 이론과 실제. 서울 : 배영사.
정원식 외 2인(1991). 현대교육심리학. 서울 : 교육출판사.
정인석(1988). 신교육심리학. 서울 : 대왕사.
정종진(1996). 학교학습과 동기. 서울 : 교육과학사.
정종진(2003). 동기의 귀인이론과 학교학습. 서울 : 학지사.
중앙일보사(1996). 청소년 자원봉사와 지도. 서울 : 중앙일보사.
진미석 외(1999). 진로정보망 커리어넷 개발, 한국직업능력개발원 연구자료 99-12.
진형인(2006). 청소년의 여가능력에 대한 여가교육 프로그램의 효과. 목포대학교 박사학위 논문.
주)가우디(1999). 왕따 리포트 : 왕따 실태, 원인에서 해결 방안까지. 우리교육.
청소년대화의 광장(1996). 청소년을 위한 진로결정 ; 21세기 한국의 꿈과 현실, 제 1회 국제 청소년 상담학 심포지움. 서울 : 청소년대화의 광장.
청소년대화의 광장(1996). 청소년 진로상담. 서울 : 청소년대화의 광장.
청소년보호위원회(1998). 외국의 청소년프로그램 제2권. 청소년보호위원회.
청소년보호위원회보호지도과(2000). 학원폭력예방프로그램 연구보고서. 청소년보호위원회.
청소년폭력예방재단(1996). 학교폭력, 고통받는 아이들을 위해 무엇을 할 것인가? : 예방에서 대책까지. 서울 : 한울림.
최경범(1997). 현대 사회에 있어서 청소년 비행현상과 사회체육. 인문논총 제16집.
최충옥(1998). 청소년문제 연구의 동향과 과제. 청소년학연구, 5(2), 17-32.

한국교육개발원(1997). 중학교 진로지도 개선방안 연구, 한국교육개발원.
한국진로교육학회(1999), 진로교육의 이론과 실제, 서울 : 교육과학사.
한국청소년개발원(1993). 부모가 알아야 할 청소년기. 서울 : 도서출판 서원.
한국청소년연구원(1992). 인간관계수련활동. 서울 : 한국청소년연구원.
한국청소년자원봉사센터(1997). 청소년 자원봉사활동, 어떻게 지도할까?. 한국청소년자원봉사센터.
한상철 · 조아미 · 박성희(2001). 청소년 심리학. 서울 : 양서원.
허혜경 · 김혜수(2003). 청년발달심리학. 서울 : 학지사.
홍경자 외(1995). 청소년집단상담. 서울 : 청소년대화의 광장.
홍대식(1998). 데이트 관계의 형성과 발전에 관련된 변인들. 한국심리학회지 : 사회 및 성격, 12(2), 199-226.
홍대식 역(1993). 사회심리학. 서울 : 양영각.
홍성윤 외 역(1993). 효과적인 교수-학습의 기본. 서울 : 교육과학사.
황매향(2008). 학업상담. 서울 : 학지사.
황응연(1984). 현대생활지도. 서울 : 교육출판사.
황정규(1990). 학교학습과 교육평가. 서울 : 교육과학사.
Abbey, A., Abramis, D. J., & Caplan, R. D.(1985). Effects of different sources of social support and social conflict on emotional well-being. Basic & Applied Social Psychology, 6, 111-129.
Anderson, N. H.(1968). Likableness ratings of 555 personality-trait words. Journal of Personality and Social Psychology, 9, 272-279.
Andrew, D. A.(1987). The psychology of criminal conduct and evidence-based assessment and intervention. NY : John Wiley and Sons.
Aronson, E., & Linder, D.(1965). Gain and loss of esteem as determinants of interpersonal attractiveness. Journal of Experimental and Social Psychology, 66, 584-588.
Asher, & J. D. Coie(Eds.). Peer rejection in childhood. NY : Cambridge University Press.
Asher, S. R.(1990). Recent advances in the study of peer rejection. In S. R.
Atkinson, J.(1965). The mainsprings of achievement-oriented activity. In J. D. Krumboltz(Ed). Learning and the educational process. Skokie III : Rand McNally, 25-66.
Ausubel, D. P., & Robinson, F. G.(1969). School learning : an introduction to educational psychology. New York : Holt, Rinehart and Winston, Inc.
Beck, A. T.(1967). Depression : Clinical, experimental, and theoretical aspects. New Yor k : Harper & Row.
Belle, D., Burr, R. & Cooney, J.(1987). Boys and girls as social support theorists. Sex Roles, 17, 657-665.

Berscheid, E., & Walster, E.(1978). Interpersonal attraction (2nd Ed.). Reading, MA : Addison-Wesley.

Berscheid, E., & Walster, E.(1974). Physical attractiveness. In Berkowitz, L.(Ed.). Advances in experimental social psychology. NY : Academic Press.

Bisson, J. I.(2003). Single-session early psychological interventions following traumatic events. Clinical Psychology Review, 23, 481-499.

Bruner, J. S.(1964). Toward a theory of instruction. Cambridge : Harvard University Press.

Carroll, J. B.(1963). A model of school learning, Teachers College Record, 64, pp. 723-733.

Chauhan, S. S.(1979). Advanced educational psychology. New Delhi : Vikas Publishing House PVT LTD.

Chinn, K. A. & Joswiak, K. F.(1981). Leisure education and leisure counseling. Therapertic Recreation Journal, 15(4).

Condry, J.(1977). Enemies of exploration : self-initiated versus other-initiated learning. Journal of Personality and Social Psychology. 35. 459-477.

Crites, J. O.(1980). Vocational Psychology, New York : McGraw-Hill Book Co.

Crites, J. O.(1973). Theory and Research Handbook for the Career Maturity Inventory. Monterey, Calif. : CBT/McGraw-Hill.

Crites, J. O.(1978). Career Maturity Inventory : Theory and research handbook. Monterey, CA : CBT/McGraw Hill.

Daniels, J., Arredondo, P., & D'Andrea, M.(1999). Give peace a chance : Developing violence prevention program in school. Counseling Today, 42(1).

Dattilo, J. & Murphy, W.(1991). Leisure education program planning : A systematic approach(2nd). State college. PA : Venture Pub. Inc.

Dattilo, J.(1999). Leisure education program planning : A systematic approach(2nd). State college. PA : Venture Pub. Inc.

Deci, E.(1971). Effects of externally mediated rewards on intrinsic motivation. Journal of Personality and Social Psychology, 18, 105-115.

Deshler, D. & Schumaker, D.(1988). An instructional model for teaching students how to learn. In J. Graden, J. Zins, and M. Curtis(Eds.). Alternative educational delivery systems embancing instructional options for all students. 391-411. Washington DC. National Association of School Psychologists.

Drummond, R. J., & Ryan, C. W.(1995). Career counseling : A developmental approach. Columbus, OH : Charles E. Merrill.

Elder, G. H.(1963). Parental power legitimation and its effect on the adolescent. Sociometry, 26, 50-65.

Ellis, A.(1962). Reason and emotion in psychotherapy. New York : Lyle Stuart.

Entwistle, N. & Cunningham, S.(1968). Neuroticism and school attainment : A linear relationship. British Journal of Educational Psychology, 38, 123-132.

Erikson, E. H.(1968). Identity : Youth and crisis. New York : Norton and Co.

Eyster, I. M.(1973). A guide for improving teacher education in human rights. Norman : University of Oklagoma.

Feldman, R. S.(1989). Adjustment applying psychology in a complex world. NY : McGrow-Hill.

Folkman, S. & Lazarus, R. S.(1985). If it changes it must be a process : Study of emotion and coping during three stages of a college examination. Journal of Personality and Social Psychology, 48, 150-170.

Ginzberg, E.(1972). Toward a theory of occupational choice : A restatement. Vocational Guidance Quarterly, 20, 169-176.

Glaser, R.(1992). Training Research and Education. Pittsburgh : University of Pittsburgh Press.

Gordon, T.(1975). Parent effectiveness training. NY : New American Library.

Gysbers(ED.). Designing careers : Counseling to enhance education, work, and leisure(pp. 1-34). San Francisco : Jossey-Bass.

Harris-Bowlsbey, J., Dikel, M.R., & Sampson, Jr. J. P.(1998). The Internet : A tool for career planning, 1st ed. Columbus OHIO : National Career Development Association.

Herring, R. D.(1998). Career counseling in schools : Multicultural and Developmental Perspectives. ACA.

Hiroko, Got(1999). School Violence and the Children in Japan. The 1st international forum on initiatives for Safe School. Korea Citizen's foundation on initiative for Safe School.

Hobfoll, S. E., & Lerman, M.(1988). Personal Relationships, personal attitudes, and stress resistance : Mothers' reactions to their child's illness. American Journal of Community Psychology, 16, 565-589.

Howe-Murphy, R. & Charboneau, B. G.(1987). Therapeutic recreation intervention : An ecological perspective. Englewood Cliffs. NJ : Prentice-Hall.

Hoyt, K. B.(1976). Refining the career education concept. Washington, DC : U.S. Department of Health, Education and Welfare, Office of Education, Office of Career Education.(ERIC Document Reproduction Service No. ED 132 367)

Hull, C. D.(1943). Principles of behavior. New York : Appleton-Century-Crofts.

Jacoby, B.(1996). Service-learning in today's higher education. Jossey-Bass Pub.

Sanfrancisco.

Johnson, D. W.(1979). Educational psychology(4th ed.). Englewood Cliffs. New Jersey : Prentice-Hall.

Kennedy, M. L., Faust, D., Wills, W. G., & Piotrowski, C.(1994). Social emotional assessment practices in school psychology. Journal of Psychoeducational Assessment, 12, 228-240.

Kenny, D. A. (1998). Interpersonal perception : Target accuracy. http : //users.rcn.com/dakenny/ass-sim.htm

Klausmeier, H. J., & Goodwin, W.(1966). Learning and human abilities(2nd ed.). New York : Happer and Row.

Lepper, M., & Greene, D.(1975). Turning play into work : Effects of adult surveillance and extrinsic rewards on children's intrinsic motivation. Journal of Personality and Social Psychology, 31, 479-486.

Levine, F. M.(1975). Theoretical readings in motivation. Chicago : Rnad McNally.

Luzzo, D. A.(2000). Career Counseling of College Students. Washington : APA.

McClelland, D. C.(1985). Human motivation. Cambridge : Scott, Foresman, & Company.

McDowell, C. F.(1983). Leisure wellness : concept on helping strategies. Engene OR : Sun Moon Press.

Meyer, B. Y.(2000). Study : 62% of school counselors feel unprepared to curb suicides. Couunseling Today, 42(9).

Minuchin, S.(1974). Families & family therapy. Cambridge : Harvard Univ. Press.

Morrissey, M.(1998). Middle school counselors playing vital role in development of youth. Counseling Today, 4(11).

Mundy, J. & Odum, L.(1979). Leisure education : practice and theory. New York : John Wiley and Sons.

Mundy, J.(1998). Leisure education : theory and practice. U.S. Sagamore Publishing.

Newcomb, M. (1990). Social support and personal characteristics : A developmental and interactional perspective. Journal of Social and Clinical Psychology, 9, 54-68.

Oakley, A.(1972). Sex, gender and society. Temple Smit.

Peterson, C. A. & Gunn, S. L.(1984). Therapeutic recreation program design-principles and procedures(2nd ed.). Englewood Cliffs, NJ : Prentice-Hall Inc.

Prevatt, F. F.(1999). Personality assessment in the school. In C. R. Reynolds & T. B. Gutkin(Eds). The handbook of school psychology, 434-451. New York : John Willey & Sons Inc.

Ross, D. M.(1996). Personality assessment in the school. In C. R. Reynoldsand T. B. Gutkin(Eds.). The handbook of school psychology. 434-451. New York : John

Willey and Sons Inc.

Ruskin, H. & Siran, A.(1995). Leisure education towards the 21 century. Department of recreation management and youth leadership. Provo. UT : Brougham Young University.

Sandea, K.(1998). The nurturing of service learning. Educational Leadership, December.

Schmitt, S. M.(1999). Treatment Improvement protocol offers cocaine treatment options. Counseling Today, 42(13).

Schunk, D.(1983). Self-efficacy and classroom learning. Psychology in the Schools, 22, 208-223.

Seligman, M.(1975). Helplessness : On depression, development and death. San Francisc o : Freeman.

Sharf, D. E.(1992). Applying career development theory to counseling. Pacific Prove, CA : Brooks/Cole.

Spielberger, C. D., Jacobs, G., Russell, S., & Crane, R.(1983). Assessment of anger : The State-Trait Anger Scale. In J. D. Butcher & D. D. Spielberger(Eds.), Advances in personality assessment (Vol. 3, pp. 112-134). Hillsdale, NJ : Erlbaum.

Sullivan, H. S.(1953). Interpersonal theory of psychiatry. New York : Norton.

Super, D. E.(1963), Career Development : Self-Concept Theory, New York : College Entrance Examination Board.

Super, D. E.(1976). Career education and the meaning of work(Monographs on career education). Washington, DC : Office of Career Education, U.S. Office of Education.

Super, D. E.(1980). A life-span, life-space approach to career development. Journal of vocational behavior, 16, 282-298.

Super, D. E.(1984). Perspectives on the meaning and value of work. In N.C.

Tata, S., & Leong, F.(1994). Individualism-collectivism, social network orientation, and acculturation as predictors of attitudes toward seeking professional psychological help among Chinese Americans. Journal of Counseling Psychology, 41, 280-297.

Thorndike, E. L.(1913). Psychology of learning : Educational psychology(Vol. 2). NY : Teachers College Press.

Warren, H. C.(1943). Dictionary of psychology. Boston : Houghton Mifflin Company.

Weiner, B.(1990). Theories of motivation. Chicago, IL : Rand Monally.

Weiss, R. S.(1974). The provisions of social relationships. In Z. Rubin (Ed.), Doing unto others. (pp. 17-26). Englewood Cliffs, NJ : Prentice-Hall.

Williamson, E. G.(1989). Counseling Adolescants, New York : McGraw-Hill.

Woolfolk, A. E.(1990). Educational psychology(4th ed.). Englewood Cliffs, New Jersey : Prentice-Hall.

저자 소개

✍ 김헌수

· 교육학 박사
· 원광대학교 사범대학 교수

〈저서〉
· 게슈탈트(1994, 정암서원)
· 현장교육연구법(1996, 재동문화사)
· 심리교육(1998, 한국심성교육개발원, 교육부)
· 새 교육학(2000, 공저, 교육출판사)

✍ 이 난

· 교육학 박사
· 원광대학교, 우석대학교 시간 강사
· 전주대학교 객원교수

〈저서〉
· 상담심리학(2001, 공저, 학술정보)
· 상담의 기초(2001, 공저, 한빛사)
· 집단상담의 이론과 실제(2002, 공저, 학술정보)

✍ 장순정

· 교육학 박사
· 원광대학교 강의 전담교수
· 공주교육대학교 시간강사

21세기를 위한
생 활 지 도

초판인쇄 2009년 2월 28일
초판발행 2009년 3월 5일

저 자 김헌수 · 이난 · 장순정
발행인 김 현 태
발행처 태영출판사

주 소 (152-705) 서울 구로구 구로동 104-10 동남오피스텔 201호
전 화 02 · 839-3757, 839-3752
팩 스 02 · 837-3754
등 록 2005년 5월 30일 제12-421호
http://www.taeyeongbook.co.kr
E-mail tys2005@paran.com
ISBN 978-89-6302-004-4 93370
정 가 16,000원

* 잘못 만들어진 책은 교환해 드립니다.